# ヨーロッパ教育

EUROPEAN EDUCATION History and Perspectives

久野弘幸
kuno hiroyuki

# 歴史と展望

EUによる
新しい試み“ヨーロッパ教育”を
歴史と授業分析から探究

玉川大学出版部

# 凡　例

## Ⅰ　用語の使用

●EU（ヨーロッパ連合）に関わる用語について、以下の通りとする。時代を限定せず広く一般的に使用する際は、ヨーロッパ連合の英語表記である“European Union”の略称「EU」を用いる。時代区分を明確にする必要がある場合は、マーストリヒト条約発効以前の組織についてヨーロッパ共同体の英語表記である“European Communities”の略称「EC」を用いる。用語の複雑さによる混乱を回避するために「EEC（ヨーロッパ経済共同体）」および「ECSC（ヨーロッパ石炭鉄鋼共同体）」は、とくにその名称を表記する必要のある場合を除き「EC」ないしは「EU」に含めて呼称する。ただし、引用箇所においては一部原文のまま用いる。

●「学習指導要領」など文部科学省等によって示される学校教育の基準を示す用語について、以下の通りとする。ドイツの各州における「教育計画（Lehrplan）」「指導大綱（Rahmenrichtlinien）」などは、これらを総称して「学習指導要領」と記す。ただし、第三章のイギリスおよびフランスについては、すでに用語として定着している「ナショナル・カリキュラム」の語を、また、第五章第4節のバーデン＝ヴュルテンベルク州については、「教育計画」を用いる。全編を通じて、教育課程一般を示すときには必要に応じて「カリキュラム」または「教育課程」の語も併用する。

●「文部省」「文部大臣」に相当する用語について、以下の通りとする。日本の省庁および国務大臣として用いるときは「文部科学省」および「文部科学大臣」とする。外国の省庁および大臣職についてはその国固有の省庁名、職名を使用する場合を除き、「教育省」および「教育大臣」の語を用いる。ただし、ドイツにおける「常設文部大臣会議（Ständige Konferenz der Kultusminister）」については、日本におけるこれまでのドイツ教育研究の慣例的用法に倣い「KMK」あるいは「文部大臣会議」とする。

Ⅱ　記号の使用

●本文中の（　）は、筆者による補足を示す。

●引用文中における筆者の補足は、（　）内に「―引用者」と記した。

Ⅲ　外国語固有名詞の表記

●日本語による外国語固有名詞の表記については原則として慣例に従った。ただし、ドイツの地名については、国松孝二編者代表『小学館　独和大辞典』小学館、一九九〇年に従った。

●外国人名の原語表記は原則として最初の一回のみとし、日本語表記の後に（　）で記した。

Ⅳ　注の表記

●注に示した文献の頁数の表記は、ドイツ語文献は「S.」で、英語文献は「p.」で、日本語文献は「頁」で示した。

# ヨーロッパ教育　歴史と展望

目　次

## Ⅱ　ドイツにおけるヨーロッパ教育

# 図表一覧

EU（ヨーロッパ連合）加盟国

ドイツ連邦共和国（州および州都）

◉ 州都

# 序　章「ヨーロッパ教育」を捉える視角

## ①研究の目的

一九八〇年代後半から一九九〇年代にかけて、ヨーロッパ共同体（EC）・ヨーロッパ連合（EU）によるヨーロッパ統合は大きく進展してきた。政治的なトピックを年代順に列記してみてもその展開の早さと質の深さは際だっている。一九八五年一月にジャック・ドロール（J. Delors）がEC委員会の委員長に就任すると、その年の六月にEC加盟国を単一の共同市場にまとめ上げることを目標にした「域内市場白書」を作成した。域内市場白書は一九八六年「単一ヨーロッパ議定書（Single European Act）」に条文化され、一九九二年一二月三一日までに単一市場を創設することを宣言した。単一ヨーロッパ議定書の発効は「1992年ブーム」(1)を引き起こし、ヨーロッパ統合への期待と注目を高め、人々の意識改革に成功した。

一九九二年にはオランダのマーストリヒトにおいて「ヨーロッパ連合設立条約（マーストリヒト条約）」が調印され、ヨーロッパの統合は新たなる段階を迎えることとなった。マーストリヒト条約見直しのための政府間会議（IGC）を経た一九九七年には「ヨーロッパ連合設立条約」が改訂され、「アムステルダム条約」と改称された。同年に発表された報告書「アジェンダ2000」では、東欧へのEU拡大の道筋が明らかにされ、加入手続きを終了した一〇カ国が二〇〇四年五月一日をもって正式にEUに加盟する見通しである。この間のヨーロッパ統合のあゆみは、いわゆる「デンマークショック」[2]に代表されるように必ずしも平坦ではなかったが、ヨーロッパの統合は着実に進展してきたということができよう。

このようなヨーロッパの統合は、単にヨーロッパにおける国家ブロックの形成という国際関係の一事例としてとらえられてきたわけではない。それは国民国家を越えた「超国家」といわれる新たな国際機構の出現として、九〇年代における社会諸科学の研究者の幅広い関心を生んできた。とりわけマーストリヒト条約による「ヨーロッパ連合」の創設は、「地域主義による国家から地域への権限委譲」「国民国家のゆらぎ」「ポスト国民国家時代」を象徴する出来事として盛んに論じられるようになった。たとえば、梶田孝道は『統合と分裂のヨーロッパ』の中で、ヨーロッパでは、国家がEUと地域からの挟撃を受けてその位置が相対的に低下することにより、「EU・国家・地域」という「三空間併存時代」を迎えると論じた。[3] また最上敏樹は『国際機構論』の中で、「EUにおける統合が、似たような目的を持つ他の機構に比しはるかに高度な発展をとげている」ことから、EUの「超国家性」に対して「熱狂的ともいえる学問的関心が注がれた」と述べたうえで、EUが持つ国際機構としての特質を、「国家主権が国際機構に対して委譲されたかどうか」という権限委譲の観点と、「市民たちが国際機構の法や政策と直接的な関係に立たされる」という「直接（適用）性」の観点からEUの「超国家性」を詳しく論じている。[4]

鴨武彦は、国民国家の終焉といわれる現象を冷徹に考察し、「ヨーロッパ共同体の事例については、国民国家はもはや国家の安全保障と繁栄にとって、それが何世紀もの間そうであったほどには、中心的役割を果たさないということはできよう。しかしこのことは、国民国家とナショナリズムが国際社会の舞台から急速に消滅することを意味しない」「真に重要となるのは、ナショナリズムがEC加盟国のような高度先進工業諸国において消滅するかどうかという問題ではなく、ナショナリズムと国民国家が現在、そして今後においてどのように新しい形の国際関係のダイナミズムや先進諸国の間での新しいゲームのルールへと変容を遂げるかという問題である」[5]とし、国民国家とヨーロッパ機関がどのような「新しいゲームのルール」を作り出すのかに関心を寄せている。

このような九〇年代の「国民国家のゆらぎ」「ポスト国民国家時代」という言葉に象徴される国民国家の問い返しの潮流、なかでもその代表的事例と目される「ヨーロッパ統合」という現象は、教育学研究においてどのように論じられてきたのであろうか。他分野の研究はその道の専門家にゆだねるとしても、国家と密接に関係を結んでいる教育という営みにおいて、「国民国家のゆらぎ」は本当に生じているのか、あるいは「ゆらぎ」の具体像はどのようなものなのかという観点に立った研究は、これまで十分になされてきたとはいいがたいのではないか。

本書『ヨーロッパ教育　歴史と展望』は、上述のような関心を出発点とし、ヨーロッパ統合という現象の中で、国家ならびにヨーロッパ機関[6]が、「教育」という空間においてどのような位置を占めるのか、ドイツを事例として解明することを目的としている。そのためのアプローチとして、ヨーロッパ機関と国家間の政治的駆け引きの歴史や教育の諸問題をマクロなレベルで論じるだけでなく、実際に開発された単元モデルや教科書、さらに授業実践事例の分析などミクロなレベルでの研究にも取り組むことにする。

本研究が明らかにすべき事柄は、次に示すような問いによって示すことができる。たとえば、ヨーロッパ教育はヨーロッパ諸国間で単一のカリキュラムを目指し、教育内容までも収斂させようとした動きなのか、国家とEUの間に教育権限の掌握に関する葛藤はないのか、ヨーロッパ教育はいつどのような契機で生じ進展してきたのか、ヨーロッパ教育は現代の教育課題とどのような関係にあるのか、実際の学校現場ではどのような実践が展開されているのか、生徒はヨーロッパ教育をどのように受け止めているのか、などである。これらの問いにできるだけ多くの一次資料を用いて多面的に答えることが本研究の課題であるといってよい。

一方、ヨーロッパ教育の研究には、ヨーロッパという研究対象そのものに内在する難しさを含んでいる。一口にヨーロッパといっても、その地理空間を特定することの困難さから、政治機構の複雑さ、文化や社会の多様性に至るまで、ヨーロッパを全体的に把握することは困難な作業である。とりわけヨーロッパは多言語空間であり、ヨーロッパ内の主要な言語すべてに精通することは不可能である。そのため研究上参照が可能な資料には限界があり、論じる対象を絞り込まざるを得ない。(7) 本研究では、主に論じるのは筆者が研究対象としているドイツの事例であるが、可能な限り他国の状況にも目を配り、ヨーロッパ教育の全体状況を明らかにすることに努力した。しかし、ドイツにはドイツの立場や見方があり、他国には別の立場や見方があるように、異なった国の視点に立ってヨーロッパ教育を検討すれば、別のヨーロッパ教育像が浮かび上がることは当然である。そのため、ドイツを主な事例とする本研究によって解明できるのはヨーロッパ教育の一側面にすぎない。このような限界を認識しつつ地道な作業を続けるほかに、ヨーロッパ教育に関する研究を進める手だてはないといえる。

②本研究の意義

本研究の意義は、次の三点にまとめられる。

ヨーロッパ統合の下でのヨーロッパ諸国家とヨーロッパ機関の関係は、教育という空間においてどのような位置関係を占めてきたのか、その実体はどのようなものであるのか。このような問いを「ゆらぎ」や「ポスト国民国家時代」という抽象的な言葉の段階にとどめず、実態に即してさまざまな角度から解き明かすことが本研究の第一の意義である。

本研究の第二の意義として、今日的な課題に答えることが挙げられる。九〇年代にピークを迎えた「国民国家のゆらぎ」「ポスト国民国家時代」を取り巻く研究の潮流は、二一世紀を迎えた今日、「グローバリゼーション論」へと関心が移行している。このことは現在が九〇年代における議論の総括期を迎えていることを示している。「国民国家のゆらぎ」の時代、「ポスト国民国家時代」から「グローバリゼーションの時代」への移行を迎えている今日、九〇年代のヨーロッパ統合が教育に果たした意味を総合的に探究することには重要な今日的意義があると考える。

本研究の持つ第三の意義は、日本におけるヨーロッパ教育に対する誤解の解消である。日本におけるヨーロッパ教育の受け止められ方には、深刻な誤解が広く浸透している。たとえば、一九九二年にドイツ語版とフランス語版が出版された『ヨーロッパの歴史』(8)は、一九九四年に日本語版が出版されると「欧州共通教科書」という誤った表記によって、「ヨーロッパ各国で共通に使用できる『歴史教科書』(9)」であるとか「EUの教科書(10)」といった受け止められ方がなされている。(11)また、ヨーロッパ機関の複雑さゆえの誤解も生じている。たとえば、一九八八年にEC閣僚理事会によって決議された「教育におけるヨーロッパの次元」決議を「欧州議会」による採択であるとする例(12)や、ヨーロッパ評議会閣僚理事会を「欧州議会閣僚委員会」とするものもある。(13)このような誤解や不正確な記述が許容されてきたことの背景には、これまでこの方面に関する十分な検証が行われないままに、ヨーロッパ教育の中にナショナリズム克服の取り組みを認め、過度な期待が寄せられたためであると考える。

本研究の意義をまとめると、先に述べたようなヨーロッパ教育に対する誤解を取り除き、「ポスト国民国家時代」の象徴とされたヨーロッパ統合における教育の営みをできるだけ多方面から解き明かすことによって、九〇年代におけるヨーロッパ統合と国家の関係を総括することにあるといえる。

### ③本書の構成

本書は、二つの部から構成されている。

第Ⅰ部ではヨーロッパ教育およびヨーロッパの次元を広い視野から検討したい。このことは二つの意味を持っている。第一の意味は、ヨーロッパ機関の立場からヨーロッパ教育の成立過程と現状を探ることである。それによって、ヨーロッパ教育の全体的傾向を明らかにすることをめざしている。第二の意味は、第Ⅱ部で扱うドイツの実践をヨーロッパ全体の視点からその位置づけを探るために、他のヨーロッパ諸国におけるヨーロッパ教育の現状を明らかにすることである。第Ⅱ部の中心はドイツのヨーロッパ教育を論じることにある。しかし、ドイツにおけるヨーロッパ教育の評価を行うためには予め他国のそれを評価しておく必要があると考えた。

このような観点から、第一章では、ヨーロッパ教育の歴史的展開を第一次世界大戦後から書き起こし、九〇年代に至るまでの形成と展開をまとめることにする。第二章においては、現代のヨーロッパ教育の課題であるヨーロッパ市民教育に焦点を当て、ヨーロッパ連合およびヨーロッパ評議会の九〇年代における教育への取り組みについて述べる。第一章および第二章がヨーロッパ機関の立場からの考察であるのに対し、第三章は、ヨーロッパ主要国の中からイギリス、フランス、オランダを選び、それぞれの国においてヨーロッパ教育の導入がカリキュラムにどのように影響しているかを明らかにする。

第Ⅱ部は、第Ⅰ部と異なり対象をドイツに限定し、ドイツの視点からヨーロッパ教育を考察している。初めに論じる第四章「ドイツにおけるヨーロッパ教育の基底」では、ヨーロッパ教育に対するドイツ個別の状況を明らかにし、第Ⅱ部の導入を図る。ここでは、八〇年代におけるヨーロッパ教育の状況を明らかにすると同時に、ドイツ現代史上の転換点となった九〇年代初頭に着目し、当時の政治教育の状況について論じる。

ドイツの場合、教育に対する監督権限は連邦共和国にではなく、共和国を構成する各連邦州（Bundesland、以下単に州と表記する）に置かれている。第五章「ドイツ主要連邦州におけるヨーロッパの次元の展開」で州に着目して考察するのはそのためである。

本研究では、いわゆる「机上の外国教育研究」から実践に即した「実証的な外国教育研究」を指向している。そのため第六章「ドイツにおけるヨーロッパ教育の実践」では、ヨーロッパ教育の具体的な実相にまで迫るために、ギムナジウムにおける授業実践事例を授業記録に基づいて検証する。このように第Ⅱ部では、ドイツにおけるヨーロッパ教育を全ドイツ的視点からの考察、州カリキュラムや州レベルの教育政策の考察、授業実践の考察、という順にマクロからミクロへという段階をもって章を構成した。

第Ⅰ部および第Ⅱ部での論述の後、終章「ヨーロッパ教育がめざすもの」において、本研究の基本的関心であるヨーロッパ統合における国家と教育の関わりについて第一章から第六章までを見通した結論を述べる。

以上の構成により、これまで十分に解き明かされてこなかった「ヨーロッパ教育」の全体像を描き出すことが、本書刊行のねらいである。

# I　ヨーロッパ教育の形成と展開

# 第一章　ヨーロッパ教育の歴史——ヨーロッパ機関を中心に

「すべての偉大なる歴史的事実はユートピアに始まり実現に終わった」
（リヒャルト・クーデンホーフ＝カレルギー）

## 1　汎ヨーロッパ運動にみるヨーロッパ教育の萌芽

チャーチル（W. Churchill）は一九四六年にチューリッヒ大学で行った演説において「ヨーロッパ合衆国」の建設を歌い上げた。このチャーチルの「ヨーロッパ合衆国演説」は、後にヨーロッパ評議会（Council of Europe）設立の直接の契機となり、ヨーロッパ統合の出発点として高く評価されている。このチャーチル演説は、ヨーロッパ現代政治を扱った教科書やヨーロッパ統合の過程を解説した文献などにもしばしば引用され、ヨーロッパの政治統合に対する強い意志が、半世紀以上の歴史を有することを証明する有力な資料として用いられている。

その一方で、チャーチル演説が、第一次世界大戦後に大きな盛り上がりをみせた「汎ヨーロッパ運動（Paneuropa Bewegung）」の中心人物であるリヒャルト・クーデンホーフ＝カレルギー（R. Cudenhove-Kalergi）に強く影響を受けたことや、チャーチルが演説の中でクーデンホーフ＝カレルギーの功績をたたえていることについては、本研究で取り上げるドイツを始めヨーロッパ各国のカリキュラムや教科書においてほとんど取り上げられていない。(2) EUに代表される現代ヨーロッパ統合の原点に位置づけられる汎ヨーロッパ運動において、(3) ヨーロッパ市民の教育がどのように認識されていたかを検討することは、ヨーロッパ教育の源流を確認するために必要不可欠な作業であろう。(4)

そこで本節においてはクーデンホーフ＝カレルギーの著作から、彼の教育に対する考えやヨーロッパ観を拾い出し、そこから彼が「ヨーロッパ国民」をどのように捉えていたか、また「ヨーロッパ人」とはどのような人物であるべきと考えていたかを描写する。それによってクーデンホーフ＝カレルギーの考えるヨーロッパ教育の在り方を考察することにする。(5)

クーデンホーフ＝カレルギーは、主著『パン・ヨーロッパ』（一九二三年）の序文を「ヨーロッパの青年に捧ぐ」と記し、青年たちが汎ヨーロッパ運動に積極的に関与し「この事業を遂行」するように訴えている。(6) その他にも、青年に対する強い期待が述べられている箇所が著作の随所に認められる。クーデンホーフ＝カレルギーの著作はかなり熱のこもった筆致で執筆されているが、青年に対する呼びかけの部分では、その情熱は一段と高いものとなっている。たとえば、「ヨーロッパの青年に訴える」の中でクーデンホーフ＝カレルギーは、「私は青年を信じ、青年に期待を寄せており、青年を愛しているのである。パン・ヨーロッパは青年諸君の手中にあるのである。いつの日か、青年がパン・ヨーロッパに住み、パン・ヨーロッパを支配することになるのである。それ故に青年こそパン・ヨーロッパを征服し、つくり出し、開発する使命を有しているのである」と述べている。(7) では、パン・ヨーロッパの建設を担うヨーロッパ人は、いったいどのような人物であるというのだろうか。

クーデンホーフ＝カレルギーは、第一次世界大戦の原因について、ヨーロッパ諸国が「国家主義的な教育」に傾倒し、「狂信的な国家主義」が生み出されたことに帰するとした。[8]「狂信的な国家主義者」は、「中途半端な教養」を持つ者とされ、この種の教養を持つ人は、「自国語しか知らず、また自国の歴史上・文化上の傑作とか自国の文学の断片や自国の新聞に載るほんの部分的なニュースと論評しか知らないので、自国こそ最高で世界でも最も文明化されており、最も高い資質が与えられているのだと考える」ような思考の持ち主であるという。彼らは、「学校や新聞で他の国に対抗するように扇動されるなら、すぐにしかも簡単に他国の人々を憎み侮ることを学ぶ」とされる。

一方、「中途半端な教養を持つ者」の対極に「真の教養」を身に付けている者を想定し、次のように述べている。「真の教養を身に付けている者は、（中略）生半可の教養を有する者と同様に自国民と、その文化について知っているのであるが、さらにまた自分の隣国の文化についても知っており、またそれを尊重している」。さらに「真の教養」を身に付けている人は、隣国の歴史、創造物、業績について、政治における隣国の見解、隣国が正しいかまた正しくないかについて知るという。このような人は「自国の方が必ずしも全面的に正しいとは言えない場合のあることも、他国の側が必ずしも全面的に間違っていない場合のあることも知っている」というように、自国の立場を客観視し、公正な姿勢で望むような態度の側面にも向けられている。クーデンホーフ＝カレルギーはこのような人物を「ヨーロッパ人」であるとし、「生半可な教養の状態から脱却して真の教養を身に付ける方向へ通じる」ことが汎ヨーロッパ運動における教育の取るべき道であるとする。

クーデンホーフ＝カレルギーは、このようなヨーロッパ人としての「真の教養」を培う教育として歴史教育や芸術教育について言及している。ここでは、歴史教育に着目してみよう。クーデンホーフ＝カレルギーによれば、ヨーロッパを戦争に追いやったのは、民族国家主義に彩られた「誤った歴史教育」であったという。[9]「誤った歴史教育」は、「統一的な点を強調しないで分裂状態を強調しヨーロッパ人同士の対立を強調し称揚し、ヨーロッパ人の間の戦争や代々の仇敵関係、勝利や侵略を強調し称揚した歴史教育」であり、彼はこのような民族国家主義的教育が戦争の根元にあると見なす。

これに対してヨーロッパ主義の歴史教育は、次のような観点からまとめられる歴史教育であるという。つまり「ヨーロッパを偉大ならしめたいっさいのもの—すなわち、ヨーロッパにおける天才、宗教、芸術、学問、技術—は超国家的な性格を持つ」こと、および「ヨーロッパの歴史上の大きな発展—すなわちローマ帝国時代からキリスト教の勝利への発展、民族移動からゴシック時代への発展、フランスにおけるクリュニー教壇の改革から十字軍への発展、騎士道と僧侶気質、教会と中世の学校教育、ルネッサンスと人文主義、宗教改革と反宗教改革運動、専制主義と啓蒙主義、自由主義と社会主義、ファシズムと共産主義—はすべて超国家的であった」ということであるという。(10)

クーデンホーフ＝カレルギーの思想からヨーロッパ主義に立つ歴史教育を構想してみると、ヨーロッパの文化的遺産についての学習と、古代ローマから現代に至るまでの歴史展開を、超国家的な観点を持って組み立てることであると解釈される。彼にいわせれば、「ヨーロッパには孤立した国民文化は存在せず、ヨーロッパ大陸のすべての民族が参加して築き上げた唯一の偉大なヨーロッパ文化しか存在していないということを、子供時代から説明しておくべき」(11)となる。クーデンホーフ＝カレルギーが示した歴史教育における超国家的視点の中には、「ヨーロッパの次元」に基づく歴史教育の源流を見ることができよう。

この他にも、クーデンホーフ＝カレルギーは、現在のEU教育政策を先取りするかのようなプランを私見として述べている。たとえば、「ヨーロッパ間の教授、学生、および児童の交換は国民的和解の促進に貢献するであろう」(12)と記しているが、この考えは現在EUで行われているエラスムス・プログラム（本章第4節参照）などの人的交流プログラムに相当する。またヨーロッパを学習内容に取り入れることについて、一九三七年のパン・ヨーロッパ会議において、「中学校における地理・歴史・文学の授業を、若い世代のものにパン・ヨーロッパ思想の価値をよく理解して貰うよう改革する」[13]べきだとし、ヨーロッパ学習について国際的な合意を形成することにも成功している。

クーデンホーフ＝カレルギーの功績をまとめてみると、抽象的であったヨーロッパ統合の構想を具体的な政治的過程として描いてみせたこと、つまりヨーロッパの統一に至るシナリオを描き、その実現に各国の政治家を動員して実現の可能性を多くの人々に実感させたことにあるといえる。また教育については、すでに述べたように、彼の主張のいくつかはその後ECなどによって実現しているものもあるが、ヨーロッパの視点に立って教育を構想するという、基本的なアイデアとその方向性を具体的に例示したことに意義が認められる。クーデンホーフ＝カレルギーの功績は、現代のヨーロッパ教育の具体像を提供し、そこで育つヨーロッパ人のあるべき姿を人々の印象に焼き付けた点にあったということができる。

## 2　ヨーロッパ評議会の設立とヨーロッパ教育の創造

第二次世界大戦の終結後、ヨーロッパは新たな協力の道を模索し始めた。[14] 中でも注目されるのは、国家主権の一部を超国家的政治主体に付託する「連邦主義（Federalism）」的統合と、あくまでも国家主権には手を触れず部分的な統合にとどめようとする「機能主義（Functionalism）」的統合との間の熾烈な主導権争いである。[15]「連邦主義」に立つフランスやベルギーは、ヨーロッパ統合を進めるために常設の脱国家的なヨーロッパ機関の樹立を目指し、暫定的機関の設置を主張するイギリスおよび北欧諸国と対立した。議論の過程で常設機関の設置という点ではイギリスが妥協したが、機関の超国家性については、全会一致方式を採用することによって加盟国の拒否権を承認させ、最終的には各国の主権に手を触れさせない政府間機構としてのヨーロッパ評議会（Council of Europe、以下CE）が成立した。(16)

本節で論じるヨーロッパ評議会は、ヨーロッパ共同体（EC）とならんで教育における国際協力を推進してきたヨーロッパ機関であるが、このような「機能主義」と「連邦主義」のせめぎ合いの中で、「機能主義」による欧州統合を標榜している。そこで、本節では発足当初のCEがどのような方向性を持って、ヨーロッパ諸国間の教育協力を進めようとしたのか、その進め方を検討し、次節以降で論じる「連邦主義」による欧州統合を進めるECとの対照性を明らかにすることにより、創造期のヨーロッパ教育の姿を描出する。

「ヨーロッパ評議会設立条約」の第一条によると、ヨーロッパ評議会の目的は、「加盟国の共同の遺産と経済的、社会的進歩を促す思想や原則を守り実現することを目的に、加盟国間のより大きな一体化を図ること(17)」とされる。この目的の下にCEは人権、文化、教育、法制、社会、環境などの領域でヨーロッパ諸国間の協力を進めている。教育問題に従事するCEの専門部局は、当初はヨーロッパ文化協定（European Cultural Convention）（一九五四年締結）に沿って組織された「文化専門家委員会（Committee of Cultural Experts）」であったが、一九六二年に「文化協力審議会（Council for Cultural Cooperation〈CDCC〉）(18)」の創設とともに引き継がれ、それ以降CDCCが教育の領域を所管する部局として定着している。(19)

CEの教育問題へのアプローチは大きく分けて二つの方式がある。一つは、全加盟国が協力可能な分野について協定（Convention）や合意（Agreement）を結び、それに従って協力を進める「協定方式」である。もう一つは、各国の利害や主張が一致しない問題やさらに議論を重ねる必要のある問題について、セミナーやプロジェクトを通して相互に意見交換を行い試行を重ねていく「プロジェクト方式」である。この二つのアプローチはそれぞれ高等教育と歴史教育の分野において顕著に認められる。

グロスジーン（E. Grosjean）によれば、高等教育はヨーロッパ文化協定の中で最も長く関心を集めている分野であるという[20]。すでに一九五二年には、ハーグにおいて各国の高等教育担当者と大学代表者による会議を開き、協力の進め方について話し合いがもたれている。その結果として一九五〇年代に高等教育協力に関する三つの協定が調印されることになった。その三協定とは、①「大学入学資格の相互承認に関するヨーロッパ協定」（一九五三年、一九六四年改訂）、②「大学在学期間（に取得した単位）の相互承認に関するヨーロッパ協定」（一九五六年）、そして③「学位の相互承認に関するヨーロッパ協定」（一九五九年）である。

高等教育の三協定が締結された後、CEの意思決定の方式が「協定方式」から「決議・勧告方式」へと変更され、より迅速な決定が可能となった。これは教育大臣会議が設置されたことによるものであり、「協定方式」から「決議・勧告方式」への移行に伴い、全会一致の批准手続きから解放され、弾力的な運用と活動の範囲の拡大という利点をもたらすことになった。

次の表1－1に示すのは、一九五九年から一九七一年にかけて行われた第1回から第7回までの教育大臣会議の概要である。この表を見れば理解されるように、教育大臣会議における議題は幼児教育から初等、中等、高等教育、成人教育、教育施設から教育研究まで広がり、教育協力に関する幅広い議論がなされている。

一方、プロジェクト方式によって進められた歴史教育については、一九五三年から五八年にかけて行われた歴史教科書改善の会議を端緒とし、その後も継続された歴史教育のプロジェクトがある。近藤孝弘によれば、「一九五三年にドイツのカルヴで開催された第1回（歴史教科書改善―引用者）会議では、それまで二国間で行われてきた様々な教科書改善を比較・検討し、その上に立って、各国史の他に共通のヨーロッパ史を語る差異の問題が論じられた[21]」が、歴史教科書改善の取り組み自体がCEによって担われるのはこの頃までで[22]、これ以降の教科書改善の取り組みはドイツ・フランス間の例にみられるように、主として歴史家、歴史の教員、教科書執筆者などからなる委

表1－1　CEによる教育大臣会議の概要（第1回会議から第7回会議まで）

| | 会　期 | 開催地 | 主な議題 |
|---|---|---|---|
| 第1回 | 1959.11 | ハーグ | |
| 第2回 | 1961.4 | ハンブルク | |
| 第3回 | 1962.10 | ローマ | |
| 第4回 | 1964.4.14－16 | ロンドン | (1)過去に採択された決議の国内外での活動の報告<br>(2)教育における計画と投資<br>(3)教育研究の促進<br>(4)高等教育への進学者の増加に関わる諸問題 |
| 第5回 | 1965.10.12－14 | ウィーン | (1)過去に採択された決議の国内外での活動の報告<br>(2)継続教育の目的と方法、ならびに成人教育との関係<br>(3)後期中等教育の問題点<br>(4)新規の学校建設 |
| 臨時会議* | 1967.9.12－14 | ストラスブール | (1)義務教育年限の延長<br>(2)教育相談（進路指導）に関する研究<br>(3)試験制度の改善、卒業資格試験のヨーロッパ内の調整<br>(4)教員養成の効果測定 |
| 第6回 | 1969.5.20－22 | ベルサイユ | (1)教育相談（進路指導）に関する研究<br>(2)異なる学校種間の移動<br>(3)学校教育における試験の役割<br>(4)高等教育への入学者数の増加<br>(5)就学前教育の拡張と小学校の授業の改善<br>(6)12年制の義務教育の普及と中等教育の拡充 |
| 第7回 | 1971.6.8－10 | ブリュッセル | (1)後期中等教育段階における教育相談（進路指導）<br>(2)ヨーロッパの教育協力における優先事項の検討<br>(3)移民およびその子女の教育<br>(4)現代的な外国語教授法の開発<br>(5)教育研究の発展<br>(6)試雇用期間中の教員研修について<br>(7)大学生、大学教員、研究者の移動 |

＊1967年会議はアテネで予定されていたが、クーデターが発生したため流会となり、代わって臨時会議がストラスブールで行われた。
＊第1回から第3回までは開催年月および開催地のみ判明。
〔“Bildung und Erziehung” より筆者作成〕

員会による二国間会議の形で進められていく。CEはその後第二ステージとして歴史教育をカリキュラムの一領域に統合し、中等教育における歴史学習の開発を模索する会議を開催することによって歴史教育プロジェクトを継続している。(23)

ニューマン（S. Newman）によれば、プロジェクト方式はさらに二つのタイプに分けられるという。(24)「プロジェクト」は「およそ四ないし五年の期間をもって主要なテーマあるいは政策領域について研究をするもの」であり、「実験的、革新的スキームが選ばれる」という。「プロジェクト」では専門家を集めて加盟国に推奨できる優れた実践を生み出すことを目的に、そのテーマについての方針や原則を策定することがねらいとされている。プロジェクト方式のもう一つのタイプは、「サービス・アクティビティ」と呼ばれるもので、「プロジェクト」よりも継続的である。それはたとえば、教員研修の共通の枠組みを設けその実施に取り組むことや、教育関係資料の収集と公開を行うEUDISE（ヨーロッパ教育文書・情報システム、European Documentation and Information System for Education）の設立などに代表される。

本節の最後に、ヨーロッパ教育の創造期としてCEの果たした役割についてまとめたい。羽田行男はCEにおける教育協力の取り組みを、①和解—文化協力決定と事業開始（一九五四〜五〇年代後半）、②相互理解—比較研究と資料集編纂（六〇年代前半〜七〇年代前半）、③熟考—文化協力における共通認識の再構築（七〇年代後半）、④解決—諸問題に対する解決策の追求（八〇年代）、⑤行動—加盟国間の結合を強める運動（九〇年代）のように五つの段階に分けて分析している。(25)羽田は、一九六〇年から七〇年にかけてのCEの取り組みを「加盟国諸国が互いの情報を提示し合い、比較研究することを通して、相互（再）認識を深めていった時期」であると評価している。確かに、この頃のCEの主な関心は国際的見地から教育的諸課題を議論するための「比較研究」にあることは見逃せないが、さらに付言するならば、この時期にはゲオルグ・エッカート国際教科書研究所をCEの教科書センターと位置づけたり、[26]同じくドイツ南部にあるドナウエッシンゲンのバーデン＝ヴュルテンベルク州立教育研究所をCEの教員研修センターとするなど、教育研究体制の充実も図られている。[27]

このようにみると、ヨーロッパ評議会が創造期のヨーロッパ教育に果たした役割は、教育大臣会議に代表される国家間の意思決定のしくみを整備したのみではなく、教育研究の環境整備や教員に対する研究成果の普及と交流など、ヨーロッパ規模での教育の研究や交流を実現するためのインフラを整えたことにあるといえよう。とりわけ、「協定方式」から「決議・勧告方式」に移行することにより、広範囲で迅速に教育の問題を話し合う枠組みを整えたこと、「プロジェクト方式」によって教科レベル、教育内容レベルまでを議論の対象とした功績は大きい。ECにおいて教育大臣会議が開催されるのが一九七一年になってからであり、その間あるいはそれ以後もしばらくの間、ECが教育の領域で十分な活動を行えなかったことを勘案すれば、CEは創造期のヨーロッパ教育の土台を形成することに成功したといえる。後にECが教育領域の協力を始めることによって、CEとECが並立し、ヨーロッパ内の教育協力の在り方、進め方が複線化することになるが、その導き手としてCEの果たした役割はきわめて大であったと考えられる。

## 3　ヨーロッパ共同体の設立とヨーロッパの次元の模索

ヨーロッパ評議会（CE）が、国家主権に手を加えない「機能主義」に基づく欧州統合を志向したため、協力の得やすい人権や文化など一部の分野において、国家の主権を留保したまま協力の道を模索したのに対し、ヨーロッパ共同体（EC）においては、ECSC設立時の石炭鉄鋼業はもちろんのこと、関税同盟の形成や共通農業政策などの分野において、主権の一部を委ねる超国家的政策が実現していた。(28)しかしその過程では当然のことながらさまざまな利害の衝突が認められる。ECの取り組みはそのような利害衝突克服の過程そのものであったといえる。複雑な利害関係の調整を通して、困難なハードルを乗り越えるルールが整えられるのに従って、ECの政策に対する信頼感も醸成されていくということができよう。(29)

教育政策においても、当初は経済分野に結びつく職業教育や高等教育の領域から議論が始められている。一般化していえば、EC教育政策の進展の過程は、このような協力の結びやすい分野から出発し、徐々にコンセンサスを取りつつ、共通の一般教育政策に広がる過程であるといえる。本節においては、このような初期のEC教育政策から一般教育政策が議論される七〇年代にかけての動向をヨーロッパの次元の模索期と捉え、その経過を描出する。

### (1)「ヨーロッパ経済共同体（EEC）設立条約」（一九五七）と職業教育への取り組み

ECにおける教育政策の出発点は、一九五七年に調印され、翌年に発効した「ヨーロッパ経済共同体設立条約（ローマ条約）」の中に認められる。ローマ条約における教育政策に関する条項には、次の表1-2に示した四条項がある。(30)

第41条には、共通農業政策の一分野として農業教育の「共同体」(31)レベルの調整が規定されている。第57条第1項の「免許証、証明書その他の資格」は、「自営業の開始および遂行を容易にするため」の措置であり、職業訓練の修了証明や職業上の資格の共通化を意味する。第118条の「社会政策」には、労働に関する七つの協力分野が挙げられているが、その第3項は「初級および上級の職業訓練」である。同条項の最後には、「この目的（労働者の生活条

**表１－２ 「ヨーロッパ経済共同体設立条約（ローマ条約）」（1957）における教育関連条項**

第41条（前略）共通農業政策の枠内でとくに次のことについて措置を執ることができる。
(a)農業教育、研究および農業知識の普及の分野における努力を効果的に調整すること。（以下略）
第57条第１項　閣僚理事会は（中略）免許証、証明書その他の資格の相互承認のための指令を定める。
第118条　EC委員会は（中略）とくに次の事項に関し、社会的分野における加盟国間の緊密な協力を促進する任務を有する。
—雇用
—労働法および労働条件
—初級および上級の職業訓練（以下略）
第128条　閣僚理事会は（中略）各国の経済と共同市場の調和ある発展に寄与することができる職業訓練についての共通政策を実施するために必要な一般原則を設ける。

〔出典：欧州経済共同体設立条約〕

件および労働条件を向上させつつ均等化すること—引用者注）のため、EC委員会は、国内的規模で提起される問題および国際機構に関連する問題について調査を行い、意見を与え、かつ協議を行うことにより、加盟国と緊密な関係を保って行動する」との規定が付され、職業教育を含めた「社会的分野」についてECによるイニシアチブが明記されている。第128条は、職業訓練政策を実行するために「一般原則」を策定するよう規定したものである。この第128条の規定に従い、一九六三年四月二〇日理事会において「決定」(32)されたのが「共同職業訓練政策の実施に関する一般的原則」(33)である。

このように、ECの教育政策はまず職業訓練の領域に方向が示された。ローマ条約においては一般教育に関する記述はなく、職業訓練に関する記述も前述の通りわずか四箇所に認められるのみである。加えて、それら職業訓練に関する各条項は、統一的な政策として構成されているのではなく、農業政策や社会政策、あるいは人・サービスの自由な移動のための政策など、ECの個別の政策領域に細切れに見いだされるに過ぎなかった(34)。

## (2) 共通の一般教育政策の諮問と「ジャンヌ報告」(一九七三)

一般教育の分野については、六〇年代の終わりになってようやく話し合いの場が持たれるようになった。一九六九年のハーグECサミット[35]では、「若い世代がヨーロッパと密接に関わるならば、ここで決められたヨーロッパの成長を促すすべての活動と行動は、より素晴らしい未来を確実にするだろう。各国政府はこの活動と行動の必要性を支持し、共同体はそのための準備を行う」[36](第16項)と若い世代にかける期待と、そのための政策立案の準備を行うことが表明された。

一九六九年という年は、ヨーロッパの至るところで若者の反乱、学生運動が活発だった時期でもあった。EC委員ボルシェット(A. Borschette)[37]は、このような若者の世代の主張をEC委員会がどのように受けとめ政策に反映させるのか、また青年問題と教育問題にどのように対処していくのかについて、一九七〇年九月一五日のヨーロッパ議会で、「私たちは青年の代表団の要求を肯定的に受けとめ、彼らの批判と要求を正面から見すえなければならない」[38]と述べている。この演説では、青年に「彼らが負う義務と新しい生活での約束事を意識する」こと、すなわち「新しいヨーロッパの建設への参加」を促すために、あらゆるレベルの学習プログラムを「ヨーロッパ化(Europeanization)」すること、各国の教育システムの間の障壁を取り除くこと、加盟国の大学や学校の間を移動する自由を確立すること、外国語学習の開発と近代化、教師、学生、勤労者の活発な交流など、ECが取りうる一連の教育政策について具体的に言及し、EC委員会が一般教育における協力についても視野に入れていることを表明している。

一九七一年一一月一六日には、初めて加盟国の教育閣僚が一堂に会するEC教育閣僚理事会(Meeting of the Ministers of Education)がベルギーのブリュッセルで開かれた[39]。この会議の議長を務めたのはイタリアの教育大臣ミスーシ（Misusi）であり、EC委員会からはスピネリ（A. Spinelli）[40]が代表として出席した。このときの議題は、「ヨーロッパ大学の設立について」「教育分野における協力」「公的資格の相互承認」の三点であった[41]。

「教育分野における協力」においては、フランス教育大臣ギシャール（O. Guichard）を中心に、「開業の権利および職業教育の分野において取られるさまざまな措置を補うために、教育領域におけるヨーロッパの協力を促進すること」が話し合われ、最終的には「ヨーロッパ統合の方向に沿ったヨーロッパの教育モデルを明確にすること」が目指された。その具体策として、専門家による「教育分野における協力」の研究グループを組織し、報告書のとりまとめを依頼することが決められた。その結果まとめられたのが、「ジャンヌ報告」として知られる「教育に関する共同体政策のために」である。

EC委員会は、一九七二年六月一九日元ベルギー教育大臣のジャンヌ（H. Janne）に対し、ECレベルの教育政策の原則を盛り込んだ報告書のとりまとめを依頼した。ジャンヌは、自身を含む三五人のメンバー[42]で度重なる検討を重ね、一九七三年二月に報告書「教育に関する共同体政策のために」を提出した[43]。ジャンヌ報告の編集様式には、ジャンヌが報告書のとりまとめにかなり苦労した跡がうかがえる。そのことは、報告書の依頼から提出まで七カ月の期間しか与えられなかったことのみではなく、三五人ものメンバーの主張の中から一定の方向性を見いださなければならないという課題にあった。ジャンヌはこの課題をきわめて誠実に果たしたといえる。ジャンヌは報告書の本文を二部に分け、一つを「討議内容の要約」として発言者の氏名入りで要約し、もう一つを「まとめ」として、「討議内容の要約」を踏まえて何が優先されるべきか明らかになるように結論をまとめたのである。このような編集方法を採用することによって、少数意見も反映させたうえで、一定の方向性を示した報告書が期限内に完成したのである。

次に掲げた「『ジャンヌ報告』における主なテーマ」（表1－3）は、その「まとめ」の部分の目次を引用したも

表1－3 「ジャンヌ報告」(1973) における主なテーマ

| |
|---|
| (1)教育政策に関する基本的データと枠組み |
| (2)(青年の—引用者注) 主な傾向とそれに関わる諸問題 |
| (3)価値の危機とヨーロッパの文化的アイデンティティ |
| (4)共同体政策の概略 |
| (5)ヨーロッパの次元—教育の中に導入すべきもの：その限界と可能性— |
| (6)言語の知識 |
| (7)学位と資格の交換と等価性 |
| (8)協力と大学協会 |
| (9)生涯教育のための優先事項 |
| (10)マスメディアと新しい教育機器 |

〔出典：“For a Community policy on education”, EC Commission, Bull. of the EC, Supplement 10/73〕

のである。ジャンヌ報告の構成は、現状の分析にあたる第1項から第3項、ECによる教育政策の立案がECの目的に抵触しないかどうかを検討した第4項、個別のECによる教育政策領域を示した第5項から第10項という一〇項目から構成される。

ここで重要と思われるのは、ECによる教育政策の領域を、「ヨーロッパの次元」「言語学習」「学位と資格の互換性」「高等教育における協力」「生涯教育」「マスメディアと教育機器」の六領域に設定したことである。

「ヨーロッパの次元の教育への導入」の議論においては、「ヨーロッパの次元」の教科のフレームワークは、「歴史、地理、言語学（linguistics）、数学、現代外国語、第三世界の知識、ヨーロッパ市民の感覚」、および「文化教育（cultural education）」であるとされたが[44]、とくに歴史、地理、市民意識に議論が集中した[45]。教科と同様に強調されたのは、「経済、社会、文化におけるヨーロッパ化」を経験することの重要性であり、そのためにECは二国間の文化協定の締結を促進させることによって、ヨーロッパ諸国間の移動を促すことが要求されている[46]。

ジャンヌ報告におけるヨーロッパの次元を簡潔にまとめるならば、「国家的地平から（ヨーロッパ）の地平に拡大したことによる次元の変化」の観点を、ヨーロッパ各国の教育に加えることであるということができる[47]。

### (3)　教育における第一号決議の採択――「教育分野における協力に関する決議」（一九七四）

一九七四年は、ECの教育政策にとって一つの節目となる年であった。それは、この年の六月六日に初めて教育に関する「決議」が第二回教育閣僚理事会の席上で交わされたからである。ECの法制上、「決議」は、必ずしも義務的拘束性を生じるだけの効力を持つものではない。けれども、閣僚理事会の合意をもって採択される「決議」の内容には、最大限の尊重が払われなければならない[48]。そのためこのような決議の採択にはさまざまな駆け引きが繰り広げられる。この年採択された「教育分野における協力に関する決議」（以下、「74年決議」と称する）は、国の利害を代表する加盟国閣僚と、全ヨーロッパの利害を主張するEC委員会の間の主導権争いを象徴するものであった。

「74年決議」は、前文に続いて、「Ⅰ 原則」「Ⅱ 優先的行動」「Ⅲ 他の機関との整合性」「Ⅳ 教育委員会の設置」の四項目の本文からなる。ここでは、「Ⅰ 原則」および「Ⅱ 優先的行動」に注目してその内容を考察する。「Ⅰ 原則」および「Ⅱ 優先的行動」は表1－4に示すとおりである。

この決議が採択されたのは一九七四年六月六日であるが、決議採択の約三カ月前、つまり一九七四年三月一一日には決議の素案がEC委員会から理事会へ提出されている。「74年決議」をその素案（「EC委員会による決議案」[49]以下、「決議案」とする）と対比させてみると、興味深い事実が浮かび上がる。採択された「74年決議」の中の「原則」（表1－4参照）には、第1項として「教育の分野において創始される協力のプログラムは、共同体における経済および社会政策の進歩的調和を反映しつつ、この分野に関する特別な目的および必要性に適したものでなければならない」（傍点引用者）と記されているが、「決議案」の段階ではこの部分が「この協力が教育の価値に反映すべきであること、またそれが単に社会的・経済的目的を達成する点にとどまらない」（傍点引用者）と記されている[50]。「決

表１－４　「教育分野における協力に関する決議」（1974年６月６日）

Ⅰ．教育における協力は次の原則に基づく（「原則」）
(1) 教育の分野において創始される協力のプログラムは、共同体における経済および社会政策の進歩的調和を反映しつつ、この分野に関する特別な目的および必要性に適したものでなければならない
(2) 教育の協力は、経済生活の一部としてのみ見なされてはならない
(3) 教育の協力は、各国の伝統と各国の教育政策および教育制度の多様性を認めなければならない
(4) したがって、これらの制度や政策の調和（Harmonization）は、この協力の目標と見なされてはならない
Ⅱ．現段階において、この協力は主に次の一連の行動に優先的に取り組まれる（「優先的行動」）
(1) 共同体加盟国および非加盟国の国籍者ならびにその子女に対して、より良い教育・訓練の機会を提供すること
(2) ヨーロッパ各国における教育制度をより密接に関連づけること
(3) 教育に関する現在の記録と統計を整備すること
(4) 各高等教育施設の間の協力を増大させること
(5) 大学卒業資格ならびに在学期間を学術的に承認する可能性を広げること
(6) 教師、学生ならびに研究職にある者の移動の自由と可動性（mobility）を奨励すること。それは、とりわけそれらの人々の自由な移動を妨げる行政的・社会的な障害を除去することと、外国語の学習の促進によって行われるものである
(7) 教育のすべての形態に参加する自由に対して平等な機会を提供すること
Ⅲ．およびⅣ．（省略）

〔出典：O. J. of the EC, No C98/2, 20. 8. 1974〕

議案」では、「単に社会的・経済的目的を達成する点にとどまらない」と発展性が強調されているのに対し、「決議」では、「経済および社会政策」に関する「目的および必要性に適したものでなければならない」と抑制的なトーンで記されている。決議の「原則」第２項では、「教育の協力は、経済生活の一部としてのみ見なされてはならない」と経済に矮小化して捉えることも禁じてはいるが、それを考慮しても明らかに、「決議案」において示された発展性は後退している。

「原則」の第３項である「各国の伝統と各国の教育政策および教育制度の多様性」の尊重は、「決議案」に示された内容が決議に引き継がれていることを認めることができる。

続く第４項においては、「決議案」では「国家的な教育制度の内側に共同体の教育分野の協力が取り入れられることの必要性を認識する」と、共同体の活動を国家の教育制度の一

表1－5　「74年決議」および「決議案」における修正項目

| 「決議案」から削除されたもの | 「決議」に追加されたもの |
| --- | --- |
| ―ヨーロッパの歴史、地理、文化、とくに現代の社会的・政治的発展などのヨーロッパに関する研究の重要性を確認し、奨学金制度の整備や教員養成・教員研修に関するパイロット・スキーム、さらには加盟国内の多数のカリキュラム開発プロジェクトの支援などにより、発展を促進させる共同体活動のためのEC委員会提案に賛成する<br>―ヨーロッパ学校の制度と思想を拡張するために、そのスコープを検討する研究グループを設置するという委員会提案に配慮する<br>―教育の分野における活動のための予算に配慮する | ―ヨーロッパ各国における教育制度をより密接に関連づけること<br>―大学卒業資格ならびに在学期間を学術的に承認する可能性を広げること<br>―教育のすべての形態に参加する自由に対して平等な機会を提供すること |

〔筆者作成〕

部に組み込むことがうたわれているが、実際に採択された「原則」第4項では、「これらの制度や政策の調和(Harmonization)は、この協力の目標と見なされてはならない」という表現に置き換わっている。この修正は、共通教育政策を積極的に推進しようとするEC委員会に対する、国家の側からの強力な抵抗であるとみることができる。

「Ⅱ 優先的行動」についても同様に、「決議案」と採択された「決議」との対比によってその特色を明らかにする。表1－5は、「決議案」から削除されたものと「決議」採択の際に追加されたものに分けて列挙したものである。

この表を見てみると、「決議案」を作成したEC委員会と、各国の教育閣僚の間の意識の差異があらためて浮き彫りにされる。EC委員会は、ジャンヌ報告に示されたヨーロッパの次元の授業への導入を、教員研修やカリキュラム開発プロジェクトによって促進させること、すなわち、初等・中等教育に対してEC委員会がイニシアチブを取る余地を生むようにしたのに対し、教育閣僚は、EC委員会の関与をできるだけ限定的なものに、つまり各国の教育制度の接近や資格と修学期間の相互承認等に限定し、自国の教育システム

にEC委員会の手を触れさせないスタンスを貫いたものと見ることができる。(51)

「74年決議」にはもう一つ重要な事柄が決定されていた。それは、「加盟国と委員会の代表からなる教育委員会(Education Committee)」の設置である。ジャンヌ報告において議論に加わった三五名は、いずれも「教育問題、とりわけ国際的およびヨーロッパに関わる教育問題に従事するもの」、もしくは「教育以外の分野に影響力を持つ独自の見解を持つ」個人が委員に任じられていたのであり、(52)加盟国の立場を代弁するものではなかった。一方、新たに設置される「教育委員会」は、加盟国を代表するメンバーによって構成されるのである。(53)EC委員会の代表もメンバーの一員になっているとはいえ、数の上では加盟国の代表者が圧倒的に多数となる。したがって、教育委員会がECの共同教育政策の方向性を提示するようになれば、ECによる共通教育政策の進展は、加盟各国による国益や国家意思に大きく左右されることとなる。(54)

## (4) EC委員会と加盟国の間のかけひきと「行動計画に関する決議」(一九七六)

教育委員会の設置により、ECの枠内で定期的に教育の問題を議論する枠組みが成立したが、すでに見たように、そこにはEC委員会と加盟国の間の微妙な駆け引きが認められる。枠組み設計の段階に続いて、基本的ルールの策定の段階を迎えるEC教育委員会は、主導権争いの主要な場となった。

一九七四年一二月より月例で開催されるようになった教育委員会は、EC教育政策に関する新たな決議の準備に取りかかり、その成果は一九七六年二月に閣僚理事会において採択された「教育の領域における行動計画に関する決議」(55)(以下、「行動計画に関する決議」または「行動計画決議」とする)に集約された。この「行動計画に関する決議」は、「74年決議」を具体的に展開する行動計画を策定することを目的としていたが、ここでもEC委員会と加盟国

表1－6 「行動計画に関する決議」(1976)における行動計画

| |
|---|
| (1) 他のEC加盟国および非加盟国に属するものならびにその子女の教育と職業教育の可能性を模索すること [1－2] |
| (2) ヨーロッパにおける各教育制度の間の緊密な関係を促進すること [3－7] |
| (3) 教育に関する最新の文書と統計を整えること [8－12] |
| (4) 高等教育機関の間の協力を増大させること [13－16] |
| (5) 外国語教授を促進すること [17－19] |
| (6) あらゆる教育形態への自由なアクセスを可能にする平等な機会を保証すること [20－22] |

＊[ ] 内の数字は行動計画の項目を示す。
〔出典：Resolution of the Council of the Ministers of Education comprising an action programme in the field of education.〕

との間に見解の相違が認められた。ＥＣ委員会事務局に勤務するＥＣ公務員であるフォッグ（K. Fogg）とジョーンズ（H. Jones）は、この間の経緯を、「ＥＣ委員会と加盟国政府との間で両者が合意できる教育協力の基本ルールを定めるためにハードな交渉が行われた[56]」と回想している。ＥＣ委員会は、74年決議において当初決議に盛り込まれるはずであった一般教育、とりわけ初等・中等教育に関する政策を復活させることを目指していたし、一方で一部の加盟国は自国の教育権限を浸食されることに警戒感を示していた[57]。

「行動計画に関する決議」には、一般教育におけるＥＣの役割として表１－６に示した六分野、二二項目が挙げられた。表を対照してみると、この行動計画の枠組みは「74年決議」の内容とほとんど変わっていないことがわかる。つまり、ＥＣ委員会と加盟国の間の駆け引きはＥＣ委員会側の敗北に終わったといえる。

この決議に示された行動計画の中で一般教育に言及されているのは、第2項「ヨーロッパにおける各教育制度の間の緊密な関係を促進すること」である。そこには、「5 初等・中等学校の教師と生徒たちにヨーロッパの次元の経験を与えるため」の措置として、「教師および語学教員を志望する学生に対する短期滞在や交換交流」「共同体内の生徒と教師の移動と交換を促進するための国内情報と相談サービスの整備」「教員研修に関わる諸機関の間の連絡」「ヨーロッパの内容に関する教育活動」の四点が示されている。また「6 共同体レベルで検討される事項」には「外国の大学における留学期間の拡大」「外国における授業実践」「特別カリキュラムや複数の教授言語を用いたヨーロッパモデル授業ないし国際モデル授業の開発」が挙げられている。この中には、「ヨーロッパに関する学習活動」や「複数の教授言語を用いた特別カリキュラムや国際的またはヨーロッパに関するモデル授業の開発」といったヨーロッパ教育につながる構想が打ち出されているが、全体としてみるとEC委員会が当初もくろんだ枠組みからは大きく後退し、今後の展開に期待をつなぐわずかな手掛かりが得られたに過ぎないとみることができよう。

以上のように、ヨーロッパ共同体における教育政策の模索は、一九七〇年代を通して国家の主権の壁に阻まれて十分な共通政策の展開が果たせずに終わった時期であるとまとめることができよう。[58]

## 4　ヨーロッパ統合の深化・拡大とヨーロッパの次元の成立

農業政策の改革問題をてこに、財政自主権とヨーロッパ議会の権限強化を通していっそう超国家性を高めようとするECに対し、一九六五年、フランス大統領ド・ゴール（C. De Gaulle）は半年もの間ECへの代表派遣を中止し、実質的にECの意思決定機能を停止させた。この「マラソン政治危機」といわれる事件の後、ECの意思決定は「暗黙の内」に全会一致を原則とするようになった。一九七〇年代のECは、このマラソン政治危機の影響をうけ、「制度的な面での後退と経済面での停滞」の時期と評価されている。[59] それは、ECを自国の政策実現の道具とみなすフランスが、共同の利益以前に自国の利益を優先させていたこと、同時にEC委員会も、理事会で否決が予想される案件については提案しなくなったことによるものである。一国の反対によって重要な案件の成立が困難になる

**表１−７　シュトゥットガルト宣言（1983）における「文化協力」**

| |
|---|
| (1) さまざまなヨーロッパの活動とフィレンツェのヨーロッパ大学を発展させること |
| (2) 教員と学生の交流を含め、高等教育機関の間の緊密な協力を進めること |
| (3) とりわけ若い人々の間の交流の経験を強めること |
| (4) ヨーロッパの意識を促進するために、他の加盟国とECについての知識、ならびにヨーロッパの歴史と文化に関する知識の水準を向上すること |
| (5) 文化的遺産を保護し、促進し、保存するための共同の行動を採る方策の検討　（以下３項目略） |

〔出典：Bull. of the EC, 6-1983, p.28〕

という全会一致の原則は、一九七三年のイギリス、デンマーク、アイルランドが加盟し九カ国体制になったことにより、EC内の合意形成をいっそう困難にしていた[60]。中でもイギリスは、加盟後も国家の主権と利益の確保を第一原則としていた[61]。

## (1) ヨーロッパ統合プログラムの仕切り直しと教育課題

しかし七〇年代を覆っていた後退ないしは停滞感は、八〇年代になって徐々に改善の兆しが見え始めるようになった。それはフランスとイギリスの間隙を縫う形で、一九八一年に、ドイツ外相のゲンシャー（H.-D. Genscher）とイタリア外相のコロンボ（E. Colombo）が「ヨーロッパ議定書草案（Draft European Act）」をまとめ、ヨーロッパ連合に至る筋道を示したことに始まる。しかし「ヨーロッパ議定書草案」の検討はきわめて難航し[62]、一九八三年六月にシュトゥットガルトで行われたECサミットまで引き延ばされた[63]。

「ヨーロッパ議定書草案」を検討したシュトゥットガルトECサミットの最後には、「ヨーロッパ連合に関する厳粛なる宣言」[64]（以下、「シュトゥットガルト宣言」）が表明されたが、そこには「議定書草案」にはなかった「文化協力」の項目が追補され、そこには表１−７に示したような教育の課題が盛り込まれた。

ここではとくに第4項に注目したい。第4項では、①他の加盟国に関する知識、②ECに関する知識、③ヨーロッパの歴史と文化に関する知識、という教育の内容構成に対する方向付けが明確な形で示されている。また、「ヨーロッパの意識（European Awareness）」の促進が目指されている点も特筆すべきことであるといえる。これまでのECの文書において、「ヨーロッパ意識」や「アイデンティティ」という表現を用いることはタブーに近いことであったことから考えると、画期的なことであるといえる。(65)シュトゥットガルトECサミットに引き続いてEC統合の再活性化の場となったのは、一九八四年七月にフランスのミッテラン大統領（F. Mitterrand）が議長を努めたフォンテーヌブローECサミットであった。(66)フォンテーヌブローECサミットでは、ミッテランによる社会政策重視の姿勢を反映し、優先的目標として「経済政策」「科学技術力の開発」「域内市場の強化」とならんで「雇用の保護と促進」が挙げられた。この中では、「科学技術の開発」と「雇用の保護と促進」において若者の教育の問題が視野に入れられている。(67)また優先的目標の補足部分には、六月の教育閣僚理事会によって採択された「外国語教授に関する結論」(68)に配慮して、「各加盟国における外国語学習の促進を図ること」が盛り込まれている。(69)

シュトゥットガルト宣言も、フォンテーヌブローECサミットでの結論にしても、いずれもECの政策全般に関する総論的性格を持つもので、教育政策を具体的に論じたものではなかった。とはいえ、停滞期を脱するそのような時期だからこそ、「ヨーロッパの意識を促進」させることに言及するなど、その理想を追求する姿勢が必要とされたのであろう。

### (2)「行動計画に関する決議」の具体化とEC教育委員会「一般報告書」（一九八〇）

一九七六年二月の「行動計画に関する決議」、および同年一二月一三日に教育閣僚理事会で採択された「教育から職業生活への移行に関する決議」(70)（以下、「移行に関する決議」とする）を受けて、一九八〇年六月二七日、教育委

**表1－8　一般報告書と「行動計画に関する決議」および「職業生活への移行に関する決議」対照表**

| 教育委員会「一般報告書」 | 行動計画に関する決議 | 職業生活への移行に関する決議 |
|---|---|---|
| Ⅰ．自国、加盟国、非加盟国の子どもの教育と職業訓練のための便宜的措置 | | |
| A　加盟国によって執られる措置 | 第1項 | |
| B　共同体レベルで執られる措置 | 第2項 | |
| Ⅱ．ヨーロッパにおける教育システム間の関係強化 | | |
| A　教育政策担当者の定期会議の開催 | 第4項 | |
| B　中等教育の地方行政官の研修訪問 | 第4項 | |
| C　学校の生徒・児童の交流 | 第5項 | |
| D　学校におけるヨーロッパ共同体とヨーロッパに関する学習 | 第5項 | |
| E　他の加盟国における教師の専門性を高めるための研修 | 第6項 | |
| F　複数の教授言語を用いたヨーロッパ学校および国際学校 | 第6項 | |
| G　加盟国間を移動する生徒のための標準履修カルテの作成 | 第7項 | |
| Ⅲ．教育に関する記録および統計の整備 | | |
| A　情報ネットワーク | 第9・10項 | |
| B　学生用ハンドブック | 第11項 | |
| C　EC統計局の活動 | 第12項 | |
| Ⅳ．高等教育における協力 | | |
| A　高等教育諸機関の連携 | 第13項 | |
| B　教員、行政官、研究者のための短期滞在研修 | 第13項 | |
| C　加盟国における高等教育諸機関の間の共同研究プログラム | 第13項 | |
| D　高等教育機関への他の加盟国の学生の受け入れ | 第14項 | |
| E　他の加盟国における教授および研究機関の任期への算入 | 第15項 | |
| F　学士資格の学術的承認 | 第16項 | |
| Ⅴ．外国語の学習<br>A　一般原則<br>B　調整 | 第17－19項 | |
| Ⅵ．あらゆる形態の教育への自由なアクセスを可能にする機会均等の達成<br>A　就学前教育<br>B　ハンディを持つ子どもの特別なニーズ<br>C　親の参加<br>D　女子の就労への準備と男女の機会均等 | 第21項 | |
| Ⅶ．若者を学習から労働へと移行させるための措置 | 第22項 | 決議全般 |

〔筆者作成〕

員会は閣僚理事会に向けて「一般報告書」を提出し、同理事会に承認された。次の表（表1－8）は一般報告書を「行動計画に関する決議」および「移行に関する決議」と対照したものである。

この表を見ると、全体的にいえば、教育委員会は、「行動計画に関する決議」および「移行に関する決議」によって与えられた内容に準拠しつつ、若干の新たな内容（表中のⅥ－B、C、D）を加味することによって、一般報告書を作成したことがわかる。一般報告書に反映されなかったのは、「行動計画に関する決議」の第3、8、20の各項であるが、これらの項目は、「あらゆるレベルの教育に責任を持つ機関の間の情報交換を活発にし、改善することは必要なことである」（第8項）のように具体的行動計画の方針を示した項目であるため一般報告書からは除かれている。(71)

一般報告書の内容についてはどのような特徴が認められるであろうか。前節で指摘したように、ヨーロッパレベルでの教育協力をさらに深めようとするEC委員会に対し、各加盟国はEC委員会の関与をできるだけ狭い範囲にとどめようとしており、両者の間には緊張関係が存在していた。この緊張関係の一つの焦点は、一般教育に対するECの関与を認めるかどうか、端的にいえば、ECが各国のカリキュラム内容にどこまで干渉できるかにあるといえる。したがって、一般報告書を評価する場合には、このカリキュラム内容に対する言及、すなわちヨーロッパ教育へのECの関与の度合いを示すことが必要になる。そこで、一般報告書がカリキュラムの編成についてどのような姿勢をとっているのか、報告書中の「Ⅱ　ヨーロッパにおける教育システム間の関係強化」における「D　学校におけるヨーロッパ共同体とヨーロッパに関する学習」の項目で確認しておきたい。

「学校におけるヨーロッパ共同体とヨーロッパに関する学習」は、全体で一四項目からなる文書である。そのうち1から3は、前提となる基本姿勢および参照されたEC文書が示されている。続く4から9は、「加盟国もしくは教育に責任を負う行政当局」に対する提案であり、10から14は、EC委員会に対する提案である。

このうち、まず注目すべきは、第1項で教育委員会が、「児童生徒に対して各国の教育システムを適合させる措置を通して、ヨーロッパ意識を発展させ、ヨーロッパ共同体に関する地理的、歴史的、政治的内容を理解する機会を提供する」ことを、委員会自身の責任の範囲と位置づけていることである。つまり、「ヨーロッパ意識」の形成とヨーロッパ共同体についての学習の場を提供することがこの報告の明確な目標となっている。しかし、この目標に到達する道筋は、「さまざまなカリキュラム・アプローチ、つまり各国の条件と必要性に応じた方法で実施される」と記され、各国教育政策担当者の猜疑心を招かぬよう慎重に配慮されている。

第2項では、「ヨーロッパの次元は新しい教科としてカリキュラムに導入されるべきではなく、むしろ既存の教科や学際的学習の中へ取り入れられるべきであること」とされ、ヨーロッパ教育が教科の編成、つまり各国のカリキュラム構成そのものに踏み込むものではなく、既存の教科の一部をヨーロッパのための学習に割り当てる方向で取り組まれるべきであることを示している。ここでは教科としての「ヨーロッパ科」というかたちは明確に否定されている。

この第1項と第2項をみてみると、両者は対の関係にあるといえる。すなわち、第1項では、ヨーロッパ意識を育てるためのヨーロッパ共同体に関する学習の機会を保証することを加盟国に求めている。その代わりに第2項では、各加盟国がECに対して抱く疑念、つまりECが各国の教育内容を統制するのではないかという疑念を払拭し、ECが既存の各国のカリキュラム編成を尊重し、各国固有の「条件と必要性に応じた方法」でこれを導入することを基本的前提としたのである。

この前提をふまえて、教育委員会は加盟国（もしくは、地方教育行政当局者）とEC委員会の両方に提案を行っている（表1－9参照）。ここで注目されることは、加盟国に対する提案の5および6である。両項目ともに慎重な言い回しが用いられてはいるが、直接的にいえば、学校でのヨーロッパ教育の実施と、ヨーロッパ教育のカリキュラ

**表1－9　教育委員会による加盟国とEC委員会への提案**

| 加盟国に対する提案 | EC委員会に対する提案 |
|---|---|
| 5）生徒たちにヨーロッパの意識とヨーロッパ共同体に関する正しい知識と理解を発展するための機会を与える<br>6）現行のカリキュラムにおける良い実践を研究し、望ましい方向へ修正あるいは改善する<br>7）教員養成および現職研修でヨーロッパの次元を考慮する<br>8）各教育システムにおけるヨーロッパ共同体に関する教材の開発と普及を図る<br>9）加盟国内または複数の加盟国の間でEC学習に関する情報と経験を交流する | 11）各国の教員研修機関の間の協力を発展させ、研修スタッフ、行政官、視学官の研修訪問の実施を支援する<br>12）この領域で活動する教師のための短期訪問研修を支援する<br>13）次の場合のための教師用教材の作成を支援する<br>—ヨーロッパ共同体に関する教材の準備と普及<br>—加盟国が上記第4点に示された目標を達成するために必要な一連の研究と実践を学校カリキュラムに反映させるための教材の開発。わけても学校や教員研修機関のネットワーク構築を含む研究や経験の交流が優先的に扱われる<br>14）次の情報と経験の交流を促進する<br>—専門家、教師、教員研修スタッフのセミナーを組織する<br>—これらのセミナーに関する報告と、それに関する研究をヨーロッパ共同体の諸言語で出版する<br>—現在の組織を活用して、教員の必要性を満たすための方法を検討する |

〔一般報告書より筆者作成〕

ムへの反映が求められているのである。この両項目が欠落すれば、EC委員会がどれほどにヨーロッパ教育の形成と普及の努力をしてもその実現の場を失う。その意味で、この二点の提案は一般報告書全体からみても重要な一文であるといえよう。とりわけ6においては、現行カリキュラムに不十分さが認められれば内容の取り扱いを改善することが、教育委員会によって求められていると解釈される。

　このような踏み込んだヨーロッパ教育導入の提案は、どのようにして可能となったのであろうか。七六年の「行動計画に関する決議」(72)においては、単に項目のみが与えられたにとどまり、明確な方針も、ましてやカリキュラムや教材の開発・導入など議論の外であったものが、なぜ一九八〇年の報告書には盛り込まれたのであろうか。それを可能にしたのは、一般報告書の第3項に記された「一九七八年六月九日のEC委員会通知」、および「ヨーロッパ議会および社会経済委員会」から示された見解であったと考えられる。(73) 一般報告書においてヨーロッパ教育の導入がどのような経緯で盛り込まれたかを確認するために、この一九七八年六月九日のEC委員会通知にさかのぼって言及しておきたい。

### (3) ヨーロッパ教育の伏線――EC委員会通知「ヨーロッパの教育内容を含む授業」(一九七八)

一般報告書がまとめられるのに先立つ一九七八年、EC委員会は教育閣僚理事会あてに一通の通知(Communication)を提出した。「ヨーロッパの教育内容を含む授業―加盟国の諸学校における授業対象としてのヨーロッパ共同体」(以下、「ヨーロッパ授業に関する通知」と称す)と題されたこの通知は、EC委員会が「行動計画決議」を根拠に理事会あてに作成したものである。

本通知は「導入(1〜3)」「今日のヨーロッパの教育内容―授業プログラムと授業実践(4〜7)」「授業対象としてのヨーロッパ共同体―実現可能な方法(8〜17)」「活動計画(18〜19)」「プログラム内容(20〜27)」(括弧内は項目番号)で構成されている。「ヨーロッパ授業に関する通知」は、EC委員会が学校教育におけるカリキュラムの中にヨーロッパテーマをどのように導入すべきか、その手順と方法を具体的に明示していること、教育委員会による一般報告書のみならず、その後の「教育におけるヨーロッパの次元」決議にまで影響を与えたきわめて重要な文書である。

ここで問わなければならないことは、なぜEC委員会はヨーロッパ教育をカリキュラムに導入するというこのような通知を出すことが可能であったかということである。前述のように、一九七〇年代は、ヨーロッパ統合の進行が停滞し、加盟国は自国の権限を固守し、広い意味での教育、とりわけ教育内容がECによって統制されることを排除する方向に傾いていた。EC委員会のヨーロッパ教育導入の試みが、閣僚理事会によって後退させられたのはその二年前の一九七六年のことであった。

　この疑問に対する答えの一つは、ヨーロッパ教育のカリキュラムへの導入に対して、EC委員会が必ずしも孤立しておらず、EC委員会の立場を擁護する各方面からの支援があったことにある。EC委員会の第一の賛同者は、ヨーロッパ議会である。ヨーロッパ議会は、教育においてヨーロッパテーマを扱うことに対して繰り返し賛意を示してきた(74)。ヨーロッパ議会には閣僚理事会の決定を覆す権限も法案の提出権もなく、ただ意見の表明がゆるされるのみであったが、仮に各国の国民がヨーロッパの政治に対してより深い理解と関心を持つようになれば、自ずとヨーロッパ議会の持つ発言力も増し、それによってヨーロッパ政治における役割もいっそう高められることになる。そのため、ヨーロッパ議会の議員たちは、学校でヨーロッパに関する教育を行うことに対しておおむね肯定的であったといわれる。

　第二の賛同者は、加盟国の中に見いだすことができる。ECが教育に取り組むことに対し、加盟各国は一致して反対の意向を示していたのではなかった。オランダやドイツなど加盟国の一部には、ヨーロッパの観点を教育の中に広めていくことに、理解と努力を向けていた国も認められる(75)。これらの国は、ECが教育の分野においてもイニシアチブを取ることに期待していた。

　第三の賛同者は、実際に学校の授業を行う教師や公立学校を統括する地方自治体である。教師の中には民間教員団体である「ヨーロッパ教員連盟」に所属し、独自にヨーロッパテーマの教材化を進めるものもあった(76)。

　このような一種の「外圧」を活用し、理事会の承認を必要としない「通知」という手段を用いてEC官報の中に正式に「資料」としてヨーロッパ授業の痕跡を残しておくことにより後の議論の再燃を図る。これがEC委員会による「ヨーロッパ授業に関する通知」のねらいであったと考えられる。「決定」や「決議」は理事会の採択を必要とするため、内容が骨抜きになりかねない。採決をあえて回避し、位置づけは一段低いがその内容を「通知」の中に明文化しておく。一九七八年の「ヨーロッパ授業に関する通知」は、このようにして一九八〇年の一般報告書への伏線となったといえよう。

### (4) 閣僚理事会による「教育におけるヨーロッパの次元の高められた取り扱いに関する結論」の採択（一九八五）

教育委員会による「一般報告書」に記された内容を正式にECの政策に位置づけるため、一九八五年九月に、教育閣僚会議によって「教育におけるヨーロッパの次元の高められた取り扱いに関する結論」[77]がまとめられた（以下「85年結論」とする）。この結論によって、ヨーロッパの次元を授業の中に導入するヨーロッパ教育は、ECの教育政策の中で重要な役割を与えられることになる。「85年結論」では、「ヨーロッパの次元（the European dimension）について教えることは、ヨーロッパにおける未来の市民のための教育の一部」であり、「ヨーロッパの人々の間のより密接な同盟（union）は、他の加盟国に関する政治的、社会的、文化的生活を理解することを基盤にしてのみ達成される」ものであるから、「ヨーロッパの市民は、ヨーロッパ統合の目標と、ECの活動の意味についてもよく知らされなければならない」とされる。

「85年結論」で提案されたヨーロッパの次元を高めるための教育的措置は次の通りである（表1－10参照）。

この表にみるように、「85年結論」においては「カリキュラム、教員研修、教材におけるヨーロッパの次元」が盛り込まれている。第3節で述べたように、一九七四年の「教育の分野における協力に関する決議」でEC委員会と加盟国との間の駆け引きによって削除されたカリキュラムへの言及が、ここで正式に復活している。一九七四年にEC委員会が決議案にまとめながら、加盟国の抵抗によって削除されたカリキュラムへの言及は、教育委員会に

表1－10 「85年結論」におけるEC教育政策の課題

| |
|---|
| (1) ヨーロッパ共同体を発展させる最も重要な要素である外国語の教授の促進 |
| (2) 他の国の生徒たちとの交流 |
| (3) カリキュラム、教員研修、教材におけるヨーロッパの次元の強調 |
| (i) 学校のカリキュラムと教員研修において、ヨーロッパの次元を考慮すること |
| (ii) 他の加盟国の教員研修機関との協力を奨励すること |
| (iii) 短期の現職教員用セミナーの組織化を促すこと |
| (iv) 適切な教材の開発を支援すること |
| (4) ヨーロッパ意識啓発の日（European Awareness Day）を設ける |

〔出典：「教育におけるヨーロッパの次元の高められた取り扱いに関する結論」〕

よる報告を経て、一九八五年になってようやく教育閣僚理事会によって採択される運びとなった。しかし、この文書が依然として「決議」よりも緩やかな「結論」であることに注目しなければならない。カリキュラムへのヨーロッパの次元の導入を含めて、一般教育がECの共通教育政策に承認されるにはさらに一九八八年の決議を待たなければならない。

## (5) ヨーロッパ教育のターニングポイント「教育におけるヨーロッパの次元決議」の採択（一九八八）

「85年結論」においてEC教育政策のキーワードになった「ヨーロッパの次元」は、一九八八年の「教育におけるヨーロッパの次元に関する決議」（以下「ヨーロッパの次元決議」とする）によってさらに拡充、具体化されることになった。この「教育におけるヨーロッパの次元決議」[78]は、ECによる学校教育に対する関与を確実にする意味においてきわめて重要な意味を持つものであり、同決議の採択はEC内の学校教育現場にも大きなインパクトを与えるものとなった。

「ヨーロッパの次元決議」の特徴は次の点にまとめられる。①従来よりECの教育政策は、移民子女や職業教育、高等教育、外国語教育など目的を特定し、対象を制限した政策を行っていたが、同決議はそのような制約を除去し、学校教育全般にわたる活動を目指したこと、②一九八八年から九二年という期間を設定して達成すべき内容を示したこと、③「ヨーロッパ・アイデンティティ」を目的の第一位においたこと、④加盟国に対して達成すべき行動の内容を具体的に列挙して示したこと、⑤教育政策の公文書および学校用カリキュラムにヨーロッパの次元を取り入れるよう求めたこと、⑥決議に定められた内容を実現するため、各国の代表からなるワーキンググループに国内の「調整の責任」を負わせるとともに、三年後の九一年六月末までに実施に移された施策について報告するよう決めたこと、⑦ECが行う措置については財政的根拠が明示されていること、である。以下、これらの特徴についてさらに詳しく考察する。

**(ア) 学校教育全般にわたる活動**

「ヨーロッパの次元決議」には「すべての」という語が多用されている。たとえば、次のものが抽出される。「加盟国は、自国のその時々の教育政策の主導的思想と構造の枠の中で、後に示す措置の実現に向けた必要なすべての努力を試みる」「2 教育におけるヨーロッパの次元の強化に向けて、教育のすべての領域において有効なイニシアチブを促すこと」「3 ふさわしいすべての教科の指導要領に、ヨーロッパの次元の表現を取り入れること。たとえば、文学・外国語授業、歴史、地理、社会科、経済科、芸術的諸教科などにおいてである」「6 個々の加盟国とすべての段階の生徒と教師を、国境を越えて接し、出会うように励ますこと」「教育におけるヨーロッパの次元の効果的な採用について、またすべての教育段階でこの目的のために使用される教材の使用と活用についてのコロキウムとセミナーの実施」(傍点引用者)。

以上はすべて「加盟国のレベル」の措置として記されたものであるが、すべての教育領域を対象に、すべての教科およびふさわしいすべての教科の指導要領において、すべての生徒と教師によって取り組まれる課題であるとされている。ヨーロッパの次元は、学校教育のあらゆる局面において導入されるべきものであることが確認されている。

**表1－11　EC「教育におけるヨーロッパの次元」決議の目標**

| |
|---|
| Ⅰ．目標<br>―ヨーロッパのアイデンティティのために若者の意識を高めること、そして、彼らに対し、ヨーロッパ市民が今日その発展を支援したいと考えるヨーロッパの文化と基盤への価値、とくに民主主義、社会的公正、人権への配慮（1978年４月・コペンハーゲン宣言）を明確にすること。<br>―共同体の経済的社会的発展と、単一欧州議定書に従ったヨーロッパ連合実現への具体的進歩への参加を、若い世代に準備させること。<br>―若い世代に、共同体が経済的社会的空間の開放を通してもたらす利益を、そして挑戦をも意識させること。<br>―若い人々に、歴史的、文化的、経済的、社会的観点から共同体の加盟国のより良い知識を伝え、彼らにEC諸国家の行う、他のヨーロッパ諸国や世界の国々との共同活動の意味を身近なものにすること。 |

〔出典：「教育におけるヨーロッパの次元」決議より〕

(イ)　**期間の設定と達成すべき内容の明示**

「Ⅰ 目標」には次のように記されている。「この決議の意図は、一九八八年から九二年の間の具体的措置による一連の準備を通して、教育におけるヨーロッパの次元に対する強力な配慮をもたらすことにある」。この点に、同決議がプロジェクト的に短期間で成果をあげることが義務づけられていたことがわかる。

(ウ)　**第一目標としての「ヨーロッパ・アイデンティティ」**

表1－11に示したのは、「Ⅰ 目標」に掲げられた事項である。ここにはヨーロッパ・アイデンティティの意識を高めること、ヨーロッパへの社会参加を図ること、ヨーロッパの新しい変化に対応すること、ECおよび加盟国に関する知識を得させること、非EC加盟国との協力を図ることが目標に挙げられている。中でも「ヨーロッパのアイデンティティ」が第一項目に挙げられている点が注目される。

(エ)　**加盟国の行う課題の明確化**

「ヨーロッパの次元決議」には、「前文」に続いてECと加盟国が追求する共通の「目標」が示されている。そのうえで、次の表1－12に示すように、「A 加盟国のレベル」と「B 共同体のレベル」に分けて「活動」の内容が記されている。このことは次の点できわめて重要な内容を含んでいる。すなわちこれまでの決議や結論は、基本的にECにおけ

表1－12　EC「教育におけるヨーロッパの次元」決議の活動領域

| A．加盟国のレベル | B．ヨーロッパ共同体のレベル |
|---|---|
| ・教育システムへのヨーロッパの次元の導入<br>・指導要領と授業<br>・教材<br>・教員研修<br>・多様な国々の生徒と教師の間の出会いを促すための強化措置<br>・補足的措置 | ・情報交換<br>・教育的材料<br>・教員の養成<br>・追加的な特別措置 |

〔出典：「教育におけるヨーロッパの次元」決議より筆者作成〕

る共通の目標と課題の内容を羅列的に記すのみであり、その課題をどのように実現するのか、その手順と責任の所在が不明確であった。

これに対し「ヨーロッパの次元決議」では、加盟国が行うべき措置とECが行うべき措置の両方が区別して記され、「この目標の実現は、加盟国の段階においても共同体の段階においても強力なイニシアチブを取ること」が必要とされている。このようにECと加盟国の措置を併記する形式を採用したことは、教育に関する権限は基本的に加盟国のものであることを認め、教育政策に対する加盟国の主体性を尊重したうえで、同時にECの教育に対する責任と役割を明確にさせることをねらったものであるといえる(79)。

### (オ)　公的文書と公的カリキュラムへのヨーロッパの次元の導入

前項の活動領域の明確な区分に従い、加盟国には上記（表1－12）の六点の役割が分担されるようになった。その中でも注目されるのが、「教育システムへのヨーロッパの次元の導入」と「指導要領と授業」である。このことは、とりもなおさず公的文書と公的カリキュラムにヨーロッパの次元を導入することである。この一文によって、ヨーロッパの次元の導入は、すべての加盟国のすべての学校の課題とされたのである。第Ⅱ部でドイツの事例を検討するが、本決議が浸透し始める一九九〇年代以降、急速にヨーロッパの次元がドイツ各州のカリキュラムに導入されていく。当然のことながら、そのカリキュラムに従って教科書が編集され、授業計画が立案されていくのであり、本決議の本質はこの

**表1－13　加盟国における主な活動**

教育システムへのヨーロッパの次元の導入

1．教育におけるヨーロッパの次元の伝達に向けた目標と手段についての各国の時々の主導的思想を、文書において表明すること。学校と他の教育施設のための準備を表明すること。

2．教育におけるヨーロッパの次元の強化に向けて、教育のすべての領域において有効なイニシアチブを促すこと。

指導要領と授業

3．すべてのふさわしい教科の指導要領に、ヨーロッパの次元の表現を取り入れること。たとえば、文学・語学授業、歴史、地理、社会科、経済科、そして芸術的諸教科などにおいてである。

〔出典：「教育におけるヨーロッパの次元」決議〕

**表1－14　決議の成果報告と責任の所在**

ワーキンググループ

19．欧州委員会は、これらの課題の達成とこの分野の活動を効果的に実施するために、ワーキンググループを組織する。このグループは、加盟国の代表により構成され、教育の諸課題に関する調整の責任を引き受け、その都度加盟国の提案に従い委員会によって任命されるものである。

Ⅲ．達成した事項についての報告

欧州委員会は教育委員会に、1991年6月30日までに、教育におけるヨーロッパの次元を評価するために、加盟国レベルと共同体レベルにおいて着手された措置の経過に関して、最初の報告書を提出することを求める。

〔出典：「教育におけるヨーロッパの次元」決議〕

項目の中に表れているといってもよいであろう。

**(カ)　ワーキンググループの責任と成果報告の作成**

(イ)でも述べたように、本決議は五年間という時期を区切って成果を求めるプロジェクト的な実施が図られている。短期間に決議を実施し成果を評価する仕組みは、本決議の成功に欠かすことができないものであると考える。そのためにEC委員会が採った戦略は、国内の調整を各国の代表からなるワーキンググループに一任し円滑な導入を図るという方法である。周知の通り、ヨーロッパ各国の教育制度は、初等中等教育の就業年限から教師の自由裁量の度合いまで多様性を持っている。その中で各国の教育の内情を知るものが調整に携わることにより、各国の個別の事情に応じた決議内容の適用が可能

表1－15　決議の財政的根拠

| |
|---|
| Ⅳ．財政融資<br>　第Ⅱ節Bにおいて定められた行動に対する共同体による財政融資ならびに融資金額は、共同体の規則と手続きに従って決定される。 |

〔出典：「教育におけるヨーロッパの次元」決議〕

になる。人選にあたっては、「加盟国の提案に従い委員会によって任命される」ことによって、加盟国の自主性と委員会の意向とが両立できる仕組みになっている点も注目すべきであろう（表1－13、14参照）。

(キ)　**財政的根拠の明示**

このような大規模な新規政策の実施にあたり、財政的根拠を示すことは政策実現に必要不可欠な事柄である。同決議においても決議の最後に表1－15のように記されて、財政的根拠を明確にしている。

以上、七項目にわたり「ヨーロッパの次元決議」の特徴を検討してきた。これまでの検討から同決議がそれまでの教育関連決議とは異なり、具体的で実際的な性格を有するものであることが理解されよう。事実、「ヨーロッパの次元決議」の採択以降、堰を切ったように多数で広範囲の政策プログラムや決議が立案、実施されていく。その意味から、同決議によりヨーロッパ共同体の教育政策は形成期を終了し、次の発展の段階を迎えたということができる。

## (6)　「ヨーロッパの次元決議」以降の教育政策――各種教育プログラムの開発

「ヨーロッパの次元決議」以降、全体的な把握が困難なほど多数の共同教育政策プログラムが実現している。その政策の網にかかる範囲は、職業教育や高等教育はもちろん、青年交流や女子教育の促進プログラム、教育情報網の整備、最新の技術開発を進める協力プロジェクトの実施など多岐にわたる。表1－16は、一九八八年から九四年にかけて実施されたECによる教育プ

表1－16　ECにおける教育プログラム

| 計画の名称 | 期　間 | 目　的 |
|---|---|---|
| ERASMUS | Ⅰ期：1988－90<br>Ⅱ期：1991－93 | EC内の高等教育機関に学ぶ学生の移動の促進およびヨーロッパ次元の促進 |
| COMETT | Ⅰ期：1988－89<br>Ⅱ期：1990－94 | ニューテクノロジーとリンクした高度の職業教育の改善のための大学と産業界との協力関係の促進 |
| Youth for Europe | Ⅰ期：1988－91<br>Ⅱ期：1992－ | EC内における青少年交流の改善、促進、多様化 |
| PETRA | Ⅰ期：1989－92 | 青少年の職業教育の促進と支援 |
| IRIS | Ⅰ期：1988－92 | 女子が職業教育にアクセスすることを促進 |
| EUROTECHNET | Ⅰ期：1985－89<br>Ⅱ期：1990－94 | ニューテクノロジーとリンクして職業訓練の分野における革新をEC全域に普及させること |
| LINGUA | Ⅰ期：1990－94 | 共同体市民として必要な言語能力の改良・促進 |

〔出典：木戸裕「教育政策」『新生ヨーロッパの構築』1992年、268－269頁より抜粋〕

ログラムである。[80]

この表を見てみると、すでに「ヨーロッパの次元決議」以前から進められているプログラムも見られるが、一九八八年以降実施に移されたプログラムが多いのに気づく。一九八八年以降のEC教育プログラムについては、エラスムスをはじめすでに多くの研究がなされているため、[81]本研究では個々のプログラムの考察は割愛する。

またこの時期には、閣僚理事会によってさまざまな領域の共通教育政策が決定されている。その主なものには次のものがある。[82]

—中期的な教育政策のとりまとめである「一九九三年までの教育の協力と共同政策に関する結論」[83]（一九八九年一〇月）

—ヨーロッパ学校の経験を広く一般の学校に普及させる「ヨーロッパ学校の経験を活用するための定款の変更に関する結論」[84]（一九八九年一二月）

—教員研修により学校における男女平等を推進する「教員養成および現職教員研修において男女の教育機会の平等を高める結論」[85]（一九九〇年五月）

—薬物使用に対する認識を高める「スポーツでの使用をはじめ

とする医薬品の誤用を含めた薬物の使用とたたかうための共同体活動に関する決議[86]」（一九九〇年一二月）
—教育情報ネットワークの形成に関する「ヨーロッパ共同体における教育情報ネットワーク（EURYDICE）に関する決議[87]」（一九九〇年一二月）
—ECが青年問題に関わり、また青年にヨーロッパへの関わりを持たせる「青年問題に関する優先的活動に関する決議[88]」（一九九一年六月）および「"Youth for Europe"プログラムの継続に関する指令[89]」（一九九一年六月）
—ECにおける共同の教育研究や統一的な統計調査を進める「ヨーロッパ共同体における教育研究と教育統計に関する決議[90]」（一九九一年一一月）
—中欧と東欧のヨーロッパ諸国との協力を促進する「中欧・東欧諸国との関係に関する結論[91]」（一九八九年一二月）、「COMETTⅡの実施によって職業訓練の領域における協力を確立するECとオーストリア共和国との間の合意に関する決定[92]」（一九九〇年三月）、「エラスムスプログラムの枠内での教育および職業訓練領域における協力を確立するECとオーストリア共和国との間の合意に関する決定[93]」（一九九一年一〇年）
—高等教育におけるECレベルの活動を定めた「大学研究のためのトランスヨーロッパな移動の枠組みを確立する決定（TEMPUS）[94]」（一九九〇年五月）、「高等教育における質的評価に関する結論[95]」（一九九一年一一月）、「高等教育におけるヨーロッパの次元を開発するための措置[96]」（一九九二年一一月）

本項では、ECの共通教育プログラムと、教育理事会で採択された諸施策についてその概観を述べた。一九八八年から一九九三年にかけては、それまで抑制されていた教育分野へのECの施策が、「ヨーロッパの次元決議」によって一気に開花した時期であるとみることができる。その反面で、プログラム間の調整が進まず、多くのプログラムが重複する内容を持つことや、プログラム参加の受付窓口が個々のプログラムで異なること、申請に対する書類も不統一であることなど、多くの混乱も生じた。このような政策の乱立状態を整理統合し、体系化を進めるのは、一九九三年にマーストリヒト条約が成立し、ヨーロッパ共同体（EC）が、ヨーロッパ連合（EU）に移行してからのことである。

## 5　ヨーロッパ連合への移行とヨーロッパの次元の展開

### (1)　マーストリヒト条約（一九九三）の意義と限界

前節で述べたように、一九八〇年代末から九〇年代初頭にかけて堰を切ったようにEUによる多数の教育プログラムが策定され、ヨーロッパにおける教育協力の基盤が形成された。しかし、これらEUによる教育プログラムがEUの所管事項であることの法的根拠を問うてみると、必ずしも自明のものではないことがわかる。すなわち、これらの教育プログラムの法的枠組みは、依然として一九七四年に採択された「教育の分野における協力に関する決議」に帰結する。第4節において「ターニング・ポイント」と評価した「教育におけるヨーロッパの次元決議」ではあるが、学校教育における限られた範囲の一つのプログラムであるにすぎない。このことは、EUの各教育プログラムが、各国教育大臣の間で合意された「決議」という緩やかな法的基盤の上に築かれていることを示す。

その意味で、一九九三年にマーストリヒト条約が発効し、その第126条に教育に関する条項が盛り込まれたことは、ヨーロッパ教育の歴史上画期的な出来事であったということができる。教育についてのEU政策の原則が「条約」に盛り込まれたということは、実現に向けて各加盟国がその履行を約したものであり、これ以降はEUが教育政策を担うべきか否かという議論には終止符が打たれ、加盟国とEU委員会との間で各政策の所管事項を明確にし、[97]

表１－17　マーストリヒト条約における教育関連条項

第３章「一般および職業教育と青少年」
第126条
１．共同体は、加盟国間の協力を奨励すること、および教育内容と教育制度ならびに加盟国の文化と言語の多様性に関する加盟国の責任を十分に尊重しつつ必要な場合に加盟国の行動を支援し補足することによって、教育の質の向上に貢献する。
２．共同体の行動は次のことを目的とする。
―とくに加盟国の言語の教育と普及を通じて教育のヨーロッパの次元を発展させること
―学生の資格と就学期間に関する大学間の相互承認を奨励することによって、学生および教師の移動を奨励すること
―教育機関の間の協力を促進させること
―加盟国の教育制度に共通する問題に関する情報と経験の交換を発展させること
―青年の交流および社会教育指導者の交流の発展を奨励すること
―遠隔教育の発展を奨励すること
３．共同体および加盟国は教育の領域で、第三国および関係国際機関、とくにヨーロッパ評議会との協力を促進する。
４．（省略）

〔出典：Vertrag über die Europäische Union〕

各々の分担する事業を目的的に遂行する実務的段階へと入ったことを意味する。このマーストリヒト条約成立以降、現在に至るまでの段階をヨーロッパの次元の展開期ということができよう。

では、マーストリヒト条約には実際どのような内容が記されているのであろうか。表１－17は、EUにおける教育条項を規定したマーストリヒト条約第126条である(98)。第126条は、EUの教育政策における役割を記した第1項と、EUの教育政策を六項目にまとめて記した第2項、他の機関との綿密な協力を記した第3項、および意思決定の手順を記した第4項からなる。ここでは、第126条教育条項の主要な部分である第1項および第2項について述べる。

第1項には、EUが取り組む教育政策の基本的な考え方が示されている。そこでは共同体（EU）は、「加盟国間の協力を奨励すること」ならびに、「加盟国の行動を支援し補足すること」によって「教育の質の向上に貢献する」ことがねらいとされる。その際、「教育内容ならびに教育制度」「加盟国の文化と言語の多様性」の保証については加盟国に最終的な責任があることを「十分に尊重」することが強調

されている。そのうえで「必要な場合に」限り、「支援」と「補足」という補助的な手段が認められている。この条文を厳密に解釈すると、EUによる各種の教育政策への関与が全面的に認められたわけではないことがわかる。つまり、基本的な教育政策立案の主導権は、依然として加盟国側に委ねられていることを原則として確認しているのである。

次に第2項を見てみたい。第2項はEUにおける活動領域である。ここでは資料のように六項目が盛り込まれているものの、これらの項目はすでにEUの教育政策として進行しているものばかりであり、それ以前のプログラムの追認であるといえる。

本条第1項および第2項からわかることは、第一に教育に対する加盟国の責任をEUが承認したこと、第二にそれと同義として、EUはヨーロッパの視点で必要な施策によって加盟国を補う補完的な役割を引き受けることを表明したということである。すなわち「補完性の原理」(99)(principle of subsidiarity)に則って、加盟国間の協力促進および加盟国に対する支援と補足を行うことが、EUの教育政策の原則であることを示したものにすぎないといえる。その点でいえば、マーストリヒト条約の内容を過剰に評価することは戒められなければならない。したがって、EUの教育政策への関与を決定づけた点においてマーストリヒト条約の意義は大きいといえるが、同時に内容の面については、加盟国の主導権を認めざるを得ないという限界もあったということができる。(100)

では、EU委員会はマーストリヒト条約の限界に対し、どのように対応したのであろうか。結論から述べると、マーストリヒト条約の内容を制約的に解釈するのではなく、EUの活動範囲を明確化する方向へ解釈し、明確化された領域における活動を活発化させるという方法を採ったのである。このことを「教育と訓練の分野における共同体活動のためのガイドライン」(101)(以下、「ガイドライン」とする)から拾い出してみたい。

ガイドラインは、EU委員会が一九九三年五月五日に提出した教育領域(第126条)および職業訓練(第127条)の運用指針を定めたものである。ガイドラインには、「補完性原理」「ヨーロッパの付加価値」「直接行動の必要性」「構造的政策による共同作業」「すべての関係者の参加」という、EU教育政策の基本をなす五項目の「主たる原則」が記され、それに続いてEUがイニシアチブを取るべき領域の輪郭が示されている。具体的なプログラムを記した「予定される行動」においては、「大学・高等教育および学校に関わる行動」であるアクション・ラインA、および「職業訓練と資格に関する行動」であるアクション・ラインB、という二つの行動計画群が示されている。このうち、教育に関わるアクション・ラインAについてまとめておきたい。

アクション・ラインAには、目的として、「この行動計画によって、人的交流、アイディア・ノウハウおよび経験の交換、研究と高等教育および職業訓練の間の連携、教育におけるヨーロッパの次元の開発、とりわけ外国語学習の促進、教師教育における交流、青年・生徒・学校間の交流スキーム形成への支援が進められるであろう」としたうえで、教育における政策を「エラスムスを含む大学および高等教育」(47～50―ガイドラインに示された項目。以下同じ)、「リングアを含む学校教育」(51～53)「ヨーロッパ内の情報ネットワークの確立と各国の教育制度の関係強化、教育統計での協力」(54)、「青年の学校外活動」(55)の四つの分野に統合している。これらの分野は再び整理し直され、次で述べる「ソクラテス」に引き継がれていく。

これまで論じてきたマーストリヒト条約の締結とその運用のためのガイドラインが持つ意義をまとめると、次のように要約できよう。まず第一に、教育政策が「条約」という形で明記されたことにより、教育分野にEUが関わることの是非に関する議論が終わったこと、第二にマーストリヒト条約の条文を厳密に解釈すれば、加盟国が教育に対する優先的権限を持つことを再度確認し、EUの行動目的も抑制的なものとされていること、第三に、それにもかかわらずガイドラインを通してマーストリヒト条約条文の解釈を発展的に捉えることにより、逆にEUの活動範囲が明確化され、EUによる教育プログラムがさらに具体的に展開する可能性を開く結果となったことである。

## (2)「ソクラテス」による教育プログラムの再編と統合

前項でマーストリヒト条約運用のためのガイドラインにおいて、教育に関わる「アクション・ラインA」と職業教育に関わる「アクション・ラインB」がまとめられたと述べた。このアクション・ラインは、EUの総合的な教育プログラムにまとめられ、それぞれ「ソクラテス」「レオナルド・ダ・ヴィンチ（レオナルド）」と名付けられた。第4節で述べたように、八〇年代において開花した華々しいまでの教育プログラムは、この「ソクラテス」と「レオナルド」に統合され、一貫したプログラムとして整備されたのである[102]。

「ソクラテス」は、一九九四年二月三日にEU委員会によってヨーロッパ理事会ならびにヨーロッパ議会へ提案された後[103]、細かな修正が施され、一九九五年四月二〇日の教育閣僚理事会において採択され発効した[104]。ソクラテスは一九九五年から一九九九年までの五カ年間のプログラムであり、大きな柱として高等教育を統括する「エラスムス」、学校教育を統括する「コメニウス」、外国語教育を統括する「リングア」から成る。その他に「成人教育」と「開放・遠隔教育」が含まれているが、それらがより詳細なプログラムに位置づけられるのは後のことである。「ソクラテスプログラム申請のためのガイドライン[105]」によれば、ソクラテスの内容は表1－18に掲げる各項目から構成されている。

「ソクラテス」の各プログラムは、次のように実施されている。まず、EU委員会（第22総局）から翌年度のプログラム概要ならびに申請書式が公表され、「プロジェクト」の募集が開始される。プログラムに参加を希望するものは、学校や公立教育研究機関などの団体、あるいは教師、生徒、学生などの個人単位で、各加盟国におかれた「窓口（National Agency）」を通して申請書式を取り寄せ、自分たちの「プロジェクト」がどの分野に合致するか検

表1－18　「ソクラテス」の概要

| プログラム名 | アクション | 内　容 |
|---|---|---|
| エラスムス（高等教育） | アクション1－1<br>アクション1－2<br>アクション2 | 教育関係機関の間の連携強化<br>テーマに応じた大学間ネットワークの構築<br>学生の交流 |
| コメニウス（学校教育） | アクション1－1<br>アクション1－2<br>アクション2<br>アクション3－1<br>アクション3－2 | ヨーロッパ教育プロジェクト<br>教員交流、プロジェクト準備のための訪問、海外研修<br>異文化間教育<br>現職教員プロジェクト<br>現職教員プロジェクト参加のための補助金 |
| リングア（外国語教育） | アクションA<br>アクションB<br>アクションC<br>アクションD<br>アクションE | ヨーロッパ協力プログラム<br>外国語教員のための現職教育<br>外国語教員を目指す学生のための助成金<br>外国語学習機材の調達と言語能力の評価<br>外国語学習のための合同プロジェクト |
| 開放・遠隔教育(106) | | パートナーシップ・プロジェクト、観察プロジェクト |
| 成人教育 | | 成人教育に関するヨーロッパ・プロジェクト |

［出典：ソクラテスプログラム申請のためのガイドライン］

討し、計画を立て、申請書にまとめる。

申請書には、機関名、プロジェクトリーダー名、パートナー名、プロジェクト期間、概算費用などを三ページにわたる「すべての申請者が記入すべき事項」の書式に記入したうえで、各アクション別に用意された書式に従い、「プロジェクト」の計画書を作成する。一九九七年のコメニウスにおける「異文化間教育に関する多国間プロジェクト」の申請書を見てみると、「A 参加者・機関のプロフィール」「B 地域の文脈(107)」「C プロジェクトの概要」「D 実施組織」「E 成果の公表と普及」「F その他の事項(108)」「G 費用」についてA4版用紙に六ページ以内で作成することとされる。申請書は決められた期日までに各国の申請窓口まで提出し、EU委員会における審査を待つこととなる。

表1－19に示したものは、二〇〇〇年度にコメニウス・アクション3の枠内で採用された「現職教員プロジェクト」の事例である。

「学校カリキュラムにおけるヨーロッパの次元の促

表1－19　コメニウス「現職教員プロジェクト」の事例

コース番号　GB-35-R2
タイトル　「学校カリキュラムにおけるヨーロッパの次元の促進」
目標　(1)ヨーロッパの次元に関する教師の知識と理解を図ること
(2)ヨーロッパの次元のさまざまな見方について考えること
(3)学校教育におけるヨーロッパの次元について考えを深めること
(4)(3)に関わる授業方法（情報技術の活用を含む）について考えを深めること
(5)(3)および(4)に関わる教材について考えを深めること
(6)ヨーロッパ学校パートナー構築のための多国間グループへ参加すること
(7)ヨーロッパの次元に関する活動に対する自己評価ならびにレポートを行うこと
参加を期待する学校段階　初等教育、中等教育、職業教育
生徒の年齢構成　7から18歳
参加を期待するグループ　教員、校長、教育アドバイザー的立場にあるもの
参加者の要件　(1)ヨーロッパの次元を学校カリキュラムに位置づけることに関心を持つもの
(2)ヨーロッパの他の学校とのトランスナショナルな関係構築に関心を持つもの
使用言語　英語
プログラムの概略
第1日目　自己紹介。コースのガイダンス（目的、組織、期待される成果、評価報告書、ポートフォリオ、証明書と単位取得証明書）。ヨーロッパの次元に関する最初の討議（専門的関心およびヨーロッパの次元に関するこれまでの活動から）。
第2日目　学校カリキュラムに関する報告（価値、信条、態度、見通し、調査、資料）。ビデオ視聴「School across Europe」。近年のトランスナショナルな学校間協力プロジェクトの紹介。上記プロジェクトに関するグループ討論および検証（組織、交流形態、教材、情報技術、資料、学校外の地域コミュニティ等との関わり、相互訪問）。
第3日目　ヨーロッパ教育プログラム（EEP）の準備：基準設定と条件の吟味。参加者を3～4人のトランスナショナルなグループにわけ、プロジェクトを準備することを目的にそれぞれが持つ関心について話し合う。
第4日目　マルチーメディア機器の操作によるプレゼンテーション（ビデオ、オーディオ、電子メール、インターネット、開放・遠隔教育教材）。各グループは自分たちのプロジェクトに活用できる機器について考える。
第5日目　トランスナショナルなヨーロッパ間交流プロジェクトの実施に成功している小学校および中学校の訪問。各グループでヨーロッパの次元プロジェクトの計画を進める。計画は第6日目にグループごとに発表する。
第6日目　グループ別プレゼンテーション。各発表は事後の討論と建設的助言でフォローされる。
第7日目　証明書および大学単位取得証明書の説明。コースの評価。閉会・解散。
参加者の事前学習
(1)参加者は予め配布されるコース概要を読むこと。とりわけ「ヨーロッパの次元」の考えについて自分なりの解釈をしておくこと。

(2) 参加者は、他のヨーロッパの学校と協力して行いたい活動のテーマについてまとめておくこと（A4用紙1枚程度）。その用紙は、コース期間中に掲示し、直ちにパートナーが探せるようにしておく。

フォローアップ・プログラム

(1) 参加者は、研修後自国以外の2カ国の学校と共同でヨーロッパの次元に関する活動を行うことが望まれる。

(2) 参加者は、ヨーロッパの次元に関する活動の評価報告書またはポートフォリオ、および活動で作成した教材を提出する。評価報告書およびポートフォリオの作成方法はコース期間中に示す。

評価と終了証明書の発行

(1) 提出された報告書に従い、参加者は参加証明書を交付される。証明書は三つのパートナー大学によって発行され、「コメニウス現職教育コース」によって技能と理解を獲得したことが証明される。

(2) 参加者が全コースに参加し、所定の提出物を提出した場合には、大学による専門的研究に関する証明書が発行される。

コース開催期間　到着日　2000年2月21日（月）
　コース開始日　2000年2月21日（月）
　解散日　2000年2月27日（日）

参加者一人あたりの参加費　900ユーロ（約10万円）（宿泊、研修料を含み、交通費を除く）

＊成果をあげた参加者にはナショナル・エージェンシー基金より1500ユーロまでの交通費が支給される。

主催機関　Dr. Kingsley Evans（マンチェスター・メトロポリタン大学）

開催地　イングランド、ストーク・オン・トレント市

パートナー機関　バリ大学（イタリア）、オレブロ大学（スウェーデン）

［出典：EU第22総局ホームページ(109)より］

進」プロジェクトは、イギリスのマンチェスター・メトロポリタン大学エバンズ教授が主催する現職教員研修コースである。募集人員は三〇名、期間は七日間が予定されている。参加者は、本コースに参加することによってヨーロッパの次元に関する基本的知識の確認ができること、その場で実際に交流を行うパートナー探しと具体的な交流計画の立案に着手できること、教材開発のすすめ方についてのアドバイスが得られることなどの成果をあげることができる。また間接的な成果として、エバンズ教授のような専門のアドバイザーとの関係をコース終了後も継続できることや、コースの終了証明書により教師としての研修に対する公的承認を受けることができる点も重要である。事前の準備や参加費用の調達など参加者に対する負担もあるが、プログラムの目

標および内容の観点から充実した現職教員研修コースであると思われる。

本コースは、イギリスのエバンズ教授がホストとなって開催されるものであるが、パートナー機関であるイタリアおよびスウェーデンの大学との共同で企画されたものである。このようなコースの企画自体もEUのプログラム助成の対象であり、また表1－18に示したコメニウス「アクション3－2」の補助金が得られれば、コース参加者の交通費についてもEUプログラムから支給を受けることも可能である。さらに、本コースによって実現したヨーロッパの次元に関する交流プログラムは、コメニウス「アクション1」ないし「アクション2」による助成の対象である。(110)

このようにヨーロッパの次元の展開にあたっては、EUによる多様な支援を受けることが可能であり、これらのプログラムを相互に関連されながら全体としてヨーロッパの次元を高めることが、EU教育政策の最終的なねらいであるといえる。

では、このようなプロジェクトにはどのような問題点があるだろうか。EUによる教育プログラムは、前項で述べたように、そもそも「加盟国間の協力を奨励すること」ならびに「加盟国間の行動を支援し補足すること」に限定されていた。その原則に則りEUが実行できることは、多国間の連絡・調整機関を設置することにより、制度的な枠組みを作るという制度設計の側面と、加盟国では実行できない規模での研修や交流の「場」を提供し、参加者同士の交流を図ることである。前者はともかく、後者についてはいわゆる「ばらまき」型の助成金になりかねない危険性がある。また、プロジェクトの企画者および研修や交流への参加者が固定化されることで、すそ野の広がりが狭められることも懸念される。ヨーロッパ教員連盟ドイツ支部事務局長ユルゲン・クンメタート氏（J. Kummetat）によれば、ヨーロッパ教員連盟に加入し、ヨーロッパ教育の意義を認め活発に活動する教員は、EUの教育助成を受けやすくなるという。(111)

言語の観点から述べると、提供されているプロジェクトの使用言語はやはり英語が多数を占める。また受講希望者の多くもまた、母語以外では英語での受講を希望すると考えられる。ヨーロッパ教育の交流言語が英語に大きく偏ることはやはり問題であろう。

このような問題点にもかかわらず、EUが、加盟国の権限を越えて全教員あるいは教員志望の学生を対象にした義務的な研修を実施することや、強制的に授業内容にヨーロッパの次元を組み込むことができない以上、個人や団体の自発性に基づく緩やかな研修や交流機会の提供、プロジェクト学習の促進などに対する資金的な助成が主たるプログラムとなるのはやむをえないであろう。EUの教育プログラムができることは、EUのプロジェクトに参加した教師や団体が、さらに自発的にヨーロッパの次元を学校教育や大学教育のカリキュラムや授業に組み込み、その位置づけを相対的に向上させていくことである。このような漸進的なプロジェクトの展開によって徐々にヨーロッパの次元を普及させ、浸透を図ることが、EUが取りうる教育政策の在り方であるといえる。

### (3) EU教育政策の今後の展望

以上述べてきたように、一九九五年から一九九九年までの五カ年プログラムである「ソクラテス」の成立によって、EUの教育政策は名実ともに展開期に入ったといえる。しかし、EU委員会による教育政策の推進は、この五カ年計画で修了したわけではなく、現在さらなる展開を見せている。そこで、本項では二〇〇〇年以降の教育政策の展開についても簡単に紹介し、それをもとに今後のEU教育政策の展望について論じておきたい。

EU委員会は、「ソクラテス」が軌道に乗ったことを確認した後、一九九七年に「ソクラテス」の後継となるプログラムの策定に取りかかっている。「知のヨーロッパに向けて」[112]は、二〇〇〇年から二〇〇六年に向けて新しい教育プログラムを策定するためにEU委員会がまとめた「通知（Communication）」である。この「知のヨーロッパに向けて」に従って策定されたプログラムは、「ソクラテス」の名称を引き継いで「第二次ソクラテス」と呼ばれている。

「知のヨーロッパに向けて」は、EU委員会が作成したそれまでの教育プログラムと大きく異なる点がある。それは、「知のヨーロッパに向けて」が「知のヨーロッパ（Europe of Knowledge）」という包括的なヨーロッパ教育政策の基本理念を打ち出し、それを柱に政策をまとめ上げるという手法を取っていることにある。それまでのEUの教育プログラムは、高等教育における人的交流などのように、そのつど必要とされる政策を個別のプログラムとして立ち上げるという方法によって進められてきた。「ソクラテス」においても、基本的にはそれ以前に成立した諸プログラムを整理、統合して新たに看板を掲げたものであると見ることができる。しかし、「第二次ソクラテス」では、第一次ソクラテスまでのプログラムを踏襲しているものの、一つの包括的な基本理念を打ち出し、EUレベルの教育政策のイニシアチブを各国の教育大臣からEU委員会へと移し替えている。すなわち「地域の課題は地域で、国の課題は国で、ヨーロッパの課題はヨーロッパで」という教育政策における「補完性の原則」が機能している一つの証左となるものである。次の表1－20に示したのは、「第二次ソクラテス」の概要である。

第二次ソクラテスは、プログラムの構成が次の点で従来のものと本質的に異なっており、興味深い。まず、従来はプログラム名のなかった成人教育と遠隔教育が整備され、それぞれ「グルンドヴィヒ」「ミネルヴァ」との名称が付けられたことである[113]。次に、各プログラムの配列が、学校教育を扱う「コメニウス」が筆頭におかれ、次に高等教育を扱う「エラスムス」、そして生涯学習を扱う「グルンドヴィヒ」へと並んでいる。これにより生涯にわたる垂直的な広がりが確保されたことになる。さらに、これらのプログラムへの参加国が従来はEU加盟国に限定されていたものが、中欧・東欧諸国にも広げられ、水平的な拡大も図られている[114]。これは、二〇〇四年から本格化す

表１－20 「第二次ソクラテス」の概要

| プログラム名 | アクション | 主な領域 |
|---|---|---|
| コメニウス（学校教育） | コメニウス１ | 学校パートナーシップ |
| | コメニウス２－１ | 教員養成および現職研修のためのヨーロッパ協力プロジェクト |
| | コメニウス２－２ | 教員養成および現職研修のための個人奨学金 |
| | コメニウス３ | コメニウス・ネットワーク |
| エラスムス（高等教育） | エラスムス１ | 学生および講師のための研究交流機構（OM） |
| | エラスムス２ | 研究交流のための集中的プログラム（IP） |
| | エラスムス３ | 高等教育カリキュラムの共同開発とその実施と普及に関するプロジェクト |
| | エラスムス３－１ | 学部ならびに修士課程のための共同カリキュラム開発に関するプロジェクト（「マスター」プログラム） |
| | エラスムス３－２ | 「ヨーロッパ・モジュール」の共同開発に関するプロジェクト |
| | エラスムス３－３ | カリキュラム開発プロジェクトの成果の実施と普及に関するプロジェクト |
| | エラスムス４ | 研究成果・学位の評価に関するヨーロッパシステム（ヨーロッパ単位互換システム：ECTS） |
| | エラスムス５－１ | 学生の留学（SM） |
| | エラスムス５－２ | 講師の留学（TS） |
| | エラスムス６ | ヨーロッパにおける協力のための準備訪問に対する支援（PV） |
| | エラスムス７ | エラスムステーマ別ネットワーク（TN） |
| グルンドヴィヒ（生涯学習） | グルンドヴィヒ１ | 成人教育と生涯学習のためのヨーロッパ協力に関するプロジェクト |
| | グルンドヴィヒ２ | 学習パートナーシップ |
| | グルンドヴィヒ３ | 成人教育講師の研修のための個人奨学金 |
| | グルンドヴィヒ４ | グルンドヴィヒ・ネットワーク |
| リングア（外国語学習） | リングア１ | 外国語習得のための助成 |
| | リングア２ | 外国語学習教材の開発 |
| ミネルヴァ（開放・遠隔教育／情報技術） | ミネルヴァ１ | 技術革新への理解 |
| | ミネルヴァ２ | 新しい教授法および教材の開発と試行 |
| | ミネルヴァ３ | 新技術の活用とその普及促進 |
| | ミネルヴァ４ | 開放・遠隔教育ならびに情報・コミュニケーション技術に関する意見交換および経験交換の促進に関する活動 |

［出典：「ソクラテスプロジェクト申請者のためのガイドライン」、2000年版[(115)]］

るEUの東方拡大を見越した措置であると考えられる。

第一次ソクラテスは、それ以前の教育プログラムを系統づけ、高等教育プログラムを「エラスムス」に、初等・中等教育プログラムを「コメニウス」に、言語プログラムを「リングア」にまとめあげた点で意義を持つものであった。第二次ソクラテスは単に第一次ソクラテスを継承したのみではなく、ヨーロッパ市民の生涯にわたる学びの過程においてヨーロッパの視点を位置づけ、「知のヨーロッパ」の体系を築き上げることをめざした総合的教育政策なのである。

以上本章においては、戦間期のクーデンホーフ＝カレルギーが提唱した汎ヨーロッパ思想にヨーロッパ教育の起源を求め、二一世紀の初頭に至るまでの約一世紀にわたるヨーロッパ教育の形成と展開の歴史を、EUというヨーロッパ機関を中心に論述してきた。その経過は、大枠において、ヨーロッパ機関と国家との間における教育のイニシアチブを巡る政治的かけひきの連続であったとまとめることができる。

マーストリヒト条約以降のEU教育政策の展開については、第4節までに述べたそれ以前の段階と比べて格段に条件整備が進んでおり、さらに詳細なその分析と考察が求められる。そこで次章においては、マーストリヒト条約以降のEUおよびCEの主要な教育政策の一つであるヨーロッパ市民教育をとりあげ、その実態を明らかにする。先述の通り、加盟国とのイニシアチブをめぐる葛藤を脱し、ヨーロッパの視点に立った独自の教育政策領域を確立したEUおよびCEが、どのようにその政策を立案し、具体策を実行しているのであろうか。第二章においては、このような実践モデルの開発過程ならびにその実施事例の分析を中心に、マーストリヒト条約以降のヨーロッパ教育の展開について論じることにする。

# 第二章　ヨーロッパ機関におけるヨーロッパ市民教育

第一章では、マーストリヒト条約成立後のヨーロッパ教育の制度的枠組みを、「第二次ソクラテス」に至る現在のものまで概観した。本章においては、マーストリヒト条約成立以後のヨーロッパ教育政策を、プログラムレベルで具体的に検証するために市民教育に着目する。第1節では、EUの市民教育を論じるに際し、その背景となるEU市民権から論を始めたい。

## 1　マーストリヒト条約における「EU市民権」

### ①「EU市民権」の形成過程

EUにおいては、加盟国の政府によって任命されるEU委員会が法案を起草し、加盟国閣僚による理事会でそれを採択することによって政策の決定がなされるため、以前より市民の意思が直接反映しない点で「民主主義の赤字」(1)が指摘されてきた。一九七九年以降、ヨーロッパ議会は加盟各国の有権者による直接選挙を実施しているが、ヨーロッパ議会の権限はそのものが十分ではなく、現在に至るまで市民によるチェック機能を備えているとはいいがたい。

一九九三年に発効したマーストリヒト条約において「EU市民権」(2)が規定されたことにより、EUにおける市民の果たすべき役割が問い返され、ヨーロッパにおける市民をめぐる議論が活発になされるようになった。EUにおいて「市民権」が言及されたのはマーストリヒト条約が初めてではない。マーストリヒト条約に「EU市民権」が結実する二〇年ほど前から、すでにいくつかの報告において導入が検討されてきたが、実際に条約に盛り込まれるまでには多くの障害があり、条文として結実することはなかった。

「市民権」という考えがEUに登場したのは、一九七四年のパリEC首脳会議においてである。このときには「ヨーロッパ共同体」から「ヨーロッパ連合」への移行が討議され、翌一九七五年末「ヨーロッパ連合に関する報告書」(3)(通称「ティンデマンス報告」)が作成されている。このティンデマンス報告の中に「市民のヨーロッパ」という項目が設定され(第Ⅳ章)、ヨーロッパ市民の権利を保護する法制度の整備の必要性が唱えられた。この頃に「市民のヨーロッパ」が議論の俎上に乗った背景には、「加盟国や一部のテクノクラートによってのみ成り立つのではなく、ヨーロッパの市民によって支持される」ヨーロッパ共同体の建設が必要であるとの認識が広がったことによる。(4)

ティンデマンス報告から一〇年後の一九八五年には、「市民のヨーロッパに関する臨時委員会」による報告(通称「アドニーノ報告」)(5)が作成され、その中で「共同体の市民の権利」を導入するよう言及されている。そこでは、EC加盟国の市民が、他の加盟国において地方議会ならびにヨーロッパ議会の選挙権を得ること(国政は含まれていない)など、後の「EU市民権」の基礎となる内容が盛り込まれていた。

**表2－1　マーストリヒト条約におけるEU市民権**

第8条
(1) EU市民権がここに設けられる。加盟国の国籍を持つすべての個人は、ヨーロッパ連合の市民となる。
(2) ヨーロッパ連合の市民は本条約によって与えられた権利を享受するとともに、本条約によって課せられた義務に服する。

〔出典：「ヨーロッパ連合設立条約」〕

### ②「EU市民権」の内容

「市民のヨーロッパ」は、一九九三年になってマーストリヒト条約における「EU市民権」として法的地位を授けられることになった。安江則子はこの「EU市民権」をもって、EUがその加盟国の国籍を有するすべての「個人に対して国民という立場に加えて『ヨーロッパ市民』であるという地位を与えた」[6]と評価している。

条約では、前文において、「加盟国の国民に共通する市民権を確立することを決意」することが加盟国元首・首脳の名の下に表明され、EU市民権の確立がマーストリヒト条約における重要なテーマであることが宣言されている。

「EU市民権」は、「第2部　連合市民」をなす第8条に記されている。第8条は総論である第1項および第2項と、個別の権利を規定した各論にあたる第8a条から第8d条、および市民権強化の手続きとEU委員会による報告について記された第8e条によって構成される。総論部分は表2－1のように記されている。[7]

第8条第1項は、EU市民権の創設をうたっている。それによると、EU市民権では「加盟国の国籍を持つすべての個人」がヨーロッパ連合の市民であると規定されている。この規定に従えば、「EU市民」を定義することは簡単なように見える。しかし、EU加盟国の国籍に関する法規定は加盟国ごとに異なっており、国によって国籍取得の基準が異なる。[8]したがって、「EU市民」の実態はかなり複雑になっている。たとえば、ドイツの場合は国籍の付与において血統主義を採用しているため、外国籍の子どもがドイツで誕生しても、その子どもは基本的にはドイツ国籍を取得できない。一方、出生地主義と血統主義の均衡

表2-2　マーストリヒト条約におけるEU市民権（要約）

| | |
|---|---|
| 第8a条 | 加盟国の領域内を自由に移動し居住する権利 |
| 第8b条1 | 居住国の地方選挙において投票し、かつ、候補者となる権利 |
| 第8b条2 | 居住国のヨーロッパ議会選挙において投票し、かつ、候補者となる権利 |
| 第8c条 | 自国の代表部が設置されていない第三国の領域内において、いずれかの加盟国の外交機関もしくは領事機関による保護を受ける権利 |
| 第8d条 | ヨーロッパ議会に請願する権利およびオンブズマンへ請求する権利 |
| 第8e条 | 委員会による報告義務と理事会による市民権の権利強化および追加規定の採択 |

〔出典：「ヨーロッパ連合設立条約」より要約〕

によって国籍を決めるフランスの事情はドイツの例とは異なる。フランスでは、フランスで出生した外国人の両親から生まれた子どもは所定の手続きを執ることによって、一八歳の時点で比較的容易に国籍を得ることができる。(9) このように、永住者や移民の問題と絡み合い、誰が「EU市民」であるのかという問題は、各国の国内における定義に従属して判断されているのが現在の「EU市民」の姿である。

第8条第2項においては、「EU市民」として権利を享受し、義務に服することが定められている。第8a条から第8d条は、マーストリヒト条約においてEU市民権として初めて規定されたヨーロッパ市民共通の権利である。表2-2に示したものは、EU市民権の要点をまとめたものである。

市民の教育という視点で見てみると、とくにb条の選挙権に関する条項およびd条の請願権・請求権に関する条項が注目に値する。第8b条は、地方およびヨーロッパ議会の選挙への参政権を規定したものである。「第8b条1」は地方議会の選挙における参政権であり、「第8b条2」はヨーロッパ議会選挙の参政権である。地方選挙の参政権については、前述のアドニーノ報告を起源に一九八六年の「共同体の市民の地方選挙での投票権に関する報告書」および一九八八年の「共同体市民の居住国内の地方選挙での投票権に関する指令案」によってすでに下地がつくられていたものが、マーストリヒト条約によって成文化したものである。(10) ヨーロッパ議会の参政権については、一九七九年六月の選挙から市民による直接選挙が実施されているが、他国に居住するEU市民に投票権が付与されるのはマーストリヒト条約発行後の一九九四年の選挙が初めてである。この第8b条がEU市民権に明記されたことによって、EU市民が国政レベルを除く、地方レベルとヨーロッパレベルの政策の決定に個人意思を反映させる法的根拠が整ったことになる。現段階では、ヨーロッパ議会の権限には多くの問題点があるとはいえ、ヨーロッパの市民が域内のどこに居住しても、「EU市民」として地方政治およびヨーロッパ政治に対する政治的意思を表明できるようになった。このような政治参画に対する実質的な制度的基盤が整ったことは、市民のEU市民としての意識の形成にとって重要なことであるといえる。(11)

第8d条は、EU市民によるヨーロッパ議会への請願権と、オンブズマンへの請求の権利について記されたものである。どちらともマーストリヒト条約において初めて規定された権利である。この市民権はヨーロッパ議会の権限の拡大と市民による行政監視機能の強化を目指している。この権利によって、ヨーロッパにおける行政上の瑕疵に対する苦情の申し立てが可能になり、ヨーロッパ機関に対する市民の関与がいっそう高められることになる。

「EU市民権」は、必ずしもこれらの項目に限定されるものではない。ヨーロッパ連合の市民が有する権利は、本条約によって与えられた権利全体であり、EUが定めた個別法における権利や義務についても市民として直接その適用を受ける（EU法の直接適用性）。さらに、加盟国の国内裁判所は裁判に際してEU法を適用する義務を負うとされることから、ヨーロッパの市民は、ヨーロッパ裁判所によって判示された権利と義務について、国家による立法措置を経ずに、EU法の規定に従って直接に適用を受けることになるのである。(12)

「EU市民権」が一つの独立した部を成し、しかもそれが「第1部　原則」に続く第2部におかれたことから見ても、マーストリヒト条約の中でこの規定がきわめて重要な位置づけを持つものであることがわかる。また第8e条に、「市民権の権利強化および追加規定の採択」の手順が明記されているように、EU市民権の領域的拡大と強化は既定の路線となっている。本節で見たようなEU市民権の明文化と将来の拡大・強化は、ヨーロッパレベルの市民権が象徴的な意味から実体性のあるものへと転換したことを意味する。この点に「ヨーロッパ市民」としての市民教育の重要性が高まった主な要因が認められる。

## 2 「アクティブ・シティズンシップのための教育」

### ①二一世紀のEU市民教育の指針

近年、EUにおいて「市民教育」の構築に努力が重ねられる背景には、前節で論じたEU市民権の成立に加え、さらに二つの理由が確認できる。一つは、市民の能力を開発することによる対外的な競争力の強化と、欧州内部における個人の被雇用力（employability）の強化を教育によって達成するという経済的理由である。もう一つの理由は社会的な理由である。EUは二〇〇四年五月の東欧への第一次拡大により、現在の一五加盟国から二五加盟国へと拡大することが見込まれている。(13) その中で共通の市民意識の育成は、EU拡大の成否を左右する重要な要素となる。

EUにおける「市民教育」の内容は、EUの教育・職業訓練・青年問題担当部局である「第22総局」（DGXXII）による政策ガイドライン「知のヨーロッパに向けて」(14) と、報告書「アクティブ・シティズンシップのための教育」(15)（learning for active citizenship）から読みとることができる。本章においては、まずこれらの基本文書から二一世紀におけるEU市民教育のアウトラインをたどってみたい。

「知のヨーロッパに向けて」は第22総局が作成し、一九九七年一一月一二日EU委員会からコミュニケの形で示されたEUの教育政策に関するガイドラインである。「知のヨーロッパ」という言葉は、二一世紀初頭のEU教育政策におけるキーワードとなっている。

「知のヨーロッパに向けて」では教育を、個人の能力全般に関わる広い意味での「知」、ヨーロッパ市民意識の形成に関わる「市民性」、雇用力の強化に関わる「資質」の三つの次元から捉えている。この中から「市民性」の次元を見てみると、「この領域は、共通の価値の共有と、帰属意識および共通の社会的・文化的空間の創出によって市民性の向上を図るものである。この教育はより広域な空間の中で市民性を理解することを奨励する」（傍点引用者）とされている。つまりコミュニケでめざされているのは、「市民性」に対する認識の転換であり、ヨーロッパ市民としての市民的資質を向上させることである。

同コミュニケを政策化し、二〇〇〇年から六カ年間実施される「第二次ソクラテスプログラム」[16]においても、第1章第3項に「このプログラムは（中略）知のヨーロッパの促進に寄与する」ことが目的に掲げられた後、「本プログラムは、アクティブ・シティズンシップおよび被雇用力の育成に適した知識、技能、資質の形成を支援するものとする」とされ、アクティブ・シティズンシップを育成することを目的とした教育を目指している。では、報告書「アクティブ・シティズンシップのための教育」は市民教育をどのように捉え、どのような教育実践を行おうとしているのであろうか。報告書における市民教育の理解から述べてゆきたい。

同報告書によれば、ヨーロッパにおいては「市民」の概念自体が拡大しているという。つまり、「法的、社会的権利」に基づく市民像は依然として維持されるものの、そこにはさらに共同の「文化に基づいた」市民像がより重要性を増しているという。この新しい市民像＝ヨーロッパ市民は、今日ヨーロッパで生活する人々がヨーロッパという社会に「参加」し、その社会に対する内省的な「批判精神」を持つことによって現実のものとなるという。いい換えれば、ヨーロッパ社会への主体的な「参加」の意識とその社会に対する「批判精神」をすべての成員が共有することと、その「参加」と「批判精神」はヨーロッパ市民に共通の一つの市民文化であり、その共通文化を身につけることこそ、ヨーロッパ市民教育の目標となる。

ヨーロッパの市民教育は「あらかじめ決められた規範や価値によって自動的に編成されるものではなく」、「現代の市民生活における理論と実践が統合され」て初めて成立する教育となる。そこでは「（教室の中で）市民性を教えること」（傍点引用者）は十分ではなく、学校教育における学習の上に「参加」という実践的過程を付加することが求められる。[17] 換言すれば、EU市民の教育は、生涯学習の観点ならびに実際の社会での応用の観点を強く打ち出した、社会形成型の市民教育であるということができる。

### ②市民教育のモデル開発

では、このような市民教育の実践モデルは、どのように開発されたのであろうか。実践のためのモデルを開発するために、EU第22総局はEU加盟国および協力国を地域ごとに五つのグループ（ロット）に分けて国際研究チームを組織し、[18] 各研究チームに「市民性研究」（Citizenship Study）に関する報告書の作成を委託した。そこでは「市民性」とは何か、どのような知識、技能、資質が市民教育に適切であるのかといった概念的考察と、それを基にした実験的プロジェクトの開発と遂行、実施結果の評価について報告することが求められた。

ロット1の北欧グループ（デンマーク、フィンランド、アイスランド、ノルウェー、スウェーデン）は、市民性を「情報（知識）」「技能」「参加・実践」「ヨーロッパの次元」の四領域より構成し、一五のモデルプロジェクトを実施した。ロット2の北西ヨーロッパグループ（オランダ、アイルランド、イギリス）は「情報と民主主義」「心情とアイデンティティ」「統合ならびに排除との戦い」「社会参加のための技能」という四領域から一二のプロジェクトを実施した。ロット4の中欧グループ（ドイツ、オーストリア、リヒテンシュタイン）は「文化」「社会」「政治と法」

表2－3 「アクティブ・シティズンシップのための教育」チェックリスト（抜粋）

【内容】
・市民性、民主主義、人権の概念について明確化されているか。
・市民が文化や心情の観点のみでなく、制度や政治の観点からも考慮されているか。
・技能と知識の間のバランスはとられているか。
・人権、自由、民主的正当性、平和、他者の尊重、連帯などのヨーロッパの価値は明らかにされているか。
・普遍的価値やグローバルな問題との関連は図られているか。
・ダイナミックなヨーロッパモデルやヨーロッパ市民性が表されているか。
【関係】
・マージナル・グループに配慮しているか。
・多文化で多言語なコミュニティへの帰属意識が涵養されているか。
・市民性が市民と政府・機関・組織との垂直的な関係と市民と市民という水平的関係の両方から述べられているか。
・ヨーロッパの労働市場に対する参加を促すものになっているか。
【方法】
・生涯学習のスキルを向上させるものとなっているか。
・協力的な方法が用いられているか（グループ学習、経験学習、意思決定学習、批判学習等）
・学習過程に学習者の感情への訴えや既有経験を組み込んでいるか。
・学習の成果として形になる製作物が作成されているか。

〔出典：Audrey Osler, 1997, pp. 56－57より作成〕

「経済」の四領域から一六プロジェクトを報告した。南欧諸国（ギリシア、イタリア、ポルトガル、スペイン）によって構成されるロット5は、「知識」「技能」「心情・アイデンティティ」「総合（inclusion）」という四領域を設定し二〇のプロジェクトを実施した[19]。

このようにして集められた五つのロットによる「市民教育」の理論と実践は、バーミンガム大学のオードレイ・オスラー（A. Osler）によって一つの「統括報告書」[20]にまとめられた。オスラーは、各ロットから収集された七七件の実行プロジェクトか[21]ら、モデルになりうる二三のプロジェクトを抽出し、その分析から表2－3のようなチェックリストをまとめた。このチェックリストは個々のプロジェクトを評価する指標であると同時に、「アクティブ・シティズンシップのための教育」における市民教育の特徴を表すものである。

次に、表2－4に示すのは、デンマークで行われた「直接交流」のプロジェクト「ヨーロッパ青年

表２－４　「アクティブ・シティズンシップのための教育」における活動事例「ヨーロッパ青年議会」

名称：ヨーロッパ青年議会　　アクションプログラム：コメニウスⅠ
ホスト国：デンマーク　　パートナー国：イギリス・フランス・スウェーデン
予定実施期間：1997年４月９－12日　　実際の実施期間：1997年４月９－12日
対象：高校生（Hadsten high school）　　参加人数：生徒９名・教師２名
予算：EUより3000 ECU（約43万円[22]）　参加者負担：650ECU（約93,000円）
キーワード：交流、民主的技能とディベート技能、言語技能、レイシズムへの挑戦、アイデンティティ
目的：生徒の国境を越えたコミュニケーションを体験させ，彼らの外国語能力（英語）を伸ばすこと。
予定および実際の活動：高校生の交流。主な活動は「ヨーロッパ青年議会」１日セッションへの参加。生徒は(a)さまざまな国の青年の日常生活、(b)レイシズムという二つの課題を学び話し合う。当日の議題に関する事前学習。より個人的な交流ができるように、議会後に４カ国の生徒たちが2日間にわたる社会活動を行う。これらの活動は実行された。
　事前活動は、パートナー学校との情報交換と電子メールによる交流等を計画した。デンマークの生徒は、セッションでの議論の準備をした。これらの事前活動は計画の通りには進展しなかった。
プロジェクトはどのようにアクティブ・シティズンシップに貢献したか：参加者の民主的資質と彼らの出身国の共通性と差異、アイデンティティの認識が向上した。
成果：公式の議論自体よりも非公式の議論や活動において、より直接的に文化的社会的認識の向上が認められた。青年議会に参加することで、参加者は議会に対する高い関心が得られた。

〔出典：Audrey Osler, 1997, p. 38より作成〕

議会」である。
　報告書には事前活動や青年議会参加に関する詳細な記録が残されておらず、活動の全容を知ることはできないが、オスラーのチェックリストと対比すれば、次のような特徴と成果を見いだすことができる。
　第一に、議会活動討議に参加することで、「民主主義や人権の概念について明確化」が図られ、「議会に対する高い関心」が得られたこと。第二に、ヨーロッパ議会への参加によって「制度や政治の観点」が強調され、「市民と政府・機関・組織との」関係を結ぶきっかけとなっていること。第三に、事前学習により「知識」を、議会での発言により「技能」の育成を促し、両者のバランスが図られていること。第四に、デンマーク、イギリス、フランス、スウェーデンからの生徒の共同活動により「国境を越えたコミュニケーション」を成立させ、「多文化で多

言語なコミュニティへの帰属」が涵養されていること。また事前の学習では、電子メールによる意見交換の場を設け、「協力的な方法」が採用されていること。最後に、青年議会では「レイシズム」に関する議題が扱われており、「マージナル・グループに配慮」した活動を含むものであったこと。

「アクティブ・シティズンシップのための教育」から、ヨーロッパにおいて現在課題とされている市民教育を考察してみると、そこでは市民教育を学校における教科の学習に限定することや、社会の文脈から切り離して認知的な学習過程を構成するのではなく、生涯学習の視点に立って学校を社会の中に再配置し、「参加」と「批判精神」を基本的資質として地域社会の形成者を育成する教育である、とまとめることができる。このような市民教育のありかたは、次に述べるヨーロッパ評議会による「民主的市民性のための教育」にも共有されており、マーストリヒト条約以後のヨーロッパ機関が目指す教育政策のモデルとして注目に値するものである。

## 3　ヨーロッパ評議会における市民教育への取り組み

### ①「民主的市民性のための教育」

本節では、もう一つのヨーロッパ機関であるヨーロッパ評議会における市民教育について述べる。

ヨーロッパ評議会におけるヨーロッパ市民教育は、一九九七年一〇月の第二回ヨーロッパ・サミット（ヨーロッパ評議会首脳会議）の最終宣言文書において公式に表明された。最終宣言文書には、「市民の権利と責任に基づいた民主的市民性のための教育を発展させること、ならびに市民社会における若者の参加を発展させること」が要望さ

表2－5 「民主的市民性のための教育」の目標

| |
|---|
| (1) ヨーロッパにおいて多様な定義がなされている市民性の概念を調査し発展させること |
| (2) 市民としての資質がどのような教育的経験によって培われるのか理解し分析すること |
| (3) 教師や親など教育に関わる人々を支援するプログラムを提供すること |
| (4) 市民性を形成するための基本的資質をガイドラインによって示すこと |
| (5) NGOやその他の専門機関とのネットワークを構築すること |
| (6) 学校の意思決定に対して生徒が関与できる場を提供すること |
| (7) 生徒の権利を守り、生徒がそれを行使することを励ますこと |

〔出典：ヨーロッパ評議会「民主的市民性のための教育」〕

れると記され、「民主的市民性のための教育」（Education for democratic citizenship: EDC）に取り組むことが行動計画の中に明記された。

EDCの具体的な目標は、表2－5のように記されている。[23]

これらの目標からは、①基本的概念に遡及して市民教育を再検討する理論的研究、②実践を手引きするガイドラインやプログラムの作成、③学校を市民教育の場として位置づける学校の構造変革がEDCの柱となることが理解される。

### ② 「市民教育都市」の実践

EDCは、三つのサブ・グループによって構成されている（表2－6参照）。サブ・グループAの目的は「市民教育の基本概念と中心的資質の探究」にあり、理論的に市民概念を再考し、市民が持つべき資質を明らかにすることにある。サブ・グループBは実践的課題を担うグループであり、「『市民教育都市』プログラム」を実施する。サブ・グループCは「研修と支援システム」の構築を行う。EDCの特徴は、理論的研究と実践的研究、さらに教員等の研修が並行して進められることにあるといえよう。

本節では、実践を担当するサブ・グループBのユニークな実践的プログラム「『市民教育都市』プログラム」を紹介する。一九九七年のEDC「年次報告書」（Progress Report 1997）によれば、サブ・グループBの役割は、「地域や地方自治体、国などあらゆるレベルで市民教育の体制を構築し、それを実施すること」「その際（学校など

表２－６　EDCの研究推進体制

| | |
|---|---|
| サブ・グループA： | 市民教育の基本概念と中心的資質の探究（理論的研究） |
| サブ・グループB： | パイロットプロジェクト「市民教育都市」（実践的研究） |
| サブ・グループC： | 研修および支援システム（理論の実践への適用） |

〔出典：ヨーロッパ評議会「民主的市民性のための教育」〕

の）公的機関とNGOその他の団体との協力関係を築くとともに、あらゆる年齢層を巻き込みフォーマルおよびインフォーマルの両方の教育的アプローチを組み入れる」ことによって市民教育の推進を図ることであるという。この考えに従って作られたプログラムが「市民教育都市」（a site of citizenship）のプログラムである。

ＥＤＣ事務局は一九九八年度までに、ベルギー、ブルガリア、ケベック（カナダ）、クロアチア、ストラスブール（フランス）、タラット（アイルランド）、イタリア、リスボン（ポルトガル）、ルーマニア、スペイン、スコットランド（イギリス）の一一都市（国）を市民教育都市に認定している。本項ではこの中から、リスボンにおける事例を取り上げてみたい。

リスボンでは、八〇年代から市内とその近郊に定住し始めたアフリカ旧植民地からの大量の移民を抱え、都市内外には移民者による「ゲットー」が形成されるようになった。ＣＥによる市民教育都市の認定を受ける以前より、教育省は移民の生徒に対する食糧事情・衛生状況の改善、移民生徒の保護者に学校活動の場を提供する（交流会、音楽会、展示会など）などの努力をしていた。この段階では、学校や教師に変革の必要性が自覚されるようになったが、改革の方向性と具体性の面での知見に乏しく十分な成果が得られなかった。

このような状況下で、市民教育都市の認定を受けたリスボン市は、次のような活動を導入し、状況の改善を図った。まず、地域のボランティア団体と学校の間に協力関係を結び、学校の授業の一部あるいは学校外活動で、ボランティアの青年との交流会を発展させた。移民生徒の保護者や親戚に対しては、学校でのアフリカの伝統文化・文化遺産に関する発表の場を提供し、カ文化的相互理解を促した。授業においてはＥＤＣによる市民的資質育成の観点を取り入れて、

表2－7　リスボン「市民教育都市」ワークショップ

| 回数 | 開催日 | ワークショップの内容 | 参加者数 |
|---|---|---|---|
| 第１回 | 1997.11.26 | 目標についての話し合い、各構成団体の役割 | 34人 |
| 第２回 | 1998.3.27 | メディエータ（仲介者）の役割と訓練 | 37人 |
| 第３回 | 1998.4.28 | 幼稚園と小学校での実践をもとにした話し合い | 22人 |
| 第４回 | 1998.11.10 | 学校と家庭とのコミュニケーションの問題 | 23人 |

〔出典：ヨーロッパ評議会「民主的市民性のための教育」〕

リキュラムが改訂された。

このようなリスボン市の取り組みに、ＥＤＣはどのように関与したのであろうか。それは主に、「ワークショップ」「他事例の視察と専門家による視察」「ＣＥミーティングへの参加」である。

リスボンでは、一九九七年の市民教育都市の認定から九九年一月の終了まで、計四回のワークショップが開催されている。表２－７に示したのはそれぞれのワークショップのテーマである。

他事例の視察は、九七年五月にストラスブール、九八年三月にタラット、九八年九月にブリュッセルで行われた。それぞれの都市で相互の経験交換の場が持たれている。リスボンへの専門家視察の受け入れは九八年五月になされ、そこで得られたコメントと報告は有益であったと報告書に記されている。

九八年七月と一二月ストラスブールでＣＥ主催のミーティングがあり、リスボンのメディエータ二人とアフリカコミュニティのメンバーが参加した。そこでのテーマは「仲介（mediation）」であった。九八年の一〇月にはＥＤＣ会議がリレハンメルで開催され、リスボンにおける経過報告が行われた。

リスボンの事例では、教育省がイニシアチブをとり、市内の小学校三校、中等学校二校、保健センター、コミュニティセンター、宗教センター、民間ボランティア団体、民間研究所、教育省の諸部局が連携することにより、ＥＤＣのプログラムが実施された。ＥＤＣの特徴は、ＥＤＣ事務局からの指示ではなく、都市の諸機関や保護者などの個人が事業に「参加」することによって当事者意識をもって推進することにある。その際、「仲介者」の育成と役割が重視されている。EDCの役割は、情報提供や専門家のアドバイス、他都市との情報交換の場の提供など、間接的支援にとどまる。その意味において、「市民教育」の主体はあくまでもその都市の市民であるといえよう。

# 第三章　ヨーロッパ主要国におけるカリキュラム改革とヨーロッパ教育

ヨーロッパの多くの国々は、一九八〇年代末から九〇年代の初頭にかけて一つのカリキュラム改革の時期を迎えた。このカリキュラム改革は、一義的にはそれぞれの国の国内事情を反映してなされたものであるといえるが、ヨーロッパ教育の側面から見た場合、一九八八年のEUによる「教育におけるヨーロッパの次元決議」が、各国のカリキュラム改訂作業に反映し、浸透し始める契機となったとみることができる。その意味で、この時期のヨーロッパ主要国におけるカリキュラム改訂を考察することは、ヨーロッパ教育の形成と展開を論じるうえで大きな意味を持つ作業である。とりわけ「ヨーロッパの次元」が各国固有の文脈によりどのように受け止められ、特徴づけられているかを明らかにすることは、第Ⅱ部で詳しく論じるドイツのヨーロッパ教育への取り組みを相対化することにもつながる。そこで、本章においては、イギリス、フランス、オランダの三カ国を対象に、各国のカリキュラム改革とヨーロッパ教育の導入状況について論じる。

## 1　イギリスのナショナル・カリキュラム改革とヨーロッパの次元

### (1)　第一次ナショナル・カリキュラムにおけるヨーロッパの次元

一九七九年から一九九〇年まで一一年以上にわたりイギリスの首相を務めたサッチャー（M. Thatcher）は、一九八七年の総選挙で勝利し第三次サッチャー内閣を組織した。第三次サッチャー内閣が、最重要政策の一つとして位置づけたのが教育改革であった。サッチャーは一九八八年に「教育改革法（Education Reform Act 1988）」を制定し、これにより一九九一年からイギリスで初めてのナショナル・カリキュラムが導入された。(1)

ナショナル・カリキュラムは、「国語」「数学」「科学」を中核教科（core subjects）として重点化し、その他の教科、すなわち「歴史」「地理」「デザインと技術」「情報技術」「音楽」「美術」「体育」「外国語」を基本教科（foundation subjects）として義務教育の必修教科とする。さらに「経済・産業理解教育」(2)「健康教育」「職業教育」「環境教育」(3)「市民教育」という五つの領域を「クロス・カリキュラ・イシュー」として設定し、現代的な課題に対応させている。

ナショナル・カリキュラムにおけるヨーロッパ教育の位置を検討するに際しては、クロス・カリキュラ・テーマに掲げられた「市民教育」が最も検討に値すると思われるが、山根栄次もクロス・カリキュラ・テーマは「実際の学校教育においてあまり重視されていないと思われる」と述べているように、第一次ナショナル・カリキュラムにおけるクロス・カリキュラ・テーマは学校における実施状況の観点からも、また後述するヨーロッパ教育の観点からも必ずしも満足できるものではなかった。(4)

デュフール（B. Dufour）は、『新しい社会カリキュラム―クロス・カリキュラム・イシューへの案内』において、ナショナル・カリキュラム、とくにクロス・カリキュラム・イシューが、社会領域においてどのような課題に取り組むべきかを検討しているが、この中でヨーロッパに言及しているのは、わずかに職業教育、人権教育、環境教育のみであり、ヨーロッパ教育に対する十分な配慮がなされているとはいい難い。「一九八八年五月のECにおけるヨーロッパ閣僚理事会では『環境教育の促進のために具体的な措置を講じることの必要性について』指摘された」と「教育におけるヨーロッパの次元決議」が引用されているが、環境教育の促進を説明するためにECの決議が引用されているに過ぎない。(5)

同書にはこの他に、クロス・カリキュラ・イシューとして健康教育、メディア教育、平和教育、ジェンダー教育、多文化・反レイシズム教育、グローバル教育、労働組合教育などの現代的な課題について記されているものの、ヨーロッパの次元を中心に据えた視点は見られない。

アイリーン・ジョーンズ（E. Jones）とネヴィル・ジョーンズ（N. Jones）による『市民のための教育―クロス・カリキュラな学習のためのアイディアと展望』においても、デュフールと同様の傾向が確認できる。同書においてもヨーロッパの視点が記されているのは人権問題の項目のみであり、そこでは「ヨーロッパ人権規約」が副次的に言及されているにとどまる。(6)ロジャーズ（P. Rogers）によって執筆された論文、「国際的責任のための市民教育」において、「私たちが権利と責任を共有するより広い範囲の社会には、ヨーロッパ共同体、北大西洋条約機構、コモンウェルス、そしてしばしば『グローバル・ビレッジ』と呼ばれる相互依存共同体が含まれる」(7)とヨーロッパ共同体を責任を担うべき社会の一つとしながらも、「国際的責任」を担う主な範疇をグローバルな次元においている。

このように、第一次ナショナル・カリキュラムの時期においては、クロス・カリキュラ・テーマの中にヨーロッパの観点を見出そうとする議論はほとんど行われていなかったのであるが、この背景にはサッチャー政権（およびその政策を基本的に継承したメージャー政権を含む）の「世界的な役割へのこだわり」と、社会民主主義に基づく「ヨーロッパモデル」への違和感が認められるであろう。イギリスにおいては一九八〇年代にワールド・スタディーズが盛んとなり、その傾向は九〇年代に引き継がれるが[8]、ワールド・スタディーズの中にはイギリスの世界に対する強い責任感とこだわり、またそれと同一地平線上にあるヨーロッパに対する等閑視が含まれている。

では、現代的課題についての学習であるクロス・カリキュラ・イシューではなく、従来から行われている地理や歴史などの教科においてはヨーロッパの視点はどのような位置づけを与えられていたであろうか。地理のナショナル・カリキュラムに着目してその内容構成を考察してみたい。

地理のナショナル・カリキュラムの学習プログラムは、キーステージごとに獲得すべき「地理的技能」、および学習対象となる地理的空間を措定した「場所」、そしてその地理的空間を「自然地理」「人文地理」「環境地理」という領域別に具体的に示した学習内容の三段階から構成される。この中で、学習対象となる地理的空間を示した「場所」については、二つの軸に従って決定される。一つは「地域」と「郷土・国」の二段階に分けられた垂直的空間であり、もう一つは「英国」（自国）、「経済的に発展段階にある国」（途上国）、「英国以外のヨーロッパ共同体の国」（ヨーロッパ）、「アメリカ・日本・ソ連」（先進国）という四地域に分けられた水平的空間である[9]。この垂直および水平の二つの空間を組み合わせることにより、学習対象となる地理的空間が定められるのである。たとえば、「途上国」と「地域」を組み合わせて「途上国の地域」について対象化され、「英国以外のヨーロッパの国」と「郷土・国」を組み合わせてドイツやフランスのような「ヨーロッパの国」についての学習を行うこととされている。

表3－1は、ナショナル・カリキュラムに示されたキーステージ1から4までの各キーステージで学習される「地理空間」を、垂直的空間と水平的空間に分けてまとめたものである[10]。

**表3－1　第一次ナショナル・カリキュラム（地理）における空間的枠組み**

| 空間＼キーステージ | 垂直的 | 地域 | | | | 郷土・国 | | | |
|---|---|---|---|---|---|---|---|---|---|
| | 水平的 | 英国 | 途上国 | ヨーロッパ | 米日ソ | 英国 | 途上国 | ヨーロッパ | 米日ソ |
| キーステージ1 | | ○ | （△「国外のある地域」） | | | | | | |
| キーステージ2 | | ○ | ○ | ○ | | ○ | | | |
| キーステージ3 | | ○ | ○ | ○ | | ○ | ○ | ○ | ○ |
| キーステージ4 | | | ○ | ○ | | ○ | ○ | ○ | ○ |

＊　○印はナショナル・カリキュラムの学習対象であることを示す。△印は特定されていないことを示す。
〔ナショナル・カリキュラム（1991）より筆者作成〕

この表から、地理カリキュラムの大枠は次のようになる。まず英国と他国を「地域」に即して学ぶキーステージ1から始まり、キーステージ2では「地域」の観点を途上国とヨーロッパに広げるとともに「郷土」としてより広範な機能地域について学ぶことになる。キーステージ3では、キーステージ2の内容に加え、英国の「郷土」と同位置にある途上国、ヨーロッパ、米・日・ソに関する「国」レベルの学習が対象化される。キーステージ4では、キーステージ3以上に「郷土・国」レベルが重視される。このように、地理カリキュラムは「地域」というミクロな地理空間の理解から「国」レベルの地理空間の理解へという大きな流れを持っている。

このような枠組みの中で、ヨーロッパに関する学習は途上国の学習と同列におかれ、キーステージ2ではヨーロッパを「地域」の観点から学び、キーステージ3と4においては、「地域」の観点と「国」の観点の両方で扱われていることがわかる。(11)

次にさらに細かく分析するために学習内容の記述に目を向けてみたい。表3－2は、学習プログラムに示された学習内容である。(12)

第一に挙げられる特徴は、キーステージ3とキーステージ4との間に多くの重複が認められることである。キーステージ3には五つの学習項目が列記されているが、これらはすべてキーステージ4において繰り返されている。これはキーステージ4においては、キーステージ3での学習事項をふまえて、発展的内容を扱う（後述）ように配慮されていると考えられる。

キーステージ3の内容を見てみると、「10」の第一項はフランス、ドイツ、イタリア、スペインというヨーロッパの大国から一カ国を選んで、自然地理と人文地理の両面からその国の全体的な地理的特徴を学ぶことが目指される。それに続く第2および第3項は、第1項で選択した「国」に即して、その「国」の中の「地域」や「地方」の特徴を学ぶとされる。「11」は「10」とは異なり、「国」の視点ではなく、「ヨーロッパ共同体」の視点での捉えが意図されている。その際、農業、人口移動、地方の開発、観光という四つのテーマから一つを選んで学習される。これらのテーマでいずれも重視されているのは、「変化」ということである。

「11」の第1項が、選択されたテーマに即してヨーロッパ共同体のレベルの全体的特徴を学習するのに対して、第2項では、その「変化」を地域のレベルからミクロに考察させようとしている。その場合、特徴的な三カ所の地域を取り上げることとし、ヨーロッパにおける「変化」の影響をできるだけミクロにかつ複数の事例に即して学ばせるよう配慮されている。

キーステージ4では、先に述べたキーステージ3の全項を含んだうえでさらに四項目が追加されている。キーステージ4「11」の第3項では、まさに「地域」における「変化」の実相を現在から近い将来までを見通して考察することが目指される。「11」の最終項目では、ヨーロッパレベルや地域のレベルにみられる「変化」の背景を、政策との関係から捉えさせようとしている。つまり、それまでに学んだヨーロッパの農業や人口移動など、各テーマに現れた「変化」はどの政治的主体の政策によってどのようにもたらされたのかを説明することとされる。「12」および「13」では、それぞれ生徒に「地域」が受けた「変化」や政策に対する評価を行わせることで、分析的な批判力を育成することをねらいとしている。

以上のことから、第一次地理ナショナル・カリキュラムに現れたヨーロッパの次元をまとめると次のようになる。

**表３－２　第一次ナショナル・カリキュラム（地理）におけるヨーロッパの次元**

キーステージ３
〔ヨーロッパ共同体〕
10　生徒は次のことを教えられるべきである。
—ヨーロッパ共同体の内、明確な特徴、多様な地方性、独自性を備えたフランス、ドイツ、イタリア、スペインの中から一つの国を取り上げ、その自然地理的および人文地理的特徴を調査する。

—選び出した国のある特定の地域において、職業・土地利用・集落のパターンが、どのようにその地域の環境や位置と関係しているか。

—選び出した国に含まれる地方を認識し、その中の二つの地方について、比較し対照的な点を見いだす。
11　レベル７に関して、生徒は次のことを教えられるべきである。
—ヨーロッパ共同体全体に関して、次のテーマから一つを選び学習する。共同体全体における
(a) 農業の変化のパターン
(b) ヨーロッパ共同体の国家内・国家間での移住パターン
(c) 地方開発のパターン
(d) 観光産業
—ヨーロッパ共同体の異なる三つの地域について、選定したテーマと関係する開発の影響。

キーステージ4
〔ヨーロッパ共同体〕
11　生徒は次のことを教えられるべきである。
—ヨーロッパ共同体の内、明確な特徴、多様な地方性、独自性を備えたフランス、ドイツ、イタリア、スペインの中から一つの国を取り上げ、その自然地理的および人文地理的特徴を調査する。

—選び出した国のある地域において、職業・土地利用・集落のパターンが、どのようにその地域の環境や位置と関係しているか。

—人々の活動の結果、地域はどのように変化したか。また、地域における最近の、または予定されている変化を調べる。

—選び出した国に含まれる地方を認識し、その中の二つの地方について、比較し対照的な点を見いだす。

—ヨーロッパ共同体全体に関して、次のテーマから一つを選び学習する。共同体全体における
(a) 農業の変化のパターン
(b) ヨーロッパ共同体の国家内・国家間での移住パターン
(c) 地方開発のパターン
(d) 観光産業
—ヨーロッパ共同体の異なる三つの地域について、選定したテーマと関係する開発の影響。

—選定したテーマに関わる変化が、地域・地方の主導権や国家・国際レベルの決定事項によって、どの程度影響を受けたか説明する。
12　レベル９に関して、生徒は次のことを教えられるべきである。
—ヨーロッパ共同体の特定の地域について、選定したテーマの影響を評価する。
13　レベル10に関して、生徒は次のことを教えられるべきである。
—選定したテーマに関わる、選択的な政府の政策・対策を評価する。

〔出典：Geography in the National Curriculum, Department of Education and Science, 1991.〕

第一次地理ナショナル・カリキュラムでは、ヨーロッパという地理的空間を全体として取り上げる観点よりも、ヨーロッパにおける顕著な特徴を持った「地域」を軸に、そこでの「変化」を読み解くという観点がより強く打ち出されている。その際、①農業、人口移動、地域開発、観光というテーマを選択して取り扱う項目を焦点化していること、②地域に現れた実際の「変化」の事例に着目させること、③国家の政府やEUなどの国際レベルを含めた政策と「変化」との間の影響関係を読み解き、さらにその政策を評価させることに特徴があるといえよう。

## (2) 第二次ナショナル・カリキュラムにおけるヨーロッパの次元

一九九一年に施行されたナショナル・カリキュラムは、導入直後からカリキュラムで規定される項目が過剰であることや、評価システムが複雑であることなど多くの批判を浴びることになった。すでに一九九三年には見直しが開始され、簡略化（slim down）を目的に改訂が施され、一九九五年に第二次ナショナル・カリキュラムが成立するに至った。(13)

地理および歴史におけるナショナル・カリキュラムの変更点については、それぞれ中井修と土屋武志が論じているため、(14)本項では全体的なカリキュラム改訂の紹介を避け、ヨーロッパの観点にしぼって、ナショナル・カリキュラムの改訂がどのように施されたかを、前項と同じ地理カリキュラムの内容に即して述べることにする。

表3-3は、第二次ナショナル・カリキュラム（地理）におけるヨーロッパに関する内容項目である。(15)

第一次ナショナル・カリキュラムと比較すれば明らかなように、キーステージ4でのヨーロッパに関する学習が削減され、学習期間が大幅に短縮された。これは前項で見たように、キーステージ3と4の内容の多くが重複しているためと思われる。そのような重複を避けたうえで、キーステージ3の「4」に与えられた学習対象には大きな

**表3－3　第二次ナショナル・カリキュラム（地理）におけるヨーロッパの次元**

キーステージ3

〔場所〕

4．ここでは英国以外に二つの国（countries）が学習される。それら二つの国は、明らかに発展の度合いが異なる国とする。一つはリストAに示したものから、もう一つはリストBに示した国から選択する。

リストA：「オーストラリアとニュージーランド」「ヨーロッパ」「日本」「北アメリカ」「ロシア連邦」

リストB：「アフリカ」「アジア（日本を除く）」「南・中央アメリカ（カリブ諸国を含む）」

5．二つの国のどちらについても、生徒は次のことについて教えられる。

(a) その国の明確な特徴と地域的多様性を示す自然的および人文的特徴について

(b) その国にある二つの地域の特徴およびそれらの共通点と差異について

(c) ある程度発展したと判断される国における発展の過程について

(d) その国がどのようにグローバルな文脈の中に組み込まれ、どのように他の国との相互依存関係にあるのか

〔学習テーマ〕

6．次に示す六つの地理的テーマが学習される。それらは個別に学ばれるか、他のテーマと協同で学ばれる、あるいは場所についての学習の一部として学ぶこともできる。いずれのアプローチであっても、その学習は実在の場所を扱うこととし、それらの内のいくつかは各トピックの代表事例として用いられる。同時に、この学習はローカル、リージョナル、ナショナル、インターナショナル、そしてグローバルなスケールで行われ、世界のさまざまな地域、さまざまな環境のタイプを網羅するものとする。その中には、ローカルなエリア、英国、ヨーロッパ連合、そして世界のさまざまな発展段階の国々が含まれる。

7．地殻構造的過程　8．地形学的過程　9．天気と天候　10．エコシステム

11．人口　12．居住地　13．経済　14．発展　15．環境問題

〔出典：The National Curriculum for Geography, Department for Education and Employment, 1995〕

変化が見られる。第一次カリキュラムでは、「ヨーロッパ共同体全体」を視野に入れたテーマの取り扱いが明記されていたものが、新カリキュラムでは、「英国以外に二つの国が学習される」とされ、「国」が学習の対象とされた。すなわち、地理的空間としてヨーロッパを全体的視点から鳥瞰した立場を取るものではなく、国家単位に細分された取り扱いとなっている。しかも従来は「英国」「発展途上国」「ヨーロッパ」「先進国」として単独の位置を与えられていたものが、ヨーロッパの項目は、「オーストラリアとニュージーランド」「ヨーロッパ」「日本」「北アメリカ」「ロシア連邦」と並記される形で、リストAのカテゴリーの一部となり、相

対的に位置づけが後退している。

キーステージ3の「5」には、このキーステージで学ぶ内容が記されている。ここでは(a)自然地理的、人文地理的特徴、(b)地域の特徴、(c)発展過程、(d)グローバルな文脈と他国との相互依存関係の各項目が挙げられている。ここでもこの学習内容を先のリストから選択した「国」の視点から取り扱うものとされている。

第二次ナショナル・カリキュラムで、かろうじて全ヨーロッパ的な視点が立てられているのは学習テーマである「6」である。しかし表3－3を見れば明らかなように、「ローカル」から「グローバル」までの同心円的空間定義の一要素としてあげられているに過ぎず、ヨーロッパの次元に固有の意味を与えているわけではない。

このように、第二次ナショナル・カリキュラムにおいては、ヨーロッパの次元が「スリム化」の対象となり削減されたとまとめることができる。これはキーステージ4での取り扱いがなくなったことと合わせて、二重の意味でヨーロッパの次元からの撤退を意味するものである。

最後に、イギリスの第一次および第二次ナショナル・カリキュラムにおけるヨーロッパの次元の位置づけをまとめてみると、次のようにいえるであろう。すなわち、第一次ナショナル・カリキュラムでは曲がりなりにもヨーロッパの次元の一端が認められていたにもかかわらず、地理においてはカリキュラム改訂の結果、それが削減の対象とされてしまった。このことはイギリスの地理ナショナル・カリキュラムでは、ヨーロッパの視点は学習課程上の不可欠な要素とは見なされず、本質的な意味を与えられるものではなかったことを示している。[16]

EUによる、「教育におけるヨーロッパの次元」決議から五年以上が経過した後に作成された第二次ナショナル・カリキュラムにおいてすら、このようにヨーロッパの次元に対する理解と配慮が浸透していないイギリスのナショナル・カリキュラムには、保守党政権によるヨーロッパの次元に対する確信犯ともいえる軽視の姿勢がうかがえる。その一方でイギリスには注目すべき二つの取り組みがあることも指摘しておきたい。その一つはスコットランドにおけるヨーロッパの次元への取り組みであり、もう一つはイギリスがEU議長国になった一九九八年前半期に教育雇用省から提案された「ヨーロッパのパートナー」である。

スコットランドは、ヨーロッパレベルの活動に最も熱心に取り組できたヨーロッパ内の「地域」である。[17] とりわけ「スコットランドカリキュラム評議会（Scottish Consultative Council on the Curriculum: SCCC）」は、ヨーロッパ内の教育研究機関のネットワークである「ヨーロッパ教育研究開発機関コンソーシアム（Consortium of Institutions for Development and Research in Education in Europe: CIDREE）」の事務局を務め、各国の教育機関レベルの連携とカリキュラムなどの開発に従事してきた。そのスコットランドカリキュラム評議会が、ヨーロッパの次元の実践を志す教員向けに編集したものが、『ヨーロッパについて考える―ヨーロッパの次元をカリキュラムに導入するためのアイディア』である。[18] 同書は五つのセクションからなり、それぞれ、「ヨーロッパの次元をカリキュラムに導入する際の戦略」「小学校カリキュラムにおけるヨーロッパの次元」「中学校カリキュラムにおけるヨーロッパの次元」「クロス・カリキュラムによるヨーロッパの次元の実施」「ヨーロッパの次元を開発するための情報入手先リスト」が記されている。また巻末にはヨーロッパ次元に関する各種の決議等の資料が添付されている。

『ヨーロッパについて考える』では、そもそもなぜヨーロッパの次元を導入することが必要なのかという理念的な解説からはじまり、小学校と中学校ごとに、①教科別の学習内容の例示、②テーマ学習を進めるための具体的テーマの例示、③他の学校とのジョイントプロジェクトの例示、④活動事例と獲得すべきスキルを示した一覧表が与えられており、学校単位や教師個人のレベルで活用できるように編集されている。

一九九八年の一月から六月まで半年間、イギリスのブレア首相（T. Blair）はEUの議長国を務めた。この間、イギリス政府は議長国としてヨーロッパ理事会を円滑に進めるため、国内向けにEUへの関心を高めるための施策を打ち出している。「ヨーロッパのパートナー―ヨーロッパの次元の実施」[19] は、このような背景から教育雇用省によって作成されたプログラムであり、その目的はナショナル・カリキュラムにヨーロッパの次元を反映させる際のガイドラインを提供することであった。

「ヨーロッパのパートナー」は、「第1章　カリキュラムにおけるヨーロッパの次元」「第2章　効果的実践のための事例」「第3章　カリキュラム導入の要件と可能性」の三章から構成される。第1章では、教育にヨーロッパの次元を導入する目的や、導入によって得られる利点、カリキュラム導入への留意点などが記されている。第2章では、活動の形態に応じた二〇の実践事例が紹介されている。第3章では、ナショナル・カリキュラムのキーステージ1から4に対応したヨーロッパ学習の内容項目が示されている。

本節を通してイギリスのナショナル・カリキュラムにはヨーロッパの次元に対する配慮が欠落していることを指摘したが、教育雇用省によってこのようなナショナル・カリキュラム全般にヨーロッパの次元を導入する文書が示されたことは、一定の前進と見て良いのではないかと考える。このようなヨーロッパの次元の前進を促したのが、保守党から労働党への政権交代であることは疑えないが、ブレア政権が初めて取り組む第三次ナショナル・カリキュラムにおいて、ヨーロッパの次元がどのように位置づけられるかが、イギリスにおけるヨーロッパの次元を評価する際の鍵となるといえよう。

## 2　フランスのカリキュラム改革とヨーロッパの次元

### (1)　フランス教育改革におけるヨーロッパの次元

フランスの教育は、一九八〇年代半ばより大きな改革期を迎えている。この一連の教育改革は、主にシュヴェーヌマン、ジョスパン、バイルーという三人の教育大臣によって遂行され、それぞれの任期中ごとの改革には一つの特徴が認められることから、それぞれ「シュヴェーヌマン改革」「ジョスパン改革」「バイルー改革」と称することにする。[20] 本節では、EUによって「教育におけるヨーロッパの次元」決議が採択される一九八八年前後のフランスにおけるヨーロッパの次元の位相を、これらの教育改革ならびにナショナル・カリキュラム[21]から検討することにする。

#### ①シュヴェーヌマン改革

一九八五年に始まるシュヴェーヌマン教育大臣（J.-H. Chevènement）による教育改革は、バカロレア取得者倍増計画に見られるような中等教育の量的拡大[22]と、経済的競争力強化のための基礎学力の向上をめざしたものであった。バカロレア取得者倍増計画とは、当時同一年齢層の四〇％程度であったバカロレアの取得率を、二〇〇〇年までに八〇％に倍加させるという構想であり、この目標数値が八〇％であることから「八〇％目標」と呼ばれている。大学入学資格であるバカロレア取得者の拡充は、高等教育の飛躍的な拡大をもたらし、人々の高学歴志向に拍車をかけ高学歴化が急激に進行した。

シュヴェーヌマンによる教育課程改革は、一義的には従来の「三区分教授法」を廃止し、「七教科制」を導入することによって基礎学力の向上をめざすものであるが[23]、現代の教育課題にも対処するために、クロス・カリキュラムの導入、教育の情報化の促進、地方言語と地方文化の教育の重視が掲げられた。現代的課題に取り組むことをねらいとしたクロス・カリキュラムではあるが、そこに挙げられたテーマ領域は「消費者教育、開発教育、環境教育、情報教育、健康・性教育、安全教育」の六領域であり、ヨーロッパの次元の観点はクロス・カリキュラ・テーマから欠落している[24]。シュヴェーヌマン改革においてはヨーロッパ市民教育は、現代の課題として視野に収められていなかったといえる。他方で、地方分権化が促進されるのに伴って、地方言語と文化に関する教育が大幅に促進されており、国内の多様化を尊重することに努力が傾けられていた[25]。

②ジョスパン改革

シラク大統領の下で一九九七年から二〇〇二年まで首相を務めたリオネル・ジョスパン（L. Jospin）は、一九八八年六月から一九九二年三月まで教育大臣に就任し、一九八九年七月に教育基本法の大幅な改定を行っている。ジョスパンは、教育基本法改定の年の一月二〇日、リヨンで開催された「新しいヨーロッパのための学校像」フォーラムにおいて、「フランス学校教育を全ヨーロッパ的地平に開放するための国民教育省プロジェクト」を発表するなど、フランス教育にヨーロッパの次元を導入する推進役を担った[26]。

ジョスパン教育大臣によって実現した新教育基本法は、通称「ジョスパン法」とも呼ばれ、全36条の本文と付属議定書からなる[27][28]。ジョスパン法において、ヨーロッパの次元は第1条第4項に「保育学校、小学校、コレージュ、リセおよび高等教育機関は、知識と学習の方法を伝達し修得させる責任を負う。これら教育機関は、男女の平等を促進することに貢献する。これら教育機関は、我が国およびヨーロッパそして国際的情勢における経済的、技術的、

表３－４　「ヨーロッパおよび国際的視野での教育」

| |
|---|
| ヨーロッパの統一の動きによって、さまざまな立法および規則の調整が必要になろう（学校教育修了証書の相互承認および人の移動）。今後ますます個人は、教育、研究および雇用の領域において交流と協力に関わることになろう。現代フランスの青年の教育においては、ヨーロッパ外の新しい国際環境をも考慮しなければならない。<br>全ヨーロッパ的視野に開かれた教育は、好奇心、創造性、適応能力を育成する。この教育は、以下に示すことによって、外国の文化についての認識、外国語の学習とその習得を発展させなければならない。<br>―全国レベルで、小学校における外国語学習の実験を行う。<br>―コレージュでは、第４級（第８学年）からすべてのコレージュの生徒に対して、二つの外国語を学ぶことができるようにする。<br>―より適切な教育プログラムと方法を備えることによって、特定の技術教育および職業教育において、第二外国語の教育を行う。<br>―とくに高等教育における外国語教育の改善を図る。 |

〔出典：小林順子編『21世紀を展望するフランス教育改革』396頁〕

社会的および文化的な進展に適応した内容と方法で、教育・訓練を行うものとする」[29]（傍点引用者）と表現されている。

新教育基本法に示された内容を具体化するために、付属議定書には国が担うべき任務と目標、ならびに具体的措置が定められている。付属議定書に示された五項目の「達成すべき目標」の最終項目は「その方法および内容の改善を通じて、教育が国際的協力およびヨーロッパの建設に向かっていっそう開かれたものにする」（傍点引用者）とされ、国際的次元と併記する形で「ヨーロッパの建設」が記されている。

付属議定書には、ヨーロッパの次元に対する政策を明確に述べている一節がある。それは、「現代教育の実施」と題された章に盛り込まれた「ヨーロッパおよび国際的視野での教育」である。そこでは表３－４のように記されている。

付属議定書における「ヨーロッパおよび国際的視野での教育」からは、次のような特徴が認められる。第一にヨーロッパ内の教育協力の進展に伴う国内の教育制度改革の実施、第二に教育、研究、雇用の領域での国際交流と国際協力の促進、第三に外国語学習の推進である。このようにジョスパン法におけるヨーロッパ市民教育を見てみると、外国語学習による言語習得と文化についての認識獲得という側面に大きく傾斜したものであることがわかる。ここでも「ヨーロッパ」が「国際」と並列に用いられ、「ヨーロッパ」への価値づけは相対的に低いものとなっている。

### ③バイルー改革

一九九三年三月、教育大臣に就任したバイルー（F. Bayrou）は、就任の翌年初等・中等教育改革に取り組み始める。バイルーは、まず、同年五月九日に教育改革に取り組む指針となる「155の提案」を発表した。155の提案は、上下院議会での審議や関係諸団体の意見を取り入れて、整理統合あるいは追加や削除が施され、六月一六日「学校改革のための新しい契約」（通称「158の決定」）としてバラデュール首相名で政府決定された。[30]

158の決定の内容は、学校の機能と役割の明確化（Ⅰ）、教育内容改訂の具体的提案（Ⅱ）、多様な価値の受け入れと教育機会の平等（Ⅲ）、学校や教職員および学校機構の在り方（Ⅳ）、未来の教育課題への対応（Ⅴ）、新しい契約の実施（Ⅵ）という六章から構成されている。

このうち、ヨーロッパ市民教育に関連するのは、表3－5に示した外国語の学習に関わる第28項および第30項、リセにおける外国語習得のための交流に関わる第48項の三項のみである。

ヨーロッパの取り扱いの貧困さとは対照的に、「158の決定」にはフランスの「国民」教育強化の姿勢が強く押し出されている。たとえば、「市民権」について「フランス国民共通の価値の継承」（「158の決定」17、以下項目番号のみを記す）を明確にすることが強調されていること、学習の最優先課題をフランス語の読み書き能力の向上においていること（18～21）、「パートナー」関係の構築についてはヨーロッパにおけるパートナーではなく、雇用や職業教育に関わる企業の連携（122、123）と、地方公共団体（125）や警察、司法（124）など国内の諸機関との連携がうたわれていることなど、随所に国内重視の姿勢が読みとれる。

**表３－５　「158の決定」におけるヨーロッパの観点**

28　小学校の初級以降においては、すべての生徒は毎日15分間、視聴覚機器を活用して外国語の初歩を学ぶ。このための初等学校教員の継続教育が準備される。【95年度】

30　複数の外国語教育がすべての生徒に施される。第６級（第６学年）においてすべての生徒が第一外国語を学んだ後、第二外国語は必修として第４級（第８学年）において教育される。【95年度に第６級に進学する生徒から適用】

48　外国語の実践は、ヨーロッパの教育機関において、交流のために外国での１カ月間の実習を行うという可能性をすべてのリセの生徒について追求することが奨励される。【96年度以降】　　【　】は、実施年度を示す

〔出典：小林順子編『21世紀を展望するフランス教育改革』415、420頁〕

未来の教育課題に対処するために設けられた「未来に向けて」の章（Ｖ）においても、そこに記されているのは「情報技術」(126～130)、「職業選択・進路指導・職業資格」(131～140、143～145)、「学習支援」(141～142)、「学校施設および運営の開放」(146～148)であり、ドイツのようにヨーロッパ統合が学校教育の未来像と深く関わるという認識には立っていない。[31]

以上のことから、八五年以降のフランス教育改革をヨーロッパ教育の観点から評価してみると、シュヴェーヌマン改革はヨーロッパの次元導入以前の段階、ジョスパン改革はヨーロッパの次元の導入の段階、バイルー改革をヨーロッパの次元後退の段階、とまとめることができる。ジョスパンによる新教育基本法においても、バイルーの「158の決定」においても、ヨーロッパの次元は「外国語学習」のレベルに留め置かれ、ヨーロッパ市民への教育は、内容的にも概念的にも十分に考慮されているとはいえない。たしかに、新教育基本法の付属報告書において「ヨーロッパおよび国際的視野での教育」という項目が設定された点は評価されようが、その内容は上述のように限定的なものであるうえに、「158の決定」において明らかにトーンダウンしている。

このように見てみると、フランスの教育政策レベルでのヨーロッパ市民教育への取り組みは、ＥＵにおけるフランスの役割や発言力から考えて不十分なものであると結論づけられる。

## (2) フランスのナショナル・カリキュラムにみるヨーロッパの次元

フランスのナショナル・カリキュラムは、一九九五年バイルー教育大臣のもとで改訂されている。このカリキュラム改訂は、九〇年代のジョスパンによる教育改革を教育内容の面から完成させるものであると考えられる。本項では、従来より、「国民教育」という観点が強く反映されているといわれる[32]フランスのカリキュラムにおいて、ヨーロッパの次元がどのような位置を占めているのかを明らかにする。それによって、ジョスパンのいう「ヨーロッパ的視野」がどのような性質のものであるかが明らかになろう。[33]

### ①フランス初等学校におけるヨーロッパの次元

フランスの初等教育学校の修学期間は五年であるが、初等教育学校入学前の幼稚園年長クラスから始まり小学二年までの三年間を「基礎学習期（cycle des apprentissages fondamentaux）」、小学三年から五年までの三年間を「深化学習期（cycle des approfondissements）」と呼び、それぞれを一つのサイクルとして扱っている。[34]

初等学校においては、ヨーロッパの次元はいわゆる「深化学習期」の「歴史と地理」という教科の時間に組み込まれている。「歴史と地理」は、「歴史」の部と「地理」の部に分かれており統合教科ではない。この中でヨーロッパの観点は、「地理」に記されている（表3－6参照）。

「深化学習期」の地理は、大から小へという空間認識構造に立ち、「地球」「ヨーロッパ」「フランス」の三つの単元によって構成されている。このうちヨーロッパの観点は「ヨーロッパ」単元の全体と「フランス」単元の一部の二箇所に反映されている。

第二単元「ヨーロッパ」では、「さまざまな次元」「主な国々」「地域による連合」「ヨーロッパ連合」という項目

**表３－６　フランス初等学校カリキュラムにおけるヨーロッパの次元**

１．初等学校　深化学習期（小学３年から５年生）「地理」
【教育的要素】

　このサイクルの全期間を通し、生徒はフランスについて学び、ヨーロッパと世界におけるその位置について知る。地図や略図、簡単で正確な地理用語を用いることにより、彼らは地球、ヨーロッパ、そしてフランス本国および海外県の全体像を明らかにし、フランスの基本的な景観について読みとり、そこに暮らす人々の日々の活動について描写することを学ぶ。

【学習内容】

　世界の観察
　(1) 地球
　(2) ヨーロッパ
　　・さまざまな次元　・主な国々　・地域による連合　・ヨーロッパ連合
　(3) フランス
　　（１. から３. 省略）
　４．ヨーロッパの中のフランス
　　フランスをヨーロッパの中に位置づけ、EUにおけるヨーロッパの統合を示すこと
　　・ヨーロッパの地図：ヨーロッパ連合、ヨーロッパの国々
　　・フランスおよびヨーロッパの人口：人口の集中した主要都市
　　・人と物の大規模な移動
　５．世界の中のフランス
　　世界におけるフランスの位置、相互依存関係の出現
　　人口動態による位置、経済の役割、フランス語圏

〔出典：PROGRAMMES DE L'ÉCOLE PRIMAIRE, Cycle des approfondissements, géographie〕

が列記してあるのみで、具体的な学習内容は明記されていない。

　第三単元「フランス」では、第4項に「ヨーロッパの中のフランス」という項目が設定され、「フランスをヨーロッパの中に位置づけ、EUにおけるヨーロッパの統合を示すこと」という目標の下に、次の三項目が挙げられている。「ヨーロッパの地図―ヨーロッパ連合、ヨーロッパの国々」「フランスおよびヨーロッパの人口―人口の集中した主要都市」「人と物の大規模な移動」

　第二単元がヨーロッパを単独で扱うのに対し、第三単元はフランスとの関連においてヨーロッパが学習される。ヨーロッパの国々やEUなど両単元には内容的な重複も見られるが、ヨーロッパの観点が、全ヨーロッパの視点と自国との関わりの視点という二つの視点を持って学ばれる点で、優れた構成であるといえる。

次に「公民（Education Civique）」を見てみよう。深化学習期「公民」の教育目標には次のように記されている。「子どもは社会における各人の責任についての意識を持つようになる。子どもは個人と関係する諸価値、および共同生活における規律について考察する。また、子どもはその中から少しずつ論理的な実践力を得ていく。子どもは、フランス共和国、構築されつつあるヨーロッパ、そして世界全体の中で、民主主義の原理や制度がどのようにしてできたのかを学ぶ[35]」（傍点引用者）。ここでは、民主主義の原理と制度の発展をヨーロッパ的、世界的な視野から学ぶことが目標とされている。

このような目標に対し、「ヨーロッパ」はカリキュラムの内容規定の中にどのように記されているだろうか。結論からいうと、初等学校の「公民」カリキュラムの中には、「ヨーロッパ」という語は用いられていない。基礎学習期には地域共同体における生活および共和国における市民生活が、深化学習期には人権と責任および共和国の諸機関と市民生活が記されているが、これらの項目の中にヨーロッパの観点に立った記述は見られない。地理において認められた「ヨーロッパ」の観点の有意な位置づけは、「公民」においては目標の一部に「フランス共和国」「世界全体」と併記される形で記されているのみである。フランスにおいては「公民」とはあくまでも共和国の国民教育を担う教科なのである（表３－７参照）。

②フランス中等学校におけるヨーロッパの次元

フランスの中等学校は、コレージュ（Collège）と呼ばれる四年制（第６～９学年）の学校と、それに続く三年制（第10～12学年）のリセ（Lycée）から成る[36]。

中等学校では、ヨーロッパの次元はコレージュの３年（第８学年、中学２年に相当）とリセの１年（第10学年、高校１年に相当）および３年（第12学年、高校３年に相当）において扱われている。教科については、コレージュ３年の地

**表３－７　フランス初等学校「公民」カリキュラム**

１．初等学校　基礎学習期（幼～小学２年）「公民」

【教育的要素】

　ここでは学級生活において、子どもたちは社会での生活に関する規則を発見し、価値観を築き、彼ら自身の責任意識を習得し始める。

【学習内容】

共同体における生活：よく考えた行動

⑴ 人の尊重：自分と他者

⑵ 良い共同体と生活環境の尊重

⑶ 共同体における生活のルールを守る意識の獲得

市民生活

⑴ 共和国とそのシンボル

・トリコロール旗　・ラ・マルセイエーズ（国歌）　・７月14日（革命記念日）

⑵ 共和国大統領

２．初等学校　深化学習期（小学３年～５年）「公民」

【教育的要素】　略

【学習内容】

社会の学校：責任ある市民に向けて

⑴ 自己の尊重　⑵ 他者の尊重　⑶ 責任を負う義務

社会の中の市民

⑴ 人間の尊厳と権利

・人間と市民の権利宣言（1789）

⑵ 共和国の諸機関

・共和国、そのシンボルとモットー　・共和国大統領：普通選挙による選出

・議会：立法と法の役割　・司法

・地方議会：地方公共団体の独自性　・共和国の業務事例

⑶ 民主的生活

・個人の保護と安全：警察、憲兵、消防士

・社会の防衛と兵士

・道路の安全：家庭内の安全

・自然的、文化的共有財産の保護

・表現の自由と報道の自由（メディア、出版等）

〔出典：PROGRAMMES DE L'ÉCOLE PRIMAIRE〕

理・歴史科および公民科と、リセ1年の地理、リセ3年の歴史においてヨーロッパの次元が設けられている。本稿では、コレージュにおけるカリキュラムを検討する。

コレージュにおいては初等学校に比べて、より明確な形でヨーロッパの観点が示されている。まず地理においては、ヨーロッパの多様性を地形、河川、気象に結びつけて扱い、交通や通信などのコミュニケーション・ネットワークの形成と都市の形成が学習される。全体論的な学習のあとで、一二から一三時間をかけてヨーロッパの国々についての事例学習が行われる。そこではヨーロッパの中から複数の国を選び、とくに歴史と文化に重きをおいてそれらの国を詳細に学ぶことが求められている。事例として取り上げるべき国について、カリキュラムではドイツ、ロシア、イギリス、地中海諸国（イタリア、スペイン、ギリシアなど）が示されているが、この中から一カ国以上三カ国までを扱うこととされている。

歴史においては、一七世紀から一九世紀の出来事を、国家の視点とヨーロッパの視点の両方に立って学ぶとされている。歴史は、三つの単元によって構成されるが、それぞれにヨーロッパの観点が設けられている。一七世紀以降のフランスの歴史がヨーロッパと分離し得ないのは自明なこととはいえ、この内容構成からは自国の歴史をヨーロッパの文脈から展望する姿勢を読みとることができる。

最後に公民においては、ヨーロッパ単元「人権とヨーロッパ」がフランスの政治学習の次に位置づけられている。学年の最終単元に配され限られた時間数ではあるものの、初等学校の公民にはヨーロッパの観点が十分に盛り込まれなかったことから考えると、コレージュの公民の中にヨーロッパの観点に立つ市民教育が確保されていることは評価されてよい。

公民の内容は、次のように構成されている。まず、ヨーロッパ諸国の間で「民主主義の価値、人権の保護、基本的自由」が共有され、共同の価値が成立していること、それを裏付けるものとして「ヨーロッパ人権規約」が学習

**表3－8　コレージュのカリキュラムにおけるヨーロッパの次元**

1　コレージュ第３学年（第８学年）　「地理」

留意点：第３学年のプログラムは、ヨーロッパ大陸に関する学習をした後で、必要不可欠な国別学習に当てられる。フランス学習について特に重要なことは、地域に関する学習である。ヨーロッパ機関やフランス経済、世界の中のヨーロッパとフランスの位置は第４学年において学ばれる。

教師は、プログラムの各部分を扱う際には、取り扱う順番を自由に組むことができる。

第Ⅰ単元：ヨーロッパ大陸（全16～19時間）

⑴ ヨーロッパの多様性（４～６時間）　国家や移民、言語、宗教などに関する地図を見てみると、ヨーロッパはモザイク状になっている。私たちは、全体的地形、大規模河川、気象の全体像を明らかにし、さらに都市化とコミュニケーション・ネットワークを関係付け、ヨーロッパの景観と空間の構造を説明する。

⑵ 国別学習（12～13時間）　先に検討した要素を出発点に、専門的な地理学習のために全体的、徹底的な学習を提供する。３カ国を選び、それぞれついて、とくに国土における人々や組織を学習する。ここでは、歴史と文化の重みが強調される。その際、現代語の教師との協力が奨励される。

2　コレージュ第３学年（第８学年）　「歴史」（コメント部省略）

大単元：近代から現代世界の誕生へ

第Ⅰ単元：17世紀と18世紀（全９～10時間）

⑴ 近代ヨーロッパの出現（３～４時間）

⑵ フランスの絶対王政（３～４時間）

⑶ 絶対王政復活の原因（３～４時間）

第Ⅱ単元：フランス革命期（1789～1815）（全９～10時間）

⑴ フランス革命期の重要局面（1789年から1815年）（７～８時間）

⑵ ヨーロッパの転換（２～３時間）

第Ⅲ単元：19世紀におけるヨーロッパとその拡張（1815～1914）（全16～18時間）

⑴ 産業の時代（７～８時間）

⑵ 自由主義とナショナリズムの高揚（３～４時間）

⑶ 世界の分割（２～３時間）

⑷ 1815年から1914年のフランス（４～５時間）

3　コレージュ第３学年（第８学年）　「公民科」

第Ⅲ単元：人権とヨーロッパ（全５～７時間）

〈ヨーロッパ市民性の基本概念〉

⑴ 共同の価値（２～３時間）　EUを構成する国々は、民主主義の価値、人権の保護、基本的自由を承認している。ヨーロッパ人権規約は、この共有財産を表現するものである。

⑵ 国民のアイデンティティ（２～３時間）ヨーロッパの国々はそれぞれの歴史や文化に応じて異なった制度を持ちながらも、共同の原則を用いている。この多様性の事例は、ヨーロッパの諸国間の教育システムの問題、つまりマイノリティの立場や政教分離の原則、公正などから引き出すことができる。

⑶ ヨーロッパ市民（１時間）　EUは、加盟国の共同の権利として自由な通行の権利をヨーロッパの市民に認めている。この市民性は、ヨーロッパ議会選挙と地方議会選挙の選挙権を実現している。

〔出典：LES PROGRAMMES DU COLLÉGE　ただし、学年表記を一部改めた〕

される。共通性の次には、ヨーロッパ諸国の多様性と国民としてのアイデンティティの側面が扱われる。そして最後にEUによるヨーロッパ市民の実状が「EU市民権」に則して明らかにされる。ここでは、域内の通行・居住の自由と、ヨーロッパ議会ならびに地方議会選挙への参政権について取り扱うことが示されている。

本節では、一九八五年以降のフランスの教育改革ならびに現行のナショナル・カリキュラムにおいて、ヨーロッパ市民の育成という課題を掲げたヨーロッパの次元がどのように反映されているのかを検証した。その結果、教育基本法の抜本的な改革を成し遂げたジョスパン教育大臣時代に導入されたヨーロッパの次元は、次のバイルー教育大臣による初等・中等教育改革に実現することなく、当初の理念からの後退が認められた。ナショナル・カリキュラムの検証においては、コレージュ用カリキュラムにヨーロッパの次元決議を満たす内容構成が含まれることが確認できた。

## 3　オランダのクロス・カリキュラ・テーマとヨーロッパの次元

本節では、ヨーロッパにおいて、革新的先進的立場からヨーロッパ教育の進展に努力するオランダを対象に取り上げ、そのカリキュラム開発上の特徴とヨーロッパの次元の現状を明らかにする。[37] 本稿では、まずオランダにおける「学校教育の自由」の原理とそれを支援する「教育支援機関」に着目し、カリキュラム開発の制度的特徴を明らかにする。次にヨーロッパ教育の展開を、クロス・カリキュラ・テーマ（Cross-Curricular Themes）による単元開発の変遷に即して述べる。最後に、九〇年代の主要な学習課題に位置づけられるヨーロッパの次元のための教師用マニュアルの内容を分析し、ヨーロッパの次元がどのような内容と方法を用いて実践されるのかを明らかにする。

## (1) オランダ教育の特徴とカリキュラム開発

オランダ教育の特徴は、一口にいって「学校教育の自由」にある。オランダの学校には広範なカリキュラムの自主編成権が認められ、その法源は直接憲法にまで遡及する。[38] 小林早百合によれば「オランダ教育省は学校教育のカリキュラムや教材作成への関与を許されず、また教科書の検定制度も実施できない。そのため教育省の権限が及ぶのは、各教育課程の必修科目や選択科目の規定までで、科目別の授業時間や授業内容、さらに教科書や教材の決定権などは、すべて個別の学校に委ねられる[39]」といわれるほどである。

このような広範な「学校教育の自由」を教師の立場から見ると、制度に拘束されない主体性が確保される一方で、自分の実践が適切なものであるかという不安感を抱くことになりかねない。そこで、学校教育の自由を享受しつつ日々の授業実践を方向付け、評価するしくみが設けられている。それが、教師のカリキュラム開発や教材開発を支援する「教育支援機関(Institutes of the Education Support)[40]」である。この教育支援機関は、国家の側からみても、「学校教育の自由」を損なわずに学校教育を間接的に一定の方向に導き、質的なコントロールを確保するという利点がある。

教育支援機関は教育省の外郭団体であるが、同省から完全に独立した研究機関として運営され、オランダ政府ならびに教育省と個々の学校との仲介者の役割を担っている。各学校はこれらの教育支援機関から提示されるカリキュラム構想や教材を自由に活用して、独自の授業を構成することができる。中でも、「国立カリキュラム開発研究所(SLO)[41]」は、「各学校におけるカリキュラムや教材の開発」「各教科への適用と教科間の調整」「特別なニーズを持つ生徒たちのための個別教材の開発」「新しいメディアの導入」「職業教育における産業界からのニーズの適用」

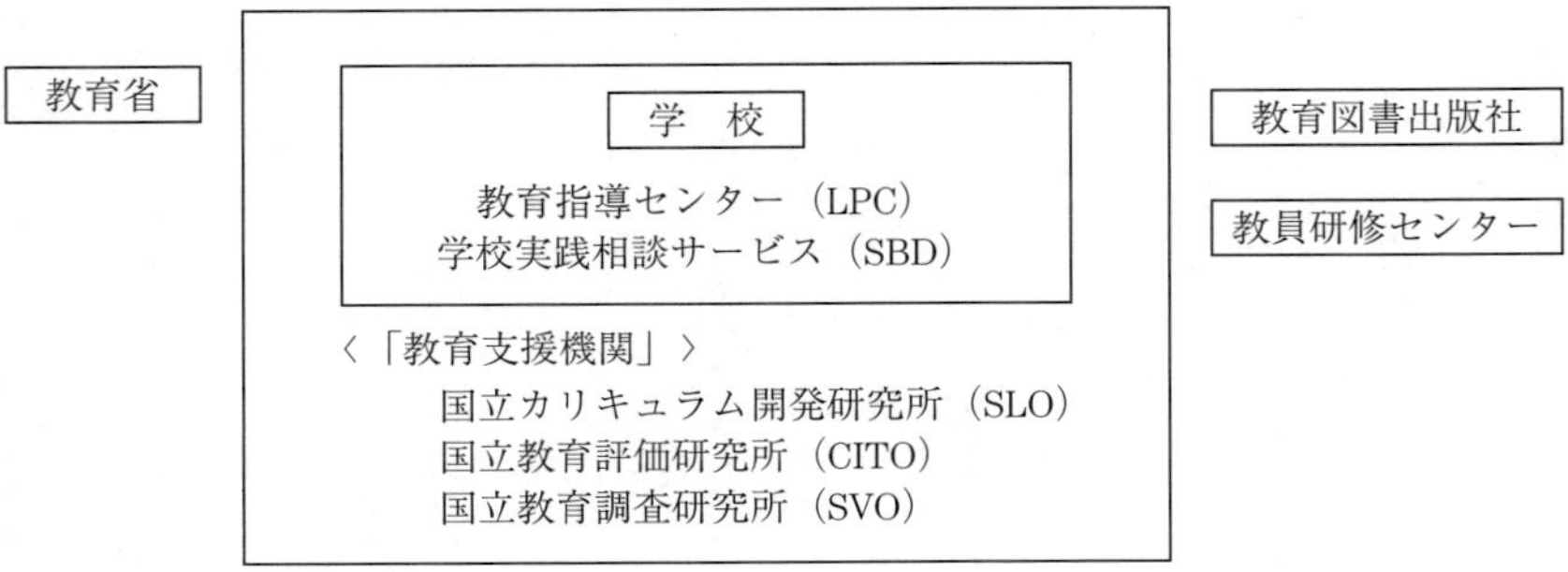


**図1**　オランダのカリキュラム開発組織図
〔出典：Boersma/Hooghoff, 1992, p. 8 より〕

「さまざまな教育方法の分析と比較」「オランダ政府の要求を満たす試験問題の提案」[42]などの事業を行っている。[43] とりわけ政府の教育政策の転換により教育内容の大幅な見直しが必要な場合、ＳＬＯは政策を反映したカリキュラムモデルを作成し社会の要請に応えている。そのため、「ＳＬＯとそのマスタープランがオランダの学校教育政策の具体化の方向を知るうえで重要な鍵を握る」[44]ともいわれている。

オランダのカリキュラム開発の組織構造を図で示すと図1のようになる。この図はオランダの学校が、教育指導センターや学校実践相談サービスなどから直接的なサポートを受けながら、国立カリキュラム開発研究所、国立教育評価研究所、国立教育調査研究所が開発したカリキュラムや評価方法を活用して実践を組み立てていること、と同時に学校が教育省から一定の距離が保たれていることを示している。

このような「教育支援機関」が各方面から学校をサポートするという体制は、一九八七年の「教育支援組織に関する法」（Act on the Educational Support Structure）によって構築されたものであるが、カリキュラム開発の面から学校を支援する体制については、一九七五年のＳＬＯの設立にさかのぼる。次節で述べるクロス・カリキュラ・テーマの成立は七〇年代末であり、オランダの学校におけるテーマ総合的カリキュラムの潮流は、ＳＬＯなどの諸機関による支援によって形成されてきたと考えられる。

## (2) クロス・カリキュラ・テーマにおけるヨーロッパの次元

### ①クロス・カリキュラ・テーマの変遷

オランダでは一九七〇年代の末頃から、第三世界についての学習がカリキュラムの中に欠落しているという指摘が強くなされるようになったのを受けて、八〇年代初頭に開発教育に関するクロス・カリキュラ・テーマ（以下CCTとする）の開発が始められた。続いて一九八〇年代中頃から九〇年代にかけて深刻な環境の悪化に対する社会の関心が高まり、世論に押される形で環境教育に関するCCTが開発されるようになった。さらにヨーロッパ共同体が「教育におけるヨーロッパの次元」決議を採択した一九八〇年代末からは、ヨーロッパの次元をテーマにしたCCTが開発されている。(45) オランダでは、このような開発教育から環境教育そしてヨーロッパの次元へと、約一〇年ごとにCCTのテーマ領域の変遷を跡づけることができる。それらは、各時期において顕著になった社会的課題を柔軟に受けとめてテーマを立ち上げてきた結果であるといえる。

ホグホーフ（H. Hooghoff）によれば開発教育のCCT以降、オランダでは五〇以上のCCTがまとめられているが、ここに挙げた三つのテーマはいずれも、カリキュラム開発から学校現場への応用まで成功を収めた主要なテーマであると評価されている。(46)

### ②クロス・カリキュラ・テーマへのヨーロッパの次元の導入

一九八七年にSLOが行った調査報告によると、カリキュラムや教科書、授業実践、また卒業試験にいたるまで、当時のオランダの学校教育においては、ヨーロッパの視点を授業に取り入れる視点はほとんどなかったとされる。(47)

その理由として報告書は、学校への情報提供が十分になされていないこと、教材の質が十分な水準を満たしていないこと、実践に向けたカリキュラムや教材などの開発と適用の戦略が十分に練られていないこと、ヨーロッパテーマの開発に関する教師間のネットワークが成立していないことを挙げている。

そのような状況から、ヨーロッパの次元の導入を進めるきっかけとなったのは、一九八八年のECによる「教育におけるヨーロッパの次元」決議であった（第一章第4節を参照）。同決議には、ECが行う措置に加え、加盟国によって遂行されるべき措置が明記されており、オランダ教育省はこの決議に沿う形で国内の環境整備に取り組んでいった。EC決議においては、加盟国が行うべき措置として、「ヨーロッパ教育への取り組みを文書で表明すること」「教育のすべての領域にイニシアチブを促すこと」「学習指導要領に取り入れること」などが示されていたが、オランダ教育省が力を入れていたのは「ネットワークづくり」であった。具体的には、オランダ教育省は一九九〇年にヨーロッパの次元を進める体制づくりの一環として、「オランダ教育のためのヨーロッパのプラットフォーム（European Platform for Dutch Education）」を設立し、教育関係の諸機関と教育関連NGOとのネットワーク構築を始めた。このプラットフォームは、各団体・機関が共同でカリキュラムの研究と開発、教員研修、ECプログラムの実施などを行うために設立されたものであった。

一九九二年からはカリキュラムのガイドラインを改訂し、歴史・政治、地理、経済、外国語の各教科にヨーロッパの次元が反映されることとされた。とくに歴史・政治、地理、経済の各教科においては、「卒業試験ガイドライン（Governmental Examination Guidelines）」に反映されるようになっている。徹底した教育の自由が学校に認められているオランダにおいては、卒業試験のガイドラインに記載されることはきわめて重要な意味を持つという。なぜならガイドラインに記載されない内容は外部の評価を受けないが、ガイドラインに記載された内容については評価の対象となり、学校にとっても生徒にとっても真剣な対応が求められるからである。(48)

### (3) SLOカリキュラム構想に見るヨーロッパの次元

『ヨーロッパの次元による地理と歴史――中等教育の教員のためのマニュアル』(49)は、SLOによって編集された地理および歴史カリキュラムにヨーロッパの次元を反映させるための構想である。副題に「中等教育の教員のためのマニュアル」とあるように、同書は、一二から一六歳の生徒が通う中等学校の教師が、自らカリキュラムを開発する際の参考にする目的で作成されている。(以下、「中等教員マニュアル」とする)

このマニュアルは、二つの側面を持っている。一つは、「中等教員マニュアル」はオランダの学校教育において直ちに活用できるように編集された国内向けの構想であるという面である。すでに述べたように、SLOの役割は各学校で活用されるカリキュラムや教材を開発することであり、「中等教員マニュアル」もその一環として執筆されている。もう一つの側面は、それがヨーロッパにおける国際的な検討を経た結果を反映させて執筆されており、ヨーロッパ内での一定のコンセンサスを得たヨーロッパ標準のカリキュラムという側面である。「中等教員マニュアル」の冒頭には、同書がヨーロッパ教育研究開発機関コンソーシアム(CIDREE)におけるワークショップ(50)での議論や、「ヨーロッパ教育に関するディーリンゲン・シンポジウム」(51)の成果を踏まえて作成されたことが述べられている。このように「中等教員マニュアル」は、オランダの中等学校での授業で直ちに活用でき、かつ国際的水準を満たしたものであるという特徴を有している。

中等教員マニュアルは、表3－9に示すとおり三段階の「トピックエリア」ならびにその内容から成る。まず、トピックエリア「ヨーロッパ」ではヨーロッパの地理的多様性を理解するとともに、歴史においては現代史を学ぶための前段階として主に戦間期の歴史を扱っている。次にトピックエリア「ヨーロッパの協力と統合」では、ヨー

表3－9 『ヨーロッパの次元による地理と歴史』における内容構成

| トピックエリア | 地　理 | 歴　史 |
|---|---|---|
| ヨーロッパ | ・ヨーロッパ概念の多元性とダイナミックス<br>・「空間」「共通性」「多様性」「多様性の中の共通性」の観点から見たヨーロッパ | ・1917年以降のヨーロッパの地政学<br>・戦後のヨーロッパの協力と統合に関係する1945年以前の歴史的発展と歴史的出来事 |
| ヨーロッパの協力と統合 | ・ヨーロッパ規模の協力組織<br>・ヨーロッパにおける協力と統合が必要な理由<br>・ヨーロッパにおける協力と統合の将来<br>・協力と統合が及ぼす市民に対する影響 | ・ヨーロッパ規模の協力組織<br>・ヨーロッパにおける協力と統合の歴史的背景<br>・ヨーロッパにおける協力と統合についての考え<br>・ヨーロッパにおける協力と統合の将来<br>・協力と統合が及ぼす市民に対する影響 |
| 1945年以降のトランスナショナルな諸問題 | 例：環境問題<br>平和と安全保障<br>人権問題<br>移民問題<br>地域的ナショナリズムの問題<br>ヨーロッパと第三世界の問題 | 例：環境問題<br>平和と安全保障<br>人権問題<br>移民問題<br>地域的ナショナリズムの問題<br>ヨーロッパと第三世界の問題 |

〔出典：SLO『ヨーロッパの次元による地理と歴史』1994年、11頁〕

ロッパの協力と統合をその組織や形成過程、将来展望など五つの視点を扱っている。最後に「一九四五年以降のトランスナショナルな諸問題」のトピックエリアではヨーロッパが共同で解決を迫られる問題を具体的に取り上げ、それらの問題を深く追究することでヨーロッパ規模のトランスナショナルな問題の所在を認識し、問題の解決に取り組むことがねらいとされる。

この内容構成から、「中等教員マニュアル」の特徴をまとめると、次の三点にあると思われる。まず、地理と歴史とが共通のトピックエリアによって関連づけられていることが挙げられる。とりわけ「一九四五年以降のトランスナショナルな諸問題」のトピックエリアでは、歴史と地理とで問題が共通化されていることに注目したい。第二に地理・歴史ともに「市民に対する影響」が扱われ、それによって政治や公民の授業にも接続可能であることである。たとえば、歴史においては、「制限された市民の自由」として冷戦期における東欧諸国での旅行の自由の制限に関する問題が例示され、市民的権利について扱うよう配慮されている。そして第三に、ヨーロッパの協力と統合の肯定的側面と、それが対立や葛藤を生む否定的側面の両方を視野に置き、論争点を色濃く残して構成されていることが挙げられる。すなわち、国家間あるいは市民の間の「ヨーロッパ統合」に対する認識の多様性そのものを議論の俎上に乗せようというのである。

また、「中等教員マニュアル」には、「生徒たちはすでに地理（もしくは歴史）に関する確かな知識をすでに獲得していると仮定する」と記されている。このことは、表に示された内容は既習の学習内容を基礎にして発展的にヨーロッパの観点を学ぶためのものであり、地理および歴史の学習内容全体をヨーロッパの立場から再構成したものでもなければ、新しいヨーロッパ科ともいうべき教科を立ち上げるものでもない。あえていえば、地理と歴史の年間指導計画から独立し、特別な時期、たとえばヨーロッパ週間などの学校プロジェクトの開催に合わせた教科内の独立単元と位置づけられよう。「中等教員マニュアル」には、学年ごとの配分や授業時間の配分などが示されていない。これは、各国（地域）ごとに異なる地理・歴史授業のカリキュラムに適用させるためであると記されているが、むしろ他教科やプロジェクトなどと弾力的に関係付けるための意図であると考えられる。次に地理と歴史の順に中等教員マニュアルの内容についてまとめ、その特色を論じてみたい。

### ①地　理

地理のトピックエリア「ヨーロッパ」には、「ヨーロッパ概念の多元性とダイナミックス」と『空間』『共通性』『多様性』『多様性の中の共通性』の観点から見たヨーロッパ」の二点が記されている。「ヨーロッパ概念の多元性とダイナミックス」については、ヨーロッパをどのようなものとして捉えるかという視点が示されている。つまり、ヨーロッパは固定的な地理的概念として捉えられるべきではなく、多元的でつねに流動性のある変化に富んだ空間として認識されるのである。そのことは、「ヨーロッパは常に活動している（Europe is constantly in motion.）」という言葉に典型的に表されている。

展開部であるトピックエリア「ヨーロッパの協力と統合」においても、この多元性と変化の観点が基本とされている。たとえば、「ヨーロッパにおける協力と統合の将来」においては、マーストリヒト条約や単一通貨の問題が例示されているが、経済、政治、文化など諸領域における時代によって変化するトピックを適時取り上げるように求めている。また、「ヨーロッパ規模の協力組織」においても、「EC」「EFTA」「WEU」という国家単位の組織のみではなく、「UEFA（ヨーロッパサッカー連盟）」や「ライン川流域地域」など民間組織や地域レベルの組織における協力についても対象とされており、それらの組織が学習の目的に応じて適切に取り上げられることが必要であるとされている。

『空間』『共通性』『多様性』『多様性の中の共通性』の観点から見たヨーロッパ」は、上の概念をより具体的に述べたものであり、「空間」「共通性」「多様性」「多様性の中の共通性」の四つの見方によって示されている。「空間」としては、「アイスランドからウラルまで、ラップランドからマルタまで」といわれる三五カ国を包摂する「広域空間としてのヨーロッパ（Europe as a wide space）」、EUを中心に緊密な協力を進める「狭い空間としてのヨーロッパ（Europe as a narrow space）」、富める国のとなりに貧しい国がある、と同時に一国の中にも豊かな地域と貧しい地域が隣接する国がある「差異の混在するヨーロッパ（Europe as a differentiated space）」という三つのヨーロッパ空間が示されており、このような多様なヨーロッパ理解を培う点に地理におけるヨーロッパ学習の意義があるとされる。

②歴　史

導入のトピックエリアである「ヨーロッパ」においては、「一九一七年以降のヨーロッパの地政学」と、「戦後のヨーロッパの協力と統合に関係する一九四五年以前の歴史的発展と歴史的出来事」の二点が中心的課題とされている。前者は、第一次世界大戦以降の歴史を概観する中で、現代の国境の形成とヨーロッパ統合の過程が学ばれる。後者では、「完全に定義された一つのヨーロッパ史や一つのヨーロッパ市民を語ることはできない」としながらも、「ヨーロッパの歴史は、戦後のヨーロッパの発展を促進させるきっかけとなった多くの集団的経験や出来事によって特徴づけられる」（傍点引用者）という視点から、戦後のヨーロッパ統合を促した重要な思想として、戦後の民主主義国家の基礎となった一九世紀の西ヨーロッパでの民主主義政治運動、ヴィクトル・ユーゴー（V. Hugo）の「ヨーロッパ合衆国」思想、さらにリヒャルト・クーデンホーフ＝カレルギーによる「汎ヨーロッパ運動」[52]が例に挙げられている。

展開部であるトピックエリア「ヨーロッパの協力と統合」では、五つの課題が問いの形で示されている。[53]五つの問いとは、「ヨーロッパにはどのような協力機関があるか」「協力と統合の歴史的背景は何か」「すべての参加者が常にお互いの立場を了承しているのか」「ヨーロッパの協力と統合の未来はどんなか」「ヨーロッパの協力と統合は市民にとって現在どんな影響を与えているのか、また将来与えるだろうか」であり、それぞれヨーロッパ機関の組織およびその形態について、戦後のヨーロッパ統合がおかれていた歴史的位置について、統合に対する各国政府間の姿勢の違いと利害対立について、東方拡大やEUの権限などヨーロッパ統合の将来像について、そして最後に市民すなわち「私たち」が統合によって受ける影響についてである。

この五つの問いで最も重要とされるのは、最後の市民に対する影響である。ここではヨーロッパ統合の「肯定的側面と否定的側面の両方を扱うことが不可欠」とされている。なぜなら、ヨーロッパ統合の肯定的側面と否定的側面は「コインの裏と表」の関係にあり、どちらか一方のみでは評価され得ないからである。このような否定的側面、すなわちヨーロッパ統合に対する論争点を色濃く残すところに特徴がある。[54]

以上を通してみると、SLOのマニュアルはヨーロッパの次元というテーマを「協力と統合」を中心的課題にしながら、「多様性」と「論争性」を重視している点に特徴がある。しかも、歴史と地理が共通の学習段階で学べるように工夫されているため、それらを並行して授業を進めることも可能であるし、あるいはそれらを結合して一つの単元とすることも可能である。

本節においては、オランダにおけるヨーロッパ教育につながる潮流の推移を、SLOによるクロス・カリキュラ・テーマの開発に沿って概述するとともに、九〇年代の主要なテーマであるヨーロッパの次元のカリキュラム内容構成を「中等教員マニュアル」から論じてきた。その結果、オランダのヨーロッパ教育は、一つの教科に限定した教科学習の形ではなくCCTとして展開してきたこと、CCTはその時期における教師や社会の関心の所在によって開発と修正が施されてきたことがわかった。ここでは詳しく論じることができなかったが、オランダのCCTは、教科間の連携、教科とプロジェクトの連携、学校全体のプロジェクト学習、さらに学校外活動までを含めた多様な形態で進められている。[55]このような内容の多様性、形態の多様性が許容される背景には、第(1)項で述べた「学校教育の自由」があるように思われる。

オランダにおける教師や学校の広範なカリキュラム自主編成権は、そのまま教師や学校の関心の所在によって、学習内容が大きく左右されることにつながる。そのため、教科の学習もテーマ性を強く打ち出したテーマ学習の一環として捉えられる傾向が強いのではないかと思われる。第(3)項で示したヨーロッパの次元の地理と歴史のカリキュラムについても、単独の授業によって完結するものというよりも、むしろプロジェクト学習や、その他の教科とのクロス・カリキュラムによる学習活動の一環として行われる可能性が強いように思われる。

# Ⅱ　ドイツにおけるヨーロッパ教育

# 第四章　ドイツにおけるヨーロッパ教育の基底

## 1　一九八〇年代のドイツ諸州におけるヨーロッパ教育

本節は、ギュンター・レンナー（G. Renner）とヴォルフガング・ザンダー（W. Sander）による報告(1)を用いて、一九八五年時点で、ドイツ諸州の政治教育の学習指導要領において、ヨーロッパ教育がどのように扱われているかを概観するものである。この調査が行われた一九八五年は、ドイツ文部大臣会議（KMK）による「授業におけるヨーロッパ」決議（一九七八年）と、ECによる「教育におけるヨーロッパの次元」決議（一九八八年）という重要な二つの決議が採択される間であり、ヨーロッパ教育が本格的に展開される九〇年代の前段階のものである。八五年当時の状況を明らかにしておくことで、次章で九〇年代における主要連邦州のヨーロッパ教育への取り組みを評価する一つの指標を得られるものと考える。(2)

レンナーらによれば、全ドイツレベルにわたって学習指導要領を比較し考察する研究は、各州の政治状況、教育省による法律上の取り扱い、授業実践との対応が、州によって大きく異なるため、大きな困難を伴うという。にも

**表4－1　州別および学校種別による「ヨーロッパの次元」の導入**

| | 基幹学校 | 実科学校 | ギムナジウム | 総合制学校 | Orientation段階 | 中等段階Ⅰ |
|---|---|---|---|---|---|---|
| バーデン＝ヴュルテンベルク州 | ＋ | ＋ | ＋ | － | ＋ | － |
| バイエルン州 | － | ＋ | ＋ | － | － | － |
| ベルリン市 | ＋ | ＋ | ＋ | ＋ | － | － |
| ブレーメン市 | － | － | － | － | ＋ | － |
| ハンブルク市 | ＋ | ＋ | ＋ | ＋ | － | － |
| ヘッセン州 | － | － | － | － | － | ＋ |
| ニーダーザクセン州 | － | － | ＋ | ＋ | － | － |
| ノルトライン＝ヴェストファーレン州 | ＋ | ＋ | － | － | － | ＋ |
| ラインラント＝プファルツ州 | ＋ | ＋ | ＋ | － | － | － |
| ザールラント州 | ＋ | ＋ | － | － | － | － |
| シュレースヴィヒ＝ホルシュタイン州 | － | － | － | － | － | － |

＊表中の＋は取り扱いあり。－は、取り扱いなし。
＊Orientation段階は、第5－6学年に相当。「中等段階Ⅰ」は、第7から10学年に相当し、本調査では各学校種間の共通科目を意味している。
〔出典：Renner/Sander、1991年、126頁より〕

かかわらず、教育政策に責任を持つ各州の学習指導要領を全州にまたがって検討し、八〇年代におけるヨーロッパ教育の中心テーマを明らかにし、各州間での差異や特徴を明確にするという点で大きな意味を持っている。以下、レンナーらの調査報告に従って、①学校種別の取り扱い状況、②学習指導要領上の位置づけ、③ヨーロッパ教育の学習テーマの三点に分けて述べる。

### ①学校種別の取り扱い状況

表4－1は、一九八五年段階において、ドイツ各州の学校種ごとにまとめられた政治教育における「ヨーロッパの次元」の取り扱い状況を示した表である。[3] シュレースヴィヒ＝ホルシュタイン州は、例外的に「ヨーロッパの次元」をまったく扱っていないが、その他は基本的に最低

一つの学校種において、「ヨーロッパの次元」が取り入れられていることがわかる。この表から、州の間の「ヨーロッパの次元」の取り扱いには著しい差異があることがわかる。

すべての学校種においてまったくヨーロッパ教育を扱わないシュレースヴィヒ＝ホルシュタイン州はもとより、バイエルン州、ニーダーザクセン州、ザールラント州でも、進学する学校種によって学習の機会を持たない生徒がいる。たとえば、バイエルン州の基幹学校ではヨーロッパ教育が扱われていないが、バイエルン州の基幹学校には、一九八〇年時点で同一年齢層の約四五％の子どもが通学している。(4) 反対にバーデン＝ヴュルテンベルク州、ベルリン市、ハンブルク市、ラインラント＝プファルツ州では、ほとんどの生徒が「ヨーロッパの次元」を中等学校のいずれかの学校種で学ぶことになる。

この調査からは、一九七八年にKMKによって「授業の中のヨーロッパ」が決議された後も、少なくとも一九八五年時点までは「ヨーロッパの次元」を学ぶ制度的裏付けが統一されたわけではなく、各州で対応に開きがあることがわかる。

### ②学習指導要領上の位置づけ

前項では、学校種別により各州の学習指導要領に「ヨーロッパの次元」が取り扱われているか検討したが、学習指導要領に取り入れられているからといって、内容の取り扱いが十分な質を持ったものであるかどうかはわからない。そこで、レンナーらはヨーロッパの学習が各州の学習指導要領の中でどのくらいの重要度を持っているか数値的に検討している。それによって学習指導要領上の位置づけを評価しようというのである。

表4－2はその結果である。ⅠからⅣは、最上位の抽象概念レベル（die höchste Abstraktionsebene）から最下位の抽象概念レベル（die niedrigste Abstraktionsebene）を表している。Ⅰ段階を1点、Ⅱ段階を2点、Ⅲ段階を3点、Ⅳ

表4－2　ヨーロッパの次元の内容による評価

| | 平均値 | 単元数 | Ⅰ | Ⅱ | Ⅲ | Ⅳ |
|---|---|---|---|---|---|---|
| バーデン＝ヴュルテンベルク州 | 1.33 | 3 | 2 | 1 | 0 | 0 |
| バイエルン州 | 2.0 | 1 | 0 | 1 | 0 | 0 |
| ベルリン市 | 2.33 | 3 | 1 | 0 | 2 | 0 |
| ブレーメン市 | 2.0 | 3 | 1 | 1 | 1 | 0 |
| ハンブルク市 | 3.0 | 2 | 0 | 0 | 2 | 0 |
| ヘッセン州 | 3.0 | 1 | 0 | 0 | 1 | 0 |
| ニーダーザクセン州 | 2.5 | 2 | 0 | 1 | 1 | 0 |
| ノルトライン＝ヴェストファーレン州 | 2.6 | 5 | 0 | 2 | 3 | 0 |
| ラインラント＝プファルツ州 | 2.5 | 2 | 0 | 1 | 1 | 0 |
| ザールラント州 | 1.5 | 2 | 1 | 1 | 0 | 0 |
| シュレースヴィヒ＝ホルシュタイン州 | — | 0 | 0 | 0 | 0 | 0 |

＊ⅠからⅣは、評価を受けた単元の数を示す。
＊評価の目安は次の通り、Ⅰ：最高の抽象概念、Ⅱ：2番目の抽象概念、Ⅲ：3番目の抽象概念、Ⅳ：最低位の抽象概念。
〔Renner/Sander、1991年、127－128頁をもとに筆者作成〕

段階を4点として点数化し、各単元の平均点数によって各州の内容の抽象概念度、つまりは内容の質の高さを示した。(5)

たとえば、バーデン＝ヴュルテンベルク州の場合は、「ヨーロッパ共同体（Ⅰ）」「ドイツ連邦共和国とヨーロッパの統合（Ⅰ）」「ヨーロッパ（Ⅱ）」という3単元を持っている。これらは、それぞれ基幹学校、ギムナジウム、実科学校の中の単元名であり、（Ⅰ）（Ⅰ）（Ⅱ）をそれぞれ「1点」「1点」「2点」と読み換え平均値を算出する。この場合、合計点「4」を三つの単元数で割った値、すなわち4÷3＝1.33が平均値となる。

このように計算してみると、ドイツ全州の平均値は2・25となる。この数字は、ドイツ全州の平均的なヨーロッパテーマが、全体として中位の抽象概念程度であることを示している。調査時点のヨーロッパテーマの取り扱いが、「他の『上位概念』と関連づけられたり、また学習指導要領の構造の中で少ない価値を与えられている」[6]にすぎないと筆者らが述べている通り、全般的にⅡやⅢといった中程度の位置づけが目立っている。レンナーらの示した各州の「ヨーロッパの次元」の単元名のみでは、内容の類推ができないため、「多くの学習指導要領においてヨーロッパテーマは、上位におかれたテーマの枠内で『一緒に扱われている』」という指摘の妥当性は問えないが、「ヨーロッパは、政治授業の他のテーマとの比較において、明らかに重要性が低い」[7]というコメントは、ドイツにおける八〇年代の学習指導要領の平均的姿を示しているといえるだろう。

この数字に従っていえば、一九八五年時点で最も「ヨーロッパの次元」を重視した学習指導要領を有していたと考えられるのは、1・33という最も高い数値を得たバーデン＝ヴュルテンベルク州であり、最も満足できない州は、ヨーロッパテーマの扱いのないシュレースヴィヒ＝ホルシュタイン州ということになる。

### ③ヨーロッパ教育の学習テーマ

レンナーとザンダーは、各州の学習指導要領に取り上げられた学習テーマについて分析している。彼らによるとヨーロッパテーマは、大きく分けてヨーロッパ概念や統一モデル、組織モデルを扱った政治分野、農業政策や単一市場などを扱った経済分野、さらに地域政策、社会政策、環境政策を扱った社会分野の三つの分野に分けられるという。彼らの検討は州ごとに詳細になされたものではないが、当時のドイツの全体的な傾向は明らかになろう。[8]

#### (1) 政　治

ヨーロッパの概念やヨーロッパ統一のモデル、超国家的な組織等を扱った政治領域については、次の特徴が認められる。「ECの歴史」および「ヨーロッパの諸機関」は、多くの学習指導要領で言及されている反面、「EC以外の超国家的な機関」については、ほとんど扱われていない。「ヨーロッパの将来像」やヨーロッパ評議会などの

「西ヨーロッパ統合のもう一つの可能性」について、テーマ化しているものは少数のみである。また多くの学習指導要領で、「NATOなどの軍事同盟を含む『大西洋のヨーロッパ』」や「EC共通市場による経済同盟関係」などの現状の統一モデルを扱っているが、ヨーロッパ連合を形成するための「経済通貨同盟」の問題は、あまり扱われていない。

### (2) 経　済

経済の領域については、ほとんどの学習指導要領で扱われているものとして、「EC内の農業政策」および「単一市場の長短所」があるが、それ以外の「若者の失業」「多国籍企業の労働者の要求」などはただ一つの学習指導要領で扱われているのみであり、テーマの取り上げられ方に偏りがある。

### (3) 社　会

次の社会政策的問題については、多くの学習指導要領でテーマ化されている。具体的には、「EC内の職業選択の自由」「ECの地域政策・構造政策ならびに助成措置に関する議論」「外国人労働者の経済的、社会的状況」などのテーマが取り上げられている。反対に、一つの学習指導要領だけで扱われているテーマは、「各種団体、教会、政党などヨーロッパ的広がりを持つ社会的大型組織」「ヨーロッパの観点における環境政策テーマ」「ヨーロッパ人権裁判所とそれに結びつけられた権利の平等」である。

以上学校種による取り扱い、重要度による取り扱い、学習テーマによる取り扱いの三つの観点から、一九八〇年代におけるドイツ各州のヨーロッパ教育に関する学習の概要を検討してきた。その結果、一九八〇年代のドイツ各州におけるヨーロッパ教育の到達点をまとめてみると、次のようになる。

学校種別の取り扱い状況については、「ヨーロッパの次元」の採用は州によって採用していない州から、ほとんど使用している州までばらつきがある。一九七八年の文部大臣会議「授業におけるヨーロッパ」決議にもかかわらず、一九八五年時点ではまだ、ヨーロッパテーマに対するドイツ全体での統一的な取り扱いはなされていない。(9) バーデン＝ヴュルテンベルク州、ヘッセン州、ノルトライン＝ヴェストファーレン州、ラインラント＝プファルツ州では、ほぼ全員がヨーロッパテーマの授業を受けているが、その他の州ではヨーロッパテーマを扱わずに進級、卒業する生徒がいることになる。

本節では、一九八〇年代におけるヨーロッパ教育の状況を、レンナーらの調査によって概観した。次節においては、ヨーロッパ教育の「展開期」を迎える九〇年代初頭における、ドイツ政治教育の課題とヨーロッパ教育の位置を明らかにしたい。

## 2　統一ドイツにおける政治教育の課題とヨーロッパ教育

ドイツ連邦共和国（西ドイツ）とドイツ民主共和国（東ドイツ）は、一九九〇年一〇月三日に統一を果たした。いうまでもなく、ドイツ統一は戦後のドイツ史上特筆されるべき出来事であった。クーン（H.-W. Kuhn）らは、「九〇年代の初めに政治教育の状況は、根本的に変わった。八〇年代に取り組まれていた問題は、ドイツの統一によって、新しいアクセントと新しい次元を得ることになった。また一部の問題は、統一によっていっそう重要になった」(10)と述べている。ここでいう「新しいアクセントと新しい次元」は、まぎれもなく旧東ドイツ地域の加入による、教育の再編成への対応であるといえよう。また、「いっそう重要になった」問題とは、統一以前から論議がなされ、統一によっていっそう必要性が高くなった教育の課題への対応であろう。

本節においては、一九九〇年のドイツ統一の時点で政治教育の課題がどこにおかれていたか、またその課題の中で、ヨーロッパ教育はどのような位置を占めていたのかを明らかにする。[11] そのためにまず、一九九一年一二月一〇日、連邦政府によってまとめられた「政治教育の現状と展望に関する報告」[12]（以下、「政府報告」と略す）から、連邦政府の基本方針を確認しておくことにする。次に「新しいアクセントと新しい次元」の課題である旧東ドイツ地域の政治教育の再建について説明した後、統一によって「いっそう重要になった」問題であるヨーロッパの次元を連邦政府の方針に沿って確認する。

## (1) 一九九〇年代のドイツにおける教育課題

### ①一九九一年政府報告における政治教育の課題

政府報告は、政治教育の基本的課題を、「民主的意識の伝達および政治的プロセスを共同で実現する知識と能力の伝達」にあるとしている。そして「政治教育も、教育のすべての形態と同様に、長い期間を必要とするものである。基本的考え方や姿勢を急激に変化させることを政治教育に期待するべきではないし、できるものでもない」ことを認めたうえで、これまでの政治教育が「過去数十年間において、ドイツ連邦共和国の政治教育は民主主義の意識形成への、そして政治的文化への重要な貢献を達成してきた」ことを評価している。

このように総括したうえで、九〇年代においては、「政治教育の中心には統一ドイツにおける政治的、社会的統合がなければならない」として、政治教育の課題を東西両ドイツの間の政治および社会制度上の統合に取り組むことであると指摘している。さらに政府報告は、「壁の崩壊、そしてドイツ統一後の現在、政治教育はこれまでの二つに分かれたドイツから、一つの精神的・社会的共同体になるという課題に対する貢献を果たさなければならない」とし、いわゆる「心の壁」の克服も政治教育の課題とされている。

**表4－3　連邦政府報告における政治教育の目標**

―政治的、社会的、経済的発展の要素と機能的関係について、できるだけ具体的に教える。

―たとえ現実化に対する批判がなされていようとも、自由で多元的な民主主義の基本的価値を受容する。

―自由で多元的な民主主義は、自主的で理性的な責任ある行動を可能にし、一人ひとりが適切に成長するための最大のチャンスを提供する唯一の政治形態であることを明確にさせる。

―民主的ルールの本質を意識させる。そして民主的行動様式を修得し、葛藤に対処する能力、妥協する用意を形成する。

―政治的選択肢について考え、それらを促進し、さらに政治的問題意識、政治的判断能力、判断を行う用意（Urteilsbereitschaft）を育成する。

―政治的行為への能力を発展させ、政治的・社会的影響力の行使を承認し、利用する。

―言語および非言語によるコミュニケーションを、そのイデオロギー的背景に関係づけて見通す。

―自己の法的な利害上の位置を、自己と他者の位置関係と同程度に認識する能力を付与する。

―自己の利害を多元的民主主義のルールの枠内で表明し、他者の利害に配慮する能力を付与する。

―さまざまな出自と文化を持つ人々と、友好的にまた理解を示しつつ、共生する能力と用意を促進させる。

―国家的エゴイズムの解体に対する貢献を果たす。

―内省的社会参加と責任を伴う政治的、社会的行為を発展させる能力を付与し、その用意をさせる。

〔出典：ドイツ連邦政府「政治教育の現状と展望に関する報告」〕

このような方針の下、政府報告では表4－3に示した一二項目が政治教育の具体的目標として掲げられている。

これらの目標は次のようにまとめることができる。

第一に、民主主義という基本的価値を共有し、それに基づくルールの本質を理解し、ルールに基づいた行動様式を獲得すること（民主主義の原則に対する姿勢と能力）。第二に、民主主義社会における自己の利害を認識し、他者の利害を尊重し、自主的、内省的にかつ責任を持って政治過程に参加すること（民主主義への参加）。第三に、政治、社会、経済の発展プロセスに着目して具体的事例を用いた実証的な学習を構成し、個々の政治的課題について判断や選択ができる能力を育成すること[13]（政治教育の方法）。第四に、情報の中に潜むイデオロギーを読みとること（情報との関わり）。第五に、自国中心主義を

表4－4　政府報告における学習内容の観点

—民主的基本価値：民主国家や自由社会を内省的に肯定する。

—憲法意識の発展：基本法において規定された、開かれた社会、社会的責任、自由の基本秩序に関する意識を発展させる。

—議会システムと政党：多元的な民主主義社会における政党や他の団体の役割を明確にする。

—ドイツ史：今世紀の世界政治におけるドイツの歴史と役割について考察する。

—多様性と多元性：学問や政治の中において論争中の事柄は、一面的に決められてはいけない。多様性の形成に努力し、生徒の自主的な意見形成を妨げてはいけない。

—他の人間集団に対する先入観の排除：外国人嫌悪や反ユダヤ主義の感情や態度の萌芽と闘う。

—国際政治：国際的分業や協力とその結果である相互依存に関する理解を目覚めさせる。軍縮や東ヨーロッパの革命的変化、第三世界の状況に関する理解を促進させる。「ヨーロッパ」テーマは詳細に扱われることが求められる。

—メディア：テレビの報道と分析は、政治教育の重要な手段の一つであるが、情報の受け手は絶えず客体としての立場にとどまるため、政治教育が必要とする参加型の学習は不可能である。批判的なメディア利用は政治教育の目標である。

〔出典：ドイツ連邦政府「政治教育の現状と展望に関する報告」〕

克服し、異なったものとの共生の能力と用意を身につけること（自己と他者との関わり）。

これらの目標には「葛藤」「内省的社会参加」「責任感」「自己の利害の位置」など、旧西ドイツの政治教育学研究において形成されてきた基本的概念(14)が盛り込まれており、統一後のドイツ政治教育は、旧西ドイツの政治教育を継承することを宣言したとみなすことができる(15)。

政府報告においては、目標に続いて、「政治的教育活動の基本要素」として政治教育に不可欠な学習の内容や学習の観点が示されている。この内容と観点は同報告の主要部分であり、九〇年代の政治教育が取り組むべき具体的内容であると考えられる。簡略化して表4－4に示した。

この報告が、連邦政府から提示されたのは一九九一年一二月である。このときにはすでに旧東ドイツ諸州の（暫定的）指導要領は、各州ごとにパートナー州との協力により作成され、施行されていた(16)。したがって、旧東ドイツ諸州の指導要領は、この政府報告を勘案して作成されたものではない。それでも、本報告は、ドイツ統一以後、全ドイツを対象にしてまとめられた最初の政治教育に関する基本報告であることから、ドイツ政治教育史上の意義は小さくないと考える。

### ②旧東ドイツ「国民科」の克服と政治教育の再建

九〇年代初頭の西ドイツ政治教育研究者たちは、突然目の前に出現したドイツの統一という事態に、事前の準備もないままに、旧東ドイツ諸州の教育の再編に助力することとなった。その結果として、九〇年代における政治教育研究の関心は、旧東ドイツの「国民科」[17]の克服と民主的政治教育の再建の上におかれるようになった。そこで、次に、旧東ドイツの国民科がどのような性格を持った教科であったか、そしてそれがどのように克服されようとしているかを素描したい。

旧東ドイツ国民教育大臣マーゴット・ホーネッカー（M. Honecker）は、一九八九年においても「国民科は、社会主義的教育の意味において、また我々のイデオロギーを媒介する意味において、何にも代替できない不可欠な教科である」と述べている。[18]また、一九六四年に国民教育省より出された国民科の基準によると、国民科は「ドイツ民主共和国の忠実な息子たち、娘たちとして自ら証明し、平和と社会主義のために戦い、悟性と心情を持って社会主義の建設に参加する確信にみちた若き社会主義者の形成に際して、重要な課題を有する」[19]ものであるとされる。また、教科の内容については、「国民科教授においては、マルクス・レーニン主義の古典、ドイツ社会主義統一党の計画、党第一書記兼国家評議会議長ヴァルター・ウルブリヒト（W. Ulbricht）の演説、その他の記録的文書が学習されるべきである」[20]と述べられている。

旧東ドイツで行われていた国民科の性格をまとめてみると、社会主義のイデオロギーを伝達し、ドイツ民主共和国に忠誠を尽くすように求める、プロパガンダの要素を持った教科であったといえよう。[21]では、国民科の克服の側面はどうであろうか。統一後の旧東ドイツ諸州における政治教育の実情を理解するために、[22]ここでは舩尾日出志の学会報告とミケル（W. Mickel）による分析に基づいて、ザクセン＝アンハルト州の暫定的指導要領[23]について述べることにする。

ザクセン＝アンハルト州においては、国民科に代わって、「社会科（Sozialkunde）」の名称が採用されている。社会科の最優先課題として、「社会的・経済的・政治的現象に対する生徒たちの理解を促進し、生徒たちが自由民主主義社会における生活への準備を行うことに貢献する」[24]ことが示されている。また、ドイツ基本法に示された基本的価値である「人間の尊厳、自由、法の下の平等、社会的公正、平和、寛容など」を、「社会的、政治的行為の物差しとして明確にする」ことが求められている。社会科の中心目標は、「国家と社会、価値と規範、利害の貫徹と調整、先入観、コンフリクト、政治的・社会的理論と構想、政治的意見形成などについて議論を行う能力を付与し準備」させることとされる。社会科では、国民科とは対照的に、「議論を行う」資質の育成が目指され、その準拠枠として基本法が置かれている。このようにザクセン＝アンハルト州の例から、旧東ドイツ諸州の政治教育は、ドイツ連邦共和国の州として「政府報告」に合致した教科へと転換を果たしたとみることができる。この根本的転換が短期間の間に進められた背景には、旧西ドイツ諸州とのパートナー的協力が大きく関わっているものと見られる。

### (2)　一九九〇年代の政治教育と「ヨーロッパの次元」

#### ①ドイツ統一とドイツのヨーロッパ化

旧東ドイツ諸州の教育再編が、九〇年代の政治教育の「新しいアクセントと新しい次元」であるならば、「ヨーロッパの次元」は、統一によって必要性がいっそう高められることになった政治教育の一領域であるといえよう。そこで、本項では九〇年代の政治教育において「ヨーロッパの次元」がどのような位置にあるのかを明らかにしたい。

ドイツ統一が、ヨーロッパ統合の推進と密接に結びついたものであることは、多くの論者により指摘されている。[25]これは、ドイツの統一のためには、統一ドイツがヨーロッパの一員として留まることをヨーロッパの周辺国に示す必要があったからだとされている。[26]一例を挙げれば、元ドイツ大統領ヴァイツゼッカー（R. von Weizsäcker）は、一九九〇年一〇月三日のドイツ統一式典における演説で次のように述べている。「完全に西側に統合され、全ヨーロッパと取り組むこと、これこそ統一ドイツの使命であります。後になって、『ドイツの分断の克服とともに全ヨーロッパの統合に向けての決定的な一章が始まった』といわれることになれば、その使命を果たしたことになりましょう」[27]。このようにドイツの統一は、ヨーロッパ統合の文脈と不即不離の関係にあるとの理解は広くドイツに浸透しており、ドイツ統一によって、いっそう「ヨーロッパの次元」を促進させることの必要性が強く認識されたと見ることができる。

ここで再び「政府報告」に着目し、報告において「ヨーロッパテーマ」がどのように捉えられているかを検討したい。「政府報告」にはヨーロッパの次元について表4－5のように記されている。

「政府報告」は、政治教育が対象とする「ヨーロッパ」を西ヨーロッパやEUに限定せず、「全ヨーロッパの統合過程」（gesamteuropäische Integrationsprozeß）を対象とするように求めている。これは、これまでEUに偏りがちであった「ヨーロッパ」テーマの対象を、「全ヨーロッパ」に向けて修正することを示したものと見ることができる。[28]「東方の隣人たちの理解に対しては、相互の知識と理解が重要な前提条件となる」に見られるような東ヨーロッパ諸国に対する配慮は、意識的に強調されている。これはドイツが、東ヨーロッパと西ヨーロッパの間を結びつける役割を自負していることと同時に、ヨーロッパの統合から東ヨーロッパが取り残されることによって、それらの国々が不安定化することを恐れるためであろう。

**表4－5 「政府報告」におけるヨーロッパの次元**

> ヨーロッパ統合の現状と進展は、「ヨーロッパ」テーマを詳細に扱うことを求めている。そこではヨーロッパ共同体のみを問題にするのではなく、東ヨーロッパの変革によって全ヨーロッパの統合過程が座視できないものになっている。ヨーロッパの統合については統一による非常に複雑な関係を深く理解することだけでなく、とりわけドイツの連邦市民（Bundesbürger）が一体化されたヨーロッパにおいて見通しをもって、ヨーロッパの民主主義への道に強く参加する用意を行うための知識を伝達するべきである。一体化されたヨーロッパにおいては、その市民によって民主的にコントロールされた共同の影響力が必要とされる。
>
> 全ヨーロッパの統合の前提として、国家、国民、文化、それらの間の差異と共通点の広範な知識が必要である。政治教育は、とりわけ外国での滞在や国際的な出会いを通して得られる知識の伝達に努力しなければならない。諸国民の接近によってのみ、ヨーロッパの持続的統合はもたらされる。東方の隣人たちの理解に対しては、相互の知識と理解が重要な前提条件となる。

〔出典：「政治教育の現状と展望に関する報告」〕（頭点引用者）

これまでの検討から、九〇年代の政治教育における「ヨーロッパの次元」について三つの観点が明らかになる。すなわち、第一にドイツの統一は政治教育におけるヨーロッパ重視の姿勢を強化するものであること、第二に学習テーマについては、従来はEUないし西ヨーロッパ中心から東ヨーロッパ諸国を含む「全ヨーロッパ」的構成へと転換すること。そして第三にヨーロッパを民主主義共同体であると認め、ヨーロッパレベルの政治的意思決定への参加を見通した教育を行うことである。

### ②KMK決議「授業におけるヨーロッパ」（一九九〇）

一九八八年のEU決議「教育におけるヨーロッパの次元」は、加盟国に対し決議に指示された課題に従って、国内の教育条件の整備を進めていくことを求めている。この決議に従って、一九九〇年一二月にKMKによって採択されたのが「授業におけるヨーロッパ決議」(29)である。

実はこの決議は、すでに一九七八年に採択されている。(30) KMKは一九七八年の決議を改訂し、決議し直したのであるが、九〇年版のKMK決議の前文には、ヨーロッパ共同体の発展、冷戦の終結、ドイツ統一という時代の変化に伴い改訂に至ったこと、改訂にはとりわけ一

表４－６　KMK「授業におけるヨーロッパ」に記された知識

| |
|---|
| (1) 自然、社会、経済の構造を含む、ヨーロッパ空間の地理的な多様性 |
| (2) ヨーロッパの政治的社会的構造 |
| (3) ヨーロッパにおいて特徴的に見られる歴史的な力、とくにヨーロッパの法思想、国家思想、自由思想の発展 |
| (4) 多様性を含むヨーロッパ共通文化の発展過程やそのメルクマールおよび証拠 |
| (5) ヨーロッパの多言語性とそこに含まれる文化的豊かさ |
| (6) ヨーロッパの思想の歴史と1945年以降の統合への努力 |
| (7) 経済、環境、社会、政治等の分野における問題の解決に向けたヨーロッパの利害均衡と共同行動 |
| (8) ヨーロッパの諸機関の課題と活動 |

〔出典：KMK決議「授業におけるヨーロッパ」1990年〕

九八八年のＥＵ決議に配慮したことが記されている。[31] 一九七八年の第一次ＫＭＫ決議は、学校教育にヨーロッパの視点を導入する意義をナショナルレベルの文書の中で最も早く明記したものであり、決議の内容についても内外から高い評価を得ている。たとえば、ヨーロッパ評議会によるヨーロッパ教育セミナーの講師であるイギリス人マーガレット・シェナン（M. Shennan）は、一九七八年の決議について次のように評価している。「一九七八年の『授業におけるヨーロッパ』決議によって、ドイツの教師たちは政治的知識や態度の領域で『若い人々をヨーロッパ共同体の市民としての課題に適応させる』教育を行う明確なガイドラインを得、その恩恵を受けてきた[32]」。

本稿では、改訂された一九九〇年のＫＭＫ決議を、「(ア) 知識形成」「(イ) 態度形成」「(ウ) アイデンティティ形成」の目標に対する三つの視点から考察する。

### (ア) 知識形成――ＥＵとその加盟国に関する理解

「ＫＭＫ90年決議」においては、学習対象となる知識として、表４－６に示した項目が記されている。

この中に示されたのは、ヨーロッパの地理・政治・経済・社会・歴史・言語および文化、ヨーロッパ統合の歴史、ヨーロッパの社会問題、ヨーロッパ機関の活動などである。これらは、具体的な学習内容を事細かに記したものではなく、学習のおよその領域が示されているのみである。拘束性のない

「決議」という性格から見てこれらの内容領域は一つの例示に過ぎないものであり、またその内容記述も抽象的であるといえるが、このような教科に対応した内容領域を提示することによって、授業の中でヨーロッパの次元を扱うための具体的な手がかりを与えている。

(イ) **態度形成——ヨーロッパ社会への参加の用意**

第二の目標は、生徒に対しヨーロッパ社会へ能動的に参加する主体的態度を育成することにある。「KMK90年決議」には、「われわれの生活の多くの領域において、ヨーロッパレベルのつながりを実現し、ヨーロッパの意思決定が求められることに対する理解を呼び起こす」ことが学校の任務であると記されている。「ヨーロッパの意思決定」を行う機関は、EUにおいてはEU閣僚理事会とヨーロッパ議会が考えられる。EU閣僚理事会は各国の現職閣僚によって構成され、ヨーロッパ議会はEU各国の市民による直接投票で選出されたヨーロッパ議会議員によって構成される。したがって前者の場合は加盟各国の政府のヨーロッパ政策を評価することによって、また後者の場合は選挙を通して「ヨーロッパの意思決定」に直接かかわることによって、学習する生徒たち自身の「意思決定」が問題にされていることになる。

さらに「KMK90年決議」には、とくに社会科/政治科（Sozialkunde/Politik）の課題として「ヨーロッパにおける社会的、経済的事象に参加する能力は、社会科ないしは政治教育、ならびに経済および法の内容を含む諸教科の中で優先的な目標になるものである」と記されている。この文章からも社会参加に対する準備が、重要な能力として理解されていることがわかる。

以上のようにヨーロッパ社会への参加の面から、「授業におけるヨーロッパ」決議を読みとると、①ヨーロッパレベルでの意思決定が現実に行われているという事実を承認すること、②ヨーロッパレベルの意思決定過程に対し自ら参加する用意をすること、③ヨーロッパ社会に参加する市民として必要な「義務と責任」を受容する用意をす

表4−7 「授業におけるヨーロッパ」に記された基本的原則

| |
|---|
| (1) ヨーロッパの多様性を肯定すると同時に、協調、先入観の払拭、共通性を承認すること |
| (2) 固有の文化のアイデンティティを保持すると同時に文化を越えた開放性を培うこと |
| (3) ヨーロッパで認知されている人権の枠内でヨーロッパ法の拘束性や判決の価値に配慮すること |
| (4) 他者のために犠牲を伴っても友好的関係を築く能力と、ヨーロッパにおけるさまざまな利害を越えて妥協を成立させること |
| (5) 自由、民主主義、人権、公正、そして経済的安定を擁護すること |
| (6) ヨーロッパおよび全世界における平和を維持する意志を持つこと |

〔出典：KMK決議「授業におけるヨーロッパ」1990年〕

ること、を意図していることがわかる。このことは、国レベルあるいは地方レベルの社会参加に求められる態度と同様に、ヨーロッパレベルにおいても市民として民主的な意思決定に参加し、ヨーロッパの主権者となることを示している。

### (ウ) ヨーロッパのアイデンティティの形成

九〇年版「授業におけるヨーロッパ」においては、学校は「次の世代において、ヨーロッパ共同の帰属意識が作られる」ことに貢献すべきであるとし、ドイツの学校はヨーロッパへの帰属意識を涵養するという課題に取り組むことが求められている。

「KMK90年決議」においては、ドイツの学校が取り組むべき原則が表4−7に示したように記されている。

この中で留意したいのは、多様性と共通性を同時に承認している点である。また同様にヨーロッパの共同のアイデンティティと同時に、国や地域等の特殊性に基づく「固有文化のアイデンティティ」を同時に重視している点である。ヨーロッパの諸国や諸地域は、文化において共通性を有していると同時に、豊かな多様性も備えている。この多様性の承認がなければ、共通性に対する肯定的な評価も生徒の内面に定着するものではないと考えられる。同様にアイデンティティについても、国や出身地へのアイデンティティがヨーロッパに取って替わられるのではなく、多層的なアイデンティティの保持を前提として、ヨーロッパレベルでのアイデンティティの形成が奨励されていることがうかがえる[33]。ここでは「固有文化のアイデンティティ」が、国に限定されない用法で用いられていることに注意したい。たとえば、スペインにおけるバスク地方やカタルーニャ地方、あるいはフランスにおけるオクシタン語圏なども「固有文化」として尊重される。「授業におけるヨーロッパ」においては、「国」や「州」など国際的、行政的な観点からの区分を「文化」の区分に適用せず、マイノリティ尊重の立場を示した点に注目すべきであろう。

以上本節では、統一ドイツの政治教育に課された課題、すなわち旧東ドイツの教育政権とヨーロッパの次元の促進について論じた。中でもヨーロッパの次元の促進に効力を発揮したのは、一九九〇年のKMK決議「授業におけるヨーロッパ」であった。詳しくは次章において述べるが、九〇年代におけるドイツ諸州のヨーロッパの次元への取り組みは、このKMK決議の影響を強く受けたものであるといえる。

本章第1節で述べたように、八〇年代の各州のヨーロッパ教育への取り組みの状況は、州の間にヨーロッパ教育に対する関心の違いを見出すことができる。また本節で述べたように、九〇年のドイツ統一を経てヨーロッパを授業で扱う際のガイドラインともいうべき「授業におけるヨーロッパ決議」が改訂採択されている。このKMK決議は、九〇年代において、ドイツ各州の教育省がそれぞれ独自の方法によって自州のヨーロッパの次元を発展させていく、そのよりどころを提供した意味できわめて重要な意義を持つ。

では、ヨーロッパの次元が本格的に授業において扱われるようになった九〇年代において、各州はどのようなカリキュラムや授業モデルを編成するのであろうか。そこに州の間の特性の違いを見出すことはできないだろうか。次章では本章のようなドイツの連邦州すべてを網羅的に概観するアプローチではなく、州の特徴を反映させて単元開発を行った州や、ヨーロッパ教育に対して特別な配慮をもってカリキュラム開発を行った州など、それぞれに特徴のある四つの州を選び、それぞれの州におけるヨーロッパの次元を詳しく論じることにする。

# 第五章　ドイツ主要連邦州におけるヨーロッパの次元の展開

## 1　国境地帯におけるヨーロッパの次元
### ――シュレースヴィヒ＝ホルシュタイン州の単元モデル「パースペクティブ・ヨーロッパ」から

#### (1)　シュレースヴィヒ＝ホルシュタイン州の概要

シュレースヴィヒ＝ホルシュタイン州はドイツ最北部に位置し、人口は約二七〇万人、都市州を除けばドイツの中では比較的小規模の連邦州である。東部のバルト海と西部の北海に開かれた、ドイツ有数の海洋州でもある。シュレースヴィヒ＝ホルシュタイン州は、北部でデンマークと国境を接し、州内に少数のデーン人マイノリティが居住している。このことは後述するように同州におけるヨーロッパ教育の一つの特徴となっている。

一九九三年時のシュレースヴィヒ＝ホルシュタイン州の中等教育は、三分岐型の典型的なドイツ中等学校と少数の総合制学校からなる。州全体の学校数と生徒数は、基幹学校二八九校（生徒数三八万四千人）、実科学校一六九校（生徒数五〇万人）、ギムナジウム学校数九九校（四五万二千人）、統合型総合制学校二七校（生徒数八万九千人）であり、学校数では基幹学校が約半数を占めるものの、就学者数では実科学校、ギムナジウム、基幹学校がほぼ三分の一ずつを占めている。(1)

## (2) シュレースヴィヒ＝ホルシュタイン州のカリキュラムとヨーロッパの次元

前章で述べたように、一九八五年時点で、シュレースヴィヒ＝ホルシュタイン州の指導要領におけるヨーロッパの観点は最低の評価を受けていた。それが、現在ではどのように改善されているのであろうか。

シュヴァルツ（T. Schwarz）によれば、一九九七年に発効したシュレースヴィヒ＝ホルシュタイン州の現行指導要領は、改訂の際の焦点として、教科間と学校種間を結ぶ「共同の基礎教育」の充実が挙げられていた。(2) しかし、この改訂における教科間結合の意味は、クロス・カリキュラムや合科的な結合ではなく、社会科の教科内統合すなわち統合社会科を意味している。また学校種間の結合は、地理と歴史の指導要領を基幹学校、実科学校、ギムナジウムで、「政治経済」は基幹学校と実科学校で、またギムナジウムと総合制学校で共有化するなど、指導要領が共通化されている。

ヨーロッパの次元で興味深いのは、総合制学校に設置された「世界科（Weltkunde）」という教科である。シュレースヴィヒ＝ホルシュタイン州の「世界科」は、地理、歴史、政治を一つの教科に統合したいわゆる統合社会科であり、総合制学校のみに設置されている。表5－1に示したように他の学校種では地理と歴史が独立して学ばれているのに対し、総合制学校は制度が発足した当初の理念を引き継いで統合型の社会科を構成している。(3)

表5－1　シュレースヴィヒ＝ホルシュタイン州社会科の時間割表

| | 5年 | 6年 | 7年 | 8年 | 9年 | 10年 |
|---|---|---|---|---|---|---|
| 総合制学校 | | | | | | |
| 世界科 | 3 | 4 | 4 | 4 | 4 | 4 |
| 経済科（第1選択） | — | — | 4 | 4 | 4 | 4 |
| 基幹学校 | | | | | | |
| 政治経済 | — | — | — | 2 | 2 | |
| 歴史 | — | 1 | 2 | 2 | 2 | |
| 地理 | 2 | 1 | 2 | 2 | 1 | |
| 実科学校 | | | | | | |
| 政治経済 | — | — | — | — | 1 | 2 |
| 歴史 | — | 1 | 2 | 2 | 2 | 1 |
| 地理 | 2 | 1 | 2 | 2 | — | 2 |
| 政治経済（選択） | — | — | — | — | 6 | 6 |
| ギムナジウム | | | | | | |
| 政治経済 | — | — | — | — | — | — |
| 歴史 | — | 1 | 2 | 2 | 2 | 2 |
| 地理 | 2 | 1 | 2 | 2 | 2 | 2 |

〔出典：Basler, Nonnenmacher (Hrsg.), 1997: 211より〕

世界科では、第9・10学年は、「基本的価値」に関わる四つのテーマ領域で構成されている。その四テーマとは、「平和―どのように実現するのか」「ヨーロッパ―私たちもその一員」「一つの世界―多くの世界」「多文化な社会における生活」であり、ここにヨーロッパの次元が反映されている。総合制学校の同学年では、上記のどのテーマをいつ行うかは、指導要領に記されておらず、学年会議で決定するとされている。各テーマが最も効果的に活かされるときに授業を行うためである。

シュレースヴィヒ＝ホルシュタイン州のヨーロッパの次元はどのような特徴を持つものであろうか。「州立教育研究所（Landesinstitut Schleswig-Holstein für Praxis und Theorie der Schule）」から出された授業モデルを検証してみたい。

## (3) 北部国境地帯におけるヨーロッパの次元

シュレースヴィヒ＝ホルシュタイン州の州都キールにある州立教育研究所は、一九九二年『パースペクティブ・ヨーロッパ（Perspektive Europa）』(4)という授業単元モデル集を編集した。同単元モデル集は、主として現職の教員によって開発されたもので、副題にあるとおり、第9、10学年の歴史、社会科、地理、政治経済、美術の各教科の授業に役立てられるように構想された実践的な授業モデル集である。(5)

授業モデルは全部で九単元用意され、それぞれ、「日常の中のヨーロッパ」「国家主権とヨーロッパの意思決定過程」「ヨーロッパ単一市場の中のシュレースヴィヒ＝ホルシュタイン州」「シュレースヴィヒ＝ホルシュタイン州とデンマーク」「ヨーロッパにおけるドイツ人とフランス人」「ヨーロッパにおけるドイツ人とポーランド人」「トルコ—ヨーロッパへの道の途上にある国」「世界に対するヨーロッパの責任」「ヨーロッパ—美術の例から」という単元名が与えられている。これらの単元名を見てみると、とくに第三単元の「ヨーロッパ単一市場の中のシュレースヴィヒ＝ホルシュタイン州」、および第四単元の「シュレースヴィヒ＝ホルシュタイン州とデンマーク」に州独自の観点を認めることができる。そこで、本項では、第四単元について検討したい。

単元「シュレースヴィヒ＝ホルシュタイン州とデンマーク—ヨーロッパの事例となる国境地域におけるマイノリティ問題の解決」(6)は、次に示す三時間完結の単元である。

本単元の第1時は、八一一年にさかのぼるシュレースヴィヒ＝ホルシュタインの起源から、一九世紀においてドイツ・デンマーク戦争、普墺戦争によって、同地区がプロイセンに編入されるまでの同州の歴史を扱う。第2時は、ドイツとデンマークの間の国境線がどのように引き直されたのかを知り、その国境確定協定の長所と短所を判断す

表５－２「シュレースヴィヒ＝ホルシュタイン州とデンマーク」の授業単元

| | |
|---|---|
| 第１時： | シュレースヴィヒ＝ホルシュタインにおける国境問題の発生 |
| 第２時： | 1920年の国境修正と1955年のボン・コペンハーゲン宣言による国境問題の解決 |
| 第３時： | ドイツ・デンマーク間の国境問題の解決は、ヨーロッパのモデルとなりうるか？ |

〔出典：Nobert Stüwe, “Schleswig-Holstein und Dänemark” より〕

る。その際、「デンマークの抵抗はどのように発生し、それがどのような関係で戦争に結びついたか」「デンマークのドイツ人とドイツのデンマーク人は、どのような問題を抱えていたか」「戦後、ドイツ人およびデンマーク人マイノリティに何が起こったか」に答えることが主な活動となる。第3時は、ドイツ・デンマーク間のマイノリティ問題の解決を事例に、南チロル、アルザス―ロレーヌ、コルシカなどにおける少数者問題について考察することが課題とされる。

それら少数者問題をドイツ・デンマーク問題と引きつけて判断するための基準として、次の七項目が示されている。「マイノリティは、国境の両側にいるか」「マイノリティは言語的に文化的に隣国に結びついているか」「マイノリティはどのくらい強固か」「マイノリティはどのような歴史的発展を遂げてきたか」「マイノリティの多数はどちらの国民意識を有しているか」「マイノリティは、現在の状況に満足しているか」「マイノリティの法的政治的位置はどうなっているか」。

以上、『パースペクティブ・ヨーロッパ』から「シュレースヴィヒ＝ホルシュタイン州とデンマーク」の単元モデルの概略を述べたが、この単元からは次のような特徴が読みとれる。まずはじめに、「歴史学習」としての特徴である。とくに第1・2時を見れば歴史学習に強く依拠していることがわかる。[7] 第二の特徴は、「地域学習（Landeskunde）」の観点が強く打ち出されていることである。地域学習は「地域地理の形式を指向するものであり、天然資源や環境、社会や経済、地域の「政治文化」が含まれる包括的な地域学習である」[8] といわれる。本単元モデルでは、とくに言語や住民投票などの結果が国境確定の決定要因として大きな位置づけを与えられ、同州の社会的政治的地下水脈が課題として取り上げられている。第三に、現代に通じるマイノリティ問題を扱う点で政治教育の観点が強く見られることである。この点はとくに第3時に顕著である。マイノリティ問題を解決したとされるシュレースヴィヒ＝ホルシュタイン州の事例が他のケースにも該当するものか、あるいは他のケースとどのように異なるのかを確認することにより、マイノリティ問題の解決方法を模索することが第3時の焦点となっている。当然のことながら、その際にはヨーロッパにおける他のマイノリティ問題が事例とされている。

このように、「シュレースヴィヒ＝ホルシュタイン州とデンマーク」を検討してみると、本単元モデルは、統合社会科の形態が採用されていること、北部国境地帯の特色を最大限に引き出そうとされていること、地域とヨーロッパが、マイノリティ問題という共通のテーマによって同一線上に議論されていることなどの特徴を有していることが明らかになった。

その一方で、ヨーロッパの次元を「二国（地域）間関係」に集約することには疑問が残る。すなわち、ヨーロッパ教育の立脚点をあくまでも自州の中にとどめ、ヨーロッパ的視点から自州を捉えるのではなく、自州からヨーロッパを捉える視点のみが強調されている点には問題が指摘されよう。

## 2　新設教科にみるヨーロッパの次元
### ――テューリンゲン州における「経済―環境―ヨーロッパ」から

前節では、八〇年代において他の連邦州（当時は西ドイツ諸州）と比べ、後発的であったシュレースヴィヒ＝ホルシュタイン州の州立教育研究所が開発した授業単元モデルを分析し、それが北部国境地帯の特徴を押さえ優れた授業モデルであったことを示した。本節では、一九九〇年ドイツ連邦共和国に「編入」した、いわゆる「新連邦州」の一つであるテューリンゲン州のヨーロッパの次元について検討する。シュレースヴィヒ＝ホルシュタイン州が一つの単元についての授業モデルであったのに対し、テューリンゲン州では、ヨーロッパに関する教科を新設してヨーロッパの次元を促進させようとした点に大きな特徴がある。

### (1)　テューリンゲン州の概要

テューリンゲン州は、ドイツのほぼ中央、旧東ドイツ地区の中では南西部にあたり、南はバイエルン州と、西はヘッセン州と州境を接している。人口は二六〇万人を擁し、州都はエアフルト市に置かれている。旧東ドイツの中では最も小さな州（一万六二五一㎞²）であるが、エアフルトをはじめヴァイマールやイエナ、ゴータなどの古都に恵まれた州である。ドイツの内部にあるため、直接国境を接する隣国はない。

ナチス時代より極右運動は強く、「(当時の—引用者) テューリンゲンの極右は、ドイツの他のどの地域よりも大きな自由を享受していた」といわれ、その傾向は社会主義時代を経た後の現代にも続いているといわれる。「現代においては、テューリンゲンはザクセンと並んで比較的多くの極右を有し」、「ナチスの牙城であったアルンシュタット、ザールフェルト、ヴァイマールは、今日ではテューリンゲンの極右の中心をなしている」といわれているように、保守的傾向の強い地域であるといえる。(9)

統一後の政治状況を見てみると、一九九〇年のドイツ統一時に行われた州議会選挙においては、キリスト教民主同盟（CDU）が四五・四％を獲得し、八九議席の内四四議席を占めほぼ五割の議席を獲得した。一九九四年、九八年の二度の州議会選挙においても、やはりCDUが安定的に州政府の座に着いている。失業率は一九九二年時で平均一五・四%であり、旧東ドイツの中でも高い割合となっている。

## (2) テューリンゲン州の教育

テューリンゲンの学校制度は、初等教育として四年制の基礎学校が、中等学校としてギムナジウムと「通常学校(Regelschule)」が設置されている。通常学校は、基幹学校と実科学校を併せた一〇年制の中等教育学校であり[10]、第9学年修了で基幹学校修了証を、第10学年修了で実科学校修了証が与えられる[11]。通常学校の学校数は一九九九年度で三三九校、生徒数一一万四六八三人であり、一方ギムナジウムは学校数一〇六校、生徒数八万一四三二人となっている。

テューリンゲンの学習指導要領は、統一の翌年一九九一年に「暫定的レールプラン」が公布され、二年後の一九九三年に改訂されている[12]。この改訂の際にも依然として、「暫定的」と付されたまま公布されているが、次回の改訂の際には「暫定」ということばは取り外される予定である[13]。

社会科に関わる教科には、「社会科」、「地理」、「歴史」、「経済・法」、「経済・技術」がある。総合制学校および通常学校の場合、基幹学校修了証を取得するものは「経済・技術」を、実科学校修了証を取得するものは「経済・法」を履修する。それぞれの学校および教科における週あたり授業時間数は、表5-3の通りである。

テューリンゲン州の学習指導要領には、教科横断領域として、「職業選択の準備」「非暴力、寛容への教育および平和教育」「メディアと情報技術」「環境教育」「健康教育」「交通教育」の六領域が設定されている[14]。

表5－3　テューリンゲン州における社会科関連教科の授業時間数

総合制学校および通常学校（1994）

| | 5年 | 6年 | 7年 | 8年 | 9年 | 10年 |
|---|---|---|---|---|---|---|
| 社会科 | — | — | — | 2 | 1 | 1 |
| 歴史 | 1 | 1 | 2 | 2 | 2 | 2 |
| 地理 | 2 | 2 | 1 | 1 | 1 | 2 |
| 経済・技術*1 | — | — | 3 | 4 | 5 | — |
| 経済・法*2 | — | — | — | 1 | 2 | 1 |

＊1 基幹学校修了証取得者用　＊2 実科学校修了証取得者用

ギムナジウム（1994）

| | 5年 | 6年 | 7年 | 8年 | 9年 | 10年 |
|---|---|---|---|---|---|---|
| 社会科 | — | — | — | — | 1 | 1 |
| 歴史 | 1 | 1 | 2 | 2 | 2 | 2 |
| 地理 | 2 | 2 | 1 | 1 | 1 | 2 |
| 経済・法 | — | — | — | 1 | 1 | 1 |

〔出典：Basler/Nonnenmacher (Hg.), a. a. O., S.212より〕

### (3)「経済—環境—ヨーロッパ」におけるヨーロッパの次元

テューリンゲン州においては、通常学校での実科学校修了証取得のための選択必修教科（Wahlpflichtfächer）として「経済—環境—ヨーロッパ（Wirtschaft-Umwelt-Europa）」（以下「WUE」と略す）という教科が設置されている。[15] WUEの履修は第7学年から10学年までで、各学年週三時間が配当されている。ドイツ連邦州一六州の中には二〇〇を越える教科があるといわれるが、教科名に「ヨーロッパ」の文字が用いられているのはWUEのみであろう。[16]

#### ①「経済—環境—ヨーロッパ」の目標と単元構成

WUEの単元は、「生徒指向」「問題指向」「現代・未来志向」という三つの基本的方向性を持つとされる。[17] それぞれが具体的にどのように構成されているかは、次項で第9学年の単元を詳しく分析することによって述べることにするが、まずは、WUEの教育目標と単元構成を概観しておきたい。

ウンゲラー（L. Ungerer）は、WUEが「問題解決的思考力を育成し、もう一つの解決方法を提案すること」をねらいとした学習であるとし、WUEは、「ヨーロッパ統合が（固定的な制度の学習ではなく―引用者）意思決定のプロセスであることを認識する」点に目標があると指摘する。(18) このような「問題解決的思考」や意思決定過程への認識を形成するために、「WUE特有の学習能力」が設定されている。その学習能力は、①基本的事実を習得する事実理解能力（Sachkompetenz）、②判断形成に関わる自己能力、③社会参画に関わる社会能力、そして、④資料の読みとりや概念操作に関わる方法能力という四つのスキルにまとめられ、これらのスキルを育成することがWUEの目標とされる。

WUEの学習単元をまとめると次の表5－4の通りとなる。

表から読みとれるように、WUEは経済、環境、ヨーロッパという三つのテーマ領域を、別個のものとして並立させているのではなく、それらの領域を複合的に関連づけて単元を構成している。たとえば、第7学年「(2) 家計と環境保護」、第8学年「(3) 環境に適した企業活動」、第10学年「(3)（EUにおける）環境政策」のように、環境領域に属する問題が、経済とヨーロッパとの関連の中で扱われている。

WUEの単元構成における第二の特徴は、自己を中心とした同心円に沿って空間を展開させている点である。WUEは、第7学年で家計や家族という生徒の周辺から導入し、第8学年では地域社会と自己の労働世界の広がりを扱い、第9学年ではヨーロッパの視点からテューリンゲンを学習し、第10学年では世界の視点からドイツとヨーロッパを学習するという構造である。(19) また、それぞれの学年において経済、環境、ヨーロッパの観点が貫かれ、同一の領域について視点を変えて四年にわたってらせん状に学習するよう構成されている。ウンゲラーが「エコロジーや経済、技術の発展傾向はヨーロッパの次元との関連の中で学習され、その際地域の問題（ミクロレベル）から世

表５－４　「経済－環境－ヨーロッパ」の単元構成

| 学　年 | 単元内容 |
|---|---|
| 第７学年 | 1. 教科「経済—環境—ヨーロッパ」について<br>2. 学習テーマ「家計と家族」<br>(1) 経済共同体としての家族<br>(2) 家計と環境保護<br>(3) 余暇共同体としての家族 |
| 第８学年 | ・学習テーマ「企業」<br>(1) 企業の概要<br>(2) 企業の役割<br>(3) 環境に適した企業活動<br>(4) 転換期の企業 |
| 第９学年 | ・学習テーマ「ヨーロッパの地域としてのテューリンゲン」<br>(1) テューリンゲンの経済圏<br>(2) EU単一市場の中のテューリンゲン<br>(3) テューリンゲンの環境政策<br>(4) 選択式プロジェクト（二つのプロジェクトより選択）<br>—空間計画と環境　もしくは　—廃棄物経済 |
| 第10学年 | ・学習テーマ「世界の中のドイツとヨーロッパ」<br>(1) ドイツ経済圏とヨーロッパ経済圏<br>(2) 貿易関係<br>(3) 環境政策<br>(4) 一つの世界に生きる |

〔出典：テューリンゲン州教育省「経済—環境—ヨーロッパ」用学習指導要領より〕

界経済の問題（マクロレベル）までが扱われる[20]」というように、環境、経済、ヨーロッパを統合した内容領域が学習内容として一貫したうえで、学年に応じてミクロレベルからマクロレベルの内容を扱うという構成になっているのである。

第三の特徴は、ヨーロッパ学習が実用的な観点から取り上げられていることである。はじめに述べたようにWUEは通常学校の選択必修教科として設置されている。通常学校の生徒には、卒業後より職業教育を受けたのち職業生活に入る者が多い。その生徒にとってヨーロッパ単一市場やユーロについての学習、あるいは環境に適した企業活動についての学習は、自己の職業生活に直結する課題である。このように、WUEはエリート向きの理念的、理論的な学習ではなく、実用性と現実性のある経済学習としての性格を持つものである。一般にギムナジウムにおいては、ヨーロッパ単元はヨーロッパ統合の理論的側面や統合の歴史的背景、EUの意思決定手続きなど理念的、政治的な内容構成となることが多い。

### ②「経済—環境—ヨーロッパ」の学習単元の分析——第9学年「ヨーロッパの地域としてのテューリンゲン」より

前述のように、WUEはかなりユニークな特徴を持つ教科であるといえるが、その学習単元はどのような目標や学習内容が設定され、どのような指導上の留意点が記されているのであろうか。第9学年の「ヨーロッパの地域としてのテューリンゲン」に着目して考察を加えたい。表5－5に示すのは、学習指導要領に示された第9学年の第2単元「EU単一市場の中のテューリンゲン」である。ドイツ統一に際しては、旧東ドイツ諸州における教育政策の立案と実施のために旧西ドイツからパートナー州が編成され、「指導」が与えられていた。テューリンゲン州のパートナー州は、西に隣接するヘッセン州であったことが知られているが、学習指導要領の記述様式を見ると、むしろ次節で扱うバーデン＝ヴュルテンベルク州のものとよく似ていることがわかる。

はじめに「ねらい」について述べる。「ねらい」は、○付き数字で示した四つの文章により構成されている。その内容を見てみると、「内容」との関連性を見いだすことができる。ねらい①は「①EUの単一市場」と、ねらい②は「③テューリンゲンに対するEUの助成措置」と、ねらい③は「②グローバルな展望を持つEUの地域テューリンゲン」と、ねらい④は「④EUの経済市民としての青年」との関連性を持つといえる。

この「ねらい」は、ヨーロッパの次元に対するどのような視角を持つものであろうか。この「ねらい」からは概ね次のようなスタンスを読みとることが可能である。つまりヨーロッパの統合は青年にとってチャンスと可能性をもたらすものであり、ヨーロッパに積極的に関わることによって、若者には広い展望が開かれるというものである。しかしこのスタンスは、EU単一市場から受ける問題やそこから派生する危険性よりも、肯定的側面を強調する結

表5－5　単元「EU単一市場の中のテューリンゲン」

ねらい：①生徒たちはEU単一市場の基本的構造を知る。
②生徒たちは分析的な学習によりヨーロッパの一地域であるテューリンゲンにグローバルな結びつきを与える単一市場に対し、そのチャンスと可能性を理解する。
③生徒たちが、EUの成熟した市民としてヨーロッパの思考と行動に対する勇気を持つことが主な関心事である。そのような思考と行動はヨーロッパの多様性を肯定することによって特徴づけられる。
④生徒たちは、とくに事例の活用により、ヨーロッパの統合がヨーロッパの人々にさまざまな可能性をもたらす一つの過程であることを知る。

| 内　容 | 指　摘 |
|---|---|
| ① EUの単一市場 | ・経済共同体としてのEU<br>－概念<br>－発展<br>*「社会科」「歴史」「地理」「経済と法」との連携<br>（クロスカリキュラムプロジェクト：「統一ヨーロッパへの道」） |
| ②グローバルな展望を持つEUの地域テューリンゲン | ・テューリンゲン州と他のヨーロッパや世界における地域との比較。<br>・対象地域の選択の観点。たとえば、経済力、輸出、人口、失業率、経済構造<br>・州、地域、市とパートナー関係にある地域について発表 |
| ③テューリンゲンに対するEUの助成措置 | ・分析<br>―EU地域政策<br>―EU構造基金<br>―EU地域助成プログラム<br>・EUの助成の事例学習 |
| ④ EUの経済市民としての青年 | ・EUの次の点について議論する<br>―単一市場は何をもたらすか？（生活、仕事、買い物、旅行）<br>―EUの教育・訓練政策<br>・事例学習と「ヨーロッパコンクール」への参加<br>*「環境教育」「メディアと情報技術」「職業選択の準備」「経済・法」と連携 |

〔出典：テューリンゲン州教育省「経済―環境―ヨーロッパ」用学習指導要領25頁より〕
（○付数字は、引用者による）

果となっていることは否めない。本単元のみでなく、WUEの単元の中にはこのような視角が基調となっている。[21]

次に「内容」と「指摘」から読みとれる特徴を三点にわたり述べる。

第一の特徴は、多様な活動様式である。本単元を見てみると概念形成、比較考察、発表、分析、事例学習、議論、参加と、さまざまな教授・学習方法が用いられている。WUEの全単元を概観してみると、よりいっそうその傾向が強く感じられる。WUEには、それらの方法の他に、プロジェクト活動、ロールプレイ、調査、評価、実験、専門家インタビュー、訪問、シミュレーション、レポートなどの活動が記されている。それらは概ね学年が上がるに従って、具体的活動から抽象的活動へと導かれている。つまり、第7学年ではプロジェクト活動や発表の活動が多用され、第10学年になるに従って分析や評価、議論が多くなる。たとえば、プロジェクト活動と分析について見てみると、プロジェクト活動は第7学年では七テーマ、第8学年では五テーマ、第9学年では四テーマ、第10学年では一テーマと漸減しているのに対し、分析・評価活動は第7学年テーマなし、第8学年三テーマ、第9学年五テーマ（選択1では七テーマ）、第10学年九テーマとなっている。

第二に、「ヨーロッパ＝ヨーロッパ連合（EU）」という図式が中心化されている。すでに見たようにKMKによる「授業におけるヨーロッパ」決議では、ヨーロッパの次元をEUに限定せず、全ヨーロッパを対象とする視点が示されていた。しかし、WUEを見る限り、全ヨーロッパという表現や用語使用は見られず、中欧や東欧については、第10学年の第1単元「ドイツ経済圏とヨーロッパ経済圏」の一項目に述べられているに過ぎない。[22]むしろ全ヨーロッパ的視点よりもグローバルな視点が重視されている。

第三に、第7学年から第9学年まではテューリンゲン州との関わりが強調されている。たとえば、表5－5においても、「②グローバルな展望を持つEUの地域テューリンゲン」「③テューリンゲンに対するEUの助成措置」において、自州とEUとの関係が焦点化されている。②ではEUの一地域という視点からテューリンゲンを考察するものであり、③ではEUの地域政策、構造基金、地域助成プログラムから受けるメリットが扱われる。このようにEUの政策が直接自州に適用され関係を持つこと、自州における経済がヨーロッパ経済の一部をなしていることが学ばれる。この点は、ヨーロッパテーマがややもすると、生徒の生活圏から遊離して抽象的な概念理解に流されていくヨーロッパ教育の問題点を克服するものであるといえよう。

本節では、新教科「経済―環境―ヨーロッパ」の全体構造と学習単元を分析してきた。「経済―環境―ヨーロッパ」は、教科名にヨーロッパが冠せられている点で非常にユニークな教科であった。次節では再び「旧連邦州」のヘッセン州を取り上げ、学校改革のためにヨーロッパの次元を取り入れる試みについて論じたい。

## 3 学校改革としてのヨーロッパの次元
### ――ヘッセン州における「州立ヨーロッパ学校プログラム」から

「州立ヨーロッパ学校プログラム」[23]は、ヘッセン州教育省の重要な教育プログラムであり、「ヨーロッパの次元」の発想を活かして学校が自ら学校カリキュラムを策定し、それによって学校による自主的な学校改革を進めることに特徴がある。本節では、州立ヨーロッパ学校の基本的性格とその教育理念を考察するとともに、ヨーロッパ学校の一つであるハインリヒ・ハイネ校を事例に、その学校カリキュラムを分析する。それによってヨーロッパの次元が持つ学校改革の可能性を示すことにしたい[24]。

## (1) 州立ヨーロッパ学校の概要とその中心理念

### ①ヨーロッパ学校の基本的性格

ヘッセン州立ヨーロッパ学校（以下、「州立ヨーロッパ学校」あるいは単に「ヨーロッパ学校」と略す）の基本的性格を明らかにするためには、次の二つの側面からの検討が必要である。一つは、EUの教育政策からの影響であり、もう一つはヘッセン州独自の教育政策からの影響である。そこで初めに、EUの教育政策の側面から州立ヨーロッパ学校の性格を明らかにする。

EUは、一九五三年にEU（当時は、ヨーロッパ石炭鉄鋼共同体〈ECSC〉）の諸機関で働くEU官僚の子どもの教育条件を整えるため、ヨーロッパ学校（ここでは、便宜上「EUヨーロッパ学校」とよぶ）をルクセンブルクに設立した。州立ヨーロッパ学校は、このEUヨーロッパ学校における長年のヨーロッパ教育の経験を一つのモデルとしている。EU委員会は、一九七四年の「ヨーロッパ共同体における教育」報告の中で次のように記している。「（EU―引用者注。以下同じ）ヨーロッパ学校のアイデアをヨーロッパ共同体内に広く普及させる可能性について考える時期にある。このような（EU）ヨーロッパ学校の普及は、ヨーロッパ共同体の機関が存在する場所に限定されるべきではない。むしろ既存の教育制度を補う目的と実効性を持って、多くの移住人口を抱える都市や地域、国境周辺地域、あるいは独自にヨーロッパの次元を導入できる地域において試行されるべきである(25)」。

このように、EU委員会は、当時EUヨーロッパ学校が培った経験を「ヨーロッパ共同体内に広く普及させる」ことの必要性を認識し、その具体的措置として、各国にヨーロッパ学校を設立させる構想を暖めていたことがわかる。近年では、一九九三年の「教育のヨーロッパの次元に関するグリーンペーパー」においても、EUヨーロッパ学校の経験が「教育のヨーロッパの次元の発展に貢献する」ものであり、その経験は「多文化的学習や多様性への配慮を促進する、教育革新の『実験室』として利用されるべきである」と記されている[26]。

ＥＵヨーロッパ学校と州立ヨーロッパ学校の違いについて、ＥＵ官僚であるフォアベック（Michael Vorbeck）は、「州立ヨーロッパ学校は、各国の通常の教育システムに準拠している点で、ＥＵヨーロッパ学校を複製したものではない[27]」と述べ、州立ヨーロッパ学校は、あくまでも州や国の通常の教育システムに則った学校であり、一方ＥＵヨーロッパ学校は、それ独自のカリキュラムに即して行われる脱国家的な学校であると指摘している。以上のように、州立ヨーロッパ学校は、ＥＵヨーロッパ学校とは異なった位置を占めながらも、ＥＵヨーロッパ学校の経験の普及という、ＥＵの教育政策の影響を受けて設立されたものといえる。

一方、州立ヨーロッパ学校はヘッセン州独自の教育政策の一部としての側面もある。ヘッセン州の州立ヨーロッパ学校は、同州の主要な教育プログラムの一つであり、その背景には二一世紀を展望した学校改革の構想がある。ヘッセン州教育省は、当初より「ヨーロッパ学校プログラム」を、「家庭状況の変化、メディアの影響、消費の過大評価とそれによって引き起こされる価値の喪失などの社会の転換に際し、またとくにヨーロッパにおいて顕著に見られる政治的変化の影響を受け、学校の教育上の役割が再考されなければならない[28]」という認識に基づいて計画している。この認識は、ヨーロッパ学校が単にヨーロッパ教育の先進校として位置づけられているのではなく、ドイツを含むヨーロッパ社会、あるいはグローバルな社会において生じた変化を見据えたうえでの根本的な学校改革の柱として、構想されていることを示している。

もう一つヨーロッパ学校の基本的性格として挙げられるのは、その名の通り「ヨーロッパの次元」を学校の教育理念の中心に明確に位置づけていることである。州立ヨーロッパ学校は、学校運営においてヨーロッパの次元を最大限に考慮した公立学校であるといえる。

②ヨーロッパ学校の発展

本項においては、「州立ヨーロッパ学校プログラム」の発展過程について述べる。その際に、プログラムの発展を具体的に展望するために、ヨーロッパ学校の一つであるハインリヒ・ハイネ校を事例として取り上げ、その学校の歩みに沿いつつ論述したい。

前項で述べたように、社会の構造的変化に直面したことにより学校改革の必要性を認識したヘッセン州では、一九九一年一〇月の官報において、州内に五校のヨーロッパ学校を設置することを表明し、プログラムを開始した。[29]州教育省は、学校改革を標榜するヨーロッパ学校の設置に際し、学校を新規に建設するのではなく、既存の学校を内部の努力によって改革する方法を採用した。しかも、学校の主体的な発意を尊重するために、ヨーロッパ学校の理念を理解し、その趣旨に従って改革を進める意思のある学校を募り、審査のうえ認定するという一種のコンペティションの形式によって学校が選定されている。つまり、ヨーロッパ学校として自らを改革する意思を備えた学校自身の意思表示によって、ヨーロッパ学校の設置は行われたのである。

公募の際には、次の五つの選定基準が示された。[30]

1　交流プログラムへの努力と異文化間学習に対する計画の開発
2　地域共同体との協力プロジェクトの実施
3　授業の開放性（学年チーム、週間および年間活動計画、プロジェクトによる授業、活動を主体とした授業の導入などによる）
4　全日制の導入（家庭学習の支援や語学学習・各種の職業準備コースの提供、昼食の提供）
5　学校固有の教育的重点課題の設定と環境教育の導入

ヨーロッパ学校の募集に対し、ヘッセン州全体で計三一校の応募があった。一九九二年三月にはその中から、審査の結果、ハインリヒ・ハイネ校を含む五校のヨーロッパ学校と一六校の準ヨーロッパ学校（Assoziierte Europa Schule）が選ばれた[31]。準ヨーロッパ学校は、ヨーロッパ学校のネットワークに加えられ、ヨーロッパ学校プログラムに関わる情報の入手や各種のプログラムへの参加が可能となる。準ヨーロッパ学校の設置は、「ヨーロッパ学校プログラムは、（審査によって）学校間の優劣をつけるためのものではなく、ヨーロッパへの取り組みが顕著な一九のヘッセンの学校全体で取り組まれる[32]」ものであるという州教育大臣ホルツアップフェル（H. Holzapfel）の考えが反映している。

一九九二年三月にヨーロッパ学校として採用されたハインリヒ・ハイネ校は、同年八月の正式認定を前に、「ヨーロッパの次元」を実際の学校運営に反映させるための活動グループを組織した。これは教師、生徒、保護者の三者によって構成され、計画立案グループ（Planungsgruppe）と呼ばれている。計画立案グループの主な目的は、ヨーロッパ学校としてのスクール・アイデンティティを明確化し、ヨーロッパ学校の基本コンセプトを自主的に開発し、発展させることにある。この後、この計画立案グループが中心となって、ハインリヒ・ハイネ校の「学校カリキュラム」や「ミッション・ステートメント」が作成されることになる。

「ミッション・ステートメント」とは、ハインリヒ・ハイネ校の学校運営上の中心思想を述べたものである。その冒頭、「ハインリヒ・ハイネ校は、ヨーロッパ学校として地域（Gemeinde）の、州（Land）の、そしてヨーロッパの一員である」とうたわれている。ここで興味深いのは、ハインリヒ・ハイネ校が、「Land」すなわち州への帰属をうたいながら、ドイツという国家への帰属について言及していない点である。つまり、国家としての「ドイツ」への帰属を表す言葉が回避されていることをうかがわせる。このことは、ドイツにおけるヨーロッパと国家と州との間の関係を象徴的に表している。周知の通り、文化高権（Kulturhoheit）の下に州政府による厳格な教育の主権を採用しているドイツは、各州が学校教育の領域において、排他的な権限を有している[33]。そのような制度の中で、ミッション・ステートメントは国家としてのドイツを除外し、地域、州、ヨーロッパという三つの段階の帰属性をうたうことで、国家を介在させずにヨーロッパとの距離を縮め、直接的な結びつきを築く姿勢を示しているのではないかと考えられる。

ハインリヒ・ハイネ校は、一九九三／九四年度には、計画立案グループによって作成されたヨーロッパ学校の基本コンセプトを具体化することに取り組み、翌一九九四／九五年度には、「ヨーロッパの次元」に基づく学校独自のカリキュラム「ハインリヒ・ハイネ校カリキュラムにおけるヨーロッパの次元」が一応の完成を見た。ハインリヒ・ハイネ校ではこのカリキュラムに基づいて授業が行われている。

ヘッセン州教育省は、一九九五年に第二次のヨーロッパ学校の募集を行っている。このときには、新たに三校がヨーロッパ学校に認定された。また、同時に一一校が準ヨーロッパ学校に認定され、一九九七年時点で計三五校がヨーロッパ学校もしくは、準ヨーロッパ学校を名乗っている。第二次認定に応募した学校は四三校あり、第一次認定時の三一校よりも一二校増加している。このことは、第一期のヨーロッパ学校の取り組みが、多くの他の学校に州立ヨーロッパ学校プログラムに対する、好ましい影響を与えた結果であると考えられる。

一九九五／九六年度のハインリヒ・ハイネ校の活動においては、学校間パートナーシップを多角的にネットワーク化しはじめたことが目を引く。一九九六年一月、ハインリヒ・ハイネ校は、生徒交流等のプログラムにより個別に関係を築いてきたフランス、イギリス、イタリア、オランダ、ポーランド、トルコのパートナー学校の教師達を同校に招待し、会議を開催した。前年度までに、ハインリヒ・ハイネ校と一対一の交流によって関係を築いてきたパートナー学校は、この会議によって相互に結びつけられネットワーク化された。すなわち、ハインリヒ・ハイネ校が連結点となり、それまで直接には交流のなかった諸学校が相互に結びつけられることになったのである。このパートナー学校の招待と交流は、毎年継続されることになっている。またこの年には、コンピュータによるデータベースの構築が開始され、まず初めにハインリヒ・ハイネ校の自己紹介をインターネットのホームページ上に公開することから取り組まれた[34]。

一九九六／九七年度現在、ハインリヒ・ハイネ校では、一九九六年に改訂されたヘッセン州学習指導要領（Rahmenplan）に沿って、学校カリキュラムを改訂する作業を続けている。新しい学習指導要領は、学校が独自に学習内容を設定できる自由裁量の時間が授業時数全体の二〇％程度保証されている。ハインリヒ・ハイネ校では、この時間をすべて「ヨーロッパの次元」に基づく授業として学校カリキュラムに位置づけようとしている。同時にこの年は、一九九二年のヨーロッパ学校認定以来五年が経過しており、これまでの成果を持続的なものにする努力が払われている。

### ③ヨーロッパ学校の教育理念

前項においては、ヨーロッパ学校の成立とその後の展開をヨーロッパ学校の認定時にさかのぼって述べた。本節では、州立ヨーロッパ学校がどのような教育理念によって組織されているかについて考察する。ヨーロッパ学校の教育理念は、次の五つにまとめられている。これらの教育理念は、前述の公募の際の判断基準とも重なっており、州教育省による一貫した学校改革の推進姿勢が読み取れる。

1 ヨーロッパの次元と異文化間学習の開発
2 環境教育の開発
3 地域共同体への開放
4 学校の全日制化
5 改革教育学思想の導入

この五つの観点を整理してみると、教育内容、教育方法、学校組織という視点により構成されていることがわかる。まず、教育の内容に関わるものとして、「1 ヨーロッパの次元と異文化間学習の開発」および「2 環境教育の開発」が挙げられる。教育の方法には「5 改革教育学思想の導入」が含まれる。また学校組織に関わるものは「3 地域共同体への開放」ならびに「4 学校の全日制化」ということになる。ヨーロッパ学校の学校改革プログラムが教育内容、教育方法、学校組織の三つの視点により総合的に構成されていることは、ヘッセン州における学校改革の構造を考察するうえで注目に値する。

次にこれら五つの観点を順に述べ、ヨーロッパ学校の教育理念の特徴について考察する。(35)

(1) ヨーロッパの次元と異文化間学習の開発

この観点は、「ヨーロッパの統合プロセスに直面し、より高い言語能力の獲得と、異なった文化や伝統の理解、共感ならびに能動的な寛容に向けて教育を行うことを目標としている」と述べられているように、ヨーロッパの統合の進展を契機とし、言語学習の重視、異文化間教育の強化を図るものである。ヨーロッパ学校の異文化間教育については、次項においてハインリヒ・ハイネ校をモデルに詳述することにする。(36)

「学校は、ともに成長を遂げるヨーロッパについて学ぶのと同様にグローバルな相互依存についても配慮する」と記されていることから、ヨーロッパ学校における教育課程は、必ずしもヨーロッパに限定されておらず、グローバルな見方についても視野に収めていることが明らかとなる。

(2) 環境教育の開発

第二番目の観点は、環境教育を発展させることにおかれている。この観点は、「環境問題の克服は、重要な将来的課題である」との認識から出発し、「今日の学校では、環境についての基礎教育は学校教育の中心的位置を与えられなければならない」としている。具体的には、生徒たちに環境問題についての意識を呼び覚ますこと、それによって問題解決のための条件を整えること、自己の個人としての責任と行動を明確にすることの三点が示されている。

(3) 地域共同体への開放

「学校は、生活を準備する場でなければならない」という立場から、この観点では生徒の生活空間である学校を地域共同体に開放し、地域共同体との協力によって生徒の生活の場を多様に組織することをねらいとしている。この立場から学校は地域共同体の核となることを期待されている。この観点と次の「学校の全日制化」は、学校の在り方そのものの改革を意図したものといえる。

(4) 学校の全日制化

通常ドイツの学校は早朝七時三〇分前後に始業し、午後一時頃に終業する半日制の学校形態をとっている。第四番目の観点は、このような伝統的な学校形態に改革の手を加えるものである。[37]

「ヨーロッパ学校は自由意思による午後の活動を提供する」ことをうたい、授業後の課外学習の場として、また宿題の手助けや付加的な語学学習、スポーツなど生徒の関心に応じた活動を提供すると述べている。午後の課外活動の提供は、地域共同体から専門的知識を持った講師を招き入れるなど、前項の「地域共同体への開放」とも関わるものである。

(5) 改革教育学思想の導入

ヨーロッパ学校のいう改革教育学とは、今世紀初頭ドイツを中心に進められた教育改革運動に倣い、教授方法について見直しを進めるものである。クビーナ(C. Kubina)らは改革教育学に学んだ教育方法の改善として自由活動、週間計画、プロジェクトに基づく授業等を挙げている。たとえば、週間計画による授業は、生徒の自主的学習と伝統的な一斉学習を組み合わせることによって、学習形態をより弾力的に組織することができる。学習形態の弾力化は、異文化間教育や環境教育など、教科の枠を超えた学習を行う際の前提であると理解されている。

以上の各観点からヨーロッパ学校の特徴をまとめてみると、ヨーロッパ学校は「総合化と開放性」ともいうべき教育理念に基づいて組織された学校であることがわかる。つまり、①異文化間教育と環境教育という学習内容と改革教育学という学習方法を総合的に組み合わせること、②学校を地域へと開放することによって、生徒の生活や地域社会における学校を地域の中で総合的に位置づけること、③学校を授業による学習の場から、課外授業やアルバイツゲマインシャフト（クラブ活動に相当）などに見られる文化や趣味の領域を含んだ学習共同体の場へと、学校の機能を総合化することなどが目指されているということができる。

これまでの論述で、ヘッセン州ヨーロッパ学校プログラムの性格、発展、教育理念について明らかにした。それにより、同プログラムが近年の大規模な社会の構造転換と二一世紀への展望から、ヨーロッパ教育などを理念の柱とした学校改革を構想し具現化したものであることがわかった。では、ヨーロッパ学校で実際に行われているヨーロッパ教育とは、どのようなものであろうか。次に、ハインリヒ・ハイネ校における学校カリキュラムを分析し、考察する。

### (2) 州立ヨーロッパ学校におけるヨーロッパの次元と学校カリキュラム

すでに述べたように、ハインリヒ・ハイネ校は、一九九五年二月に、「ヨーロッパの次元」に基づくカリキュラム「ハインリヒ・ハイネ校カリキュラムにおけるヨーロッパの次元」[38]（以下「学校カリキュラム」と略す）を完成させている。本項では学校カリキュラムを分析するために、まずハインリヒ・ハイネ校において理解されている「ヨーロッパの次元」の構造を、デルフェル女史の講演から再構成する。次に、実際の学校カリキュラムの具体例を地

表5－6　ハインリヒ・ハイネ校における「ヨーロッパの次元」

| |
|---|
| 1．個人のアイデンティティ形成に向けた教育 |
| 2．ナショナルアイデンティティ形成に向けた教育 |
| 3．異文化間教育 |
| 4．ヨーロッパの市民に向けた教育 |
| 5．ヨーロッパの経済関係についての理解 |
| 6．地球的規模の環境意識の形成に向けた教育 |
| 7．国際理解に向けた教育 |

〔出典：イムケ・デルフェル「ヨーロッパ学校プロクラムによる学校生活の転換」より〕

理に絞って分析し、デルフェル女史によって示された「ヨーロッパの次元」の構造と対比させ、「ヨーロッパの次元」が学校カリキュラムの中でどのように具体化されているか分析する。

①ハインリヒ・ハイネ校における「ヨーロッパの次元」理解

ハインリヒ・ハイネ校のヨーロッパ学校コーディネータ（Europaschul-Koordinatorin）であるイムケ・デルフェル（I. Doerfel）女史は、同校がヨーロッパ学校に認定された一九九二年以来、一貫して同校のヨーロッパ学校コーディネータとして学校改革に取り組んできた中心人物である。彼女は一九九五年五月に行われたヘッセン州教育省主催のヨーロッパ学校会議で、「ヨーロッパの次元」に関する講演を行っている。この講演の報告に基づいて、以下の論述を進める。(39)

デルフェル女史は、教師の間で「ヨーロッパの次元」とは何かについて理解の共通化を図ることは困難なものであるとしながらも、一定の共通認識を持って取り組むことが必要であると考えた。そのためデルフェル女史は、表5－6に示した七つの観点からなる「ヨーロッパの次元」の枠組みを作成した。(40)

「学校は、個人に立脚した人間を育成しなければならない」とデルフェル女史はいう。そのためにヨーロッパの次元の出発点は、自己の固有の思考や行動そして価値体系を意識し、正しい自己像を描き、自分が現在どのような成長過程にあるのかを知るところにあると述べ、「個人のアイデンティティ形成に向けた教育」が基点とされている。

個人のアイデンティティ形成に向けた自己像は、国家のレベルにまで拡大することによってナショナルな自己像を想定することができるとされる。このような国家の市民として教育することが第2の観点である。国家の市民として描かれる自己像は多面的であり、国民であることの良い部分も悪い部分も含み込んだ自己像としてイメージされる。ある国の国民であることは、その良い部分だけを受容できるものではない。また逆に、国民としての負の部分のみによって国民意識が形成されるものでもない。このように第2の観点においては、国民として正の部分も負の部分も合わせ持ったトータルな自己像を形成することが求められている。

第3の観点は、異文化間教育の観点である。異文化間教育の基点は、諸文化はそれぞれ独自の価値を有するものであるという点におかれている。まず自己の文化を認識し、そして次に他の文化を認識することが求められる。その後で他の文化を内省的に理解するという発展過程をたどるとされる。デルフェル女史は、「ヨーロッパ人は、自国の歴史や伝統を他の人の見方という新しい光を当てて見なければならない」と述べている。

「ヨーロッパの市民に向けた教育」を標榜する第4の観点は、ヨーロッパのパースペクティブを強調するものであり、「国」や「自文化」のパースペクティブに立脚した第2、第3の観点とは異なる立場に立つ。この観点においては、「教育活動の目標は、ヨーロッパの一体性の意識を呼び覚ますことになければならない」というKMK決議「授業におけるヨーロッパ」(一九九〇年)の一節が引用され、ヨーロッパの共同の利害を認識し、ヨーロッパの多様性を承認することを求めている。共同の利害の認識については、「隣人とともに生活する能力を育て、それがたとえ自己の不利益を伴ったとしても隣人との間で妥協を図る用意をさせる」ものであるとされており、場合によっては自国や自文化理解を抑えても、共同の利益を優先させるだけのヨーロッパ意識を形成するとされている。[41]

第5番目には、「ヨーロッパの経済関係についての理解」という観点が立てられているが、これは「統一市場とは何か」などのヨーロッパにおける経済的関係の知識のみに還元される問題ではない。その中心課題は、「経済関係が緊密になることによって、自分がヨーロッパ内の他の国で生活する可能性、そしてヨーロッパ内の他の国から来た人と自分の国で共同生活をする可能性が高まる。そのときに、他の人々にも自己が有しているのと同程度の社会的公平さを提供する責任を生徒に承認させる」ことにおかれている。すなわち、ヨーロッパの経済的関係が自己に及ぼす社会的、文化的影響について理解することを内容としている。

第6ならびに第7の観点は、それぞれ地球的規模の環境に対する意識と国際理解に向けた教育である。ここでは、ともにヨーロッパとグローバルな世界との関係がどのように捉えられているかが評価の鍵となる。結論からいえば、ヨーロッパをグローバル世界の中にある一つの集合体、あるいは単位として認識し、その一つの単位が世界の他の単位との関係において地球規模の共通性を持つということになる。すなわち、「ヨーロッパは、共通にして唯一のグローバル世界に包摂される、一個の共同空間である」（観点6）という見方であり、国際理解への教育とは、「地球規模の意識のみでなく、世界の他の地域に対する国際的な責任意識を発展させるものである」（観点7）ということになる。

このような「ヨーロッパの次元」の枠組みは、学校カリキュラムにどのように反映されているのであろうか。以下の論述において、ハインリヒ・ハイネ校の学校カリキュラムを分析する。

### ②ハインリヒ・ハイネ校における地理科学校カリキュラム

#### (1) 内容構成の分析と二つの観点

表5－7は、ハインリヒ・ハイネ校における地理科学校カリキュラムの内容構成（単元名および「トピック」）と、その内容構成に対応した「ヨーロッパの次元」の観点である。[42]

以下の分析においては、次の二つの側面から分析する。一つは、ヨーロッパの「多様性と共通性」という視点がどのようにカリキュラムに反映しているかであり、もう一つは、「ヨーロッパと世界との関わり」がどのように取り扱われているかという側面である。第一の側面、すなわち多様性と共通性の取り扱いを分析することは、「ヨーロッパの次元」についての微妙な解釈を明らかにするものである。たとえば、第四章で述べた一九九〇年のKMK決議は、多様性と共通性を比較的同等に強調しているのに対し、EU決議においては多様性よりも共通性を強調する姿勢が目立つ。多様性と共通性の観点は、カリキュラムに限らずその文書が持つ基本的立場を平明に描き出す指標となる。もう一つの側面であるヨーロッパと世界との関わりについては、デルフェル女史が示したヨーロッパの次元の第6および第7の観点において言及した通りである。この観点からカリキュラムを検討することにより、学校カリキュラムがヨーロッパとグローバル社会とをどのような位置関係において理解しているかを明らかにできる。

**(2) ヨーロッパにおける「多様性と共通性」**

まず、第一の側面であるヨーロッパにおける多様性と共通性について論じる。表5－7から多様性を重視した項目と、多様性と共通性が同時に挙げられている項目を挙げてみる。多様性を重視した項目には、第5学年「2ⓑヨーロッパのさまざまな自然条件を調べる」、第6学年「1ⓑヨーロッパのさまざまな気候条件を知る」、第6学年「1ⓒヨーロッパのさまざまな景観への観光の影響を調べる」が挙げられている。多様性と共通性を同時に記したものは第5学年「1ⓐドイツの多様な自然環境を調べ、ヨーロッパ内部における共通点や相違点を見つける」、第5学年「2ⓔヨーロッパの文化的メルクマールの共通性と多様性を知る」、第6学年「1ⓐヨーロッパにはさまざまな保養地があることを知り、ドイツ国内の保養地との共通性や相違点を見つける」である。

多様性を重視した項目を見てみると、多様性を「相違」と認識することでヨーロッパの分裂を意味するよりも、むしろヨーロッパを自明の空間としたうえで、その内的豊かさを意味するものとして記されていることがわかる。

たとえば、「ヨーロッパのさまざまな自然条件を調べる」「ヨーロッパにおけるさまざまな気象条件を知る」「ヨーロッパのさまざまな景観への観光の影響を知る」というように、自と他の差異を意識させその特殊性を強調するのではなく、その差異がヨーロッパというひとまとまりの空間の中に豊かな多様性を内包するものとして記述されている。このことは、「ヨーロッパの景観を守ることに対する責任感を受け継がせる」(第6学年1ⓔ)という課題に典型的に示されている。つまり、保全の対象は個々の都市や国の景観ではなく、全体としての「ヨーロッパの景観」を保全することである。その「ヨーロッパの景観」の保全に対する責任感の育成とは、多様性を特徴としたひとまとまりの「ヨーロッパの景観」を守ることに他ならない。したがって、このカリキュラムにおいては、多様性への言及は分裂を意味するものではなく、ヨーロッパの一体性を強調する結果となっているのである。

多様性と共通性を併記した項目としては、「ドイツとヨーロッパの自然環境」「ヨーロッパの文化的メルクマール」「ヨーロッパ保養地とドイツ国内の保養地」の三例が該当する。このうち、「文化的メルクマール」について考察する。文化的メルクマールについては他の二つよりも踏み込んだ評価が可能であると考えるからである。結論から述べると、多様性を重視した項目が、「自然条件」や「気象条件」「景観」といった自然地理的要素をもった内容であったのに対し、人文地理的内容を持つ「文化的メルクマール」は多様性と共通性をともに重視している。文化的内容において多様性と共通性を並置する姿勢は、各個別文化の独立性を尊重し、同時にそれら文化の間の影響関係を重視したものであると考えられないだろうか。自然における多様性の重視はなんらの亀裂も生み出さないが、文化の場合多様性のみを重視することは文化の断絶を教え込むことにつながりかねない。このような配慮から文化については多様性と共通性を並置し、固有性とともに影響関係をも重視した構成を採ったと考えられる。

このように、学校カリキュラムでは自然地理的内容については共通性よりも多様性を重視し、人文地理的内容においては多様性と共通性をともに尊重するという特徴を持つといえよう。

表5－7　地理科学校カリキュラム

| 学年 | 内容構成<br>（単元名と「トピック」） | ヨーロッパの次元 |
|---|---|---|
| 第5学年 | 1．ドイツ－ヨーロッパの中央にある国<br>(a)沿岸部におけるくらしと仕事<br>(b)高地におけるくらしと仕事<br>(c)工業地域におけるくらしと仕事<br>2．ヨーロッパ横断旅行<br>(a)ヨーロッパのさまざまな地域<br>(b)多様な社会的、経済的な条件の下での仕事、住まい、くらし | 1．ドイツ－ヨーロッパの中央にある国<br>(a)ドイツの多様な自然環境を調べ、ヨーロッパ内部における共通点や相違点を見つける<br>(b)ライン・マイン地域について調べ、その地域がヨーロッパから受ける影響とヨーロッパ的な要素を見つける<br>(c)中央ヨーロッパにおけるドイツの位置を理解する<br>2．ヨーロッパ横断旅行<br>(a)ヨーロッパの地図を用いて、ヨーロッパの地理上の位置と距離を知る<br>(b)ヨーロッパのさまざまな自然条件を調べる<br>(c)ヨーロッパの土地の様子を知る<br>(d)ヨーロッパにおける時代とその時代ごとの人間の生活と経済を知る<br>(e)ヨーロッパの文化的メルクマールの共通性と多様性を知る<br>(f)ヨーロッパの気候の移り変わりを知る<br>(g)ヨーロッパの人々の連帯が重要であることを承認する |
| 第6学年 | 1．休暇と旅行が景観を変える<br>(a)海岸での休暇<br>(b)山地での休暇<br>(c)近接地での保養施設<br>2．私たちの生徒の出身国における生活条件<br>(a)出身国の自然地理的条件<br>(b)出身国の文化地理的条件<br>(c)出身国における生活条件 | 1．休暇と旅行が景観を変える<br>(a)ヨーロッパにはさまざまな保養地があることを知り、ドイツ国内の保養地との共通点や相違点を見つける<br>(b)ヨーロッパのさまざまな気候条件を知る<br>(c)ヨーロッパのさまざまな景観（アルペン・アルガルヴ）への観光の影響を調べる<br>(d)観光がヨーロッパの景観や伝統をどのように変化させるかを理解する<br>(e)ヨーロッパの景観を守ることに対する責任感を受け継がせる<br>2．私たちの生徒の出身国における生活条件<br>(a)ヨーロッパ（および非ヨーロッパ）の出身国におけるさまざまな自然環境を調べる<br>(b)人口分布と移住について調べ、理解する<br>(c)ヨーロッパ諸国の人口、経済、移住の状況を調べる<br>(d)ヨーロッパ内外の文化的伝統を調べる<br>(e)ドイツ社会に対するヨーロッパの影響を知る<br>(f)地域的な差異を理解する<br>(g)世界の子どもたちとの連帯感を発展させる<br>(h)国家や民族の先入観を克服する必要性を認識する |
| 第7学年 | （地理への授業時間配当なし） | （地理への授業時間配当なし） |

| | | |
|---|---|---|
| 第8学年 | 1．自然環境に与える人間の影響<br>(a)サヘル（アフリカ中北部）における生活様式<br>(b)砂漠化<br>(c)ダムが国を変える（事例：アスワン）<br>(d)熱帯雨林（ヨーロッパと森林破壊）<br>2．自然地理の諸要素とその生活空間に対する影響<br>(a)自然の生命力と自然破壊<br>(b)地球の歴史と起源<br>(c)極地における生活<br>(d)気候の変化 | 1．自然環境に与える人間の影響<br>(a)ヨーロッパ外からの流入を含む人口移動を調査する<br>(b)各国の経済に影響を与えるヨーロッパレベルの意思決定について理解する<br>(c)ヨーロッパレベルの利害が各国の生活条件に与える影響について理解する<br>(d)環境問題の調査および環境に対する責任意識の育成<br>(e)ヨーロッパのグローバルな責任を認識する<br>2．自然地理の諸要素とその生活空間に対する影響<br>(a)私たちの周りと他の地域との間の植生や生活様式の違いを知る<br>(b)自然活動（火山、地震など）の結果生じた景観の変化を調査する<br>(c)高地や離島などにすむ人々の経済状況を知る<br>(d)気象予報の国際的な重要性と信頼性を理解する<br>(e)ヨーロッパについてのデータ資料を用いる |
| 第9学年 | 1．貧しい国々<br>(a)気候帯と植生<br>(b)発展途上国における農業<br>(c)人口爆発<br>(d)生態系の破壊とその原因<br>(e)アフリカ—失われた大陸 | 1．貧しい国々<br>(a)ヨーロッパにおける天然資源や原材料の外部依存性を認識する<br>(b)第三世界に対するヨーロッパの責任を知り、受け入れる<br>(c)ヨーロッパの政治的決定が（貧しい国々に）及ぼす影響の大きさを理解する |
| 第10学年 | 1．ヨーロッパの域内市場<br>(a)ヨーロッパ内の諸地域<br>(b)ヨーロッパの要塞化—競争と協力<br>(c)ヨーロッパには農業が必要か<br>(d)ヨーロッパ内の移動—ヨーロッパの域内自由移動<br>(e)物資の流れ—交通網 | 1．ヨーロッパの域内市場<br>このテーマではどの局面においてもヨーロッパの次元が目指されている。 |

〔出典：ハインリヒ・ハイネ校学校カリキュラムより〕

### (3) ヨーロッパと世界との関わり

「ヨーロッパと世界との関わり」という側面が特徴的に現れているのは、第8学年「1 自然環境に与える人間の影響」と第9学年「貧しい国々」の学習単元である。表を見ると第8学年には「ヨーロッパのグローバルな責任を認識する」、第9学年には「第三世界に対するヨーロッパの責任を知り、受け入れる」ことが記されている。このような項目の中には、デルフェル女史によって説明された「ヨーロッパの次元」の観点6「地球的規模の環境意識の形成に向けた教育」と観点7「国際理解に向けた教育」の影響が認められる。

第8学年「自然環境に与える人間の影響」のトピックを見ると、「サヘルにおける生活様式」「砂漠化」「ダム」「熱帯雨林」が示され、地球の自然環境と人間の関わりがテーマ化されたものであることがわかる。生徒は、トピックに挙げられた「砂漠化」や「熱帯雨林」等の自然環境に人間が与える影響を、ヨーロッパの視点を加味しつつ理解することが目指されているのである。たとえば、トピック「熱帯雨林」をヨーロッパの次元「環境問題の調査および環境に対する責任意識の育成」の観点から取り上げる場合を想定してみると、ここでは、「熱帯雨林」に関わる環境問題を調査し、その解決に対してヨーロッパが果たす役割と責任が議論されることになろう。この場合の責任は、「ヨーロッパのグローバルな責任」、すなわちヨーロッパが担うべきグローバル社会に対する責任であると理解される。熱帯雨林の減少という地球規模の環境問題に対して、各国家の単位ではなくヨーロッパが全体として責任を担うべきだとする意識を形成することによって、デルフェル女史のいうヨーロッパの次元の観点6「地球的規模の環境意識の形成に向けた教育」は達成されることになる。

第9学年の「貧しい国々」の単元においても同様に、ヨーロッパの次元を取り入れることによって、単元の内容をヨーロッパに引きつけて組み立てられるようになっている。表のトピックには、途上国が直面する問題群「発展途上国における農業」「人口爆発」「生態系の破壊とその原因」「アフリカ—失われた大陸」が提示されており、それら問題群に対して、生徒がヨーロッパの視点に立って認識する手がかりとなる三つのヨーロッパの次元、「ヨーロッパの資源の外部依存性」「第三世界に対するヨーロッパの責任」「ヨーロッパの政治的決定が及ぼす影響」が示されている。

具体的に検討してみると「発展途上国における農業」に対して、たとえば次のような課題を立てることができる。ヨーロッパは、発展途上国における農業生産物の主な輸出先の一つと数えられることから、農業における途上国とヨーロッパの関係は、ヨーロッパの側から見ると「ヨーロッパの天然資源や原材料の外部依存性を認識する」という課題に結びつく。逆に途上国から見ると「ヨーロッパの政治的決定が及ぼす影響の大きさを理解する」という課題に取り組むことが可能となる。ここでデルフェル女史の第7の観点が「世界の他の地域を含めた国際的な責任意識を発展させる」と説明されていたことを想起したい。発展途上国、具体的にはアフリカ諸国という一定の地域に対するヨーロッパの影響力の大きさのゆえに、ヨーロッパはそれらの国々に対する責任を負っている。その責任は、歴史的な経過を踏まえれば、長期にわたる植民地経営下での生態系を無視した開発が、現在のアフリカに負の遺産を残していると考えることもできる。ヨーロッパによる世界の植民地化という事実は、「第三世界に対するヨーロッパの責任を知り、受け入れる」ことの前提として確認しておく必要があるように思われる。

このように「ヨーロッパの次元」の観点がカリキュラムの中に転移されることによって、トピックに示された単元の内容が、ヨーロッパの視点を伴った単元構成へと編成されることがわかる。ここで次の点に注意を促しておきたい。ヨーロッパ教育は、ヨーロッパの視点を持って単元を構成し直すことによって、歴史的、社会的にヨーロッパの一部の国によって築かれた負の遺産についても、ヨーロッパの構成者としてともに背負わねばならないという構造を持つことである。このことは、先の単元「貧しい国々」における植民地経営の例に典型的に現れている。アフリカでの植民地経営は必ずしもヨーロッパのすべての国によって行われたものではない。にもかかわらず、どの国の生徒もヨーロッパ人としてこの負の遺産について学びその責任を受け継がねばならないのである。

これまでの、ハインリヒ・ハイネ校の地理カリキュラムの分析から得られたヨーロッパ教育の特徴を一言で表すとすれば、国家の固有性や文化の多様性を、「一体化されたヨーロッパ」の中に還元することによって「ヨーロッパの次元」を具体化しているといえよう。すなわち、「ヨーロッパの次元」を備えたカリキュラムによって学習者は自分の属する国や文化を相対化し、それをより高次の普遍性、共通性を持つとみなされるヨーロッパという社会空間の一つの構成要素として理解するのである。このように自己と他者を共通のヨーロッパという枠組みの中で理解することによって、ヨーロッパ教育は、リージョナルな社会空間としての「ヨーロッパ」を可視化させ、「ヨーロッパ人」としての自己像を浮かび上がらせることを可能にしているのである。

本節では、学校改革を目的に、ヨーロッパの次元の導入を図ったヘッセン州の州立ヨーロッパ学校プログラムについて論じてきた。この学校改革を目指したヨーロッパの次元の導入は、第1節および第2節で論じた単元モデルによるヨーロッパの次元、および新設教科におけるヨーロッパの次元に比べより広い視野に立つものであり注目に値するといえよう。その一方で、州立ヨーロッパ学校プログラムは、ヨーロッパ学校に限定された取り組みであり、その点で一般校への広がりを欠くという問題も指摘されないわけではない。そこで、次節においてはバーデン＝ヴュルテンベルク州の学習指導要領改訂を取り上げ、州内の諸学校に広く影響を与える学習指導要領の改訂によってヨーロッパの次元がどのように位置づけられ構成されているか、その実体を分析する。

## 4　カリキュラム改訂とヨーロッパの次元
### ――バーデン＝ヴュルテンベルク州におけるカリキュラム改訂から

本節においては、バーデン＝ヴュルテンベルク州の社会科（Gesellschaftskunde）を取り上げ、ヨーロッパの次元の単元がカリキュラムの改訂を通してどのように変化したのか、また改訂されたカリキュラムにおける単元はどのように構成されているかを、一つひとつの教材まで掘り下げて明らかにする。[43] 学校種としてはギムナジウムを取り上げ、学習指導要領（Bildungsplan、以下「教育計画」と記す）[44] およびそれに準拠した教科書を分析対象とする。[45] バーデン＝ヴュルテンベルク州の「教育計画」[46] は、一九九四年に一〇年ぶりの改訂がなされた。改訂によってヨーロッパの次元は、ギムナジウム第10学年から第11学年に移行し、授業時間数も六時間から一二時間と倍増している。[47]

### (1)　カリキュラム改訂による単元構造の特徴

次に掲げた図2は、「八四年版教育計画」を中心とした「ヨーロッパ学習」[48] の単元開発に関する構造図である。「八四年版」に基づく「ヨーロッパ学習」の単元開発は、KMKによる一九七八年の「授業におけるヨーロッパ決議」（KMK78年決議）の中に、依拠すべき基本理念が示されていると考えられる。この基本理念を受けて、社会科「ヨーロッパ学習」の単元が「教育計画」の中で構想されている。この「教育計画」の全体構成を述べると、州の憲法および州の教育法を法源として「教育的任務」が規定され、さらにギムナジウムに与えられた「特別な任務」

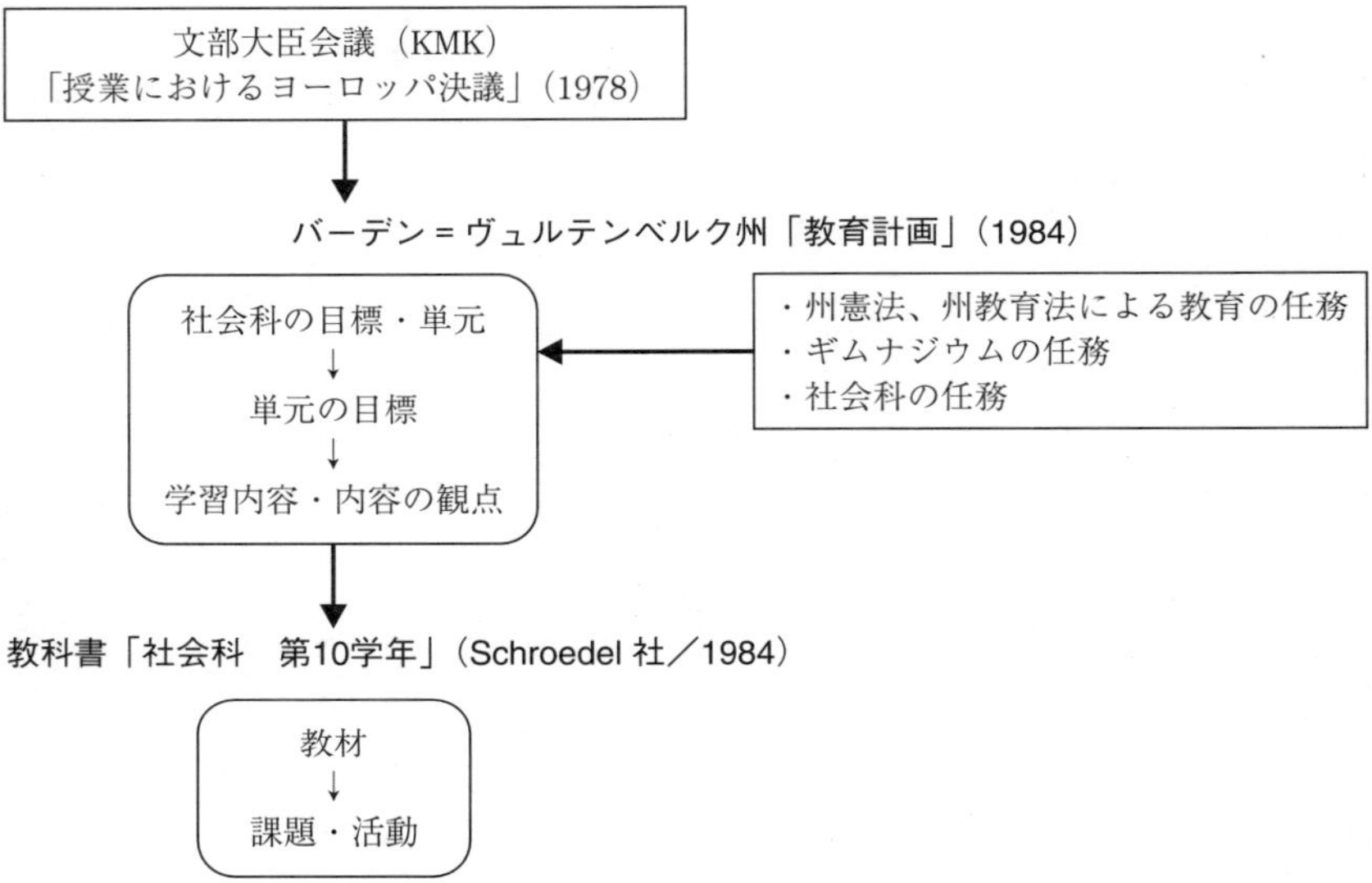


図２　1984年版を中心にした「ヨーロッパ学習」の構造図　〔筆者作成〕

や教科ごとに与えられた「一般的任務」が規定されている。

「教育計画」には、これら教育方針に関わる諸任務を前提として、学習単元ごとに「目標」と「学習内容」および学習内容に対する「指示」が記されている。[49] 表5－8に掲げたのは、「八四年版」における社会科の学習単元の一覧である。

教科書においては、「教育計画」に記された目標と学習内容は、「教材」の中に提示され、生徒が実際に行う活動は、「課題」として指示される。教科書は、この「教材」と「課題」によって編成され「教材」二〜三題につき、一〜四問からなる「課題」が与えられる。[50] 八四年版教科書「社会科　第10学年」のヨーロッパ単元は、二一の「教材」と九つの「課題」から構成され、全体で一四ページ（全体に対する割合九・三％）が割り当てられている。[51]

次に「九四年版」社会科における単元の構造を検討する（図3参照）。「九四年版」の「教育計画」を基にしたヨーロッパ単元の構造は、次の観点で改訂されてい

表5－8　1984年版「教育計画」における学習単元

| 学年 | 学習単元 | 時間 | 計 |
|---|---|---|---|
| 第10学年 | 学習単元1　社会における個人 | 12時間 | |
| | 学習単元2　経済世界と労働世界 | 12時間 | |
| | 学習単元3　政治的意思決定過程における政党と諸団体 | 6時間 | |
| | 学習単元4　連邦州バーデン＝ヴュルテンベルク | 8時間 | |
| | 学習単元5　ドイツ連邦共和国の政治的秩序 | 12時間 | |
| | 学習単元6　ドイツ連邦共和国とヨーロッパ統合 | 6時間 | 計56時間 |

| 学年 | 学習単元 | 時間 | 計 |
|---|---|---|---|
| 第11学年 | 学習単元1　政治の課題と目標 | 14時間 | |
| | 学習単元2　法と法秩序 | 10時間 | |
| | 学習単元3　経済秩序と経済政策 | 16時間 | |
| | 学習単元4　東ドイツの政治システム | 16時間 | 計56時間 |

〔出典：バーデン＝ヴュルテンベルク州「教育計画」1984年より〕

る。

カリキュラム改訂における特徴の第一は、ヨーロッパ単元が「クロス・カリキュラ・テーマ」(Fächerverbindende Themen)に取り上げられたことである。(52) この「クロス・カリキュラ・テーマ」とは、各学年に五つのテーマが配され、テーマごとに学習の「目標設定」および「テーマの観点」ならびに「指示」が、そして配当された教科ごとにそれぞれの該当する「単元名」が示されている。たとえば、ヨーロッパ単元にあたる「テーマ1　転換期のヨーロッパ」においては、宗教(プロテスタント・カトリック)、ドイツ語、歴史、社会科、近代外国語、ラテン語、ギリシア語、倫理の各教科が関連教科とされている。(53)

ギムナジウム第10・11学年で取り上げられたクロス・カリキュラ・テーマは、表5－9に示した通りである。このテーマリストからは、メディア学習や環境教育、ジェンダー教育、倫理・人権教育など学際的アプローチ、クロス・カリキュラム的アプローチを必要とするテーマで構成されていることが読みとれる。

九四年版「教育計画」の「ヨーロッパ学習」における第二

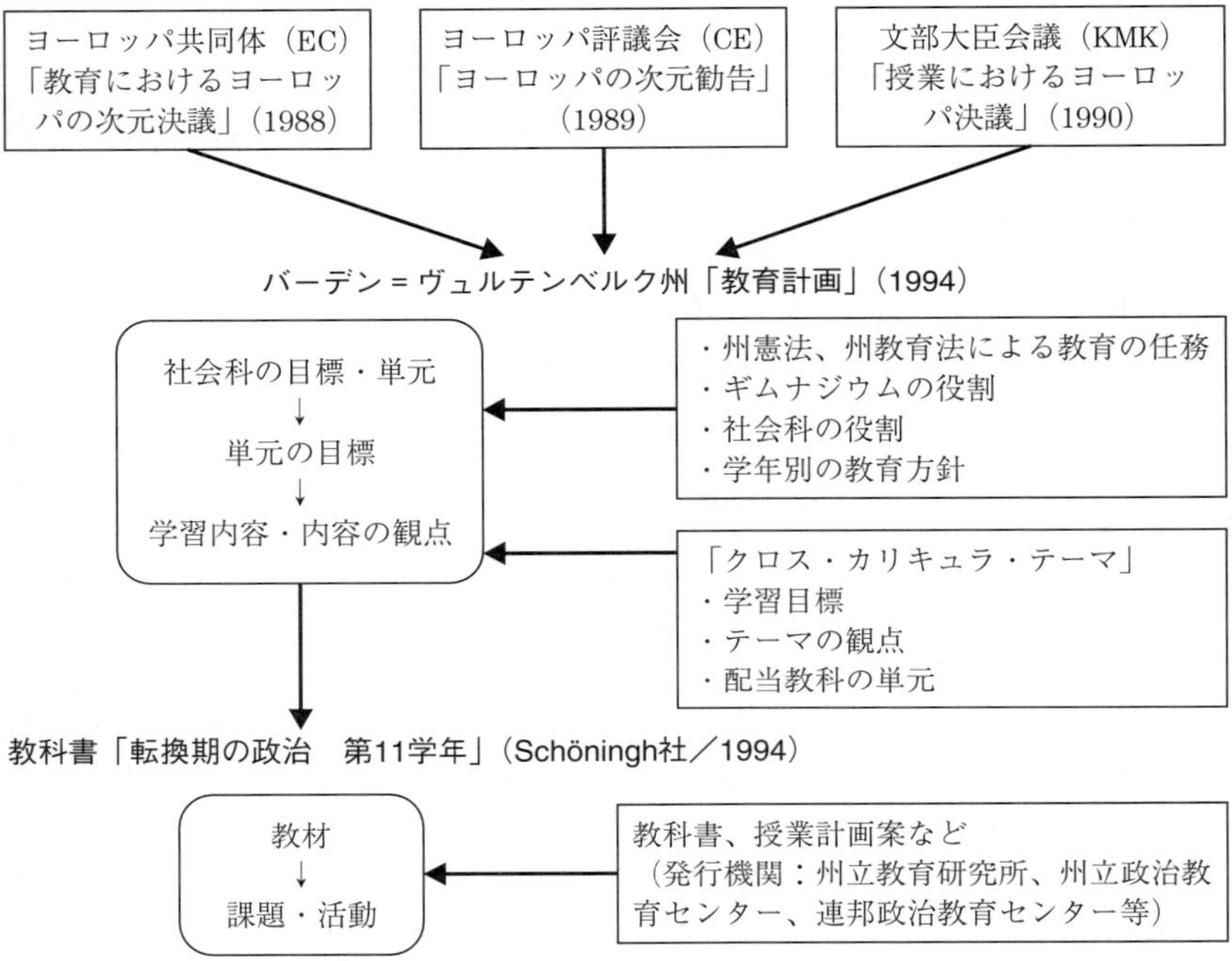


**図3**　1994年版を中心にした「ヨーロッパ学習」の構造図　〔筆者作成〕

**表5－9**　「クロス・カリキュラ・テーマ」第10・11学年のテーマ名

| | | |
|---|---|---|
| 第10学年 | テーマ1 | ドイツの若者たち |
| | テーマ2 | 家族とジェンダー教育 |
| | テーマ3 | ダイナミックな社会状況をシミュレートする |
| | テーマ4 | 一つの世界に生き、分け合う |
| | テーマ5 | 新聞 |

| | | |
|---|---|---|
| 第11学年 | テーマ1 | 転換期のヨーロッパ |
| | テーマ2 | 地球環境の保護 |
| | テーマ3 | 倫理的行為の基礎を作る |
| | テーマ4 | フランス革命期における文化とプロパガンダ |
| | テーマ5 | 人権―その思想と実現 |

〔出典：バーデン＝ヴュルテンベルク州「教育計画」1994年版より〕

**表5－10　1994年版「教育計画」における学習単元**

| | | | |
|---|---|---|---|
| 第10学年 | 学習単元1　社会における個人 | 12時間 | |
| | 学習単元2　ドイツの民主主義 | 18時間 | |
| | 学習単元3　個人と法 | 8時間 | |
| | 学習単元4　経済と労働世界 | 10時間 | 計48時間 |

| | | | |
|---|---|---|---|
| 第11学年 | 学習単元1　ドイツの社会と福祉国家 | 12時間 | |
| | 学習単元2　経済秩序と経済政策 | 12時間 | |
| | 学習単元3　法と法秩序 | 12時間 | |
| | 学習単元4　ヨーロッパの統合とドイツ | 12時間 | 計48時間 |

〔出典：バーデン＝ヴュルテンベルク州「教育計画」1994年版より〕

の特徴は、一九九〇年前後に相次いで採択された決議や、勧告において表明された「ヨーロッパの次元」が単元開発に必要な理念とされていることである。すでに述べた通り、九四年のカリキュラム改訂までの間にKMKやECによる「ヨーロッパの次元」に関する決議が出されている。それらに表された目標や理念を今次のカリキュラム改訂で反映させることが求められているのである。

「九四年版」に示された社会科の単元は表5－10の通りである。「八四年版」と比べて単元数が整理統合され、一つの単元に対して多くの時間を配分させている。一方で、全体の時間は八時間減少している。これは、必修による義務的な学習内容を削減し、その分を教師の自由裁量の時間である「選択単元」や「選択教材」の時間に充当させるという、新カリキュラムの考えによるものである。教師の自由裁量の時間を多く設けることは、今次カリキュラム改訂の第三の特徴である[54]。

以上、八四年版から九四年版へと改訂された教育計画を比較してみると、次のような改革のポイントが認められる。①「教育計画」において「クロス・カリキュラ・テーマ」が導入されヨーロッパの単元はそこに配列されていること、②ECやKMKにより「ヨーロッパの次元」に関する基本指針が規定されていること、③自由裁量時間の拡大による義務的内容の時間数削減にもかかわらず、「ヨーロッパ学習」の授業

時間は六時間から一二時間に増加し、相対的にその重要性が増していることである。(55)

## (2) 一九八四年版における単元構成

### ①「教育計画」における目標と内容

表5－11は、八四年版「教育計画」に示された社会科「ヨーロッパ学習」の単元である。「教育計画」に記された目標は、三つの文章より構成されている（表中に①、②、③で示した）。①は単元の領域を示している。第二次世界大戦と冷戦（「東西紛争」）によって西側と東側の二つの国家集団がヨーロッパに形成されたが、本単元では、その内の「西ヨーロッパ」における「国家間協力」について学ぶことが示されている。

②には、二つの知識および理解の内容が示されている。一つは、「加盟国」は、「ヨーロッパ統合」（ここではECのヨーロッパ統合が対象となる）によって何らかの「長所」を受領しており、その「長所」の内容に関する知識である。もう一つは、「困難」だといわれる「多様な利害」の「公平な調整」は、どのように行われ、それは何故に困難であるのかを理解することである。

目標の③においては、生徒が獲得するべき意識と態度が示されているといえよう。それは、第一に、ヨーロッパにはさまざまな集団が存在しており、「多様性」が形成されていることを認めること、その「多様性」に対して、「肯定」的な意識を持つこと、第二に、多様なヨーロッパ集団の中にも何らかの「共通性」があることを知り、他の集団と自らの所属する集団の間にも「共通性」があることを「承認する」ことである。第三に、このような「多様性」の「肯定」と「共通性」の「承認」という意識を獲得することによって、「協調」の態度を形成するということである。

表５－11　1984年版「教育計画」における「ヨーロッパ学習」の単元

学習単元６：ドイツ連邦共和国とヨーロッパの統合
目　標：①第二次世界大戦と現在生じている東西紛争の経験は、西ヨーロッパにおいて国家間協力の新しい形に至った。②生徒は、ヨーロッパ統合が加盟国にもたらした長所を知り、多様な利害を公平に調整することの困難さを理解するべきである。③生徒がヨーロッパの多様性を肯定し、共通性を承認することによって、生徒の中で協調への用意が目覚め、促進されるのである。

| 内　　容 | 指　　示 |
|---|---|
| 1. ヨーロッパ統合 | →G、学習単元５：ドイツ問題<br>→F、1.＋2. 外国語：テーマ領域—州学習<br>ドイツ—フランス関係とヨーロッパ思想 |
| 1.1 動機と発展 | チャーチルのチューリッヒの談話 |
| 1.2 価値共同体 | 1949－1954の連邦議会における基本討議<br>ローマ条約、鉱業同盟 |
| 1.3 安全保障共同体 | |
| 1.4 経済的目標設定 | |
| 1.5 権限拡大における国家主権の問題 | 基本法24条、フランス第５共和国憲法３・４条 |
| 2. ヨーロッパ共同体 | |
| 2.1 組織 | |
| 2.2 経済的な関係 | 外部—内部市場の発展；農業市場 |
| 2.3 政治的統合 | 現代の事例 |

(G＝Geschichte：歴史、F＝Französisch：フランス語、→＝他教科との関連性)
〔出典：バーデン＝ヴュルテンベルク「教育計画」1984年〕

以上をまとめると、本単元のねらいは西ヨーロッパの国家間協力を主題に、ヨーロッパ共同体の統合によって、加盟国が得ている長所と克服しなければならない困難の両面を知り、多様性を肯定する意識と共通性を承認する意識を形成することによって、統合に対する協調的な態度を養うことを意図したものであるということができよう。

## ②「教育計画」と教科書における内容の分析

本項では、「教育計画」に示された「内容」と教科書『社会科　第10学年』[56]に掲げられた教材の間の対応関係を問い、「教育計画」の内容が教科書にどのように反映してい

表５－12　1984年版「教育計画」および教科書における目次

| 教科書名：『社会科　第10学年』（Schroedel社・1984）<br>単元名：「ドイツ連邦共和国とヨーロッパの統合」 | |
|---|---|
| 「教育計画」における学習内容 | 教科書における学習内容 |
| 1. ヨーロッパ統合 | 1. ヨーロッパとは何か？ |
| 1.1 統合の動機と発展<br>チャーチルのチューリッヒ演説 | 教材１：不可能な旅？<br>教材２：合衆国<br>教材３：予備調査と確認<br>教材４：チャーチルの演説<br>教材５：ド・ゴール大統領のヨーロッパ統合演説 |
| 1.2 価値共同体 | |
| 1.3 安全保障共同体 | 教材６：ロカーヌ評議員の政策 |
| 1.4 経済的目標設定 | |
| 1.5 権限拡大における国家主権の問題<br>基本法24条<br>フランス第５共和国憲法第３、４条 | 教材７：フランス憲法 |
| 2. ヨーロッパ共同体 | 2. ECのヨーロッパ　　教材９　カリカチュア |
| 2.1 組織 | 2.1 ECの権限分担<br>教材10「森林破壊は、ヨーロッパの各国に及んでいる」<br>教材11「無鉛ガソリンを全ヨーロッパへ」<br>教材12「図表－大気汚染の問題」<br>教材13「ヨーロッパ議会の要求に対する閣僚理事会」<br>教材14「重要な機関（組織図）」 |
| 2.2 経済的な関係<br>国際市場、域内市場の発展、農業市場 | 2.2 ECの農業政策　―底のない樽？<br>教材15「カリカチュア―ブリュッセルからの天気予報」<br>教材16「魔法の乳首をもつドナータ」<br>教材17「ミルクの供給過剰でどうなるのか」<br>2.3 何がECによって達成されたか？<br>教材18「小邦分立への転落」<br>教材19「カリカチュア―ドイツ人はECの支払い大臣」<br>教材20「図表―ドイツ連邦共和国の貿易」<br>教材21「ECの将来についての連邦議会の議論」 |

〔筆者作成〕

るかを明らかにする。
表5－12は、「教育計画」の中の内容および指示と教科書の目次とを並記したものである。「教育計画」の「1ヨーロッパ統合」は、教科書の「1ヨーロッパとは何か?」に対応するものであり、同じく「教育計画」の「2ヨーロッパ共同体」は、教科書の「2 ECのヨーロッパ」に対応すると考えられる。「教育計画」および教科書の「2.1」から「2.3」までの構成は対応しており、内容的にも一致している。一方「1ヨーロッパ統合」については、目次から判断しても、記述の内容から判断しても、対応していないと見られる箇所が散見される。たとえば、「教育計画」の「1.2 価値共同体」と「1.4 経済的目標設定」は教科書に該当する教材がなく、扱われないままになっている。「1.3 安全保障共同体」についても、教材6「ロカーヌ評議員の政策」の一部にわずかに言及されているのみである。(57)

**②－1 導入の教材—「ヨーロッパとは何か?」**（教材1～2）

まず、単元への導入にあたる「1ヨーロッパとは何か?」について検討する。これは、「教育計画」における「1ヨーロッパ統合」に相当すると考えられる。教材1の「不可能な旅?」において、生徒たちは現在とは異なる近未来のヨーロッパ旅行物語に触れることになる。この教材の背景として、第10学年の生徒たち（日本の高校1年に相当）の多くは、すでに学校や家族との外国旅行を経験していることが想定されており、彼らは自分の経験をもとに、この教材に対する意見をまとめることができると考えられる。

教材1と並んで掲載されている単元導入用の写真（写真1）は、ドイツとフランス（バーデン＝ヴュルテンベルク州はフランスと国境を接している）の政治家らしき人物が、両国の国境を隔てる遮断機を切断しているところを写したものである。「税関（Zoll/Douane）」の標識が横にあることから、通行の自由を象徴させる意図を持つものといえよう。その標識の後ろには、「銀行—両替（Bank-Exchange）」の看板も見られ、統一通貨に関わる意見も引き出す

## ●導入の教材：「ヨーロッパとは何か？」

教科書「社会科　第10学年」(Schroedel・1984年発行)

(　) 内の頁数は原本の頁を表す。

教材１「不可能な旅？」(132頁)

コペンハーゲンから来た男は、ロンドンを経由してパリへ来た。国境管理官は、彼の通行を妨げなかった。税関は所持品について何も訊ねなかった。男は国境を越えるとき、船には乗らず、左から右へ車線を変える必要もなかった。

パリでは、コペンハーゲンのホテルや買い物で使用したものと同じ通貨を、ロンドンと同じように支払った。ボーイも、ポーターも、売り子も両替を計算することはない。ここでは他の都市と同じお金が通用するのだから。(中略)

不可能な旅でしょうか？　2000年のヨーロッパの近未来報告でしょうか？　いいえ、これは、今日のある一日の旅の記述です。アメリカ合衆国では、コペンハーゲンは小さな巣であり、ロッテルダム、アムステルダム、ローマ同様、ニューヨーク州の中に収まってしまう。ロンドンはオハイオ州、パリはイリノイ州、ハンブルクはアイオワ州に (…)

教材２「合衆国」(133頁)

—アメリカ、君は我が
大陸よりも素晴らしい
—

荒廃した城もなく、ご
つごつした岩もない。
役に立たない記憶や、
無益な争いも
その内側で君を邪魔す
ることもない。
幸いと共に、この時を
使え！
そして、もし今、君ら
の子が詩を書くなら、
彼らに、騎士の、盗賊
の、亡霊の歴史から、
良い運命を守り賜え。

J. W. v. ゲーテ

写真１

課題：

1. 旅行記 (教材1) を今のヨーロッパの状況と比較しなさい。
2. ゲーテの見解では、なぜアメリカの方がいいというのでしょう。

ことのできる教材でもある。

教材2は、「アメリカ、君は我が大陸よりも素晴らしい」とアメリカを賞賛したゲーテの詩である。この詩は、「荒廃した城もなく、ごつごつした岩もない。／役に立たない記憶や、無益な争いもその内側で君を邪魔することもない」とヨーロッパの問題点を挙げながら、ヨーロッパにつきまとう「歴史」から自由な立場にあるアメリカに可能性を見出した内容である。アメリカとの対比で一九世紀のヨーロッパの問題点を考えさせることによって、「ヨーロッパとは何か?」という表題に迫ることがねらいとされている。

**②－2　展開部の教材―「組織」**（教材10～14）

次に、展開部の教材として「教育計画」の「2.1 組織」に相当する、教科書「2.1 ECの権限分担」の教材を分析する。

「教育計画」においては、「組織」と記述されているのみであるが、教科書においては森林を題材にECの組織における利害調整の問題点、困難点について考察する内容になっている。解説にあたる「基本的知識」に続いて、「教材」は雑誌から引用されたものが三種（教材10、11、13）と、統計資料が一種（教材12）、および組織の構造図（教材14）から構成されている。この展開部に与えられた二つの「課題」を見ると、どちらかといえば否定的側面に目を向けさせる課題が設定されていることが読みとれる。たとえば、教材13と14に与えられた「課題」には、「実行困難であるのか調べなさい」「どんな『構造的欠陥』が見られるか」「問題点を議論しなさい」という課題が課されている。また、「比較しなさい」という活動が与えられた課題の場合においても、実際に調べ、比較を進めるに従って、ECの問題点が浮き彫りにされるという問いになっている。(58)

**②－3　単元まとめの教材―「ECの将来についての連邦議会の議論」**（教材21）

教材21は、単元のまとめとして用いられる教科書の最後の教材である。この資料からは、ヨーロッパ統合の問題

● 展開部の教材：「組織」　　教科書「社会科　第10学年」

「基本的知識」（136頁）

ECの三つの最も重要な政治的機関は、閣僚理事会、EC委員会、ヨーロッパ議会である。EC委員会は、共同体設立の意志に従って、統合プロセスの動力となる超国家的機関として、共同体の利害のみを視野に入れるのである。14の委員は、加盟国の政府によって4年ごとに任命され、国家の指図から独立した立場をとる。委員会は、多くの個別問題において、自主的に意思決定を行い、たとえばすべての加盟国に、安全、製品基準、規範づくりなどについて、義務的な行政命令を公布する。鉱業の領域においては、委員会はとくに大きな権限を持っている。政治的に重要な問題については、閣僚理事会で行う決定を、事前に9000人を越えるEC官僚の助力によって用意し、委員会はそれを実行するのである。しかし、共同体の基本的な政治的問題については、政治的意思決定センターである、閣僚理事会が、委員会に対して自己の意見を主張する。外務大臣、農政大臣、経済大臣などによる理事会として、提出されたテーマについて話し合う閣僚理事会は、少なくとも政治的に重要な問題については、実質的にECの立法権を有している。その命令（Verordnung）は、法律のようにパートナー諸国で効力を持つ。したがって、異論のある問題については、大抵長い時間がかけられ、全会一致が成立するまで話し合われる。閣僚理事会における多数決の（暗黙の）放棄は、しばしばヨーロッパ統合のさらなる発展の障害物として証明される。連邦議会とは反対に立法権を持たないヨーロッパ議会は、これまで実質的にただ論議と管理的機能しか持たなかった。しかしながら、1979年以降5年ごとに行われてきたヨーロッパ議会の直接選挙を経るにつれて、多くの議員は、ヨーロッパ議会の政治的行動空間を広げるという決断を行ってきた。それによってヨーロッパ議会は、近年では重要な金融と財政政策において、共同発言権を勝ち取ってきた。議会は、それによって閣僚理事会の意思決定に影響を及ぼす権限を得た。しかし、それに続く管理権は、閣僚理事会の加盟国に対してうまくいかなかった。このような議会の管理権は、EC委員会に対してのみ不信任決議によって退任を強制することができるという権限を有している。閣僚理事会の加盟国は、反対に、自国の議会にのみ責任を負い、ヨーロッパ議会に負うのではない。

教材10　「森林破壊は、ヨーロッパの各国に及んでいる」（137頁）

ガストン・トールン（EC委員会委員長）は、深い印象を受けた。1983年3月に、バート・ペーターシュタールからさほど遠くない黒い森の頂上で、彼は茶色のトウヒの枝を観察し、そして病気の「オランダもみの木」のがたがた揺れる梢に目をやった。トールンは、初めて森林破壊に直面した。南部バーデン地方のヨーロッパ議会議員カール・v・ヴォーガウの招きによって、ルクセンブルク人のトールンは、二酸化硫黄や酸化窒素による自然の破壊について知ることになった。それ以後、彼にとってドイツの環境破壊は、単に1国のみの問題ではないことは疑いのないものになった。森林破壊は、どのヨーロッパの国にも訪れる。ECは、早急にそれに取り組まねばならないであろう。

教材11　「無鉛ガソリンを全ヨーロッパへ」（137頁）

　連邦内務相、フリードリッヒ・ツィマーマンは、ドイツにおいて、そしてまもなく全ヨーロッパにおいても無鉛ガソリンを導入したい意向である。それによって、自動車による排出（大気中への有害物質の放出）は、約一割が抑制されるであろう。自動車工業は、その目的のために規格化されたエンジンと触媒を市場に投入し、また石油業界とともに最も適切な手順で清浄なガソリンの使用を統一するべきである。火力発電もまた、1983年2月に連邦政府によって決定された、大型火力炉についての新しい命令によって高価なフィルターを設置しなくてはならない。それによって、これまでも普通に放出されてきた細かな粉塵だけが大気中に放出されるようになる。

教材12　「大気汚染問題の事例—1000トンあたりの年間硫黄化合物の流入出量：どこからどこへ？」（137頁）

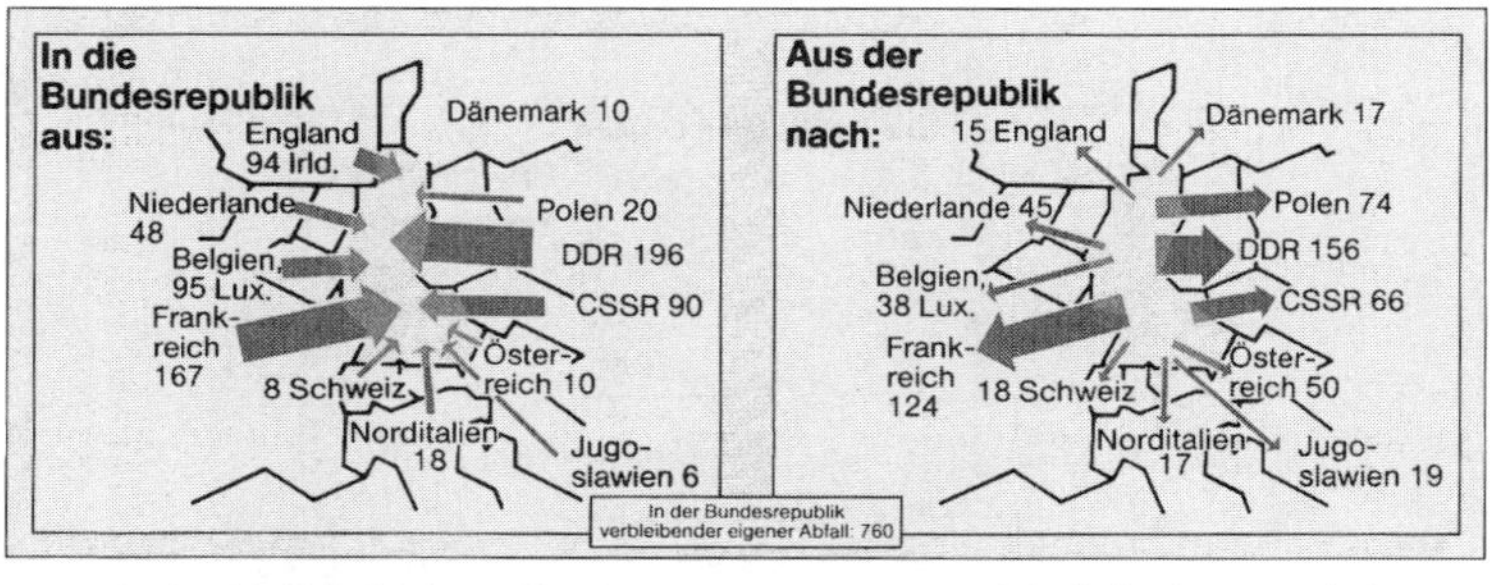


ドイツ連邦共和国への流入　　　ドイツ連邦共和国からの流出

**課題：**
1．森林破壊をくい止めるために、どんなイニシアチブがとられるか。
2．なぜ、大気汚染に対する法的な限界値が、全ヨーロッパに統一的に適用されるべきなのだろうか。それからどんな問題が生じるのか。

教材13　「ヨーロッパ議会の要求に対する閣僚理事会」（138頁）

　ドイツの森を救うために行われなければならないことを、ヨーロッパ議会はEC委員会に明確に要求した。それによって、EC委員会は、たとえば次のことを行うべきである。

・加盟国に、すべての現存する大規模焼却施設に煙ガス脱硫装置の設置を指示するなどの直接的、義務的な命令を提案すること

・自動車排気ガスに含まれる有害物質のさらなる減少を実現すること

　原則において、環境保護の担当委員であるカール－ハインツ・ナリエスは、議員の求める方向に進ませるべきである。そして、閣僚理事会は？

　ボンの内務省にいるある官僚によると、閣僚理事会では強力な環境規制や厳しく規定された原則は、受け入れられる雰囲気ではないようである。これまでのところ、他の加盟国の森における化学による影響は、ドイツが受けているほど深刻でないため、パートナーたちの傾向は高価な環境保護への投資はできるだけ少なくするというものであった。

　これは、とくにイギリスに当てはまるが、フランス、ベルギーにとっても同様である。これらの国々は、カルキを含んだ土壌は森に抵抗力を与えるものであり、しばしば吹く西風が定期的に有害物質を「輸出」してくれると考えているのである。

（ウーヴェ・フォアクロッター、共同体は森林破壊をくい止めることができるか「ECマガジン 1983/4」）

教材14　「重要な機関」（138頁）

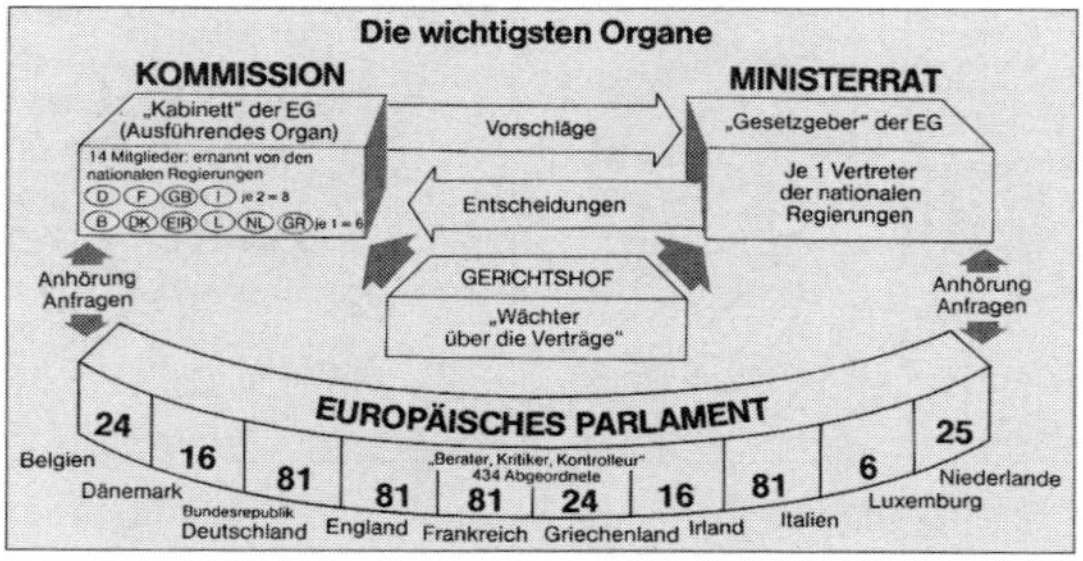


**課題：**

1．図と教材13を用いて、どのような理由から環境の負荷に対するECの統一的課題が実行困難であるのかを調べなさい。
2．その場合に、どんな「構造的欠陥」が共同体に見られるか。
3．ECの「三権分立」をモンテスキューの考えおよび基本法に規定された三権分立と比較しなさい。
4．閣僚理事会における拒否権と多数決の問題点を議論しなさい。

## ●単元まとめの教材：「EC の将来についての連邦議会の議論」

教科書「社会科　第 10 学年」

教材21　「EC の将来についての連邦議会の議論」（144頁）

連邦首相ヘルムート・コール（CDU）

ヨーロッパ共同体は、経済的、政治的連帯を、つまり円満な利害調整を基礎にしている。しかし、それだけでは十分ではない。EC は、将来の展望を必要としている。今日克服されなければならない困難は、長い時間にわたり誤った過程をたどった結果生じたものである。それらの困難を克服するには、多くの努力と損失を伴う。しかし、我々はこの数年危険にさらされている困難な事態から、一瞬たりとも目をそらしてはいけない。ヨーロッパがその加盟各国の利害をまとめること、そして、一体化することの能力が備わっているかどうかが問題となる。我々が今日取り組んでいる経済的基礎に関わる、このヨーロッパの統合はより強力な政治的形成をも要求している。問われるべきことは、共同体内にいる我々の誰もが、最も困難な時期にあっても、共同体への帰属を撤回できないものとしてみなす用意があるかどうかということである。問題は、誰が政治的なヨーロッパ連合への道の上にヨーロッパ合衆国を建設するという明白な目標を持って、我々や他の者たちについていく用意があるかである。なぜなら、これは EC 設立者のもくろみだからである。

ハンスーヨヘン・フォーゲル（ SPD 連邦議会議員団長）

我々にはヨーロッパが必要である。共同体の国民は、ヨーロッパを求めている。世界もまたヨーロッパを必要としている。これらは、統一されたヨーロッパが世界政治の発展に対して与えることのできる、適度に均衡のとれた影響を必要としているのである。統一され、自覚的で、自己主張へと決心されたヨーロッパは、その経済的重要さを、その歴史的経験を、その精神的伝統を、この発展の中にもたらすことができる。（中略）

ヨーロッパの考えは、かつて我々の国において、人々を魅了したことがある。しかし、私は長い間、恐れを抱いている。もう長い間、ヨーロッパへのフラストレーションは、失望と疲労を抱かせている。事実、諸政府への不満、倦怠感は大きい。それでもこの不満をチャンスに変えなければならない。ヨーロッパを再び希望の言葉にしなければならない。しかし、それらは失敗している。そして、（今回の）ヨーロッパ議会選挙は、小さなことにのみねばり強く交渉し、今にも財政的に崩壊しかねない現実を大きな理想に変える能力や意思のない人々への国民の抵抗である。

**課題：**

1．ヨーロッパの統合を進めるために、どのような提案がなされているだろうか。

2．ヨーロッパの思考を促し、ヨーロッパの統一プロセスを強化するために、なぜ、ドイツの政治家たちは、特別の努力をするのだろうか。

が、ドイツの国内の政治問題に収束する形で総括されていることが読みとれる。つまり、この教科書の単元のまとめは、ドイツ国内の利害関係に着目させるものであり、ヨーロッパレベルの視野の形成を意図したものとなっていない。このことは、「課題」における「ヨーロッパの思考を促し、ヨーロッパの統一プロセスを強化するために、なぜドイツの政治家たちは、特別な努力をするのだろうか」という問いに顕著に表されている。この問いからは、ヨーロッパの統一の必要性を、ヨーロッパの現状から導き出すことは難しい。したがって、「協調への用意が目覚め、促進される」という「教育計画」に示された目標に合致するかどうかについて疑問が残る。

### ③　教科書の評価

前項で、教科書に掲載された教材や課題について分析を行った。本項では、教科書の教材や課題が、「教育計画」に掲げられた「目標」を達成できる構成になっているかを問題にし、教科書の評価を行う。

結論から述べると、前項で分析した教科書に沿って行われる授業では、「教育計画」に示された「目標」は達成されないと評価される。その理由は、第一に「目標」に掲げられるヨーロッパ統合の「長所」の評価が十分になされていないことが挙げられる。

ヨーロッパ統合の「長所」は、ECやCEの発展から考察して、安全保障、経済政策、社会政策、文化協力、人権保障などにあるといえよう。「教育計画」においては、「安全保障共同体」「経済的目標設定」の項目が「長所」に該当するものと考えられる。しかし、前述のように教科書には、どちらの内容もほとんど言及されていない。したがって、「長所」というような肯定的な評価もなされていない。また、前項で、ECの利害調整に対して、否定的側面に目を向けた「課題」が立てられていることについて述べたが、同様に農業政策についても、ECの政策の失敗と問題点を理解させる教材となっている。[59]

教材9　カリカチュア（136頁）

人々のせりふ「ヨーロッパへの道にまだこんなに大きな障害が残っている！」
右の山の岩肌「ナショナリズム」「100年間のヨーロッパの不統一」「愛国主義」
左の小石「EC農業市場」「EC予算」

教材15　カリカチュア「ブリュッセルからの天気予報」（140頁）

間もなく小雨になるでしょう

教材16　　省略

**課題：**

1. カリカチュアを説明しなさい。
2. カリカチュアの見解を、教材16を使って検討しなさい。そこで、カリカチュアで暗示された発展の原因をまとめなさい。
3. 「ブリュッセルからの天気予報」は、農家のクルーク氏にどんな結果をもたらしたか。

第二の理由は、目標の③に示されている「意識」と「態度」を育成する道筋が明らかでないことが挙げられる。「目標」においては、「意識」と「態度」は「ヨーロッパの多様性を肯定し、共通性を承認することによって、生徒の中で協調への用意が目覚め、促進される」といわれているが、「多様性」と「共通性」の視点に立つ教材が用意されていない。また、生徒が取り組むべき「課題」の中に生徒の意識の形成やヨーロッパに対する態度の決定を求めるものがほとんどなく、断片的な知識の確認やカリカチュアの読みとり、教材に関する議論が中心になっている。しかも、課題として課されたカリカチュアやヨーロッパの実例に関する教材は、ECの否定的側面に言及したものが多数見られ、どちらかといえばECに対する批判的見方を育成していると認められる。(60) ECに対する批判精神の涵養は、ヨーロッパ市民の資質の一つとして重要であるが、「教育計画」の「目標」に掲げられた「協調への用意」を目覚めさせる内容構成とは矛盾するとはいえないか。

以上述べたように、八四年版「教育計画」準拠の教科書の単元開発は、教育計画の内容を満たすことに必ずしも成功しているとはいえない。「KMK78年決議」と「教育計画」とを比較してみると、両者は多くの共通点を持ち理念の上では一致していることから、教科書が「KMK78年決議」の内容に対する十分な理解を欠き、「教育計画」に記された「目標」に到達しない内容に留まったのではないかと想像される。教科書の単元展開のあり方に問題があるといえよう。

### (3) 一九九四年版における単元構成

#### ①「教育計画」における目標と内容

次の表（表5－13）は、九四年版「教育計画」の社会科における「ヨーロッパ学習」の単元名と「目標」、および

表５－13　1994年版「教育計画」における「ヨーロッパ学習」の単元

学習単元４：ヨーロッパ統合とドイツ連邦共和国〈12時間〉
目　標：①生徒たちは、ヨーロッパの統合過程のための歴史的、現代的基礎を知り、ヨーロッパの協力と統合の必要性を意識する。②彼らは、ヨーロッパ統合の広範囲な成果を知り、評価する。③彼らは、ヨーロッパ連合の内側で政治的意思決定過程を試み、そしてそれを共同の利害調整の試みとして理解する。④彼らは、ヨーロッパの統一の問題がヨーロッパ連合に限定されるものではないことを知る。

| 内　容 | 指　示 |
|---|---|
| 1. ヨーロッパの統合過程 | 歴史的回顧と現代の発展<br>ドイツ基本法前文と第23条<br>ヨーロッパデーの開催<br>ヨーロッパコンクールへの参加 |
| 1.1 協力の諸形態 | ヨーロッパ評議会、ヨーロッパ経済共同体、ヨーロッパ共同体、ヨーロッパ連合の発展<br>経済的統合と政治的統合の関係 |
| 1.2 ヨーロッパ連合加盟国の共通の利害と多様な利害 | 人権と民主主義による実現<br>安全保障<br>経済的社会的前進<br>共通の伝統と文化的多様性<br>さまざまな国家の優先順位 |
| 2. ヨーロッパ連合の政治的意思決定過程 | 環境保護やマーストリヒト条約等に関する議論の明確化 |
| 2.1 EU と加盟国の間の権限分担 | 規制（例、農業市場）と非規制（例、エネルギー市場）<br>ヨーロッパ裁判所の役割：事例としての「カシス・ドゥ・ディジョン(61)」<br>補完性の原則 |
| 2.2 ヨーロッパ連合の諸機関：共同実現と民主的正当性 | 閣僚理事会における交渉過程と多数決<br>委員会とヨーロッパ議会の役割<br>国家および地域代表の発言権<br>政治的意思決定の透明性 |
| ［西ヨーロッパの統合と全ヨーロッパの協力］ | 現代の議論の明確化<br>統合過程の深化と EU 拡大との間の緊張関係<br>ヨーロッパの経済空間<br>東ヨーロッパの巻き込み<br>北アメリカとヨーロッパのつながり |

〔出典：バーデン＝ヴュルテンベルク「教育計画」1994年〕

単元の「内容」と「指示」を示したものである。目標は、四つの文章より構成されている。（表中に①、②、③、④として記した）①は、単元の全体目標を表している。つまり、ヨーロッパ統合の「歴史的、現代的基礎」を知ることによって、ヨーロッパの協力と統合が不可欠なものであることを認める意識を形成することである。

②は、「内容」の「1 ヨーロッパの統合過程」の目標を述べていると考えられる。すなわち、ヨーロッパの統合がどのように発展し、何を達成したかを広範囲に知り、それを評価するのである。

同様に、③においては、「内容」の「2 ヨーロッパ連合の政治的意思決定過程」について述べたものであることがわかる。この項では、対象をEUに限定して、その「意思決定過程」を調べまた、「利害調整」を理解するのである。

④の課題であるヨーロッパ連合に限定されないヨーロッパ統一の問題は、基本的には②の「広範囲な成果」を知ることで達成されるものと考えられるが、［ ］で記された選択教材「西ヨーロッパの統合と全ヨーロッパの協力」について述べたものであると思われる。

### ②「教育計画」と教科書における内容の分析

本項では、「教育計画」に示された「内容」と教科書[62]の関連について述べる。表5－14に、「教育計画」と教科書との対応関係を示した。当然ながら両者は多くの一致した項目を持っている。「教育計画」の「指示」と教科書の教材内容をつきあわせてみても、おおむね教科書は、「教育計画」に準拠した構成になっていることがわかる。

次に、教科書から特徴的ないくつかの教材を取り出して、実際の教材の内容を分析する。本教科書のヨーロッパ単元は、全体で五七ページであり、前項の八四年版教科書の一四ページと比べると、約四倍の分量となっている。[64]教科書記述の中心は、八四年版教科書と同様に、「教材」と「課題」にある。本教科書は、「教材」に入る前に漫画

**表5－14**　1994年版「教育計画」ならびに教科書の内容項目[63]

| 教科書名：『転換期の政治　第11学年』（Schöningh社・1994）<br>単元名：「ヨーロッパの統一とドイツ連邦共和国」 | |
|---|---|
| 「教育計画」の内容 | 教科書の内容項目 |
| 1．ヨーロッパの統合過程 | 1．ヨーロッパの統合過程<br>1.2　ヨーロッパ合衆国への道？（教材7～8） |
| 1.1　協力の諸形態 | 1.3　共同市場－共同政治（教材9～12） |
| 1.2　ヨーロッパ連合加盟国の共通の利害と多様な利害 | 1.1　統一の中の多様性―EU加盟国の共通性と個別性（教材1～6） |
| 2．ヨーロッパ連合の政治的意思決定過程 | 2．ヨーロッパ共同体における政治的意思決定のプロセス |
| 2.1　EUと加盟国の間の権限分担 | 2.1　“主権的国民国家のヨーロッパ共同体？”―ECと加盟国の権限分担―（教材13～16） |
| 2.2　ヨーロッパ連合の諸機関：共同実現と民主的正当性 | 2.2　市民からの遠さ、不透明、非民主的？―EC機関の協力とその民主的正当性―（教材17～22） |
| ［西ヨーロッパの統合と全ヨーロッパの協力］ | |

〔筆者作成〕

や写真、カリカチュアなどを用いた導入教材（Einstiegmaterial）が用意されている点に特色が見られる。各「教材」は、一から四題の教材（a、b、c、…と表される）によって構成され、各教材に一問から七問の「課題」が用意されている。

**②－1　導入の教材**（教材1～3）

九四年版「教育計画」に準拠した教科書のヨーロッパ単元「ヨーロッパの統一とドイツ連邦共和国」の導入は、教材1の教会内部の建築様式を移した写真とイラストから始まる。三枚の写真およびイラストは、ヨーロッパの教会が、時代と国を異にしながらも（フランス、イギリス、ドイツの教会が用いられている）、同じ建築様式を持つことを示している。この教材1に対する「課題」は、「これらの絵は、どのような共通性を証明するものですか。どのように説明しますか」となっており、ヨーロッパ内の文化的、宗教的共通性を考えさせるものになっている。

教材2は、先の教材に続いて「日常生活の中の

● **導入の教材**　　　　　　　　教科書「転換期の政治　第11学年」(Schöningh・1994年発行)
（　）内の頁数は原本の頁を表す。

**教材 1　「教会建築の共通性」**(230頁)

**写真 1**

写真左より：「アビニョンの法王宮殿」
「ロンドンの教会内」
「リューベックのザンクト・マリエン大聖堂」

**課題：**

1．これらの絵は、どのような共通性を証明するものですか。どのように説明しますか。
2．ハルシュタイン教授（1958－67年のEC委員長）の次の見解を説明しなさい。
『ヨーロッパは新しく創造されたものではない。それは再発見されたのである』

教材２「日常生活の中のヨーロッパ」(231～232頁)

写真２

左：「ヨーロッパバス：エスリンゲン市エーリッヒ・ケストナー・ギムナジウムのプロジェクト」
右：「新ヨーロッパパスポート—市民のためにより確かな安全を 1988年１月１日より」

写真３

左下：「ヨーロッパの思考」
親愛なるロベール・シューマンへ
あなたのヨーロッパ統合に対する考えが最も優れたものであると考えています。

**課題**：「新聞か雑誌の中に『ヨーロッパ』のテーマに関係する記事を１週間分集めて、一つのコラージュを作りなさい。どの記事がとくに『ヨーロッパ』を表していますか。」

**教材3　「私がヨーロッパについて考えていること」**(233頁)

| |
|---|
| カリン（19歳・マグデブルク）<br>「私は、ヨーロッパについては、政治のことよりも、さまざまな伝統や国籍の人が生きている場所であることに関心があります」<br>レイナー（19歳・ドレスデン）<br>「ヨーロッパ。もちろん旅行のことを考えます。だって私たちにとっては突然『旅行できない所』から『旅行できる所』に変わったのだから」<br>ザスキア（17歳・ベルリン）<br>「ヨーロッパでは、文化の多様なところに関心があります。比較的せまいところに、さまざまな文化の発展が見られる。たとえば、スペイン人はフランス人とは違ったアイデンティティを持っているように。これはおもしろいと思います」<br>ハイケ（19歳・ミュンヘン）<br>「ヨーロッパ、これは私にとって人であることを意味します。文明化された状態を持つこと、私の命を生きられることを意味します。なぜなら、私は、私の信じる宗教を持つことを望むからです。そして、これはすべてのヨーロッパ人にあてはまることです」<br>クリスティーネ（16歳・ザールブリュッケン）<br>「私は、みんながヨーロッパの連帯感を持ってほしいと思います」 |

**課題：**「そしてあなたは、ヨーロッパについて何を考えますか」

ヨーロッパ」と題し、生徒たちの日常が直接の教材となっている。たとえば、写真2は、あるギムナジウムで行われたドイツとフランスの青年交流祭の模様であり、写真3は、買い物のさまざまな場面で目に触れる外国の産物に注目させることを意図した写真であり、それを通して身近にヨーロッパを感じさせる意図を持っていることがわかる。

教材3は、一六から一九歳の青年たちがヨーロッパをどのように考えているかを集めた文章である。これら同世代の子どもたちが持つヨーロッパに対する意見はおおむね肯定的なもので構成され、しかもヨーロッパの多様性を承認し、多様性の豊かさを前提にした肯定であることが読みとれる。そして、この教材に対する課題は、「あなたはヨーロッパについて何を考えますか」という問いかけであり、旅行の経験や友だちとの交流の経験などを基にした、自己とヨーロッパの関わりを考えさせている。

以上のように、単元の導入は、多様性と共通性を手がかりに、生徒たちの日常生活と関係づけることをとくに意識した教材が配置されていることがわかる。

**②－2　展開部の教材(1)「多様性」**（教材4～6）

教材4から6は、導入教材に続いて与えられる展開部の教材である。導入教材がヨーロッパの共通性と多様性を、生徒の視点から提示したものであるのに対し、本展開部の教材は、ヨーロッパの差異を統計資料によって示したものである。教材1～3においては、イメージや日常の感想によって比較的あいまいに描写された多様性と共通性が、この教材では統計地図や数値によって客観的に示されることになる。

**②－3　展開部の教材(2)「ヨーロッパの統合過程」**（教材7a～8e）

「教育計画」に記された「ヨーロッパの統合過程」は、教科書において教材7と教材8で学習される。教材提示の前に、まず鍵となる用語や概念が「基本的知識」として文章の形で示されている。この基本的知識に基づいて、教材7と8が提示されている。教材7は、ヨーロッパ連合の政治的原則について述べたものであり、教材8は、EUへの新規加盟に関する問題について述べられている。教材7はa～dの四教材と六つの課題、教材8も同様にa～eの五教材と六つの課題により構成されている。ここでは、教材7について内容を分析したい。

教材7は、(a)ドイツ連邦共和国基本法第23条、(b)補完性の原則とは何か、(c)どの連邦制をヨーロッパは採用するか、(c)国家的意思決定と超国家的意思決定、の四教材から構成されている。

(a)は、ヨーロッパ連合の成立に連動して、一九九二年一二月二一日に改訂されたドイツの基本法の条文を示している。この教材はマーストリヒト条約発効後のヨーロッパに、ドイツがどのように関わっていくかを示したものである。

教材４「ヨーロッパ連合に関する条約　前文」(234頁)

ベルギー国王陛下、デンマーク女王陛下、ドイツ連邦共和国大統領、ギリシア共和国大統領、スペイン国王陛下、フランス共和国大統領*、ルクセンブルク大公殿下、オランダ女王陛下、ポルトガル共和国大統領、グレート・ブリテンおよび北部アイルランド連合王国女王陛下は、

欧州三共同体の創設をもって着手した欧州統合の過程に新たな段階を記すことを決意し、

欧州大陸の分割の終焉という歴史的重要性と、将来の欧州建設の確固とした基礎を創造する必要性を想起し、

自由、民主主義、人権・基本的自由の尊重および法の支配の諸原則に対する忠誠を確認し、

諸国民の歴史、文化および伝統を尊重しつつ、その国民の間の連帯を深めることを切望し、

その諸機関の一層の民主的で効率的な機能を向上させ、それによって、それらの機関が、単一の制度的な枠組みの中で付与された任務をよりよく実行できることを切望し、

加盟国の経済の強化と収斂を達成し、本条約の規定に従って安定した単一通貨を含む経済通貨同盟を創設することを決意し、

域内市場、および結束の強化ならびに環境保護を達成するという枠組みの中で、加盟国諸国民の経済的、社会的進歩を促進し、そして経済統合における進展が、その他の分野における並行した進展によってもたらされることを確保するための諸政策を実施することを決心し、

加盟国の国民に共通する市民権を確立することを決意し、

最終的には共同防衛政策の形成を含むものとなり、時とともに共通防衛へつながるであろう共通外交・安全保障政策を実施し、それにより欧州と世界における平和と安全および進歩を促進するために、欧州の一体性と独立を強化することを決意し、

本条約における司法・内務に関する規定を含むことにより、その諸国民の安全と安全保障を確保しつつ、人の自由移動を容易にする目的を再確認し、

この同盟における決定が、補完性の原則に従い可能な限りその市民に近い所で行われ、欧州諸国民の間にますます緊密化する同盟を創設する過程を継続することを決意し、

欧州統合を推進するためにとられるべき、更なる措置を考慮して、

欧州同盟を創設することを決定し、この目的のために以下の全権委員を任命した。

(以下、名前が続く) [...]

(訳は、金丸輝男編著『EUとは何か』JETRO、1994年、95－96頁による)

* 訳注 「ヨーロッパ連合設立条約」の原文には、「フランス共和国大統領」と「ルクセンブルク大公殿下」の間に、「アイルランド大統領、イタリア共和国大統領」が挿入されている。教科書の編集の際に欠落したものと思われる。

課題：

1．ヨーロッパ連合の目標を前文から列挙しなさい。どれがすでに達成され、どれがまだ達成されていないだろうか。

2．『ヨーロッパ連合は経済的に大きく、政治的には小人に過ぎない』としばしばいわれます。このことについて、先に示した教材を基に、あなたの考えをまとめなさい。

**教材5a 「ECにおける貧富の差」**（235頁）

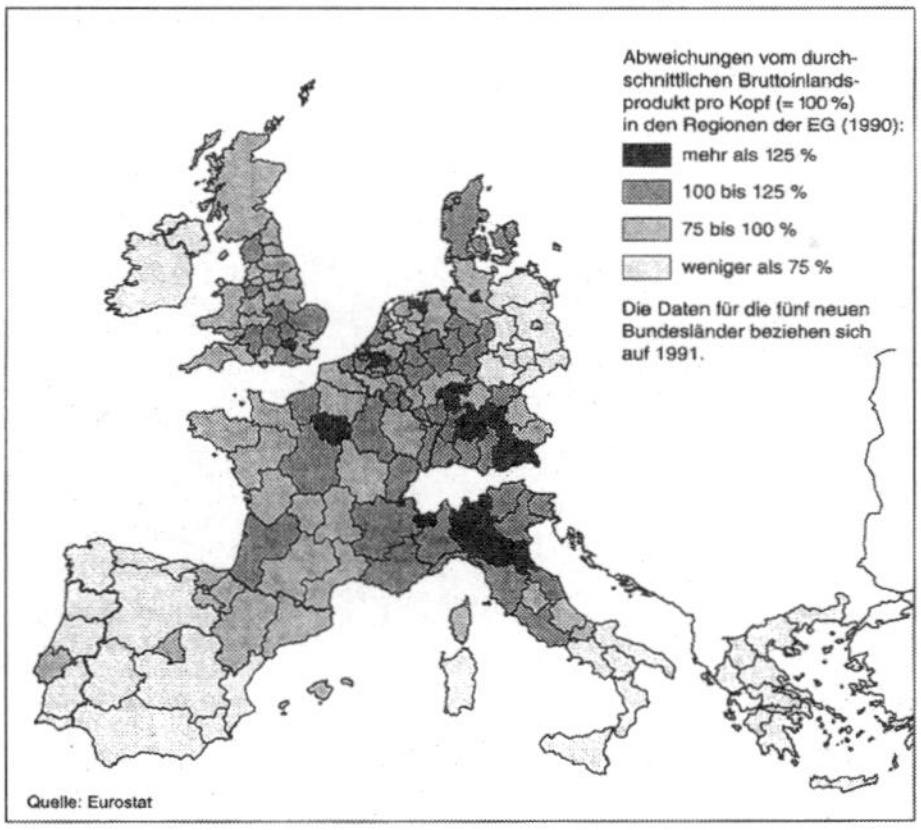


EC 各国の地域別一人あたりの平均 GDP 偏差

色の濃い順：125％以上、100－125％、75－100％、75％以下（1990年の統計。但し、旧東ドイツ諸州は1991年のデータ）

**教材5b 「ECにおける社会的格差」**（235頁）

| 国名 | 1991年の就労者 | | | | 第二次産業労働者の1時間あたり平均所得（1990・ECU換算） | 社会保障への支出（1990） | |
|---|---|---|---|---|---|---|---|
| | 総就労者数×1000 | 第一次産業（％） | 第二次産業（％） | 第三次産業（％） | | 対GDP比（％） | 一人当金額（ECU） |
| ベルギー | 3686 | 2.7 | 28.5 | 68.8 | 8.06 | 26.8 | 3517 |
| ドイツ | 28430 | 3.3 | 39.7 | 57.0 | 10.14 | 26.9 | 4836 |
| デンマーク | 2607 | 5.7 | 25.6 | 68.7 | 12.03 | 28.8 | 5613 |
| スペイン | 12608 | 12.0 | 33.2 | 54.8 | 5.90 | 17.8 | 1690 |
| フランス | 21782 | 6.0 | 30.0 | 64.0 | 6.53 | 28.0 | 4401 |
| 英国 | 25752 | 2.2 | 30.5 | 67.3 | 7.73 | 20.7 | 2627 |
| ギリシャ | 3643 | 25.3 | 27.5 | 47.2 | 3.32 | 16.3 | 710 |
| イタリア | 21410 | 9.0 | 32.2 | 58.8 | 5.43 | 23.6 | 3350 |
| アイルランド | 1113 | 15.3 | 28.5 | 56.2 | 6.99 | 20.6 | 1876 |
| ルクセンブルク | 196 | 3.5 | 30.4 | 66.1 | 8.56 | 26.7 | 4619 |
| オランダ | 6444 | 4.6 | 26.5 | 68.9 | 8.22 | 31.2 | 4393 |
| ポルトガル | 4832 | 18.0 | 34.5 | 47.5 | 1.79 | 17.0 | 758 |

（Quellen: Eurostat; eigene Berechnungen）

資料5c 「南部に高い失業率」(236頁)

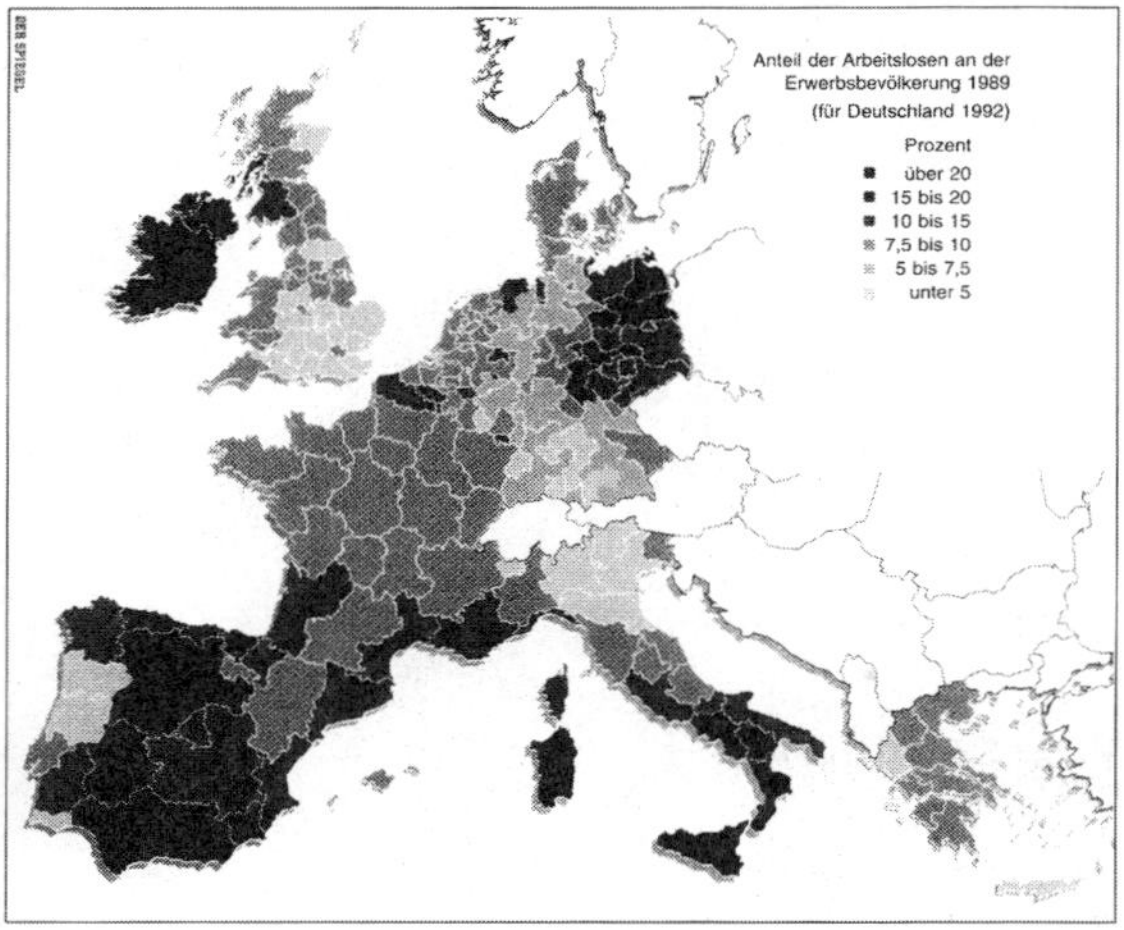


就業人口における失業率（1989年のデータ。但しドイツは1992年）
色の濃い方から：20％以上、15－20％、10－15％、7.5－10％、5－7.5％、5％未満

課題：「教材５を用いて、ヨーロッパの構造的格差を示しなさい。その格差がヨーロッパの統一に与える影響を検討しなさい。」

教材６ 「オルテガ・イ・ガセットの引用」(p. 236)

「ヨーロッパの単一共同体が、ヨーロッパの諸国家の利害を適切に代表し、国家の政治機関のように意思を決定するなどということは、まずありえないことである。」

課題：
スペインの哲学者オルテガ・イ・ガセット（1930）の引用文を解釈して、それに対する態度を決めなさい。

● 展開部の教材(2)「ヨーロッパの統合過程」　教科書「転換期の政治　第11学年」

基本的知識「ヨーロッパ合衆国への道？」(237頁)

戦争はもう嫌だ！　これは、第二次世界大戦の経験の後、ヨーロッパのすべての人に共通の感覚だった。多くの市民、とくに若い人々は、国民国家的思考では、平和なヨーロッパの未来を築くことはできないと考えた。それゆえこれらの人々は、国民国家の解消と共通のヨーロッパ政府やヨーロッパ議会の創造のために熱心に参加した。その一方で、ヨーロッパの理想の支持者たちは、ヨーロッパ統一の中にアメリカとソ連という新しい超大国に対抗して、ヨーロッパ諸国が自己主張できる唯一の機会を見いだしていた。

統合されたヨーロッパに向けての第一歩は、ヨーロッパ評議会の設立(1949) だった。ヨーロッパ評議会—発足時は10カ国、現在21カ国のヨーロッパ諸国の連合—は、経済的、社会的、文化的、学術的領域でのヨーロッパの協力を促進するという目標を立て、追求した。その組織の限定的な権限（協議のみの会議、閣僚理事会）は、ヨーロッパ統合の大きな歩みを達成することが問題になるときには、とりわけ障害物であることが証明されてしまった。(中略)

1950年には、フランスの外相ロベール・シューマンが、まず一つの組織を作り、共同の最高権威の下にフランスとドイツの石炭鉄鋼生産を管理することを提案した。このイニシアチブが1951年フランスとドイツと並んでイタリア、ベルギー、オランダ、ルクセンブルクが加入した、ヨーロッパ石炭鉄鋼共同体の設立をもたらした。ヨーロッパ史上初めて、国家が鉱業同盟の超国家的機関のことを考えて、経済の重要な部分領域において、国家権限を放棄したのである。(中略)

「ヨーロッパ連合」の概念は、マーストリヒト条約によってヨーロッパ政府を伴ったヨーロッパの中央集権国家が作られるとの間違った理解をしてはならない。むしろEUは、その最終的政治的形態が今も明らかになっていない完全に新しい政治的機関として理解されるべきである。

**教材7a 「ヨーロッパ連合ードイツ基本法ヨーロッパ条項」**(239頁)

1992年12月21日発効　／　第23条［ヨーロッパ連合］
⑴ 統一されたヨーロッパを実現させるために、ドイツ連邦共和国は、欧州連合の発展に協力するが、この欧州連合は、民主的、法治国家的、社会的および連邦的な諸原則ならびに補完性の原則に義務づけられており、本質的な点でこの基本法の基本権保障に匹敵する基本権保障を有しているものとする。このために、連邦は、連邦参議院の同意を得て、法律により主権を移譲することができる。欧州連合の創設に関して、ならびに、その条約上の根拠の変更およびこれに匹敵する規律であって、それによりこの基本法がその内容においてもしくは補完され、またはかかる変更もしくは補完が可能となるようなものに関しては、第79条第2項および第3項が適用される。
⑵ 欧州連合に関わる事項においては、連邦議会も、連邦参議院を通じて諸州もこれに協力する。連邦政府は、包括的かつ可及的速やかに連邦議会および連邦参議院に情報を与えなければならない。
⑶ 連邦政府は、欧州連合の法設定行為に協力するに先だって、連邦議会に態度決定の機会を与える。連邦政府は交渉に際して連邦議会の態度決定を考慮に入れる。詳細は、法律でこれを規律する。
⑷ 連邦参議院は、連邦の意思形成に対応する国内的措置に協力しなければならない場合、または、諸州が国内的に権限を有している場合には、その限度で連邦の意思形成に参加するものとする。

(訳は、樋口陽一・吉田善明『解説　世界憲法集　第3版』三省堂、1994年を基本に、一部訳語を論文中の用語に統一した)

**教材7b 「補完性の原則とは何か？」**(240頁)

「Subsidiär」は、支援や援助のために介入することをいう。政治においては、補完性の原則（Subsisiaritätsprinzip）といい、下位のレベルで自らの課題を処理できるときはより高次の国家レベルは手を出さないという原則である。下位のレベルは必要とされる高権（Hohheitsrechte）を維持または確保できる。

たとえば、連邦国家であるドイツにおいて、連邦各州とゲマインデは、一定の課題（法によって明確に規定された）を遂行し、必要とされる高権に従って、処理する。反対に他の課題（たとえば、外交、防衛、通貨政策）は、最上級のレベル（連邦）によってのみ、効果的に実施されるものであることが認められている。基本法には、この場合に排他的な権限を連邦に与えている。

ヨーロッパ連合においても、次のようになっている。共同体は、個々の加盟国が十分に実現できないために、ヨーロッパレベルでよりよく調整される場合においてのみ行動できる。ヨーロッパ理事会は、1992年のバーミンガムとエジンバラの会議において、適切な決定を行った。幾つかの加盟国の市民が抱いていた、中央主義的な共同体に対する不安や心配はそれによって消え去り、再び信頼を回復した。

未来の憲法は、これによって「中央主義的なヨーロッパ」の大規模な権限拡大に対して、現実的な「かんぬき」をかけられた。そして、補完性の原則は、ヨーロッパ連合の連邦的構造を要求する。より厳密にいえば、加盟国の自立性と自己責任力および共同体における地域の存在が確保されたのである。

**教材7c 「ヨーロッパにはどの連邦制がふさわしいか」**（240頁）

連邦制によるヨーロッパは、二つの相反する傾向を同時にもちこむという構造を見せている。一つには、現代の緊急性の強い諸問題を考えに入れた、ヨーロッパレベルの権限を保持しなければならない。もう一つには、その際に、全権限は、古典的連邦国家の中央政府レベルの水準に達してはならないというものである。ヨーロッパレベルの権限は、十分に確保されねばならない。しかし、同時に制限もされなければならない。制限の必要性は、統一されたヨーロッパが大きいことと、大きいがゆえに中央によって意思が決定されること、また行政機関が遠いことによってもますます高まっている。

このことは、簡単な代数から生じている。つまり、国家レベルの固有の権限は、課題に応じて、十分に残されねばならない。それによって、市民は国家を、個々のアイデンティティの中心としてなお認識することができる。制限の必要性は、最終的に次の結果を導く。つまり、ヨーロッパレベル以下の諸機関で培った経験と問題解決能力は、当分の間維持される。なぜなら、ヨーロッパレベルの経験と能力が最も適切なものになるまでに、まだまだ時間が必要だからである。（以下略）

**教材7d 「国家的な意思決定か、超国家的な意思決定か」**（241頁）

下の表は、「次に挙げる政治領域の中で、あなたの考えではどれが国家の政府によって決められるべきだと思いますか。また、どの領域がECにおいて共同で決められるべきだと考えますか」、という質問をEC加盟国の市民に聞いてみた結果である。

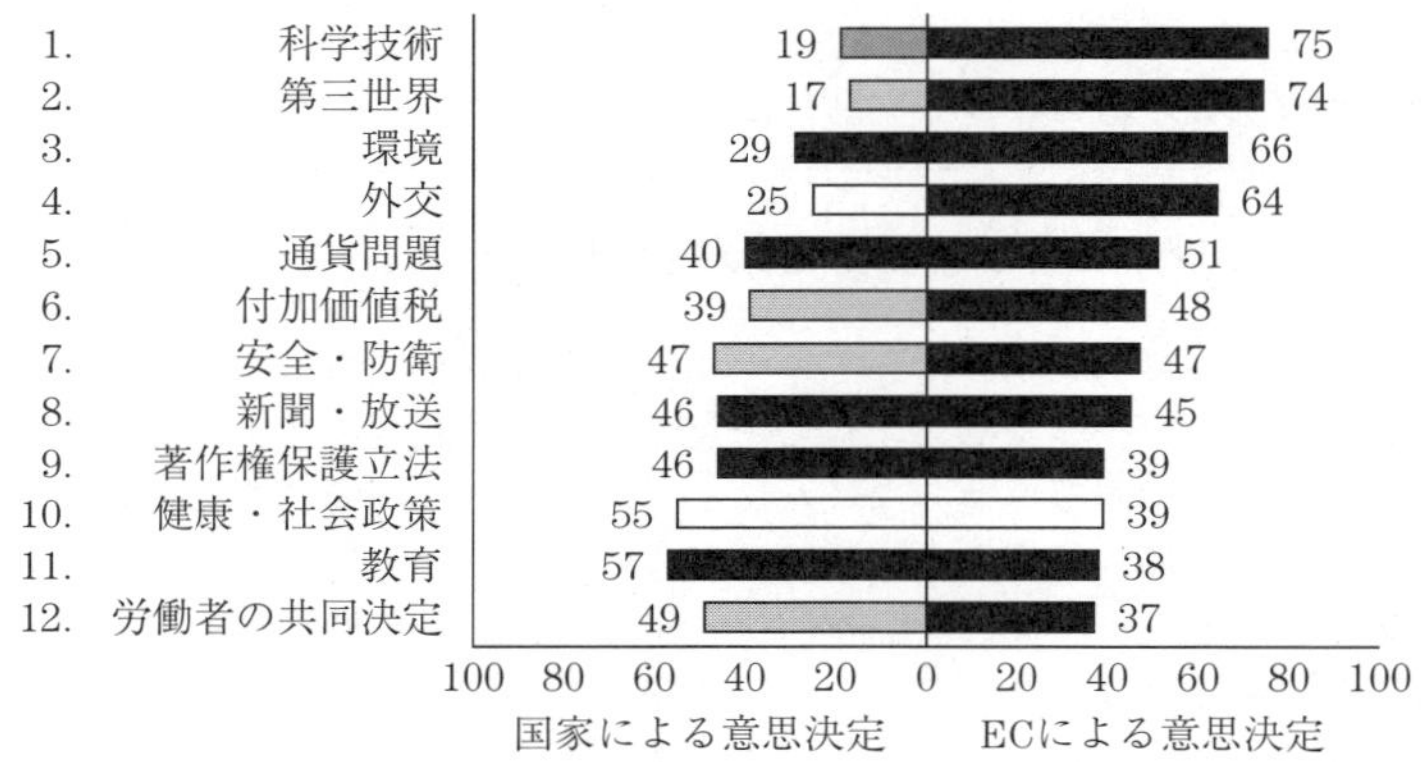

(Quelle; EG-Kommission, Eurobarometer Nr. 33, Juni 1990)

**課題：**

1．ヨーロッパの連邦国家は、基本法23条に従ってみた場合に、正当なものであるかどうか検討しなさい。
2．連邦州が、基本法23条に強く注目する理由を挙げなさい。
3．「ヨーロッパの中心の権力拡大」を妨げるために、補完性の原則がふさわしいものかどうか検討しなさい。（その際、実現可能な実例から出発しなさい）
4．教材7cの中心的見解をまとめなさい。著者は、ヨーロッパの中でドイツが果たす旗手の役割をどのように判断しますか。あなたの態度を決定しなさい。
5．調査（教材7d）の結果を説明しなさい。教室の中で同じ項目の調査をしてみなさい。そしてその結果を評価してみなさい。
6．私たちの州で、ヨーロッパ統合の結果、国民的アイデンティティを失うことについての不安が、理由のあることかどうか、またどの程度の理由があるか議論しなさい。

(b)と(c)は、EUのヨーロッパ統合について論じる際に中心概念となる「補完性の原理」と「連邦制」[65]について解説した文章である。これら二つの中心概念を習得することによって、複雑に思われがちなEUによるヨーロッパ統合がより理解しやすいものになると考えられる。

(d)は、表中に1~12で記したヨーロッパ統合の諸領域の中で、国家による意思決定と共同の意思決定のどちらが望ましいかを調査したアンケートの結果である。たとえば、「2 第三世界への対応」においては、国家による意思決定が一七%、ECによる共同の意思決定が七四%という割合であり、また「11 教育分野」においては、国家による意思決定が五七%、共同の意思決定が三八%というように、その統合領域によって結果が大きく異なることが読みとれる。この調査は、補完性の原則を身近に感じさせつつ、「統合」という一つの言葉で単純に括られがちな、総論的な統合イメージを調査するのではなく、領域を明らかにして具体的な問題事項ごとの意思決定を問題にした調査であるといえよう。

**②―4 展開部の教材(3)「ヨーロッパ連合の諸機関」**(教材17a~19)

教科書の第2章からは、「教育計画」の「2.2 ヨーロッパ連合の諸機関」にあたる「2.2 市民からの遠さ、不透明、非民主的?―EC機関の協力とその民主的正当性」を取り上げる。前項と同様、まず用語と概念を解説する「基本的知識」が、文章と図表を用いて提示されている。その基本的知識をもとに、教材17においてはEUの意思決定過程を解説している。ここでは、ヨーロッパにおける医師国家試験合格証明書の相互承認協定の採択問題が事例に取り上げられている。教材17aは、文章によって協定の採択に至る手順を示し、17bはそれをチャートにして示したものである。ここでは特に、医師国家試験合格証明書という一つの意思決定の事例に即して解説されていることに留意したい。

教材18(教材省略)では、意思決定過程をさらにわかりやすくするために、ヨーロッパ議会(教材18a/b)と閣

## ●展開部の教材 (3)：「ヨーロッパ連合の諸機関」 教科書「転換期の政治　第11学年」

### 市民からの遠さ、不透明、非民主的？——EC 機関の協力とその民主的正当性

E

カリカチュア資料
「12個のハンドルの取り付けだけがまだ一致していないのです！」

### 基本的知識「ヨーロッパ連合の組織」(272－273頁)

一方では条約に示された一体化の実現を、もう一方では、加盟国間の多様な要求を一致させるという、EC 行政の必要性のために、EC の組織と意思決定手続きは発展してきた。次の諸機関は、EC 内部での意思決定と立法のために設置された。

EC 委員会は、共同体政策の計画と実施に責任を負う。委員会は、国家における中央官庁の官僚と比較可能である。17人の EC 委員の任命は、加盟国によって行われる。EC 委員は、ブリュッセルにおいて、すべての加盟国から全体で約13,000名の官僚を統括している。EC 委員は、各加盟国の代表と、経済・社会委員会（労働組合、企業、その他社会団体の代表からなる）によって話し合われる。

EC のすべての重要決定は、閣僚理事会でなされる。議案の内容に従って各加盟国から派遣された12人の専門大臣は（たとえば経済、金融、調査、外交）それぞれの閣僚理事会を作り、閣僚理事会は基本的に「EC の政府」となっている。閣僚理事会は、委員会の提案についてのみ決定することができる。域内市場プログラムのように、多くの領域において特定多数決が採られ、他の場合は全会一致が要求される。

単一ヨーロッパ議定書によって、1987年より加盟国政府首脳会議がヨーロッパ理事会として条約の中に記されるようになった。ヨーロッパ理事会はすべての重要案件、たとえば外交の協力や共同体の新規加盟の問題などについて決定をおこない、少なくとも年に2回は召集される。(以下略)

**教材17a　「ECにおける意思決定過程—医師国家試験合格証明書のECレベルの承認に関する決定」**(274頁)

(a)12の各国の議会は、EC大綱の実現に向けた法律を自分の国で決議することを求められる。これによって、すべてのEC加盟国の医師は、自分の選んだEC諸国での実習を行う法的保証が得られる。
(b)ブリュッセル：閣僚理事会は、多数決で草案を可決する。前もってヨーロッパ議会がその提案を拒否した場合でも、閣僚理事会は、それを可決することができる。もちろん、同意することが求められている。
(c)ブリュッセル：閣僚理事会は、草案を審議する。もしその草案を変更したければ、理事会は一致して行わなければならない。採択は、多数決で行われる。(…) 閣僚理事会は、草案を採択する。
(d)この原則は、すべてのEC諸国で発効する。「すべての加盟国は、第3条において規定された修了証明書ならびに試験証明を承認する。」(原則75/362)
(e)ストラスブール：正当化手続きの実現によって、草案はヨーロッパ議会に新しく公式に伝達される。ヨーロッパ議会は、協議、修正の提案、これまでの活動結果の管理を行うことができる。決定権は持たない。この場合、提案を多数決によって支持する。
(f)ブリュッセル：EC委員会は、医師の試験合格証明書は、ECのすべての国々で承認されるべきであるという提案を起草する。すべての医師は、これによって自分の選択によって、EC内のどの国でも開業する権利を持つことになる。選択した国において、医師資格のための試験に要求されるものと同等とみなされる高等教育機関を修了していることが条件である。前提条件として、語学証明も必要である。
(g)ストラスブール：ヨーロッパ議会は、草案に対する態度を決める。議会はイニシアチブを歓迎する。次の審議過程のためにヨーロッパ議会は勧告を表明する。

**課題：**

1．図を用いてECの方針の成立の一つひとつの経過をまとめなさい（教材17a/b)。そして、このプロセスにおけるヨーロッパ議会の役割を記しなさい。
2．EC域内市場の目標設定を背景として、適切な綱領の必要性を説明しなさい。
3．EC条約189条cによる「協力」の下で、議会の拒否の決定に遭遇したとき、閣僚理事会が取る可能性を吟味しなさい。どのような前提条件によって、このような決定が結ばれるのか。

教材17b 「手順の概観」(275頁)

## ECにおける二つの立法手続き

「協力」(EC条約第189条c)・「共同決定」(EC条約第189条b)

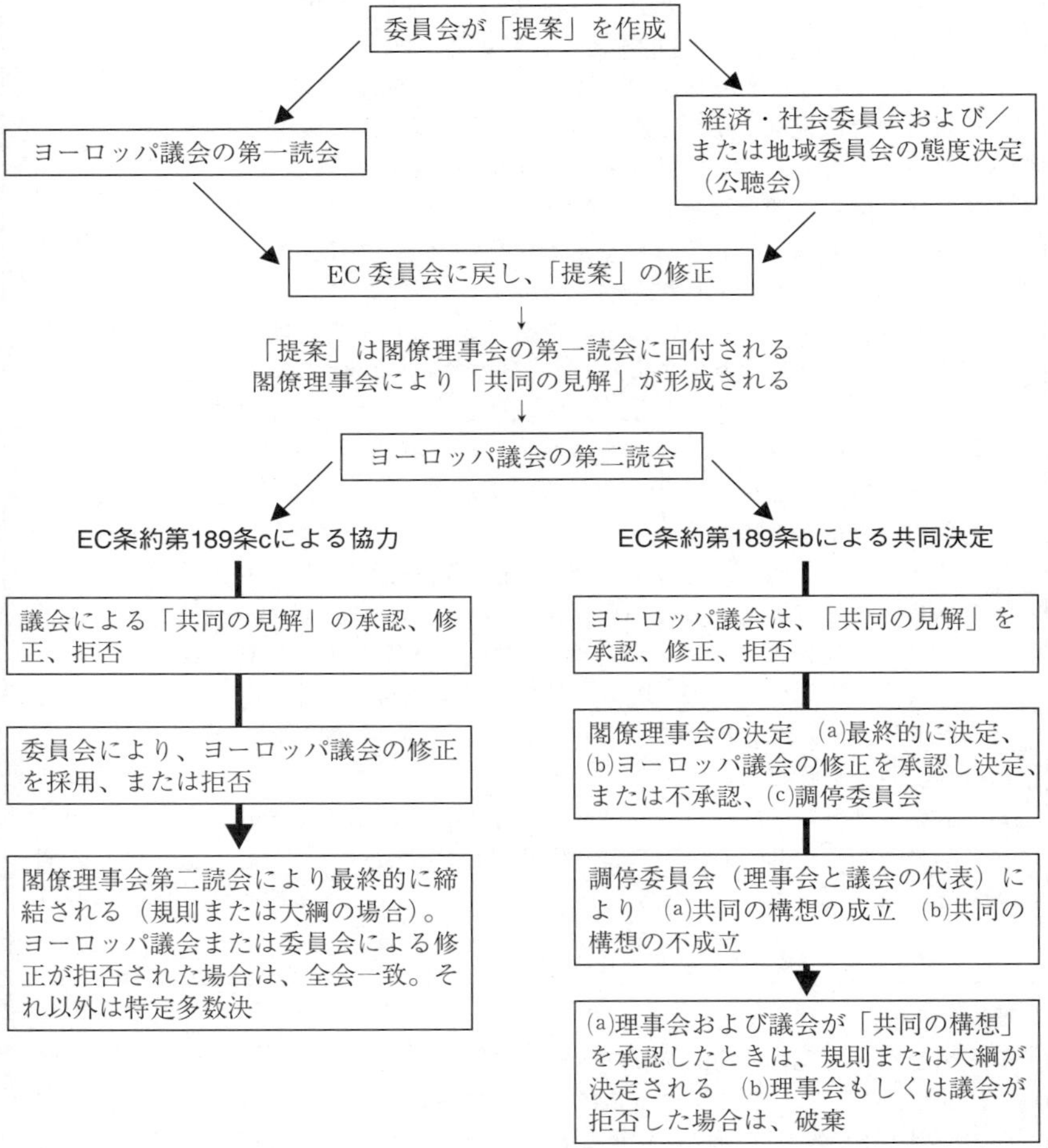
委員会が「提案」を作成
ヨーロッパ議会の第一読会
経済・社会委員会および/または地域委員会の態度決定(公聴会)
EC 委員会に戻し、「提案」の修正
「提案」は閣僚理事会の第一読会に回付される
閣僚理事会により「共同の見解」が形成される
ヨーロッパ議会の第二読会
EC条約第189条cによる協力
EC条約第189条bによる共同決定
議会による「共同の見解」の承認、修正、拒否
委員会により、ヨーロッパ議会の修正を採用、または拒否
閣僚理事会第二読会により最終的に締結される(規則または大綱の場合)。ヨーロッパ議会または委員会による修正が拒否された場合は、全会一致。それ以外は特定多数決
ヨーロッパ議会は、「共同の見解」を承認、修正、拒否
閣僚理事会の決定 (a)最終的に決定、(b)ヨーロッパ議会の修正を承認し決定、または不承認、(c)調停委員会
調停委員会(理事会と議会の代表)により (a)共同の構想の成立 (b)共同の構想の不成立
(a)理事会および議会が「共同の構想」を承認したときは、規則または大綱が決定される (b)理事会もしくは議会が拒否した場合は、破棄

僚理事会（教材18ｃ／ｄ）に焦点を当て、新聞や雑誌および著作からの引用による解説を加えている。教材18がヨーロッパ議会と閣僚理事会に焦点化する理由は、ヨーロッパの意思決定の根本問題である「民主的正当性」を理解することにより、ヨーロッパの意思決定における問題点とその改革のための手がかりを発見させることができる所にある。「民主的正当性」とは、現在、加盟国の代表である閣僚理事会が有している意思決定権限を、段階的に直接選挙によって選ばれた議員によって構成されるヨーロッパ議会に移行するという問題である。(66)つまり、ヨーロッパ政策の決定者として、国家の代表者である閣僚か、選挙で選ばれたヨーロッパ議会議員のどちらに民主的正当性があるのかという点にある。したがって、この二つの機関の性格や特徴を理解することが、ヨーロッパレベルの意思決定を理解するための鍵であるといえる。

教材18に課された「課題」は、まずEUの意思決定の独自性をドイツ連邦議会(67)や「古典的権力分散原則(68)」との比較によって発見させ、次に経験的な学習スタイルを意識したヨーロッパ議員へのインタビューを組み込んでいる。このインタビューによってEUの意思決定について生じた疑問を解消することが提示されている。この課題では最終的に生徒たちがより「透明で民主的、正当性を持つ意思決定方式」の具体案を提案することを目指している。これは、否定的検討にとどまる八四年版教科書と大きく異なり、建設的な「課題」といえる。

**②－5　単元まとめの教材**（教材20a〜22）

九四年版教科書は、単元のまとめとしてヨーロッパの将来を論じた教材20a「ヨーロッパはゆっくり歩むべきか?」、教材20b「われわれの将来はヨーロッパ」、教材21「未来のための一つのヨーロッパ」という三つの文章教材ならびにイラストによる教材22を掲載している。

教材21は、表題から連想すると統一されたヨーロッパを礼賛する内容のように思われるが、実際はそうではない。実際の本文を読むと、それはヨーロッパの未来に対する過度な楽観に対する戒めを読みとることができる。一方で

●単元まとめの教材　教科書「転換期の政治　第11学年」

教材21　「未来のための一つのヨーロッパ」(284－285頁)

ヨーロッパ統合のプロセスは停滞しており、マーストリヒト条約はその終焉を記すものであって、新たな始まりではない。統合プロセスはECの加盟国を分裂させ、その市民を親ヨーロッパ人と反ヨーロッパ人とに、国家そのものを統合主義者と反統合主義者に分裂させる。ヨーロッパ連合という言葉は、都合の悪いときにきている。したがって、ヨーロッパは1950年代の始まり以来、最低の統一に甘んじている。(…)

経済同盟・通貨同盟の考えは、1969/70年も1990/91年もテクノクラートによるものとはいわないまでも、技術的に構想されていた。あえていえば、どうしようもないものである。共同の市場を求める人は通貨同盟を求める。なぜなら、さまざまな通貨を持つ共同市場は、論理的に矛盾したものであるからだ。しかし！「政治的権力」は、そう簡単に押さえつけられない。(…)

イギリスの主権概念は、通貨同盟の経済的論拠を封じるために十分に強いものであることが立証されている。ドイツでは、多くの人がドイツマルクを捨て去ることはできないという感情に目覚めている。大体において、現在は再び強くなった国民的、民族的帰属意識が、ヨーロッパ統合の目標に対して完全に新しい異議を唱えだした。この異議は、労せずに表向きの論理を停止させ、市民の民主的論理によって取って変わる。(…)

マーストリヒトは、この道の最後の段階である。しかし、マーストリヒトは（…）遠い一歩である。条約は、ヨーロッパを引き裂くだけではなく、混迷へ導く。一度通貨同盟がうまくいかなくなれば、他のものもすべてうまくいかない。

ジャン・モネとヴァルター・ハルシュタインのヨーロッパは、その有意な存在の終焉を迎えている。それは、共同市場をもたらし、そして、協力の習慣をもたらした。それはしかし、新しい問題の克服には至らなかった。テクノクラートのトリックと論理は、90年代のヨーロッパを競争力と責任を持つ、開放的で活発なものにしなかった。新しい課題は、政治的なものであって、技術的なものではない。新しいヨーロッパは、ただ自己同一化と共同の理解の認識によってのみ認められる。

いうは易し、行うは難し。失業との戦いは、共同の関心なのか？　またそれは、EUのすべての加盟国が自分のために持つ関心にすぎないのか？　それは、共同の扱いを要求したり、またはそれぞれの国がその自分の道を行くことができるだけなのか？　ユーゴスラヴィアについても同様の問いを立てなければならない。本当に12カ国の共通の関心が存在するのか。それは共同の、または共同で取り組むのが最も良いと認識されているのだろうか。

（中略）

最後にはモネのヨーロッパは、単なる手続きの複雑さや、官僚や閣僚たちのヨーロッパ支配だけではなく、われわれ市民の無関心によっても後退しうるものである。人は、このヨーロッパのためにさまざまな方面にいいわけをしなければならない。ポーランドに対してはキノコの輸入の割合が減ることに、タイに対しては飼料の輸入停止のために、ヨーロッパ内の友人に対しては農産物の大量浪費のために、ユーゴスラヴィアに対しては拒否の姿勢を貫くために。このようなやり方はそう長くは続かない。

市民が困惑するような共同の在り方は、長くは続かない。ヨーロッパをより良く「売る」ことが問題なのではない。むしろ、EUが行う政治的主体の問題なのである。

（ラルフ・ダーレンドルフ、Der Spiegel, 3.1.94）

**課題：**

1．示された文章から核となるテーゼを取り出しなさい。
2．EU の失業問題、もしくはボスニア紛争の解決が「共同利害の問題」といえるどうか議論しなさい。
3．「外交における多数決決定は、統合を逆戻りさせるものである」というダーレンドルフのテーゼに対して、あなたの態度を決めなさい。

**教材22 「未来建設現場・ヨーロッパ」**
（286頁）

・東ヨーロッパ諸国の EU への取り込み
・廃棄物回避法、たとえば使い捨て瓶の禁止
・国家武力の廃止、ヨーロッパ軍の創設
・犯罪に対するヨーロッパレベルの戦い
・国家的通貨に代わるヨーロッパ通貨の導入
・ヨーロッパにおける単一的営業時間法の導入
・技術研究のイニシアチブ（例、遺伝子技術）
・開発援助における、EU のより強い参加　ほか

（各石に書かれている語―引用者）

課題：

1．上の絵（教材22）に続けて、さらにヨーロッパの家を作りなさい。あなたは、どの石を次に積みますか。石を持ち去るという決定もできます。その前に、石の「内容」をしっかり宣言しなければなりません。

2．「2010年のヨーロッパ」「ヨーロッパの生活」をテーマに、フィクションの旅行記を書きなさい。その際、ヨーロッパにおける市民の日常だけでなく政治的関係についても描くこと。

教材の原著者であるダーレンドルフ（R. Dahlendorf）は、ヨーロッパの未来を完全に悲観的に捉えているわけでもない。たとえば、「ヨーロッパをより良く『売る』ことが問題なのではない。むしろ、EUが行う政治的主体の問題なのである」という最後の文章のように、政治家のイニシアチブに対する期待、つまりはその政治家を選出する一般市民のイニシアチブの問題を問うているのである。このように九四年版教科書のまとめは、現状を楽観視することなく、未来のヨーロッパの建設に意識的に参加していくことを求めたものとなっている。

それが特徴的に表れているのが教材21の「課題」である。『『外交における多数決決定は、統合を逆戻りさせるものである』というダーレンドルフのテーゼに対して、あなたの態度を決めなさい」というように、ダーレンドルフのテーゼを必ずしも肯定的に受容することを求めていないことがわかる。

まとめの教材20a〜22全体を通していえるのは、本教科書のまとめ方は、八四年版とは異なり国内政治に収束することなく、ヨーロッパの将来をヨーロッパの視点から考えるようになっていることである。さらに、「あなたの立場を決めなさい」「あなたの態度を決めなさい」という「課題」の立て方は、ヨーロッパ統合に対する無条件の支持を強制するものではなく、ヨーロッパの単元で学んだことをもとにして、ヨーロッパの統合に対する学習者の意思形成に重点がおかれているといえよう。

### ③　教科書の評価

本項では、九四年版の社会科の教科書における「ヨーロッパ学習」単元を「教育計画」に基づいて評価する。「教育計画」の「目標」が、四つの文章から構成されていることは前に述べた。「ヨーロッパ統合の広範囲な成果を知り、評価する」という②と、「ヨーロッパ連合の内側で政治的意思決定過程を試み、そしてそれを共同の利害調整の試みとして理解する」という③は、前項の教科書の内容分析によって十分に考慮されていることが示されたであろう。④の「ヨーロッパ統一の問題がヨーロッパ連合に限定されるものではないことを知る」という目標については、教科書の中に「教育計画」に示された「選択教材」に該当する教材が取り上げられていないことから、本教科書ではEU以外の統合への努力については、生徒に十分な認識を与えることはできないと考えられる。EU以外では、ヨーロッパ評議会（CE）について、一九四九年に設立されたという歴史的意義が言及されているのみで、現在のCEが文化や人権保障の領域で果たしている役割について何の評価もなされていない。第四章第1節で言及した一九九一年のドイツの「政府報告」においても、「ヨーロッパ共同体のみを問題にするのではなく、全ヨーロッパの統合過程が、東ヨーロッパの変革によって座視できないものになっている」との認識が示されている。このことからも「ヨーロッパ学習」におけるヨーロッパ評議会の取り扱いは、より積極的に位置づけられるべきではないだろうか。

残る目標①「ヨーロッパの統合過程のための歴史的、現代的基礎を知り、ヨーロッパの協力と統合の必要性を意識する」は、単元全体に関わる目標であった。この目標の中心課題は「ヨーロッパの協力と統合の必要性」の意識であろう。教科書の「教材」や「課題」は、「ヨーロッパの協力と統合の必要性」の自覚を促すものになっているだろうか。この意識の目標については、単に教科書の分析によって目標が達成されるかどうかを論じるのは、もとより困難である。したがって、本項では教科書が意識形成という目標に十分な配慮がなされているかを、ミケルの意識形成論を充足しているかどうかによって、評価することにしたい[69]。

ミケルは、意識形成を次のように規定している。「意識形成は、生活状況に直接関わるものであるため、一人ひとりが具体的に出会い、それ（意識形成）を伴った問題に取り組む準備がなされ、その際、必要による方向付けを経ることによって、実現されるものである」[70]。このようなミケルの考えから、「具体的な出会い」「意識形成を伴った問題への取り組みの準備」「必要による方向付け」の三つの過程を取り出し、この三過程を踏まえた単元構成がなされているかを検証して、意識の目標に対する評価を行う。

「具体的な出会い」については、「導入教材」の分析で述べたように、十分に配慮された跡を見ることができよう。とりわけ教材2および3がそれに該当するであろう。次に「意識形成を伴った問題への取り組みの準備」がなされているかについては、教科書の「課題」に注目して判断することができる。「課題」の中には、「態度を決めなさい」「評価しなさい」という「課題」がしばしば見られ、生徒一人ひとりが意見や立場を明らかにする場面が設定されている。したがって、教材の中に、意識形成を伴った問題への取り組みが、用意されていると判断されよう。

では本教科書は、ヨーロッパの統合と協力に対して「必要による方向付け」がなされているだろうか。結論からいえば、「必要」によって方向づけられるという観点よりも、統合がすでに進展中であるという「現状」に方向づけられるという観点に沿った教材編成がなされていると判断できる。つまりヨーロッパの統合と協力の「必要性」は、経済問題、防衛問題、環境問題など、国境を越えた課題の発生によって生じる。ところが、教科書は問題の発生よりも、解決の過程に焦点を当てた教材編成になっている（たとえば、教材14や17）。これは統合の「必要性」は、すでに自明のものとしてあり、もはや強調されず、問題解決の過程を重視しているためではないかと考えられる。しかし、自明であるからといって、統合の深化が完全に受け入れられたのではない。このことは、マーストリヒト条約の批准の際、デンマークが否決しフランスも僅差によって批准されたことによって、証明されよう。したがって、統合の「必要性」は、今後も訴え続けることが要求されるであろう。

以上本項では、バーデン＝ヴュルテンベルク州九四年版社会科の教科書を、「教育計画」に記された「目標」に照らして、評価してみた。その結果、ヨーロッパ統一の諸問題がヨーロッパ連合に大きく依存し、全ヨーロッパ的広がりに欠けている点（この点については後述）と「必要による方向付け」において、不十分さが指摘されたものの、全体として「教育計画」に準拠した教科書の単元構成がなされていると評価できる。八四年版教科書が「教育計画」の内奥を十分にくみ取れていなかったことから考えると、九四年版教科書における改訂作業の中で、ヨーロッパ学習の理論的研究に対して大幅に進展したと考えられる。

### (4) 「ヨーロッパ学習」の単元構成における特徴と課題

最後に本節第(2)項と第(3)項で行った考察をもとに、カリキュラム改訂に伴って更新された「ヨーロッパ学習」の単元構成の特徴と課題についてまとめたい。

#### ① 単元構成の特徴

「ヨーロッパ学習」の単元改訂における第一番目の特徴は、生徒の日常生活との関わりが意識されたこと、しかも単元の導入教材において有効となるという点である。つまり、他のヨーロッパ諸国あるいはヨーロッパ共同体がすでに日常の中に深く入り込んでいることに気づき、その日常生活の中に「ヨーロッパ学習」の端緒を見いだすという視点である。その際とくに、基本的価値とヨーロッパ文化に対する共通性の認識が鍵となっている。このことは、九四年版教科書の教会建築様式の共通性について話し合う教材に、特徴的に表れている。また同世代の子どもたちのヨーロッパ観を集めた教材の中にも、文化的共通性に対する興味を記した例があり、生徒たちのヨーロッパに対する共同意識に訴える教材であるといえるだろう。このように、九四年版教科書は、生徒の日常生活に関わらせながら、単元への導入において文化的共通性に着目させ、価値・心情の領域を扱う教材を配置しているという特徴が見られる。

第二番目の特徴は、教科書の「課題」に示された発問の仕方と学習方法である。八四年版と九四年版の「課題」を比較すると、次の差異が見られることに気付く。まず、八四年版にはEUの政策や問題の解決に対し、否定的な問いかけが多用されている。本章第3節第(2)項で挙げたEUの組織と利害調整の例以外にも、教材の内容から判断して、否定的な解答を導き出し、理解することを求める「課題」が見られる。つまり、統合の否定的な側面に問いを立てることによって、EUの統合に内在する問題点を強く意識させるという方法を採用しているといえる。これに対し九四年版は、議論や討議によって問題解決の道を探すことが意図されていると考えられる。たとえば、前項において、EUの意思決定方式をめぐって、改善されたプランを提出させる課題を事例として示した。さらに、九四年版には生徒に自分の態度を決定させる課題と生徒にEUの政策を評価、検討させる課題が多く見られる。態度決定については、単元のまとめ教材のダーレンドルフのテーゼに対する生徒の態度決定の例を挙げた。八四年版の教科書には、調べ、知る課題が中心的役割を果たしていたのに対し、九四年版には意思決定や判断を求める課題に中心が移ったものと考えられる。この特徴の中には、「ヨーロッパの次元」の第二のフレームワーク「ヨーロッパ社会への参加の準備」の視点が読みとれる。

第三番目の特徴は、客観的教材と具体的事例の提供によって、複雑なヨーロッパの統合をより平易に理解させようとしている点である。統計の読みとり教材については、八四年版において一四ページ中二教材、つまり七ページに一題であったものが、九四年版においては五七ページに一一教材、つまり約五ページに一題の割合で取り上げられるようになった。それだけ、客観的な教材を提供する努力がなされたと考えることができる。客観的な教材を提供することによって、良くも悪くも主観的に捉えられてきたヨーロッパのイメージが、数値やデータによって客観的なものとして再認識されることになる。また逆に、漠然と抱いてきたヨーロッパの統合に対する否定的イメージを、客観的に反証することによって克服するなど、新たな認識に到達する可能性を持っている。

また、教材の中に具体的事例が取り入れられ、説明が理解しやすくされていることも注目される。教材17は、EUの意思決定過程における医師国家試験の証明書について言及した。このほかにも、EUの拡大問題に対しては、トルコとハンガリーの加入を事例にして検証する教材（教材8a～e）や、EUの対外経済協力の問題をバナナ市場の例を用いて具体的に説明した事例（教材14a～e）、ヨーロッパ裁判所に関する教材は、ソーセージの品質を規定したEU法の裁判の事例（教材15a～b）などが挙げられる。これら事例の提供は、第三のフレームワーク「EUとその加盟国に関する知識」の獲得をねらいとしている。つまり、EUの政治的、経済的、法的構造を現実の問題として具体的に提示することによって、理解させることを意図したものであろう。

第四番目の特徴は、まとめ教材がヨーロッパの視点に立って構成されていることである。この特徴は、ヨーロッパの社会参加に向けた第二のフレームワークに配慮したものであろう。八四年版では、ドイツの与野党議員の連邦議会での討論を用いて、国内問題に収斂される教材がまとめに用いられていた。国内問題に収束したまとめは、ヨーロッパの視野に立った問題解決や意思決定の妨げになるばかりでなく、ナショナリズムに立脚したヨーロッパ観を招きかねない。一方、九四年版教科書のまとめは、ヨーロッパの将来をヨーロッパの視野に立って考察する構成であることを示した。このことから、九四年版教科書は、国内レベルにとどまることなく、ヨーロッパに向かって開かれた態度の形成に重点がおかれていると結論づけた。生徒にこのようなヨーロッパの視野に立って思考し、意思決定を行う能力を付与することは、「ヨーロッパの次元」の理念に合致するものであり、「ヨーロッパ学習」の究極的な課題といえよう。九四年版教科書のまとめの教材は、一定の結論を押しつけることなく、一種のオープンエンドの方式を採用することにより、生徒自身が各自で価値判断を行う余地を残し、生徒一人ひとりのヨーロッパへの社会参加を促すものといえる。(71)

このように、九四年版教科書の単元構成には四つの特徴が含まれ、その中には「ヨーロッパの次元」に盛り込まれた基本理念が配慮されていることが認められた。「ヨーロッパの次元」の理念は、社会科のみで達成されるものではないため、必ずしも理念に示されたすべての要素が社会科において教材化されているわけではない。にもかかわらず、九四年版教科書の単元構成は、三つのフレームワークのいずれに対しても配慮がなされていることから、「ヨーロッパの次元」を具現化する一つの例として評価できよう。

### ② 単元構成の課題

改訂された九四年版の「ヨーロッパ学習」単元は、それ以前の単元に比べて多くの点で本質的な変更が見られ、単元構成上の特徴となって表れているが、依然として課題も残されている。最後にそれらの課題をまとめて、九四年版バーデン＝ヴュルテンベルク州における改訂カリキュラムの到達点を明示したい。

第一番目の課題は、全ヨーロッパを対象とした「ヨーロッパ学習」の構想の必要性である。「教育計画」にもドイツ連邦政府の報告書にも、「ヨーロッパ学習」の対象をEUに限定しないと明記されていた。EUを論じることによって「ヨーロッパ」を論じたことにならないにもかかわらず、教科書においては、相変わらずEUという一つのヨーロッパ機関を中心に単元が構成されていることに解決すべき課題が存在する。

ヨーロッパ機関についての学習のみがヨーロッパ学習の核となるわけではないが、他のヨーロッパ機関の学習を単元の中に位置づけることで全ヨーロッパ的視野の獲得を目指すことができる。ほぼヨーロッパ全域を対象とするようになったヨーロッパ評議会が、いっそう重視されるべきであることは、教科書分析の際に述べたが、他にも不戦の制度化を目的とする欧州安保協力機構(OSCE)による安全保障の枠組みについての学習も、全ヨーロッパ的視野の獲得には有効であると考えられる。(72) 冷戦体制が崩れた現在、ヨーロッパには新しい局面が構築されつつある。近年のヨーロッパは、東欧(あるいは中欧)と西欧の接近というパラダイムと、西欧内部の統合の深化というパラダイムの構築途上にあるといえよう。この二つのパラダイムを見通したバランスのとれた取り扱いこそが、九〇年代における「ヨーロッパ学習」の課題であるといえよう。

二番目の課題は、適正な学習内容と時間の配分である。ともすると膨大になりかねない学習内容を、限られた配当時間(九四年版「教育計画」によれば一二時間)にどう配分するか、また、時間配分と教材選択の原理を何に求めるかが課題となる。第一の課題で指摘したような、新たな学習内容が要求される中で、どのように単元を構成するかが問われることになろう。同様に、刻々と変化する現代のヨーロッパにおいて、どこまで現実の政治状況に対応した単元構成が可能なのかについても、議論されなければならない。たとえば、九四年に作成された九四年版教科書は、発行間もない九五年一月にはフィンランド、スウェーデン、オーストリアのEUへの加盟によって、すでに現状と隔たったものになってしまった。二〇〇四年五月には、さらに一〇カ国が加盟し、二五カ国体制のEUが構築される見通しである。この間に、マーストリヒト条約は、アムステルダム条約、ニース条約へと引き継がれ、さらにEU憲法の制定までが視野に入りつつある。このような急激な機構や制度の改革に、学習内容の改訂が連動できなくなっている。このように、活発に活動し、刻々と姿を変えてゆくヨーロッパを、学習単元の中で、どのように構成させることが可能なのか、今後とも引き続き考察されるべき課題であろう。

三番目の課題は、二番目の課題とも関連するが、学習方法の再検討である。本節はカリキュラム改訂による学習内容の考察を主としているため、学習方法の側面については言及してはいないが、あえて指摘しておきたい。九四年版教科書には、生徒自身の態度形成とEUの政策を評価することによって、生徒に意思決定を促す教材が用いられていた。しかし、ロールプレイやシミュレーション教材など体験を利用した学習方法は採用されていなかった。「ヨーロッパの次元」において、アイデンティティや共同意識の形成が目指されていることからも、体験や他者の立場に身をおいた学習方法を採用することは、検討するべき課題であろう。解説と資料に基づいた基礎知識を獲得し、抽象的操作を学習方法の中心にしているギムナジウムにおいても、[73]教材に即して学習方法が検討され直す必要があるのではないかと考える。

これまで本章では、それぞれに特徴のある四つの州（シュレースヴィヒ＝ホルシュタイン州、テューリンゲン州、ヘッセン州、バーデン＝ヴュルテンベルク州）を対象に、一九九〇年代において各州がヨーロッパの次元をどのように展開してきたかについて論じてきた。これら各州のヨーロッパの次元は、それぞれ州独自の観点と文脈の下で展開されてきたものであり、それゆえに各節での考察の対象もそれぞれの特徴に応じて授業単元モデルや学校改革プログラム、学習指導要領や教科書など多岐にわたった。そのため、それら各州の展開を一つの観点のもとに共通の枠組みを立て分析するという手法をとらず、あえて個々の事例を検討するにとどめた。

本章で取り上げた各州におけるヨーロッパの次元の展開は、いずれの場合も授業実践を準備する計画の段階のものであり、あくまで机上の計画レベルにとどまっている。本章の表題となっている「ドイツ主要連邦州におけるヨーロッパの次元の展開」とは、このような計画レベルの展開を意図している。しかし序節でも述べたとおり、この第Ⅱ部での研究は、計画レベルから授業実践レベルまでを考察の対象とし、ヨーロッパ教育の研究を深めていくことをねらいとしている。そこで、次の第六章ではヨーロッパ教育の分析を、授業実践の記録に基づいて分析・考察する授業実践研究へと進めていきたい。

# 第六章　ドイツにおけるヨーロッパ教育の実践

前章では、州立研究所による単元プランや新設教科の学習指導要領、あるいはカリキュラムの改訂とそれに準拠した教科書など、「計画レベル」の資料を対象に、文献研究によってヨーロッパ教育を説明しようとした。これに対し、本章では、ドイツのヨーロッパ教育を「実践レベル」から考察するため、ヨーロッパ教育のエキスパートの授業実践を取り上げ、その内容編成について詳細に考察する。本章は、従来の外国研究が持つ文献中心の研究方法から一歩を進めて、授業記録に基づく授業実践に即した実践研究を行うとともに、ヨーロッパ教育の実相を実践の事実をもとに考察するという意義を持つ。

## 1　授業者ならびに学校の紹介と授業の構成

本章で考察する授業の実践者であるユルゲン・クンメタート教諭は、フランクフルト市のカール＝シュルツ校（Carl-Schulz-Schule）で、主に後期中等教育段階の生徒にフランス語と政治を教えている。クンメタート氏は、「ヨ

表6－1　授業記録の整理および授業分析の手順

| |
|---|
| ① ドイツの学校を訪問し、ビデオによって授業の映像記録を採取する。 |
| ② ビデオの映像記録からドイツ語のトランスクリプトを作成し、ドイツ語の授業記録を確定する。 |
| ③ 映像記録を参照しながらドイツ語授業記録を日本語に訳出し、日本語の授業記録を確定する。このとき、原語に忠実に逐語訳として訳出することよりも、授業中の会話の意味を引き出すことができるように訳出した。 |
| ④ 日本語による授業記録を基礎資料に、授業の展開を読み込み、授業中の話題のまとまりから分節に分ける。 |
| ⑤ 各分節のつながりから授業をいくつかの段階にまとめ、分析する単位（場面）を設定する。 |
| ⑥ 場面ごとに、授業に盛り込まれた学習内容の構成を分析する。 |

〔筆者作成〕

ーロッパ教員連盟（Europäische Erziehersbund: EEB）」ドイツ支部の事務局長を務めており、長年ヨーロッパ教育の普及と充実に努力している。次項で検討する授業実践の直前にもEUのソクラテス・プログラムを活用し、生徒を引率してストラスブールのヨーロッパ議会を訪問しており、同校のヨーロッパ教育の中心的役割を担っている。学校の課外活動では「ユーロクラブ」の顧問として、生徒による企画展示や他のユーロクラブとの交流会などを指導している。カール＝シュルツ校は、フランクフルト市南部のザクセンハウゼン地区に立地し、一九〇一年に創立された伝統あるギムナジウムである。第5学年から第13学年までで構成され、各学年は四クラスないし五クラスを有する大規模校である。

分析を行う授業は、一九九七年三月五日に、ギムナジウム第11学年の生徒を対象に実施された二時間続きの授業（計九〇分）を、一つの構成としてまとめたものである。授業記録の整理に際し、著者の自己紹介やビデオ撮影の許可を得る部分については削除を施しているため、授業時間の合計は七六分となっている。授業の記録は、本章の末尾にその全文を掲載した。

授業の検討に入る前に、授業記録の整理の手順について述べておく。実践記録の整理および分析は、表6－1に示した手順によって行う。

本授業の分析に際して、二校時にわたる授業を内容のまとまりに即して、表6－2のように15の分節に分けた。さらにその15の分節を、「授業の導入

**表6－2　分節別授業展開**

| 段階番号 | 分節番号 | 主題 | 発言番号 | 時間（分） |
|---|---|---|---|---|
| Ⅰ | 第1分節 | 前時の復習と導入 | 教師1～教師3 | 2 |
| | 第2分節 | 排外主義の語源と定義 | 教師3～教師17 | 3 |
| | 第3分節 | ギリシア文化 | 教師17～教師31 | 3 |
| Ⅱ | 第4分節 | ヨーロッパ評議会についての情報の読みとりと「枠組み協定」の提示 | 教師31～教師33 | 5 |
| | 第5分節 | 東欧の崩壊とヨーロッパ機関加入への道 | 教師33～生徒60 | 3 |
| | 第6分節 | ヨーロッパ評議会とヨーロッパ理事会の区別 | 教師61～教師71 | 5 |
| | 第7分節 | 東欧諸国のヨーロッパ評議会加盟 | 教師71～教師77 | 3 |
| Ⅲ | 第8－1分節 | 「枠組み協定」における諸権利 | 教師77～教師95 | 3 |
| | 第8－2分節 | 文化的権利と宗教的権利について | 生徒96～教師125 | 6 |
| | 第8－3分節 | ルーマニアとドイツの民族マイノリティとその権利について | 教師125～教師141 | 6 |
| Ⅳ | 第9分節 | アイデンティティについて | 教師1～教師29 | 10 |
| | 第10分節 | ドイツの加盟とザール問題 | 生徒30～教師45 | 4 |
| Ⅴ | 第11分節 | ヨーロッパ評議会の権限と設立目的 | 教師45～生徒54 | 3 |
| | 第12分節 | ヨーロッパ評議会による教育政策の可能性 | 教師55～教師73 | 7 |
| Ⅵ | 第13分節 | ヨーロッパ社会憲章 | 教師73～教師83 | 4 |
| | 第14分節 | ヨーロッパ評議会における各国の利害 | 生徒84～教師93 | 4 |
| | 第15分節 | 社会憲章・キプロス紛争・宿題 | 教師93～教師97 | 5 |

〔筆者作成〕

の段階」（第1～3分節）、「人権問題への焦点化の段階」（第4～7分節）、「マイノリティの文化的権利の保護を追究する段階」（第8分節）、「マイノリティ保護とヨーロッパ評議会を結びつける段階」（第9～10分節）、「ヨーロッパ評議会における教育政策に関する議論の段階」（第11～12分節）、「ヨーロッパ社会憲章に取り組む段階」（第13～15分節）という六つの段階に再構成した（表中の段階Ⅰ～Ⅵ）。

本節では、「分節」を授業におけるトピックごとの小さなまとまりとし、「段階」を授業の学習内容の構成の観点からより大きくまとめたものであると位置づけて両者を区別したうえで、授業分析の単位を「段階」ごとに行う。「段階」ごとに分析を行うのは次のような理由からである。「分節」単位の授業分析はミクロな視点に立ち、子どもの思考過程を分析するコミュニケーション分析には適している。(1) これに対し、本稿では、授業全体を見通した内容構成の特徴と生徒の意識形成に即して授業の特徴を明らかにすることをねらいとしている。すなわち、ヨーロッパ教育の授業としてどのようなヨーロッパに関わる内容構成がなされているのか、また授業の中で生徒のヨーロッパ意識の形成はどのように表出されているのかを析出することが本稿の目的であり、そのためには、一定の内容的なまとまりを持った「段階」を単位とした分析が望ましいと考える。以下、次節で行う授業分析にあたっては、本章末に添付した授業記録を参照しながら進める。

## 2　授業実践の分析

### ①段階Ⅰ「授業の導入の段階」（第1～3分節）

授業者は、授業の冒頭、前時までの授業内容である「ギリシア人権思想の前史」から学習テーマが大幅に転じていることを説明した後、本授業の導入として、授業の直前に訪問し、生徒の印象に残るストラスブールのヨーロッパ評議会を手掛かりに、ヨーロッパ評議会における人権の取り組みに関する授業を開始している。

初めに授業者は、ストラスブールで生徒が経験したことを想起させ、「ストラスブールのヨーロッパ評議会でどんなことを学んだのか」（教師1）をランダムに挙げさせようとしている。これに応えてネーメット（仮名、以下同じ）が本来はEUの機関であるヨーロッパ議会が[2]、「ヨーロッパ評議会の建物の中にある」（男子生徒2）ことの奇妙さを思い出している。

「教師3」で授業者は「ヨーロッパ反排外主義・反レイシズム年」という授業テーマを示したうえで、「いったい排外主義というのはどういう意味でしたか?」（教師7）と問いかけている。生徒は日常語で「外国人嫌悪」の意味だとして言葉をいい換えているが（男子生徒8）、授業者は意味の確認のみでよしとせず、語源を追究して「排外主義」の概念がギリシア語にさかのぼることができ、「未知なる人」「罪人」「敵」「隣人」に対する「不安」という意味を持つこと、その他者を「文化や宗教によっても区別していた」（教師17）ことを説明している。授業者は、歴史や語源をさかのぼり一つの概念を理解させているが、このように一つの重要な概念を掘り下げて理解させる方法は、第二時における「アイデンティティ」の説明においても繰り返されている。ギムナジウム上級段階においては、このような概念的な理解が重視されているためと思われる。

第3分節の初めに「教師17」で授業者は、第2分節のギリシアの例を通して「共同の宗教、共同の言語、共同の行動」によって形成される「アイデンティティ」の問題について進めようとしているが、「男子生徒18」においてミヒャエルが「アレキサンダー大王」についての理解が十分でないことからギリシア世界についての補足が挿入されている[3]。この場面で授業者が意図しているのは、「ギリシアの文化世界帝国」に対する理解、すなわち多様な民族を含む広範な支配領域の中で、ギリシアが文化や言語、価値を共有し一つの「大帝国」を築いたことへの理解であるが、その先にはヨーロッパ自体もギリシアと同様に文化や言語、価値を共有する「大帝国」となりうることを見すえていたと思われる。その意味で、第3分節に挿入されたギリシア世界についての補足は、生徒のヨーロッパイメージを豊かにさせるための授業者の意図が含まれていると考えることができる。

②段階Ⅱ「人権問題への焦点化の段階」(第4～7分節)

この段階から授業は本題に入り、授業者のねらいもヨーロッパ現代史における人権問題に焦点化されていく。第4分節の初めに『政治学小辞典』から作成した教材によって、ヨーロッパ統合史とその過程でヨーロッパ評議会が果たした役割を読みとらせようとしている。「教師31」でヨーロッパ評議会の設立とそれに関わる四つのキーワードを挙げ、このキーワードとストラスブールの経験を結びつけさせようとしている。[4]

「教師33」の終わりでは、「民族マイノリティの保護のための枠組み協定」に着目して授業を進めることが述べられているが、続く第5分節、第6分節、第7分節では、それぞれ「東欧革命」「ヨーロッパ理事会とヨーロッパ評議会の区別」「東欧諸国のヨーロッパ評議会への加盟」を確認しておく段階が挿入され、実際に「民族マイノリティの保護のための枠組み協定」が検討されるのは第8分節になる。このようにクンメタート氏の授業は、授業のトピックがさまざまな方向へ移転しながら進められているが、授業者が生徒の理解の不足を補うために自ら一種の「脱線」を行う場合と、生徒の関連する質問に答えながら別の方向への「ずれ」を生じさせる場合がある。どちらの場合も、ヨーロッパに関する基礎知識に関する「脱線」や「ずれ」であり、ヨーロッパ評議会における人権問題への取り組みという授業の中心テーマを扱ううえで必要な知識の補足となっている。

第5分節では、一九八九年のいわゆる「東欧革命」以降、東ヨーロッパ諸国が西ヨーロッパへ「編入」する際の問題点が「人権」にあることをまとめている。しかし、その前半部は、一九八九年当時一〇歳であった生徒にそのときのインパクトを伝えることに費やされている。

第6分節では、複雑なヨーロッパ機関の名称の整理を行っている。ヨーロッパ機関の名称である「ヨーロッパ評議会」とEU首脳会議の名称である「ヨーロッパ理事会」は、ドイツ語ではそれぞれ“Europarat”、“der europäische Rat”と混乱しやすい。これに「閣僚理事会」を指す“Ministerrat”が加わり、生徒の混乱に拍車をかけている。第6分節での説明によって直ちに生徒にこれらの用語の整理ができたとは思われないが、第二時にミヒャエルが「こう言ってもよいですか。このヨーロッパ理事会、あっヨーロッパ評議会のことです」(第二時・男子生徒46)と言い直しているように、それらの用語を整理し正確に用いる必要があることは意識されたようである。

第7分節では、東欧諸国のEU加盟に人権という障害があり、その障害を乗り越えるため、まずヨーロッパ評議会に加盟し、前提条件を整えたうえでEU加盟が実現するという道筋を示している。

以上第4分節から第7分節においては、本時のテーマであるヨーロッパ評議会における人権問題への取り組みの前提となる知識が補われている。そこでは、一九八九年以降のヨーロッパ現代史、ヨーロッパ機関の各種の名称の区別、東欧諸国の西ヨーロッパ編入に対する人権問題の取り扱いなど、僅かな時間の間に多くのトピックが盛り込まれた知識整理の段階となった。

### ③段階Ⅲ「マイノリティの文化的権利の保護を追究する段階」(第8分節)

第8分節は第一時の中でも「マイノリティ保護のための枠組み協定」という授業テーマに関わる重要な段階である。

第8－1分節は、「マイノリティの権利」についてどのような権利が想像されるか、生徒に挙げさせる段階である。授業者は、ここでも教室内のマイノリティであるトルコ人生徒ネーメットとラディアに、彼らの両親の「故郷」を訪問したときの経験を話させようとしている(教師79)。そのようなクラスの中のマイノリティ生徒の経験を話させることで、「マイノリティが野蛮人とみなされるか、それとも市民とみなされるか、彼らはどのような権利を持つのか。想像してみてください」(教師85)という問いかけが現実味を帯びて生徒に受け止められるのである。残念ながら、「女子生徒86」のハンナの発言は録音の状態が悪く判別しづらいが、直後に授業者が「労働の権利、生活の権利、健康に暮らす権利」(教師87)について述べていることから、ハンナは想像されるあらゆる権利について述べていたことがうかがえる。

この他に第8−1分節、第8−2分節において挙げられたマイノリティの権利を列記してみると、「選挙権」(教師91)、「平等な社会的権利」(女子生徒94)、「意見表明の自由」(男子生徒96)、「文化的自治」(男子生徒100)、「信教の自由」(教師123)が出されている。この過程で「女子生徒102」から「教師123」までの長い時間をかけて、トルコ人マイノリティによるモスク建設という、現在のドイツにおける信教の自由に関わるトピックが引き出されているが、授業者が生徒に着目させようとした権利は、「地理の授業」(男子生徒124)、「母語による授業」(男子生徒126)に代表される「教育の権利」である。授業者は、この教育の権利については、後に「マイノリティがその国で自国のやり方に則って子どもを教育できるかどうかは今日でも問題になっています」(第二時・教師29)のようにたびたび言及しており、授業者が教育の権利の重要性を一貫して強調していることがわかる。

第8−3分節においては、ドイツ内の民族マイノリティである「ソルブ人とデーン人」の教育に関する権利について説明されている。授業者は、ソルブ人が「独自の小学校や文化団体などを持っている」(教師137)こと、「デーン人のマイノリティは自前の幼稚園、学校などの文化的権利」を持つこと(教師139)をマイノリティの権利尊重の事例として評価しているが、その背景には教育の権利が「文化的権利」の保護につながるとの認識がある。授業者は、この「文化的権利」の尊重がマイノリティの権利尊重の中核にあることを学ばせようとしているのである。

授業者は、「教師139」で次のように述べている「重要なことは文化的側面です。みなさんは平等のための権利、社会権、参政権だといいます。そして私は文化的権利を持たないことをいいます」(教師143)。つまり授業者は「社会的権利」と「文化的権利」のどちらが重要かという問いに、アイデンティティ形成に関わる「文化的権利」をより重要視する立場を示している。生徒は、マイノリティにとって、社会への参画を果たす社会権が重要であることの認識については十分に持っているため、授業者はアイデンティティに関わる「文化的権利」の重要性の方に気付かせることを意図しているといえる。

④段階Ⅳ「マイノリティ保護とヨーロッパ評議会を結びつける段階」（第9～10分節）

第二時の始まりであるこの段階は、「アイデンティティ」についての理解を促す第9分節と「ドイツのヨーロッパ評議会加盟とザール問題」についての説明である第10分節からなる。(5)

第9分節では前時を受けて、「信教の自由と教育」が「アイデンティティ」に関わるものであることを確認した後、「アイデンティティについてどのように理解したらよいのだろうか」（教師1）と問うことから始めている。この問いに対しマルクスが「共通の文化、共通の歴史、共通の言語」（男子生徒2）と一般的な解答を示したことを受けて、授業者は「みんなは自分のアイデンティティをどこに見つけられるだろうか」（教師3）と問い、生徒に自分のこととして実感できるような角度から考えるよう促している。

この「教師3」の問いに始まり、「女子生徒4」から「女子生徒22」にかけて、授業者は主に外国人生徒とのコミュニケーションを通して「自分のアイデンティティ」について考えさせようとしている。すなわち、トルコ人であるネーメントとレヴェン、クロアチア人であるラディア、とりわけラディアの考え方を通して、アイデンティティが個人の「感情のレベル」（教師23）に起因して形成されるものであることを理解させようとしている。具体的には、ラディアが「私はクロアチア人と結婚したい。だって私自身はクロアチア人だから」（女子生徒14）、「私の故郷がずっと近くになる」（女子生徒18）と発言したことに切り込み、なぜクロアチア人との結婚にこだわるのか（教師17）、故郷とはあなたにとってどんなものか（教師19）、とラディアの内面的な意識構造にアイデンティティの根幹があることに気づかせようとしている。

アイデンティティ理解のまとめとなる「教師25」では、授業者はアイデンティティには「守られている」という感じを受けること、「感情の領域に作用するもの」であることを確認している。だからこそ、マジョリティとマイノリティが対立した場合には、マジョリティはマイノリティの感情に作用するものを破壊し、「別な方法で教育することを説明している。ここで授業者は、「マイノリティがその国で自国のやり方に則って子どもを教育できるかどうか」（教師29）が、マイノリティの権利保護の一つのメルクマールになることを示唆している。そのうえで、マイノリティの「文化」や「教育」に対する権利が保護される制度の確立が、東欧諸国に対するヨーロッパ評議会加盟の前提条件となっていることを理解させようとしている。このことは、教育や文化における少数者の権利保護がヨーロッパ共通の価値として承認されるべきこと、逆にいえばヨーロッパの国として承認されるためには、これらマイノリティの権利保護に努めなければならないことを理解させるねらいが含まれている。

第10分節は、ミヒャエルの「どうしてドイツはようやく一九五〇年になって加盟したのですか？　たとえばトルコなどよりも後に」（男子生徒30）という発言から始まっている。このミヒャエルの質問は、この授業におけるそれ以前の文脈と必ずしも整合性を持つものではないが、前時にヨーロッパ評議会に関する教材が配布されたとき以来、抱いていた疑問であると思われる。このミヒャエルの質問に対し、授業者は「教師33」から「教師45」までていねいに答えている。この間生徒からいわゆる「ザール問題」について続けざまに質問が出されているが（男子生徒34、男子生徒36、男子生徒38、男子生徒40、男子生徒44）、このことはドイツのヨーロッパ評議会加盟と「ザール問題」に対する生徒の関心が高まっていることと、同時に授業者にもこの問題が重要な事項であり、この機会によく理解してほしいとの期待を持っていることを示している。この期待は、「ザールラントは国民的運動によって一九五七年に連邦共和国に編入されました。このことは決して忘れないでください」（教師35）という言葉に如実に現れている。

## ⑤段階Ⅴ「ヨーロッパ評議会における教育政策に関する議論の段階」（第11～12分節）

第11分節および第12分節は、ヨーロッパ評議会における教育政策をめぐるトピックが論じられているが、その根底にはヨーロッパ統合に対する二つの考え方、すなわちヨーロッパ評議会のような緩やかな国家連合（Staatenbund=Konföderation）という考えと、より強固な関係を持つ連邦国家（Bundesstaat=Föderation）という考えがあることを前提にしている。(6) この二つの統合モデルの理解は、ギムナジウムの生徒であっても困難な内容であると思われる。そのため、ヨーロッパ統合モデルが授業においてどのように取り扱われるか、ヨーロッパ教育の学習内容構成の観点から重要な点となる。

この統合モデルについての学習が進められたのが第11分節と第12分節である。「男子生徒46」においてミヒャエルは、この二つのモデルを、「ヨーロッパ全体のための法律」の制定と「協力と共同の発展」の違いであると理解し、正しく使い分けていることを示している。授業者は、このミヒャエルの発言を特別に注目することなく、「はいそういうことですね。では、そのことに入っていきましょう」（教師47）とあたかも既知の事柄のように受け止め、第11学年の生徒として理解しているのは当然であるかのような反応を示している。

もう一つ着目したい場面は、「教師55」から「教師61」における授業者とラディアの間の会話である。すなわち、「教師55」で「教育の問題について考えてみましょう」との提示を受けて、ラディアは「すべての人が検討に値するモデル構想…」（女子生徒58）、すなわちEUのすべての領域に有効な単一の（カリキュラムや教育制度の）モデルの提案を行っている。これに対し、授業者は「それはEUではまだですね。なぜなら私たちはすぐに降りるだろうから」（教師59）と教師の立場からラディアの意見をすぐさま却下し、ラディアの提案した単一のヨーロッパ教育政策を否定している。続いてラディアは、第二の意見として「アビトゥアを持つ人はそれによって他の場所で学ぶことができる」（女子生徒60）という連邦主義の薄い提案、つまり各国家の試験制度を尊重したうえでそれらの相互承認を図るという機能主義的な政策例を提示している。これに対し授業者は、「そうです。大学の卒業を承認し合うことは正しいことですね」（教師61）と、同意している。

これらの場面から、第11学年の生徒のヨーロッパ統合に関する統合モデルとして、国家連合と連邦国家という二つのモデルの概念的な習得は十分に可能であること、そのモデルを具体的な事象（本時の場合は教育政策）を通して定着を図る段階であることが示される。

第11分節においてもう一つ指摘しておきたいことは、ヨーロッパ評議会における教育政策の目標に対する生徒の受け止め方である。第11分節のおわりで「ヨーロッパ評議会は今なにをしなければならないか」、「ヨーロッパ評議会の課題は何だろうか」（教師49）と問いかけている。これに対して、アンドレアスは「長い目で見たうえで、統一的なアイデンティティを形成すること」（男子生徒50）、「ある国の市民として感じるのではなく、ヨーロッパの国の市民として感じること」（男子生徒52）であると答えている。この問いを発したとき、授業者はヨーロッパ評議会における具体的な政策課題について問う意図を持っていたと思われるが、アンドレアスはヨーロッパ評議会における教育政策の究極的な目標に気づき、言い換えを含めて二度発言している。このアンドレアスの反応に対し、授業者も「よろしい。その中にはみんなも入っていますね。みなさんの課題ですね」（教師53）と共感を示し、ヨーロッパ教育の究極的なねらいがアンドレアスに意識化されたことを評価している。

アンドレアスは第13分節と第14分節においても、同様にヨーロッパ機関が加盟国に対して優先性を持つとの立場で発言している。第13分節では、「もちろん誰もが飛び出せるのならおかしなことになります。どの国も自分は参加しない、したくないと言ったら、何にもならない」（男子生徒82）と述べている。また、第14分節では「イギリスは何をしようとしたのですか？　EUのすべてに対してそんなに妨害をして。（…）その国はどうして結論を受け入れないのですか」（男子生徒88）と、強い口調でイギリスのヨーロッパ政策を非難している。アンドレアスのヨーロッパ主義的立場が強く現れている場面である。

⑥段階Ⅵ「ヨーロッパ社会憲章に取り組む段階」（第13～15分節）

第二時の最後の段階に当たる第13から15分節は、「ヨーロッパ社会憲章」についての学習の段階である。第一時の最終段階である第8分節では、「マイノリティ保護のための枠組み協定」の内容を理解するために各種の権利が言及され、権利のカタログができあがっているが、本段階では第一時と同様に「そこには何が書かれているだろうか」（教師83）という権利の内容についての言及と、もう一つ「国家が欲するときにはその政府が受け入れることができる。しかし、嫌なときには受け入れなくても良い」（教師93）という「ヨーロッパ社会憲章」の問題点についても言及している。この二点のうち授業者が重視しているのは、後者の社会憲章の抱える問題点の方である。「教師83」から「教師93」にかけて教師が強調しているのは、憲章から離脱する権利とヨーロッパ統合のつまみ食いを認めたマーストリヒト条約の問題点であり（教師83）、またこの問題に対し、ドイツも責任の一端を負っているという事実の認識である。

第二時最後の分節である第15分節では、授業者は社会憲章の問題の原点ともいえるヨーロッパ評議会における意思決定方式の説明から始めている（教師93）。しかし、男子生徒94においてダイクがキプロス紛争に関わるトピックについて質問をしたため、十分な展開を行えずに終了してしまった。しかし、この「脱線」は別の角度から評価することもできる。脱線のきっかけを作ったダイクは、「さっきも言いたかったのだけど、かつてヨーロッパ評議会はトルコがキプロスに進軍したときほとんど非難しなかった」（男子生徒94）と述べ、暗にギリシアの側に立ちトルコのキプロス侵攻を非難している。ダイクがギリシア系の生徒であるかどうかは確認することはできないが、ダイクが発言を希望したと考えられる前の場面、すなわち第10分節のザールラントにおける国民投票の場面（男子生徒

36、38）で、彼が国民投票によって帰属が決まったザールラントの事例に深い共感を持っていたことが伺える。ダイクは、ザールラントの例と同様に、ヨーロッパ評議会がキプロス紛争に一定の役割を担うべきであったとの意見を持っていたものと想像される。ダイクのこの考えは、ヨーロッパにおけるヨーロッパ機関の役割を今以上に期待するものであり、ひいてはヨーロッパレベルの意思決定に対する賛意を伴うものであるといえる。

## 3　授業実践の特徴の考察

前節での授業場面の分析を踏まえ、本項では二時間の実践を通底する授業の特徴について、①教授方法上の特徴、②ヨーロッパ教育実践、③授業実践に見る生徒のヨーロッパ意識の表出の三点にわけて考察しておきたい。

### ①教授方法上の特徴

教授方法上の特徴として第一に挙げられるのが、場面分析の際にもたびたび言及した授業の「脱線」である。授業者は、生徒の発言に応じ、頻繁にいわゆる「脱線」を行っている。典型的な事例は、第10分節「ドイツの加盟とザール問題」である。第10分節はその全体がミヒャエルによる「どうしてドイツはようやく一九五〇年になって加盟したのですか？」（男子生徒30）、との質問をきっかけに始まった「脱線」である。また第8－2分節で、マイノリティによる「文化的自治」「信教の自由」を説明した際に、シュベッツィンゲン市にあるモスクやモーツァルトのオペラにおけるエキゾチシズムに言及する部分についても「脱線」であるということができる。

これら「脱線」をより詳しく見てみると、授業者が生徒の理解の不足を補うために自ら「脱線」を行う場合と、生徒の関連する質問に答えながら教師の意図とは別に「脱線」へと移る場合とがあり、どちらの場合にも生徒の基礎知識が欠けている場合にそれを補う目的で授業との関連する内容が話されていることがわかる。

第二の特徴は、授業者が自己や生徒の「個人的な経験」に結びつけてテーマに関わらせようとしていることである。導入におけるストラスブールでのヨーロッパ評議会訪問の経験は、すぐに読みとれるところであるが、他にもたとえば、第9分節において「アイデンティティ」が個人の「感情のレベル」と結びつくことを考えさせる場面（教師3から女子生徒22）で、ラディアというクロアチア人女子生徒の、「私はクロアチア人と結婚したい。だって私はクロアチア人だから」という言葉に着目し、ラディアのクロアチア人としてのアイデンティティを中心に展開させている箇所についても個人の「経験」に基づく意識構造を問題にしている。

授業者が自らの「経験」を参照している事例を挙げるとすれば、第12分節における「ドナウエッシンゲンのセミナー」の様子を語った場面（教師69）が挙げられる。ここでは、ヨーロッパのさまざまな地域から集まってきた教師が一つの共同プロジェクトを行う際の話し合いの様子が、授業者の経験から再現されている。教育政策における「教師の交流」について説明する授業者は、「このようにさまざまな教育制度を持つ国々から集まってきた教師たちが、いったいどのようにして共同で活動をすることができると思いますか」と問いかけ、そこでは国ごとに学習指導要領や教科が異なることの問題から、言語、勤務時間、給料、持ち時間数に至るまで、細かな教育制度の違いが表面化し、議論がまとまらない様子を描き出している。一口に「教師の交流」といっても、制度に関わるさまざまな問題点があることを、自身の経験に基づいて話している。

第三の特徴としてあげられるのが、概念形成および高度な知識形成を重視している点である。これは実践が行われたのがギムナジウム上級段階である第11学年であったことも影響している。ギムナジウム上級段階は、「専門諸科学への入門期」[7]を担うとされ、授業者が教材『政治学小辞典』を引用し、コンパクトな知識の獲得をめざしたことからも、高等教育での学習を前提にした高度な知識形成を目標にしていることがうかがえる。また、授業冒頭で「排外主義＝Xenophobie」を語源から理解させる場面や、「アイデンティティ」という語を内面から理解させる場面にも「概念」に対する深い追究の姿勢が感じられる。

第四の特徴として、授業における生徒とのコミュニケーションが、一部の生徒に偏っていることも本時授業の特徴としてあげられよう。すなわち、授業全般において頻繁に発言し、活発に質問や意見を提起している「ミヒャエル」、第9分節においてクロアチア人としてのアイデンティティについて問いかけている「ラディア」などがその代表である。

一方、第5分節における「教師33」から「男子生徒40」までのクラウスとのコミュニケーションでは、授業に参加していないクラウスが不意に指名を受けてとまどいを示していることが読みとれる。クラウスは、「一九八九年に何があったのでしょうか」（教師33）という授業者の問いに、それは「テキストに書いてありますか？」（男子生徒36）と聞き返している。しかし、授業者はそれ以前に、「なぜなら一九八九年以来、ヨーロッパ評議会は、ある本質的な修正を行ってきたからです」（教師33）と「一九八九年」というキーワードをテキストから離れた文脈から発問しており、このとき不意をつかれた質問を受けたクラウスは、書かれていないはずのテキストにヒントを求めたのである。

本時の授業では、ミヒャエルやアンドレアスが自己の意見を持ちつつ意識的に参加しているのに対し、クラウスは上記の場面以外に発言することなく、あくまでも聞き役に徹している。このように生徒の授業への参加の度合いに明らかな濃淡が付けられていることも、この授業の特徴の一つであろう。

### ②ヨーロッパ教育の実践としての特徴

ヨーロッパ教育の実践としての特徴を明らかにするために、各段階におけるヨーロッパ学習の内容構成をまとめておく（表6－3）。

ヨーロッパの次元の学習として本時授業から抽出できる特徴は次の四点にまとめられる。

第一に、ヨーロッパの起源ともいえる「ギリシア文化世界帝国」に言及していることである。ギリシアが授業に登場するきっかけは、「Xenophobie＝排外主義」という語の語源を追究する過程であったが、授業者は語源のみでなく、Xenophobieがギリシアの「内と外」を隔てるものとして「アイデンティティ」を引き出している。多様性と同時に一体性を備えるという、ヨーロッパ統合に対する一つの歴史上のモデルが「ギリシア文化世界帝国」という言葉に込められているといえる。

第二に、ヨーロッパ評議会における人権問題の取り組みを、「マイノリティ保護のための枠組み協定」（第8文節）および「ヨーロッパ社会憲章」（第13～15分節）という二つの規定を足がかりにしている。授業の展開過程で授業者が主眼においたのは、権利の項目を網羅的に羅列することではなく、「マイノリティ保護のための枠組み協定」の場合は「社会的権利」に対する「文化的権利」の重要性であり、「ヨーロッパ社会憲章」の場合は、憲章の部分的離脱を可能にした妥協など憲章の問題点である。したがって、本時は両規定の内容項目に授業の焦点を当てずに、協定や憲章の持つ意味を問う授業であるといえるが、授業者は後に変更される可能性の高い内容項目ではなくその位置づけや価値を問うことで、協定や憲章を評価する視点を身につけさせようとしたと考えることができる。さらにいえば、EUをはじめとして変化の激しいヨーロッパレベルの政治を理解するためには、固定的な知識ではなく、評価の視点が重要であることから組み立てられた構成であるともいえる。第五章第4節において、バーデン＝ヴュルテンベルク州の教科書分析を行った際に、「刻々と変化する現代のヨーロッパにおいて、どこまで現実の政治状

表6－3　授業事例におけるヨーロッパ学習の内容構成

| 段階 | 学習内容 | 主な学習概念 |
|---|---|---|
| Ⅰ | ギリシア文化世界とヨーロッパ文化世界 | —「ヨーロッパ反排外主義・反レイシズム年」<br>—文化・言語・価値の共有 |
| Ⅱ | ヨーロッパ現代史と「東欧革命」<br>ヨーロッパ機関の名称整理 | —1948年のヨーロッパ評議会設立<br>—1989年の「東欧革命」<br>—東欧諸国の西欧への編入（EU、NATO、ヨーロッパ評議会）<br>—「ヨーロッパ評議会」「ヨーロッパ理事会」「閣僚理事会」<br>—ヨーロッパ評議会の加盟国（35カ国以上） |
| Ⅲ | ヨーロッパ評議会による「マイノリティ保護のための枠組み協定」<br>ドイツの民族マイノリティ | —「マイノリティ保護のための枠組み協定」による諸権利<br>—「労働権」「選挙権」「意見表明の自由」「文化的自治」「信教の自由」「教育の権利」<br>—ドイツの民族マイノリティ：ソルブ人とデーン人<br>—議会選挙におけるデーン人優遇政策<br>—「社会的権利」に対する「文化的権利」の重要性 |
| Ⅳ | 東欧諸国の国内制度の整備とヨーロッパ機関への加盟<br>ドイツのヨーロッパ評議会加盟とザール問題 | —「アイデンティティ」概念<br>—感情から始まる「アイデンティティ」形成と「文化的権利」の保護<br>—1950年ドイツのヨーロッパ評議会加盟<br>—1957年ザールラント国民投票でドイツ編入 |
| Ⅴ | ヨーロッパ統合モデル | —ヨーロッパ評議会の目的「ヨーロッパの理想と基本的価値の保護」「経済・社会の進歩」「経済・社会・文化・科学・法と行政・少数者保護」<br>—教育制度のヨーロッパ内協力：大学卒業資格の相互承認、教員の交流、ヨーロッパ地域共同体評議会（パートナー交流）<br>—「ヨーロッパ統一」をめざす統合モデルと「ヨーロッパ協力」をめざす統合モデルの差異 |
| Ⅵ | 「ヨーロッパ社会憲章」の問題点 | —1950年「人権と基本的自由の保護に関するヨーロッパ会議」<br>—1961年「ヨーロッパ社会憲章」<br>—「文化会議」「ヨーロッパデータ保護協定」<br>—社会憲章：失業保険制度の整備、継続教育の権利、企業協議会設立の権利、男女平等<br>—イギリスによる憲章の部分的離脱<br>—ドイツのヨーロッパによる一般教育の拒否<br>—マーストリヒト条約における「離脱権承認」という妥協 |

〔筆者作成〕

況に対応した単元構成が可能なのかについても、議論されなければならない」と指摘したが、この問いに一つの解答を与えるものであろう。

第三に、第四章第1節で論じた「全ヨーロッパの統合過程」に目を向けた実践であることが挙げられる。文部大臣会議による「授業におけるヨーロッパ」決議では、ヨーロッパ学習がEUを中心にしたEU理解学習となることを危惧し、東ヨーロッパを含むヨーロッパ全体を視野に収めた学習が求められていた。本時では東ヨーロッパ諸国の国内における人権規定の不十分さが、EUあるいはヨーロッパ評議会加盟の足かせとなっていると指摘することで全ヨーロッパを視野に収めたものとなっている。ヨーロッパ評議会の特徴として、東ヨーロッパと西ヨーロッパの橋渡し的役割があることや、人権や文化遺産の保存など比較的協力しやすい分野での協力が主なものであるということが指摘されているが、人権問題を扱った本時の課題は、まさにこの「全ヨーロッパの統合過程」という条件を満たす適切なテーマであったということができる。

最後に、ヨーロッパの統合モデルについての理解を図る場面の分析で、既有知識であるドイツの政治モデルが参照されていると思われる点である。場面分析の段階で、第11学年の生徒にも「国家連合」と「連邦国家」の違いについて理解が可能であると結論づけたが、このようなヨーロッパモデルの理解を可能にしている前提として考えられるのが、連邦共和国としてのドイツの政治形態への理解である。連邦共和国、すなわち連邦制国家の意味がそれまでの授業や実際の政治を通して理解されているならば、ドイツの制度を手がかりにその権力関係をヨーロッパ規模に置き換え、ヨーロッパにおける連邦制国家と国家連合との区別と理解を図ることは比較的容易なこととなる。ヨーロッパの政治制度の学習を進める際には、既習の政治形態と比較することによって、複雑であるといわれるヨーロッパレベルの政治の仕組みを容易に理解できると考えられる。

### ③授業実践にみる生徒のヨーロッパ意識の表出

本授業において特筆されることに、生徒の発言の中から明らかにヨーロッパ意識の芽生えが認められることである。アンドレアスは、憲章からの脱退というイギリスの反ヨーロッパ的な行為に対し異議申し立てをし（第二時・男子生徒82、88）、ヨーロッパの統一的なアイデンティティを形成することがヨーロッパ評議会の目的である（第二時・男子生徒50、52）と発言している。またダイクは、トルコのキプロス進軍の際にヨーロッパ評議会がより大きな働きをしていれば、国民投票によってキプロスの帰属を決定することができたと考え、ヨーロッパ評議会などのヨーロッパ機関の役割に対する期待を持つことが解釈された（第二時・男子生徒94）。このように、授業展開の過程において生徒のヨーロッパ意識の一端を確認できたことの意義は大きいと考える。

## 授業記録

### 【授業に関する基礎データ】

授業テーマ　ヨーロッパ評議会と人権問題
教科名　政治科
学　年　第11学年（高校二年に相当）
授業日時　一九九七年三月五日午前八時五三分～九時三三分（第一時）
　　　　　午前九時四四分～一〇時二二分（第二時）
授業者名　ユルゲン・クンメタート教諭
学校名　カール・シュルツ校（フランクフルト市）
学校種　ギムナジウム

### 【凡　例】

(1) 授業記録中の「?」は、疑問形の発言を示す。
(2) 授業記録中の「・・・」は、聞き取りの不鮮明な箇所を示す。
(3) 授業記録中に記録者（筆者）が補った発言部分は、〔　　—記録者〕で示す。教室内の様子や動作を表す場合は、〔　〕で示す。
(4) 発言のない長い沈黙は、（間）と記す。
(5) 教師が行った板書は、〔板書—　〕で示す。
(6) 生徒の発言番号の後の（　）は生徒の個人名（仮名）である。ただし、個人名が特定できない場合は省略した。また、男女の判別ができる発言は、「男子生徒」「女子生徒」と明記し、判別がつかない発言は「生徒」と記した。

(7) 発言の中で重要と思われる語については（　）の中に原語を示した。
(8) 同一発言の中に分節の区切れがある場合には、新しく分節を変え「続き」と記した。

**【第一時】**

| 分節 | 授業記録 |
|---|---|
| 第1分節<br>前時の復習と導入 | 教師1　前の時間はギリシアの人権思想の前史について、いくつかの資料を読みました。今日は久野さんがいるので、それにみんなはストラスブールに行ったばかりなので、今日は皆さんがストラスブールのヨーロッパ評議会でどんなことを学んだのか、それについて話し合おうと思います。皆さんはヨーロッパ議会に行きましたね。誰か始めてくれませんか。<br>男子生徒2（ネーメット）　ヨーロッパ議会は、ヨーロッパ評議会の建物の中にあるんじゃなかったっけ。<br>教師3　そうです。店子としてね。本会議場、誇るべき本会議場はヨーロッパ議会の本会議場ではありません。ヨーロッパ評議会のものです。皆さんが食事をした後で話したように、私がインターネットでヨーロッパ評議会について見つけたものを確認しましょう。 |
| 第2分節<br>排外主義の語源と定義 | （教師3　続き）ヨーロッパ評議会についてはいくつかのことが書かれてありましたが、いくぶん古いものでした。それはEUと関係していたもので、一九九五年のヨーロッパ反排外主義・反レイシズム年（das europäischen Jahr gegen Xenophobie und Rassismus）についてでした。さあ、このことから始めてみましょう。<br>男子生徒4（ミヒャエル）　反レイシズムの日。<br>教師5　そうです。<br>生徒6　・・・。<br>教師7　よろしい。反排外主義・反レイシズム年。さあここで少しだけ注意してほしいのだけど、私たちは |

歴史でももちろん、この政治科でもこのレイシズムと排外主義のテーマを扱っています。いったい排外主義というのはどういう意味でしたか？

男子生徒8（アンドレアス） 外国人嫌悪（Fremdenfeindlichkeit）。

教師9 はい、外国人嫌悪。正しいね。Phobieとは、もともとは不安（Angst）の意味です。この概念はどこから来ましたか？

男子生徒10（アンドレアス） ギリシア語から。

教師11 そう。Xenophobieという語をどのように使っていましたか？ 歴史から考えてみて、ミヒャエル。

男子生徒12（ミヒャエル）〔ギリシアの—記録者〕都市国家では、人をアテネ生まれかアテネ以外からきたかを区別していた。未知なる人（Fremde）はそれに由来する。

教師13 よろしい。あの人たちは未知なる人だった。でも都市国家内で暮らすことができた。彼らはポリスの市民ではなかった。では、誰に対してこのXenophobieという言葉をつかったのだろうか。それは別のポリス出身の市民に対しても使ったのだろうか。マルクス。

男子生徒14（マルクス） えー、罪人。

教師15 それから？

生徒16 敵。

教師17 第一にポリスに対して、第二にギリシア人がバルバロッサと呼んでいたもの。ギリシア人ではないすべての隣人、たとえば、マケドニア人、ペルシア人、メディア人などです。人々は文化や宗教によっても区別していた。

第3分節 ギリシア世界

（教師17 続き） ギリシア人は今はどうですか、みんなも知っているように共同の宗教、共同の言語と、オリンピックのような共同の行動をしています。これはアイデンティティの問題です。そしてこのことは、私たちの今日のテーマであるヨーロッパとももちろん関わりがあります。では、アイデンティティに関しては、どんな問題がありますか？ はい、ミヒャエル。

男子生徒18（ミヒャエル）　ギリシアが大帝国だったときはどうだったんですか。あの指導者・・・えっと。
教師19　アレキサンダーのことかな？
男子生徒20（ミヒャエル）　そうアレキサンダー大王。彼はたくさんの国を支配していた。
教師21　そう。では11学年の知識として何が問題だったのか。彼〔ミヒャエル―記録者〕がいっていた大帝国ギリシアはどうだったのか？
女子生徒22（ユリア）　・・・
教師23　どうぞ。
女子生徒24　・・・
教師25　どうでしたか。大ギリシア帝国は、何年間続きましたか？（間）はい。
男子生徒26（ミヒャエル）　アレキサンダー大王はすべてのギリシアの都市国家をまとめました。そしてその間に侵略をした。
教師27　はい、どこへ侵略しましたか？
男子生徒28（ミヒャエル）　東部です。
教師29　そう。どこまでを？　彼はどこまで侵略したのかな？（間）インドまで行っていた。ペルシア全部、エジプト、そしてアレキサンダーが死んだバビロンまで行く。今ここでは政治権力は問題にしません。しかし、いったいギリシアの世界帝国といったものがあったのだろうか。公用語はどうだったのだろうか。
男子生徒30　ギリシア語。
教師31　ギリシア語。はい、確かに。ギリシア文化、都市の成立、すべてアレキサンドリアといった。違いますか？　そう、アレキサンドリア。アレキサンドリアはアフガニスタンにまでありました。そして、ギリシア文化、ギリシア的価値を植えつけた。しかし、さまざまな宗教の信仰がありました。そのため修正をしなくてはならなかったけれども。これはギリシアの文化世界帝国とでもいえるかもしれないね。

第4分節　ヨーロッパ評議会についての情報読みとりと「枠組み協定」の提示

（教師31　続き）さあ、ここでヨーロッパ評議会を見てみると、こういえるでしょう。ヨーロッパ人は部分的にヨーロッパの文化を構築しようとしている。〔プリントを配布〕皆さんにプリントを配ります。これは、政治学の小事典からとってきたものです。一九八六年ヴォルフガング・ミケルの編集です。一九八六年は、そんなに古くないですね。少なくとも皆さんは生まれています。みんなは何歳だった？　そう、ではしばらく読んでください。その文章に対して少し補足します。その文は、ヨーロッパ統合の数少ない専門家であるある人が書きました。それは、クラウス・シェーンドゥーベです。彼はジャーナリストでフランクフルトにいます。彼は七〇歳になるヨーロッパの原成岩〔老巧な人の意味―記録者〕で、このテーマについて最もよく知っている人の一人です。彼はきわめて早い時期にヨーロッパについての事典を編集した人です。当時彼は西ドイツ放送で教育放送番組を作っていました。今ではもう古くなってしまいましたが。

では、ヨーロッパの歴史について考えてみましょう。ヨーロッパの統合政策の歴史というテーマについて、矢印の打ってあるところを見てください。彼はヨーロッパ評議会の設立にまでさかのぼっています。一九四八年七五〇人の政治家が一堂に会し、ある決議をしました。それは、一つの統一的なヨーロッパ機関を設立することです。重要なことは、一つの統一的なヨーロッパ、人権憲章、ヨーロッパ人権裁判所、そしてヨーロッパ議会の四つです。この中で何があっただろうか。皆さんはストラスブールに行ったときに、何を見ましたか？

男子生徒32　ヨーロッパ人権裁判所はあった。それと、この人権憲章。

教師33　そう、人権憲章ですね。もちろんみんな持っていますね。たとえば、このクレット社のテキスト〔文献の実物を示しながら〕、出版年を確かめなきゃいけないですが、一九八八年。ここにもあります。人権の思想とその実現の中には「ヨーロッパ評議会」の概念は出てきません。連邦政治教育センターは、数年前に「人権」に関する本を編集しました〔文献の実物を示しながら〕。そしてそれには、ヨーロッパの人権に関するさまざまな文書が掲載されています。とりわけ「人権と基本的自由の保護のための規約（Konvention zum Schutz der Menschenrechte und Grundfreiheiten）」が重要です。それと、ここにはいわゆる「ヨーロッパ社会憲章（Europäische Sozialcharta）」も含まれています。これについては後で話しましょう。それと、「民族マイノリティの保護のための枠組協定（Rahmenübereinkommen zum Schutze nationaler Minderheiten）です。これからこの枠組協定について取り上げます。なぜなら一九八九年以来、ヨーロッパ評議会は、ある本質的な修正を行ってきたからです。

第5分節
東欧の崩壊とヨーロッパ機関加入への道

（教師33 続き）えっと、一九八九年に何があったのでしょうか。クラウス。

男子生徒34（クラウス） 一九八九年ですか？

教師35 そう、一九八九年。

男子生徒36（クラウス） テキストに書いてありますか？

教師37 いいえ、今聞いているんです。

男子生徒38（クラウス） 知りません。

教師39 えっ、一九八九年に何があったのか、もう知らないのか！ 一九八九年、何だったろう。一九八九年のとき、君はいくつだった？

男子生徒40（クラウス） 一〇歳です。

教師41 一〇歳！ 一〇歳！ じゃ考えてごらん。一九八九年の秋。一九八九年一一月一九日にはサウナから戻って、ベッドの上に横になって、夜の二時でした。チリの友人から電話があって、彼はこう言いました。「国境はどうなっているんだ！」私はビールを飲んでいて、世界を揺り動かすような出来事を見逃してしまうところでした。彼がチリから電話をしてくれなければね。そのとき何が起こったのだろう。

男子生徒42（ヤン） 国境が開かれた。

教師43 そのとおり！ ドイツ国内の国境が開かれただけではなくて、それとなんだろう？（間）

男子生徒44（ヤン） それと？

教師45　そう。まだ何かある？　これはアビトゥアを取ろうとする生徒はぜひ知っておくべきですね。何でしょうか。君らが今ハンガリーに行くとしたら、ビザは必要ですか？　ハンガリーです。
男子生徒46（フィリップ）　いりません。
教師47　そう、いらない。ルーマニアに行くときには？　ブルガリアは？
男子生徒48（フィリップ）　いりません。
教師49　そのとおり。ビザは必要ありません。彼らがこちらに来るのにビザは必要ですが、私たちが行く場合はいりません。
男子生徒50　ヨーロッパ全体？
教師51　東ブロックの崩壊。そしてその次に来たものは何だったろうか。各国で起こった次の段階は何か。そう、次にはユーゴスラヴィアの崩壊と同時に起こった問題がやってきた。戦争です。少なく数えて何年間続きましたか？　六年じゃないかな。六年。第二次世界大戦と同じ位続きました。ユーゴ内戦は、六年続きました。人権も信じられないほどに損なわれました。そう、では、次の段階は何ですか？　この東欧諸国は何をするだろうか。国境が開かれた後では。
男子生徒52（ミヒャエル）　彼らはEUに入ろうとしている。ヨーロッパに追いつこうとしている。
教師53　よろしい。でもこういう人もいます。「そうはうまくは行かないよ。まず君たちは多くのことをしなくちゃならない。そんなに早くはいかない。」ブルガリアもそんなに早く期待しているようにいかない。はい、はい、マルクス。
男子生徒54（マルクス）　人権が承認されなくちゃ。
教師55　ではトルコはどうですか？　ヨーロッパの諸機関でトルコはどうなっていますか？　ミヒャエル。
男子生徒56（ミヒャエル）　加入していないと思う。NATOには入っているけど、それら〔ヨーロッパ機関―記録者〕からは、排除されている。
教師57　どこから排除されているって？
男子生徒58（ミヒャエル）　はい、EUに受け入れられていません。

教師59　そうですね。でも、排除されていないのは？
女子生徒60　ヨーロッパ評議会。

第6分節
ヨーロッパ評議会とヨーロッパ理事会の区別

教師61　ヨーロッパ評議会。ここで区別しなければならないことがあります。これは皆さんだけに生じているのではありません。ジャーナリストも間違えていることがあります。皆さんも時々こんな記事を眼にすることがあるでしょう。〔板書①―ヨーロッパ評議会（Europarat）、ヨーロッパ理事会（europäischer Rat）〕一見あまり違いがないようですが、このヨーロッパ理事会とは何か。このことはもうすでに一回話しましたね。さっきも言ったようにこのような機関の名称については皆さんだけが問題を抱えているわけではありません。ヨーロッパ理事会は、半年ごとに召集されます。ヨーロッパ理事会では、誰が半年ごとに会うのでしょうか。（間）そして今は、もう一人の人が招かれます。それは、ボリス・イェリツィンです。コック氏によって。コック氏とは誰ですか？
男子生徒62　オランダ人
教師63　そうです。オランダの首相です。一人の人が半年間閣僚理事会を率いていきます。半年ごとに他のヨーロッパ諸国を率いていきます。はい？
男子生徒64（ダイク）　ヨーロッパ理事会は、閣僚理事会とは同じものですか？
教師65　違います。閣僚理事会は誰の集まりですか？
男子生徒66（ミヒャエル）　それに関わる閣僚です。担当大臣です。
教師67　そう。専門大臣です。一般的な政策については外務大臣が話し合います。今話になっているこのヨーロッパ理事会は、ようやくマーストリヒトの後で、いやいや一九八五年からいわゆる「単一ヨーロッパ議定書」によって一定の役割を担うようになっています。そこに規定されています。かつて閣僚理事会がもめたとき、二人の人物すなわちジスカール・デスタンとヘルムート・シュミットが会いました。そのとき、「この歴史を私たちは修正しなければなりません。私たち国家元首と政府首脳は、〔統合の―記録者〕速度を速め、その内容を定め、実行しなければなりません」と話し合いました。そしてそれがヨーロッパ理事会です。EUヨーロッパ連合の一五カ国の元首と首脳が集まるものです。〔板書②―EUの元首・首脳 Staatsschefs Regierungsschefs EU〕彼らは年に二回集まります。閣僚理事会は執行者（exektive）たちの集まりですが、立法権（legislative）を持った機関ですね。ヨーロッパ理事会は元首・首脳の集まりです。ヨーロッパ理事会は、私よりずっと体格が良くて、背も高くて、そうヘルムート・コールのように存在感がある。彼らはたいてい「体」を使って決定をします。

女子生徒68（レナーテ）　何をするのですか？

教師69　彼らはEUの基本政策を決定します。重要な案件を決定します。

女子生徒70（レナーテ）　そうしたら、それは閣僚理事会によって実行されなければならないのですか？

教師71　重要な案件は各閣僚理事会によって政策に移されねばなりません。もしくは、私たちが見学したように、ヨーロッパ議会との相談やその態度表明を必要とします。

### 第7分節 東欧諸国のヨーロッパ評議会加盟

（教師71　続き）さあもう一度区別しましょう。ヨーロッパ評議会との違いに戻りましょう。一九八九年、このような社会改革政府〔東ヨーロッパ政府―記録者〕がブリュッセルにやってきて言いました。「私たちは、EUに加盟したいと思います」。一九八九年当時のECはこう言いました。「まずはじめに人権について明確にしなければなりません。私たちは皆さんが国内のマイノリティをどのように扱っているのか検討しなくてはなりません。経済的な問題はまだ留保できますが、人権は留保できません。皆さんはまず前提条件を整えなければなりません。そしてその後でXデーにヨーロッパの一員となります。そのために多かれ少なかれほとんどのヨーロッパ人の意識の中に一つの機関があります。それはヨーロッパ評議会です」。

ここに一九八六年に出された本があります。完全に古い数字ですが見てみましょう。「ヨーロッパ評議会は今日二一の加盟国からなる」。今はどうですか？　予想してみてください。トーマス・マンは完全に間違った数字を聞いています。作家のトーマス・マンではなくて議員のトーマス・マンです。

女子生徒72（ハンナ）　三五カ国くらい？

教師73　恐らくそれ以上でしょう。三五というのはドイツ連邦（deutscher Bund）と同じくらいですね。いくつになるか確認してみましょう。たとえば、エストニア、ラトビア、リトアニア、ハンガリー、ルーマニア、ブルガリア、それとアルバニア。そう今危機に瀕しています。それからクロアチア、スロヴェニア。ボスニアはまだです。セルビアもまだです。どこか忘れていないですか。ハンガリーは数えたね。チェコ、スロバキア、白ロシア、ウクライナが入っていますね。それと重要な国、とても重要な。
男子生徒74（ネーメット）　ロシア。
教師75　そう。これは大きな議論を呼びました。ロシア連邦が一部の人権を完全に踏みにじったときです。何を言っているかわかりますか。思い出してごらんなさい。
男子生徒76（ダイク）　チェチェン人。
教師77　そのとおり。そしてかなり問題になった決定が下されました。チェチェンのためにロシアはヨーロッパ評議会に受け入れられなかったのです。

第8－1分節　枠組み協定における諸権利

（教師77　続き）今再び「マイノリティ保護のための枠組協定」にもどります。ルーマニア、ブルガリアはとてもそれに批判的です。なぜですか？

男子生徒78（ネーメット）　トルコのマイノリティがいるから。

教師79　ブルガリアを共産党が支配していたときは、トルコのマイノリティはたとえば、スラブの名前をつけるよう強制されていました。その結果大量の脱出者を出しました。ブルガリアからトルコへの大量移住です。どうしてブルガリアにこんなに大勢のトルコ人がいるのだろうか？　どうですか、みんながトルコに車で行くときにはユーゴスラヴィアを通ります。どうですか？

男子生徒80（ネーメット）　はい、でももう車では行きません。

教師81　飛行機で。

男子生徒82（ネーメット）　はい。

教師83　以前は大きな車で、・・・

第8－2分節

女子生徒84（ラディア）　・・・

教師85　そう、そう。ギリシアにもトルコ人マイノリティ、アルバニア人マイノリティの問題があります。ギリシアにはさまざまな少数民族がいます。それで彼らがどのような権利を持っているかが問われるわけです。マイノリティが野蛮人とみなされるか、それとも市民とみなされるか、彼らはどのような権利を持つのか。想像してみてください。みんながマイノリティであったとして、皆さんはその国で他の人とは異なった特別なことをしたいと言えますか？

女子生徒86（ハンナ）　・・・

教師87　はいよろしい。みんなは労働の権利、生活の権利、そして健康に暮らす権利を持つと言えますね。

女子生徒88（ラディア）　たとえば・・・

教師89　そういうこともあります。しかし、そのようなマイノリティはEU内にはありません。

生徒90　・・・

教師91　よろしい、選挙権。「私は選挙権を持ちたい」、こんなとき次にはどうしますか？

男子生徒92（ダイク）　議会へ代表を送る

教師93　・・・OK。

女子生徒94（ラディア）　たぶん平等な社会的権利。

教師95　その通り、普通はマイノリティも得られます。でも、まだ何かあります。市民権もあります。ほかには何がありますか？　みんなは自分が勉強してきたことを見せたくないのかな。

男子生徒96（ミヒャエル）　意見表明の自由（Meinungsfreiheit）。人は自分の文化を表現できる。

教師97　意見表明の自由。それから？

男子生徒98（ミヒャエル）　自由な文化に対する権利。

教師99　文化的、このことはなんと言いますか？

男子生徒100（ミヒャエル）　文化的自治。

文化的権利と宗教的権利について

教師101　〔板書③―文化的自治（kulturelle Autonomie）〕これはどういうものですか？　これは言うのは簡単だが実行するのは難しい。文化的自治。「私は私のグループに、民族グループに文化的自治がほしい」と言われたら？

女子生徒102（ベッティーナ）　たとえばトルコ人がブルガリアで暮らすとしたら、やはりモスクを持ちたい。

教師103　それはブルガリアだけの問題だろうか。それともほかの場所でもおこりうる問題だろうか？　モスクについて。

男子生徒104（ダイク）　それはドイツにもあるんですか？

教師105　そうですね。ドゥイスブルクではある〔トルコ人の―記録者〕グループがモスクを建設することができるかどうかが大きな議論になっています。

男子生徒106（ネーメット）　僕はミナレット〔イスラム教の祈りの塔のこと―記録者〕を建てられるかどうか、祈りの際に大声をあげてよいかどうかということで議論されていることを聞いたことがあります。でもモスクの問題については知りません。

教師107　そう、正式なモスクのことだね。そういえば、ドイツにも一八世紀に建てられたモスクがあります。ミナレットもある。これは久野さんは知っているはずだね。

久野108　えっ？　何ですか？

教師109　君も知っていると思うけれど、ドイツのモスクで一八世紀に建てられたものを知ってますか？

久野110　はい。〔勘違いをしている〕

教師111　他の人は知らないみたいだね。少し話してください。

久野112　何を話せばいいのですか？

教師113　そのモスクがどこにあるのか。あなたはハイデルベルクに行ったことがありますか？

久野114　ええ。

教師115　ハイデルベルクからそれほど離れていないところにシュベッツィンゲンがあります。シュベッツィンゲンはアスパラガスで有名だけど、それだけではなくて、宮殿でも有名です。その公園には、本物のモスクがあります。見たことがありますか？
久野116　いいえ。
教師117　驚くべきことに、このモスクはまだモスクとして使われています。もともとはモスクとして建てられたものではありません。一八世紀にはエキゾチックなものが好まれたんですね。城の中には中国磁器を配した中国式室内装飾の部屋もあります。皆さんももう何か同じようなものを見たことがあると思いますが。
女子生徒118（マリア）　はい。
教師119　見たことがありますか。どこで？
女子生徒120（マリア）　フライブルクです。
教師121　フライブルクで？　そうです。フライブルクかフルダか。ベルリンのシャルロッテンブルクにもありますね。モーツァルトを考えてみてください。この中でオーケストラに所属している人はいますか？ベッティーナ、モーツァルトのどこにエキゾチシズムが見られるだろうか。
女子生徒122（ベッティーナ）　・・・
教師123　「後宮からの逃走」、知りませんか。「後宮からの逃走」、オペラです。トルコ軍の進軍とそこで引き起こされるさまざまなできごと。まず若い女性がいて、後から騎士が登場します。騎士はトルコ人がどんな様子をしているかを話します。トルコ人だったかマケドニア人だったか。それはあまり関係がない。当時はそんなにしっかり区別していなかった。そして当時のプファルツ選帝侯もこのエキゾチックなもののためにこの有名な公園の中にモスクを建てさせたのです。当時は神の家としてではなく、何かエキゾチックなものとしてです。けれども今では毎週金曜日にはイスラムの人々のためのモスクになっています。それはマイノリティのための正式なモスクになっています。指導者を呼んでいるかどうかは知りませんが。文化的自治、信教の自由、他にまだあります。とても重要なもの。はい。
男子生徒124（マルクス）　地理の授業。
教師125　はい、それから。

男子生徒126（マルクス）　母語による授業。

教師127　その通り、教育！〔板書④—教育（Erziehung）〕

第8-3分節　ルーマニアとドイツの民族マイノリティとその権利

（教師127続き）私たちはルーマニアを例にしましょう。国内の民族マイノリティはどのように見られていますか？　ルーマニア人は多数。ルーマニアの少数者は何ですか？

女子生徒128（レナーテ）　ドイツ人？

教師129　そうです。ごくわずかですが。その最後の集団はほぼ出国しました。他には？

女子生徒130（レナーテ）　ツィゴイネルはまだいますか？

教師131　そうツィゴイネル、つまりロマ。それと他には？　とても強いグループ。ハンガリー人です。第二次世界大戦後、この地域では絶えず国境の変更がありました。ジーベンビュルゲンにとても強固なハンガリーのマイノリティ集団がありました。彼らは自前の学校や大学を持っていました。そしてそこでは自治権や文化的権利をめぐって絶えず争いがありました。国民国家を作るためです。ドイツにも民族マイノリティ集団があります。何でしょうか？　知りませんか？　どのようなマイノリティ集団があるのでしょう。民族的マイノリティです。移民ではなくて、ここに住んでいる人々です。〔生徒のつぶやき「レナーテンド人」〕レナーテンド人？　それから？　フランス人。〔生徒の笑い〕どこですか？

男子生徒132（マルクス）　・・・

教師133　・・・フランス人。その通りです。彼らはドイツで暮らしています。それは本当です。他には？

女子生徒134　ユグノー（Hugenotten）。

教師135　よろしい。・・・私たちのドイツにも民族マイノリティがいます。移民してきたのではなく、ずっとここに住みつづけてきた。はい、言えますか。

女子生徒136（ユリア）　バイエルン

教師137　ソルブ人とデーン人です。〔板書⑤—ソルブ人、デーン人（Sorben, Dänen）〕ソルブ人とはどんな人でしょう。どこからきたのだろう。彼らはスラブ系民族集団の一つです。ザクセンのラウジッツ

(Lausitz)に住んでいます。ラウジッツとはなんでしょう。ソルブ人は以前からソルブの学校を作ろうとしていました。皆さんがラウジッツへ行ったら、道路標識には二つの言語が表記されています。一つはスラブの言葉です。DDR時代は偉大な兄貴であるソ連の気を引くためにソルブ人にわずかの自治が認められていました。統一の後では当時のヴァイツゼッカー大統領がすぐさまこの地に足を運んで、彼らに彼らの権利が統一になっても何ら変わるものでないことを説明しました。ソルブ人は独自の小学校や文化団体などを持っています。では、デーン人はドイツのどこに住んでいますか？

女子生徒138（ユリア）　シュレースヴィヒ＝ホルシュタインですか？

教師139　はい。フレンスブルクの周りです。デンマーク語では、Flensborch です。それと、デンマークには国境移動でできたドイツ人マイノリティがいます。一八六四年には北シュレースヴィヒの大部分がプロイセンに入りました。一九一九年にはデンマークになりました。デーン人のマイノリティは自前の幼稚園、学校などの文化的権利のみではなくて、シュレースヴィヒ＝ホルシュタイン州議会に少なくとも一名の議員を送り込むことができます。つまり南シュレースヴィヒ選挙者同盟（Südschleswig Wählerverband〈SSW〉）は、得票率が五％に達したかどうかに関係なく選出されるのです。それがドイツのデーン人の議員で、これはうまく機能しています。

男子生徒140（ダイク）　ドイツ人も〔デンマークに議員がいますか―記録者〕？

教師141　いいえ。

男子生徒142（ダイク）　代表者がいなくて、どうやって権利が得られるのかわからないけど。

教師143　けれども、ドイツ人はいくらか権利があります。デーン人のほうが良いですが。アッペンラーデ、アッペンローデ、アッペンロート、少し発音が難しい。その周辺にドイツ人が住んでいます。

さあ、もう一度大切なことを思い出しましょう。「民族マイノリティの保護に関する枠組協定」です。重要なことは文化的側面です。なぜだろう？　皆さんは平等のための権利、社会権、参政権だと言います。そして私は文化的権利を持たないことを言います。なぜ文化なのだろう。ミヒャエル。

男子生徒144（ミヒャエル）　その人々のアイデンティティが問題だから。それはその人がその人であること

| | |
|---|---|
| | のメルクマールとなるから。これはとても大切です。<br>教師145　そう。では、アイデンティティの概念を説明しましょう。この概念はとても頻繁に、そしてとてもあいまいに使われます。〔板書⑥―アイデンティティ（Identität）〕休憩ですか？　はい、では休憩の後でアイデンティティの概念について話し合いましょう。 |

【第二時】

| 分節 | 授業記録 |
|---|---|
| 第9分節<br>アイデンティティについて | 教師1　さあ始めましょう。信教の自由と教育が重要だというところまで話しましたね。みんなはそれがアイデンティティに関わっていると言いました。アイデンティティについてどのように理解したらよいのだろうか。アイデンティティという概念は？　マルクス。<br>男子生徒2（マルクス）　たとえば、ナショナル・アイデンティティ、ここドイツでは共通の文化、共通の歴史、共通の言語。<br>教師3　はい、それから？　アイデンティティには何が含まれるだろうか。みんなは自分のアイデンティティをどこに見つけられるだろうか。みんなは何でもって自分を自分と認めるのだろうか。<br>女子生徒4（マリアンネ）　育った場所。<br>教師5　そうだね。それから？　君のアイデンティティはどうですか？〔トルコ人生徒に対し―引用者〕家のように感じるのはどこだろうか？<br>男子生徒6（ネーメント）　僕はここが家のように感じる。<br>教師7　そうですか。レヴェン。<br>男子生徒8（トルコ人・レヴェン）　うん、やっぱりここかな。<br>教師9　そう。じゃラディア。 |

女子生徒10（クロアチア人・ラディア）　私は一度も家だと感じたことはありません。

教師11　そうですか。今みんなに子どもができたとして、自分の子どもをどのように教育したいですか、ラディア。普通は、男は子どもの教育にあまり関心を払いません。ここでは、若い女性に聞いてみましょう。男性は多くの場合、子どもの教育は義務であるが妻に任せた方が良いと考えている。

女子生徒12（ラディア）　もしも私がクロアチア人と結婚したら、たぶんクロアチア人として教育する。

教師13　君はクロアチア人と結婚するの？　クロアチア人とだけ？

女子生徒14（ラディア）　いいえ、そうじゃないけど。私はクロアチア人と結婚したい。だって私自身はクロアチア人だから。

教師15　はいよろしい。私はドイツ人です。でも私はフランス人と結婚していました。今の妻はルクセンブルク人です。ドイツ人の妻もいたけど。

女子生徒16（ザブリナ）　先生は何回結婚したんですか？

教師17　それは君らには関係ない（笑）。ここではプライベートなことは話しません。はい。どうして君はクロアチア人と結婚したいと言ったのだろうか。

女子生徒18（ラディア）　うん。私にとって今は（間）。私はドイツにいるクロアチア人なんですね。それで、もしも私が今ドイツでクロアチア人と結婚したとしたら、私の故郷がずっと近くになる。もしも私がここにこれからもいるとしたら、

教師19　途中で止めてごめんなさい。あなたにとって故郷という言葉は、どんなものですか？

女子生徒20（ラディア）　私にとってどんなものか？

教師21　そう。あなたは今ここでとても強く言っていたね。今私が・・・と聞いたら、君は言ったね。いいえクロアチアは私の故郷だって。故郷とはどういうことかな。それが知りたい。

女子生徒22（ラディア）　それに引きつけられるように感じます。

教師23　感情のレベルだね。感情のレベルで話されるね。今ここであまり私自身の生活について話したくはないんだけど、私の妻が私に感情的なことを言うときには、いつも彼女はルクセンブルク語かドイツ語

で言うんですね。もう話したかな。

女子生徒24（ベッティーナ）「愛してる」と母語で話したほうが親しく聞こえる。

教師25　その通り。今ここでアイデンティティの領域に入ってきましたね。私は本当に母親の愛情のような守られている感じを受けます。アイデンティティには守られている、つまり安全だという感じを受けます。信教の自由や教育というテーマを扱う場合には、このことはとても大切です。このテーマはとても強く感情の領域に作用するものです。この感情のレベルでマイノリティを示すものを奪うことは、多くの場合マジョリティの目標です。旧ユーゴスラヴィア、とくにボスニアでの戦争を例に取ってみましょう。クロアチア人はなにを破壊したのだろうか。モスクと正教の教会です。セルビア人はなにを破壊したか。モスクとカトリック教会です。モスレムはたぶんすべてのものを。戦争ではいつももっとも神聖なものを破壊します。それから子どもをその環境から引き剝がし、別の方法で教育します。子どもたちに新しいアイデンティティを与え新しいアイデンティティを強制します。ディア？

男子生徒26（ダイク）．．．

教師27　私は家族の名前についてとくに意識的に考えたいと思います。どうしてかというと、私たちは昨日もそれについて話し合ったからです。名前の問題です。何でもって私は私であることを決定付けるのか、もしくはどんな理由から決定するのか。それについてもっと長く話ができるかもしれません。いわゆる改革国家（Reformstaaten）〔東欧諸国のこと—記録者〕のヨーロッパ評議会加盟について話をするときには、前提条件がありましたね。各国の問題をまずはっきりさせること、その後でヨーロッパ評議会への加盟申請を出すということです。

ヨーロッパ評議会は、新しい次元を含んでいます。私たちは何年か前に生徒たちと一緒にストラスブールに行きました。そしてそこで現地にすむヨーロッパ評議会のオーストリア人官僚に会いました。一九八九年のことです。私たちは、「ここでどんなことをしていますか？」とたずねました。すると彼は「私がやっているのは、書類を作成することです。しかし私の仕事は、議案が採択されるまでには余計なものとなっています」。当時私たちはヨーロッパ評議会では何が行われているのだろうかと考えました。それはちょうど〔ヨーロッパ評議会にとって―記録者〕夜明けの時期でした。その後、突然政治の時代がやってきました。ヨーロッパ評議会は、リヒテンシュタインやスイスを受け入れることで争ってはなりませんでした。スイスの一部のカントンやリヒテンシュタインではまだ女性の選挙権が確立されていなかったにもかかわらず、争わなかったのはこれらの国々では人権や文化的権利が確立されているからです。それは今でもはっきりとしています。しかし、たとえばスロバキアではどうでしょう。皆さんはスロバキアについて何か知っていますか？　何か知りませんか？　スロバキアの首都は？

男子生徒28（ネーメット）　ブラチスラバ。

教師29　そうですね。以前は路面電車でウィーンからブラチスラバまで走ることができました。歴史的に見ると微妙なハンガリーとのマイノリティ問題があったのです。スロバキアは、オーストリア＝ハンガリー帝国の中ではハンガリー王国の管理下にありました。今日ではチェコになっているボヘミア＝モラヴィアは、オーストリアの方に属していました。スロバキアはハンガリーのマイノリティを抱えていましたが、そこでも独自の学校を持つ権利をマイノリティが持てるかどうかが問題になりました。マイノリティがその国で自国のやり方に則って子どもを教育できるかどうかは今日でも問題になっています。それが、これら東欧の国々がヨーロッパ評議会に受け入れられるかどうかの議論になっています。これらの国々はもちろんすべて約束しました。しかし、まだ実現していません。はい。ミヒャエル！

## 第10分節　ドイツの加盟とザール問題

男子生徒30（ミヒャエル）　どうしてドイツはようやく一九五〇年になって加盟したのですか？　たとえばトルコなどよりも後に。

教師31　これはすぐにわかりますね。まず、連邦共和国はいつできたのだろう。

男子生徒32（ミヒャエル）　一九四九年。

教師33　そう一九四九年。連邦共和国の一年後にヨーロッパ評議会での準備が整ったということです。占領国の存在が第一の問題です。なぜなら連邦共和国はまだ主権を持っていなかったからです。一九五五年になってようやく主権を回復しました。本来正しくは、一九九〇年以降ということになりますが、ドイツはすでに一九五〇年には受け入れられていました。

そして第二の問題があります。それは連邦共和国がナチの過去を持った崩壊した第三帝国の法的な後継者となったことです。それは「汚れた子ども」と呼ばれただけでなく、それ以上の問題がありました。手短に説明しますが、ザールラントが割譲され、フランスの経済圏の中に入りました。ザールラントは独自の政府を持ちフランスの主権下にありました。フランス人は「ザールラントはヨーロッパ評議会に入らねばならない」と言い、それに対しドイツ人は「それでは参加できない」と言いました。そこでは、連邦共和国が加盟するかしないかということについて長い間議論になり、結局連邦共和国はそれらの人々と一緒になりました。

男子生徒34（ミヒャエル）　ザールと一緒にですか？

教師35　そう、ザールと一緒に。その後ドイツとザールは統一され、ザール問題は第二の意味を与えられ、それに取り組むことは有意義だと考えられるようになりました。ザールラントは国民的運動によって一九五七年に連邦共和国に編入されました。このことは決して忘れないでください。

男子生徒36（ダイク）　誰によってですか？　国民投票が行われたのですか？

教師37　国民投票がありました。

男子生徒38（ダイク）　それで・・・によって決まった？

教師39　はい、条約があります。ドイツとフランスの間の条約です。簡単にまとめましょう。ザールラント人はザールラントがヨーロッパの〔独立した―記録者〕国となるかについて住民投票を行う。つまりルクセンブルクのように。これに対して八二%が反対の投票をしました。これによってザールラントは連邦共和国に再び加入しました。

男子生徒40（ミヒャエル）　なぜザールラントだけでそのような投票が行われたのですか？　バイエルンだって主権国家になるかどうか議論できたのではないですか？

教師41　それはバイエルンにとっては良いことでしょうね。でもフランス人には都合よくなかったのです。

男子生徒42（ミヒャエル）　そうですか。フランスが反対したんですね。

教師43　そう。もちろんロートリンゲン〔ロレーヌ―記録者〕＝ザール＝ルクセンブルクという経済地域がありますね。今日ではユーロ・リージョンの一つとなっています。それは今日ベルギーのロートリンゲンを含めて一つのヨーロッパ地域を形成しています。ザール＝ローヌ＝ルクス諸国ともいいます。つまり、フランス＝ベルギー＝ルクセンブルクの国境地帯に工業地帯を建設して共同で管理するのです。マルクス！

男子生徒44（マルクス）　第一次大戦後のことではないですか？

教師45　そう確かに。

### 第11分節　ヨーロッパ評議会の権限と設立目的

（教師45続き）はい。話を元に戻しましょう。先ほど言ったように、ドイツはようやく一九五〇年になって〔ヨーロッパ評議会に―記録者〕加盟しました。しかしすでにザールをめぐってドイツ―フランス間の問題が生じていました。ミヒャエル！

男子生徒46（ミヒャエル）　こう言ってもよいですか。このヨーロッパ理事会、あっヨーロッパ評議会のことです。ヨーロッパ評議会は、ヨーロッパ議会のようにヨーロッパ全体のための法律を制定しようとはしていない。むしろ協力と共同の発展を目指している、ということですか？

教師47　はい、そういうことですね。では、そのことに入っていきましょう。〔テキストを読み上げる〕「ヨーロッパ評議会における最初の年の焦点はヨーロッパの統一的政策をどのように構築するかにあり、その機能を制限すると同時に、正真正銘の全権を持ついわゆるヨーロッパの自治について多数の試案が議論された」。さあ、現在のEUはどうですか？　この試みは失敗しました、特に誰によって？

男子生徒48（ミヒャエル）　イギリス

教師49　イギリス。それに、・・・によってもです。ヨーロッパ評議会は次のことに取り組んでいます。三つの目的です。すなわち「ヨーロッパ諸国の共同の遺産をなす理想と基本的価値の保護と促進を加盟国の間で図ること。また経済的・社会的進歩を促進すること」、そして「経済・社会・文化・科学の諸分野ならびに法と行政と保護」、この保護は今とても重要ですが、つまり「人権と基本権の保護の分野で条約や共同の計画を立案すること」です。このヨーロッパ評議会は今なにをしなければならないか。みんなは今想像がつくんじゃないかな。考えてみましょう。ヨーロッパ評議会の課題は何だろうか。（間）想像できるかな。それが、ヨーロッパ評議会です。教育の分野について、考えてみよう。何があるだろうか。（間）アンドレアス！

男子生徒50（アンドレアス）ヨーロッパを長い目で見たうえで、統一的なアイデンティティを形成することじゃないかな。

教師51 その通りですね。

男子生徒52（アンドレアス） ある国の市民として感じるのではなく、ヨーロッパの国の市民として感じるということ。

教師53 よろしい。その中にはみんなも入っていますね。みなさんの課題ですね。ベッティーナ。

女子生徒54（ベッティーナ） それとEU諸国と非EU諸国の間を結びつける費用（Verbindungsgeld）も必要です。

## 第12分節 ヨーロッパ評議会による教育政策の可能性

教師55 はい、それは連絡費用です。それを、みんなに見せたかな。ヨーロッパ〔のレベルのこと―記録者〕は評議会によって計画を立てるべきだと。教育の問題について考えてみましょう。私は教師として・・・。はい？

女子生徒56（ラディア） たぶん教育制度からはじめる。これは、たぶんやれる。

教師57 はい、何？

女子生徒58（ラディア） すべての人が検討に値するモデル構想・・・。

教師59 それはEUではまだですね。なぜなら私たちは〔そのようなヨーロッパのモデルができたら、それから―記録者〕すぐに降りるだろうから。

女子生徒60（ラディア） アビトゥアを持つ人はそれによって他の場所で学ぶことができる。

教師61 そうです。大学の卒業（Diplom）を承認し合うことは正しいことですね。このことはEUも行ってきましたが、たとえばこれなんかはヨーロッパ評議会においても完成される課題でしょう。ディプロームの承認はEUにおいてはすでに完成しています。はい、どうぞ！

男子生徒62（ダイク）　でも、それは本来は教育大臣がするべきことじゃないですか？

教師63　そうだね。ドイツでは教育大臣がしなくてはなりません。つまりドイツでは教育大臣が行う、この点については疑いがない。だから他の国の閣僚と交渉しなければならない。

男子生徒64（ダイク）　閣僚理事会。

教師65　そうです。ヨーロッパ評議会にも閣僚理事会があります。そこで何が〔学士承認のための――記録者〕前提条件となるかを交渉します。マルクス！

男子生徒66（マルクス）　教師の交流。

教師67　その通り。それから？

男子生徒68（マルクス）　ドイツ語の先生は、ドイツのマイノリティ集団のところへ行く。

教師69　それも可能性の一つだね。それとも他の国へ行く。重要なのは、ヨーロッパの地域共同体評議会（der Rat der Gemeinden Europas）です。たとえばパートナー都市はヨーロッパ評議会の基盤となっています。パートナー都市あるいは、みんながある都市の中に入るときには、ヨーロッパ地域共同体の一員もしくはヨーロッパ地域共同体評議会の一員であることがわかります。このような関係、もしくはリージョンもあります。

ですがここで教育の問題に戻りましょう。たとえば私は、ヨーロッパ評議会の活動グループの一つであるドナウエッシンゲンのセミナーに申し込むことができます。そこでたとえば、えっとスカンジナビア南部のバイキングについてのセミナーを受講することができます。そこへ行ってフィールドワークを行います。それからどのようにヨーロッパを教えるかなどをテーマにした活動グループがあります。

このようにさまざまな教育制度を持つ国々から集まってきた教師たちが、いったいどのようにして共同で活動をすることができると思いますか。ある人が「ではこれから一つのプロジェクトをやりましょう」と言ったとします。すると別の人が言います。「ちょっとまって。それは私たちの学習指導要領にはありません」「それはこの場〔プロジェクトの中──記録者〕ではなく、授業の中でやります」。それからまたある人は、「私は言語の問題のため十分に理解できません」「私のところでは教師は一つの教科だけを教えます」「私は歴史と社会を教えていますがフランス語の教師ではありません。どうすればいいでしょうか」「私は授業が終われば帰ります。授業以外はしません」。

私は、ヘッセン州の積極的な教師としてどこへ行っても言います。「もちろんそのプログラムをするべきです」。するとある人が言います。「ちょっと待ってください。ゆっくり話しましょう。私たちにはそれに対する報酬がありません」。そのベルギー人の教師は私より三〇％給料が少ないのです。もし相手がルクセンブルク人の教師ならば、私はこう言います。「あなたは私よりも三〇％多い給料をもらって、しかも私が二四時間授業をしているのにあなたは一八時間しかない」。これがヨーロッパの教育です。教育を結びつけるのは困難なことです。このことについて、このような共同のセミナーについてはヨーロッパ評議会も関与しています。

それから皆は、たぶんストラスブールで小さな本を見たと思いますが、私も袋を持って書店をかけずり回りましたが、フランス語の人権に関する本、もちろん英語版もあります。それからヨーロッパクラブについての本もあります。ポルトガル語の本もあります。たとえばヨーロッパクラブについてはヨーロッパ評議会が出した本もあります。このユーロクラブはストラスブールに行くだけが活動なのではなくて、スパゲッティを食べたり、共同で何かをしたりします。それから記念物保存の年がありましたが、そのときは共同の文化遺産の保存に取り組みました。でも大切なのは、経済的裏づけです。何か付け足したいことがありますか？

男子生徒70（ルシアン）　はい、ではこれからユーロクラブについて話し合いましょう。スパゲッティを食べながら（笑）。

教師71　これからスパゲッティを食べるときには、先にユーロクラブに入らなければなりませんね。

女子生徒72　それは脅しです。

教師73　そう。良い教育にはいつも少し脅しが入っています。では重要なこと、経済、文化、社会、そして学術分野。

第13分節　ヨーロッパ社会憲章

（教師73続き）今はたとえば、ここにこのように書いてあります。社会的な進歩です。二ページ目の「規約（Konvention）」というところの第六番を見てみましょう。まず、「人権と基本的自由の保護に関する欧州規約」一九五〇年。「ヨーロッパ社会憲章」「文化会議」「ヨーロッパデータ保護協定」。たとえばヨーロッパ医薬品ブックには、以前に発売されたものもすべてが掲載されています。一九九三年のマーストリヒト条約以降は「ヨーロッパ社会憲章」があります。（生徒　・・・）その通り、〔板書⑦―ヨーロッパ社会憲章〕何年でしたか？　はい。

男子生徒74（ミヒャエル）一九六一年。

教師75　そう一九六一年。ヨーロッパ評議会は一九六一年、そしてEUは一九九三年。〔板書⑧―ヨーロッパ評議会一九六一　EU一九九三〕。これはどういうことですか？　「ヨーロッパ社会憲章」これの中身は何ですか？　ミヒャエル。

男子生徒76（ミヒャエル）労働者の手当なんかについて。

教師77　手当だけですか？

男子生徒78（ミヒャエル）労働者のための補助的な社会的手当。

教師79　それは国家によってなされます。もし手当がヨーロッパによって支払われるとしたら、それでヨーロッパはすぐに破産です。それはきっと難しいでしょう。アンドレアス。

男子生徒80（アンドレアス）社会的助成については今再び議論されています。イギリス人がそこから飛び出したから。

教師81　彼はどこから飛び出したの？　ここから〔板書を指さして〕社会的手当、どうぞ。

男子生徒82（アンドレアス）もちろん誰もが飛び出せるのならおかしなことになります。どの国もが自分は参加しない、したくないと言ったら、何にもならない。

教師83　再び社会憲章に戻りましょう。そこには何が書かれているだろうか。とりわけ重要なのは、ヨーロッパ評議会加盟のすべての国で失業保険が整備されることです。これが原則。それと継続教育。継続教育の権利です。それから労働者の代表である企業協議会の権利。さらに男女平等です。

一九六一年に歓迎の内に社会憲章が採択されました。しかし、そう事は簡単ではなかった。いくつかの加盟国は次のように言いました。「私たちはこれとこれの分野については署名しましたが、これについては署名していません。各項目一つひとつについて署名すべきでした」。そしてそれらの国はさらに憲章のいくつかの分野から離脱する権利まで引き出しました。それについてヨーロッパ評議会で議論されたときはひどいものでした。「私はこれとこれをします」「私はこれ」。まるで、注文を取るようでした。「たこを少々、サラダを少し。それと、これは今はいらない。それは品切れ」。第二回目のとき、同じことが一九九三年のマーストリヒト条約の社会憲章でもおこりました。イギリス人が言いました。「これについてわれわれは署名しません。ヨーロッパが国の権利を拘束する条項については加わりません」。それで妥協されることになりました。愚かな妥協です。

### 第14分節　ヨーロッパ評議会における各国の利害

女子生徒84（ハンナ）　イギリス人は憲章の一部分を拒否したのですか？　それとも社会憲章の全体ですか？

教師85　イギリスは社会憲章を受け入れませんでした。署名しなかったのです。

女子生徒86（ハンナ）　ヨーロッパ評議会ではイギリスは署名したのですか？

教師87　署名しました。でも部分的にです。それにいくつかの章からは脱退しました。

男子生徒88（アンドレアス）　イギリスは何をしようとしたのですか？　EUのすべてに対してそんなに妨害をして。どうしてそんな国に対して何も対処しないのですか？　それは許し難いことでしょ。その国はどうして結論を受け入れないのですか。

教師89　そう問われると、イギリス人を弁護しなくちゃならなくなります。

男子生徒90（アンドレアス）　ええ、いいでしょう。

教師91　まず、私たちはドイツ人を除外してみなければなりません。イギリス人はドイツ人よりもずっと早くEUの共同決議を実施しました。イギリス人は優等生なのです。

生徒92　・・・

教師93　イギリス人がそれを受け入れるときには問題があります。イギリス人は「われわれはそれを受け入れません。この分野についてはEUには口を出させません。それは国家の権利でそれについて、われわれは多数決ではなく全会一致で議決されることを望みます。」全会一致ならイギリスは拒否権を行使できます。ドイツ人は多くの共同決議を実施していません。たとえば、教育についてはドイツ人はイギリス人と共同歩調をとって、それを包囲しています。たとえば私たちがやっているようなヨーロッパ学校プログラムやカリキュラムなどです。とりわけドイツはヨーロッパで一般教育を扱うことを認めず、職業教育のみを扱うべきと主張します。ドイツ人は教育と養成を区別します。はい、職業教育と一般教育です。みんなは一般教育を受けています。つまり職業学校の生徒は経済的支援を受けられます。それはみなさんとは別のプログラム、レオナルド・プログラムです。彼らは、ポルトガルへ旅行したり、訪問を受けたりします。みんなは支援されません。なぜならドイツがそれに反対だからです。ドイツ政府と各州はこう言います。「それはヨーロッパが行ってはならない。それはだめ、それはわれわれの領域です」。それでみなさんは損害を被ります。私はこう言うことができます。「私をエクイへ連れていってください」「私はボンへ行きます」「そして今度はウィーンへ、そこで行われているさまざまな催しを見てきます」。すばらしいことですね。でもみなさんたち一般教育の生徒たちは一緒に行けません。一つの事柄がヨーロッパに関わるものか、各国の政府に関わることかは明瞭に区別できるものではありません。

第15分節
社会憲章・キプロス紛争・宿題

（教師93　続き）　では次に進めましょう。ここで社会憲章の問題がとても重要になります。つまり、国家が欲するときにはその政府が受け入れることができる。しかし、嫌なときには受け入れなくても良い。そしてそのことについて、あるヨーロッパの著述家は書いています。「全体としてヨーロッパ評議会の・・・?」この本は一九七八年に出版されました。著者はグラーフ・キンスキーです。そこには、批准の方法として、閣僚理事会における全会一致規則だけではなく、三五の加盟国の内一九の議会の賛成をもって批准されるとする案も記されています。ここから二つのことが言えます。一つは全会一致方式。もう一つは国家の議会による法としての批准の方式です。はいどうぞ。

男子生徒94（ダイク）　別のことですが、さっきも言いたかったのだけど、かつてヨーロッパ評議会はトルコがキプロスに進軍したときほとんど非難しなかった。

教師95　そう。当時の評議会で何ができただろうか。何ができたんだろう。一九七四年のキプロスを考えてみよう。

男子生徒96（ネーメット）　はい、その前にも、トルコとギリシア人による政府が成立していた。そして、その政府はECとヨーロッパ評議会によって承認されていた。なのに紛争が生じた。

教師97　その前に何がおこりましたか。一九四七年にキプロス事件がありました。アテネの軍事評議会が画策したものです。当時ギリシアは、ヨーロッパ評議会から脱会しました。それはほとんど除名でした。トルコの加盟は人権が理由で当時保留されていました。ここでヨーロッパ評議会は危機を迎えていたのです。評議会はギリシアに対して初めての追放処分をしなくてはなりませんでした。しかし、ギリシアはその前に脱退してしまいました。そしてそれによってトルコが助けられました。そして今日もキプロスが常に問題を抱え、分断国家になっています。キプロスはヨーロッパ評議会の加盟国です。公式の政府はニコシアにあります。

同様な問題は、ロシアの受け入れの際にもありました。ロシア人は実際基準を満たしていません。しかし政治的理由によって受け入れられました。トルコには、人権の問題がありますが、トルコを締め出していたとしたら政治的影響はより大きくなっていたでしょう。そうなっていたらヨーロッパにとってもトルコにとっても良くないことでした。

はい、ではみんなにお願いがあります。次の時間までにこのテキストを、みんなに配布したテキストを読んで質問に答えてきてください。一つ目、なぜヨーロッパ評議会については一般にあまり論じられないのか、みなさんの考えも入れてください。二つ目、ヨーロッパ評議会で扱われうる、そして扱われるべき具体的な領域は何か。では、終わります。

# 終　章　ヨーロッパ教育がめざすもの

## 1　研究の成果――ヨーロッパ教育がめざすもの

序章において、「ヨーロッパ統合という現象の中で、国家ならびにヨーロッパ機関が教育という空間においてどのような位置を占めるのか」を明らかにすることが本研究の目的であると述べた。研究の成果をまとめるにあたり、この課題について論じてみたい。

### ①ヨーロッパ教育から捉える国家とヨーロッパ機関

ＥＵと国家の間には、教育のイニシアチブをめぐって、長い間微妙な緊張関係が続いていた。たとえば、第一章第3節における「教育の分野における協力に関する決議」（一九七四年）の決議案検討によって、教育委員会の委員構成と委員長選出にあたって、ＥＵ委員会の提出した案が閣僚理事会で加盟国の立場を強める方向に大幅に修正されたことを確認した。このように、ＥＵ委員会が教育に関するＥＵの権限の拡大や教育にヨーロッパの立場を深める提案を行うたびに、各国家の代表によって構成される閣僚理事会は、EUの提案をトーンダウンさせ、自国の教育権限に対するEUの介入を極力制限してきた。このことは一九九三年のマーストリヒト条約に至っても基本的に変わりはない。マーストリヒト条約には、「教育内容と教育制度ならびに加盟国の文化と言語の多様性」に関して加盟国に全面的に責任があること、EUは「必要な場合」に「支援と補足」という手段によって教育の政策を立案できるに過ぎないことが確認され、EUの教育権限には二重、三重の制約が課されている。

このような加盟国の主張を正当化し、EUの教育権限の伸張を阻むのに好都合なのが「補完性原理」である。「提案されている行動の目的が加盟国によっては十分に達成されず、（中略）共同体によるほうがよりよく実現されうる場合にのみ」[1]活動を行うという補完性原理は、EUにおける権限設定の根本的原理であり、この原理に則る限り、EUによる教育権限の獲得はきわめて困難なものとなる。すなわち、教育はそこに暮らす市民の生活に直結した営みであり、できる限り市民に近いところでその責任を担うことが望ましいということになる。

このような補完性原理に則る限り、教育においては、「国民国家のゆらぎ」や「ポスト国民国家時代」の到来という認識は妥当性を欠く非現実的な時代像であるといわねばならない。EUは、直接的に国家の教育権限を侵すような政策の立案は不可能であり、あくまでも「支援と補足」によって、加盟国の及ばない範囲に限定された領域での活動にとどまることが条約という形で明記されている。その意味においては、EUは国家からの指示に基づいて、国家の指示する教育政策を立案する一種の「下請けメーカー」のようにもイメージできよう。

しかし、このような「下請け」としてのヨーロッパ教育像も誤りである。第一章第4節以降で述べたように、EUは各加盟国の教育政策が決して遂行することのできない、EU独自の領域を「ヨーロッパの次元」として設定し、基本原則を「教育におけるヨーロッパの次元決議」（一九八八年）にまとめ、徐々にその浸透を図ってきた。ヨーロッパの次元は、ヨーロッパ規模での人材交流やヨーロッパ意識形成を図るための共同研究など、ヨーロッパ規模の結びつきを築くことの必要性を加盟国政府とその市民に認識させてきた。すなわち、EU委員会は、「補完性原理」の「共同体の方がよりよく実現されうる」という原則を逆手に取り、ヨーロッパ規模での協力はヨーロッパ機関が担うという解釈のもと、EUのイニシアチブによるヨーロッパ教育の体系を構築しつつあるのである。[2] その歩みは、第一章第5節で、生涯学習領域を担う「グルンドヴィヒ」と開放・遠隔教育を担う「ミネルヴァ」が、第二次ソクラテスへの移行において初めて認められたことを確認したように、現在もダイナミックな発展の途中なのである。

EUの教育政策の拡充が現在も途上にあるとはいえ、その発展の先に、EUが各加盟国の個別カリキュラムを廃し、教育課程のヨーロッパ規模での統一を目標に据えることもあり得ないであろう。[3] 逆にEUが教育政策を担うことに対して、加盟国が全面的に反対の声を挙げるような状況を想像することも、もはや不可能である。その意味で、EUによる教育権限の行使は、一般に「危惧」あるいは「期待」されているような「ヨーロッパ共通カリキュラム」の編集の方向にも、また加盟国の意向を汲む従属的な政策立案に限定化される方向のどちらにも踏み出すものではない。[4]

あえていうならば、超国家機関とその加盟国の間の「均衡」を取る道筋がはっきりと認識され、ヨーロッパ教育の構築が進められた一九九〇年において、国家とEUは教育権限の担い方に一つの「秩序」を見出したということができる。ここでは、「ポスト国民国家時代」あるいは「国民国家の終焉」という国家から超国家や地方への教育権限の委譲や、「国民国家のゆらぎ」のような排他的な教育権限を有する国家が弱体化し、相対的にその位置が低下することによって国家が担っていた教育権限の一部を担うといった解釈ではなく、国家とは異なる新たなる教育の地平を切り開いた、EUと国家との間の一種の「棲み分け」とでもいいうる状況が生まれているのである。

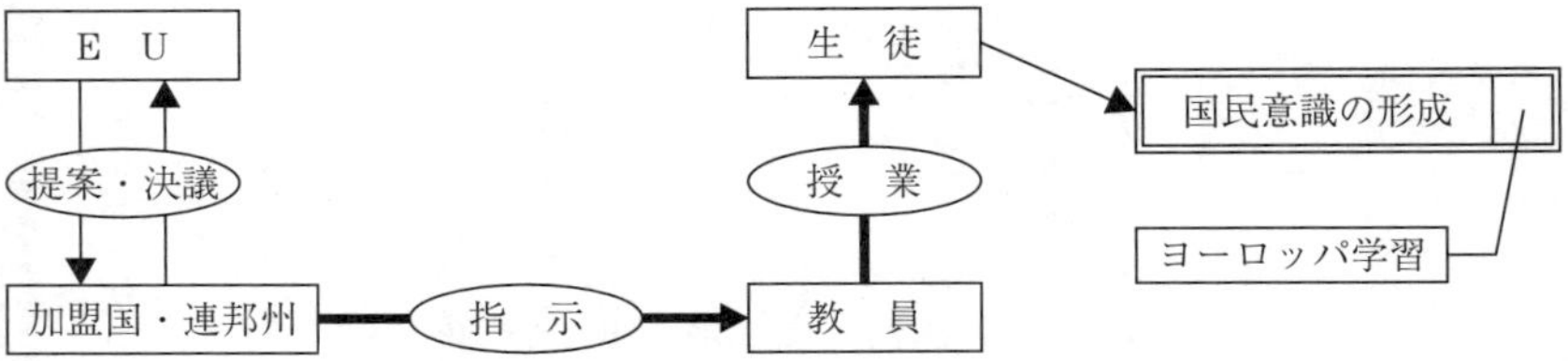


図４　「ヨーロッパの次元」成立以前のヨーロッパ教育モデル

### ②ヨーロッパ教育の「重層化」と「ヨーロッパ意識」の形成

先に述べたような、ヨーロッパ教育をめぐる国家とヨーロッパ機関の間の新しい秩序を、より一般化したモデルによって考察してみたい。図4は、ヨーロッパの次元が成立する以前、すなわち、国家あるいは州が教育に関する排他的権限を有すと仮定した場合の関係モデルである。[5] 四角で示した「EU」「加盟国・連邦州」「教員」「生徒」は、ヨーロッパ教育における行為主体である。二重四角で囲んだ「国民意識の形成」は、教育の目標である。楕円で示した「提案・決議」「指示」「授業」は、各主体がとりうる行為である。

図4によれば、EUは加盟国あるいは連邦州（以下、「加盟国」とする）に対し、ヨーロッパ教育に関する政策の「提案」を行い、加盟国の同意によって「決議」される。加盟国は、決議された内容を学習指導要領などの形で「指示」として教員に伝達する。教員は、「授業」を通してその内容を生徒に伝達する。生徒は、授業を通してそこに込められた価値である「国民意識」を形成する。教員によって生徒に伝えられる価値の一部に「ヨーロッパ学習」が含まれ、国民形成の一環として生徒に伝達される。「ヨーロッパの次元」以前のヨーロッパ教育はこのようなモデルであると考えられる。

このモデルにおいては、EUは加盟国に対して「提案」を行うにとどまり、提案内容を実現する責任は加盟国のみが負うものとなる。EUがヨーロッパ共通の教育政策を実施する場合には必ず加盟国のフィルターを通すことになり、実施の段階で各国に独自の解釈の余地が生まれる。第三章でイギリスとフランスのナショナル・カリキュラムならびに

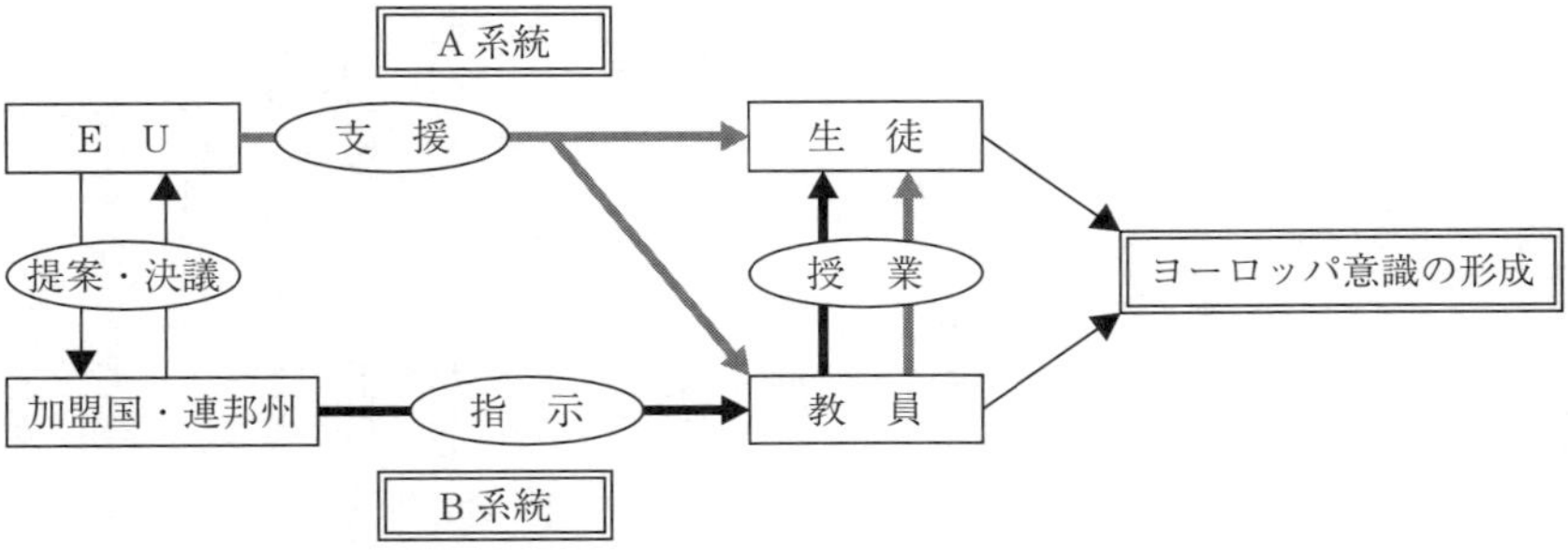


**図5　「ヨーロッパの次元」展開期のヨーロッパ教育モデル**

オランダの「中等教員マニュアル」を、また第五章でドイツの諸州のカリキュラムや単元プランを検討したが、それぞれのカリキュラムからは、ヨーロッパの次元の浸透に各国あるいは州の固有の事情が色濃く反映していることが確認された。とりわけフランスの例に見られるように、政策の変更によってヨーロッパの次元の位置づけが大きく後退することもありうる。

また、教育目標にも同様の影響関係が見られる。目標の観点においては、「国民意識の形成」という加盟国による目標に従属する形で、ヨーロッパの視点が盛り込まれることになる。すなわち、各国の国民意識の形成に反しない限りにおいてヨーロッパの視点の導入は承認されるものであり、その範囲において追求される限定的な「ヨーロッパ学習」が実施されるのである。

これに対し図5は、「ヨーロッパの次元」が展開期を迎え、加盟国とEUの両者がヨーロッパ教育の担い手として並存する状態を仮定した場合のモデルである。

図5では、EUという行為主体がヨーロッパ教育の過程に加わることによって、教育権限の「重層化」が生じていることを示している。すなわち、国家あるいは州が排他的権限を有してきた従来の加盟国から生徒に至る「指示」の系統（「B系統」）に、EUから派生するもう一つの系統（「A系統」）が加えられたのである。このA系統は、助成や交流、研修やコンクールなどの「支援」的措置によるものであり、この系統を通してEUによる生徒や教員に対するヨーロッパ意識

の形成が行われると考えられる。A系統は、EUによって生徒や教員に対し直接的に実施されるものであり、従来の国家を媒介とした間接的なB系統とは異なる。(6)

A系統は、EUによってとられる政策であるため、加盟国が自国の教員に対しとることのできる「指示」などの指導的行為をとることができない。そのためあくまでも生徒や教員に対しては「支援」という形をとる。EUがとる「支援」という手だては、教育に関する主たる責任は依然として加盟国におかれることを前提にしており、A系統の設置によってただちにEUがヨーロッパ教育のイニシアチブをとるわけではない。

一方、B系統は、加盟国ごとに利害や国内の文脈によって解釈されたうえで実施される政策であり、各加盟国の制度によって異なるが、ヨーロッパの次元を授業において導入することをカリキュラムの形で示し、何らかの拘束性をもって教員に「指示」することにより、ヨーロッパの次元の実現を図るものである。当然のことながらB系統も従前通り教員を通して生徒のヨーロッパの次元に寄与し続けるのであり、このA系統とB系統が並存することによって、国家の教育主権を侵食することなく、EUによる直接的な教育政策の実施が可能となるのである。

その意味で、国家の枠組みからの教育政策によるヨーロッパ教育とEUによるヨーロッパ教育は、必ずしも対立関係にあるとはいえない。両者は政治における補完性原理と同様、相互補完的である。この相互補完性の特徴は、第六章で論じた授業事例の中に典型的に認められる。すなわち、EUによって特別な研修を受け、自身もヨーロッパ教育に深い関心を寄せる教師が、ドイツの学校においてヨーロッパ学習を実践する。その過程で生徒は「長い目で見たうえで、統一的なアイデンティティを形成すること」(第二時・男子生徒50)、「ヨーロッパの国の市民として感じるということ」(第二時・男子生徒52)と述べたアンドレアスのように、ヨーロッパに対する自己の認識を形成していくのである。

このA系統とB系統の両過程を通じて、このような「ヨーロッパ意識(europäisches Bewußtsein)」を形成することがヨーロッパの次元の最終目標である。ヨーロッパ意識形成の営みは、加盟国による「指示」という従来からの学校教育に依存する過程と、EUによる「支援」という側面支援的過程の両面が備わってはじめて着実に進展していく。第五章第4節で、バーデン＝ヴュルテンベルク州八四年版「教育計画」に準拠した教科書が、EUの否定的側面に焦点化した課題を取り上げていることについて述べ、その在り方を批判したが、ヨーロッパ教育には統合への肯定的側面とその限界あるいは問題点の両方を適切に取り上げることが必要なのであり、加盟国の立場からあるいはEUの立場からのみヨーロッパ教育の体系を作り上げることは、適切なヨーロッパ意識の形成を阻むものとなる。その意味で、ヨーロッパ教育への加盟国による責任とEUによる直接的な関与とが、生徒のヨーロッパ意識形成に対するチェック・アンド・バランスの機能を果たすことになっている。

### ③ヨーロッパ教育がめざすもの

以上の考察から、ヨーロッパ教育がめざすものを一言でいえば、「ヨーロッパ意識の形成」ということになろう。そこには「単一共通カリキュラム」や「共通教科書」による均質的な教育を行うことによって、等質化された「ヨーロッパ人（The European）」を育成することを否定し、いうなれば複線的なヨーロッパ理解に基づいて各個人が自己のヨーロッパ意識を培うこと、その結果として多様な「ヨーロッパ人（The Europeans）」が育成されることをめざしているといえる。前項で述べた二つの経路は、このような多様なヨーロッパ人の育成を制度として支えるものである。州や地域ごとに異なったヨーロッパ解釈やヨーロッパ学習を「並存」させ、それらすべてをヨーロッパ教育として認めながら、EUによる枠組みによって、それら並存するヨーロッパ学習における共通の議論の場を設けること、その両者の段階を経ることで、多様で確固としたヨーロッパ意識を強めることがヨーロッパ教育のねらいであるといえる。

その際、多様なヨーロッパ人育成の鍵を握るのが、教室における多様性、すなわち「外国籍」の子どもの存在である。ヨーロッパ教育は、彼らのアイデンティティ形成やヨーロッパ意識形成の問題を避けることはできない。とりわけ第六章でクンメタート教諭が、外国籍とりわけ非EU諸国出身の子どもの考えや経験を反映させながら授業を構成したように、非EU・ヨーロッパ諸国を出自とする教室内の子どもをどのように位置づけるのかという問題が重要である。これらヨーロッパ空間に暮らすすべての子どもが、自らの関係の中に位置づけてヨーロッパ学習を進めているかどうかが、ヨーロッパ教育の重要な指標となろう。教室内の「非ヨーロッパ人」の子どもを含めて、「われわれのヨーロッパ」を学ぶことができるかどうかに、ヨーロッパ教育がめざす多様な「ヨーロッパ人」育成の成否がかかっているといえる。

## 2　今後の課題と展望

最後に、今後の課題と展望について、次の三点に絞って述べておきたい。

第一に、本論で述べたとおり、ヨーロッパ教育は九〇年代の展開期から現在「定着期」を迎えている。このことはヨーロッパ教育の研究が、歴史や制度に関する理解の浸透を図る啓蒙的研究の段階から、各国の教育実践の文脈の中にヨーロッパ教育がどのように根付いていくのか（あるいは根付かないのか）を、教材や授業レベルで探究する実践的研究へと進む段階に入ったということができる。

すでに近藤孝弘は、ドイツとイギリスの歴史教科書の記述分析を行い、両国の間に、ヨーロッパ教育の受容と展開に関する本質的な差異があることを指摘しているが[7]、今後このような二国間あるいは多国間の検証作業を通して、各国で展開されているさまざまなヨーロッパ教育の実像とそれらの間の異同を明らかにし、同時にその異同が持つ本質的意味を明らかにすることが課題となろう。それとともに、園山大祐の研究のように、EUの教育政策の現状を細密に描写し、その意味を論述することも、ヨーロッパ教育研究の基礎作業として重要である。

第二に、外国の授業に対する研究の進展という課題がある。第六章で行った授業分析は、外国教育研究の新しい研究手法を拓く試みであるが、その分析は筆者の一面的な判断に基づくものであり、必ずしもドイツの授業の原則や前提の十分なる理解を根底に有して行ったものであるとはいえない。このような授業研究を行う場合、対象となる国の言語のみならず、教育文化や授業文化のいっそうの把握が不可欠である。外国授業の研究には、パートナーとなる対象地域・国の研究者との共同研究が重要である。なぜなら、日本の研究者には日本の研究者の、ドイツの研究者にはドイツの研究者の、それぞれの文化的文脈に依存した一定のバイアスがある。たとえば、教師が授業中にどの生徒を指名するかについていえば、挙手していない生徒にも目を配り、発言を促したりあえて指名したりすることは、日本の多くの学校で多くの教師が原則としている行動である。一方、これまで筆者がドイツの授業を観察した経験から、ドイツの学校では挙手していない生徒に発言を求めることはまれである。

このような、授業文化の異なりは、授業の展開過程にどのような影響を与えているのだろうか。今後はこのような課題を解く国際的な授業研究が求められるだろう。現在筆者はドイツ人研究者と同一の授業を観察し、共同で授業単元の検討を行う共同研究を試みている。(8) 今後はより深く相互に授業文化や授業理論、授業分析研究の枠組みを意識化し、双方の授業改善に資する共同研究へと進展させていきたい。

第三に、ヨーロッパ教育が日本の教育に与える示唆を二点指摘しておきたい。一つは、日本の教育の中に「アジア」をどのように位置づけるかについての視点を提供していることであり、もう一つは、ヨーロッパ教育が、アジアやアメリカなど他地域における教育協力を分析する際の枠組みを提供していることが挙げられる。

教育の中に「アジア」をどのように位置づけるかについては、授業の中で「アジア」をどのように教えるべきかという教育内容に関する問いと、「アジア教育」なるものを構想することは可能かという二つの問いに置きかえられる。前者の問いについては、現在さまざまに展開されている広い意味での「国際理解教育」、すなわち文部科学省がいう「国際社会に生きる我が国の役割」(9)(「学習指導要領」小学校6年社会科)等を柱にした国際理解教育や、ユネスコが提唱する国際教育、開発教育あるいはグローバル教育など、国際的な資質を育成することを目的とした教育の中で、「アジア」がどのように描かれ、単元開発がなされているのか分析する際の視点となりうる。

他方、EUの他にも多数の地域的国際機構が形成されている。アジアにおける「東南アジア諸国連合(ASEAN)」や、アメリカ大陸における「米州機構(OAS)」などがその例となるが、それらヨーロッパ以外の国際機関における教育協力の枠組みを分析する際に、ヨーロッパ教育の全体的な協力の枠組みが有益な示唆を与えているであろう。たとえば、高等教育機関における単位互換制度の整備や留学プログラムの策定がなされているか、あるいは歴史や政治などにおける共通認識の形成や共通教材の開発等を目的として、教員や研究者、教育センター職員などの教育従事者が意見を交換できる機会が設けられているかなど、ヨーロッパ教育は、それぞれの国際機関が教育分野の協力と交流にどのような役割を果たし、それらがどの程度進展しているかを測る「指標」を提供している。

現時点で直ちに「アジア教育」を構想することは、荒唐無稽なことであるといわざるをえないが、ヨーロッパ教育が初期の構想から七〇年をかけて現在の協力関係を築いたことを考えると、長期的視野に立ってアジアにおける協力の枠組みを構想することは有意義な作業であるといえる。その際に本書で論じたヨーロッパ教育が一つの有効な枠組みを与えているのではなかろうか。

本書第一章の冒頭に記した、「すべての偉大なる歴史的事実はユートピアに始まり実現に終わった」というクーデンホーフ＝カレルギーの言葉は、「ヨーロッパ人」の育成というヨーロッパ教育のユートピアも、いつか「歴史的事実」として承認される可能性を暗示しているように思われる。同様に「アジア教育」というユートピアも、今後の展開いかんによっては、「アジア人」が可視的存在となるかどうかの鍵を握る重要な領域へと発展する可能性を秘めているといえよう。

# 注

## 序章

（1）一九九二年一二月三一日という期限が設定されたことによるインパクトを表現した言葉。田中俊郎『EUの政治』岩波書店、一九九八年、二七頁。このころ出されたEC統合の解説書にもこのブームの影響が認められる。岸上慎太郎、田中友義編著『EC1992年ハンドブック』ジャパンタイムズ、一九八九年。篠田雄次郎『1992年・EC統合―そのとき日本はどうなる』徳間書店、一九八九年。佃近雄、田中友義、永友貴樹『ゼミナール1992年EC市場統合』有斐閣、一九九〇年、など。

（2）一九九二年六月二日にデンマークで行われた、マーストリヒト条約批准のための国民投票が、一・四ポイントの僅差（投票率八三・一％、賛成四九・三％、反対五〇・七％）で否決されたことを指す。このデンマークの国民投票が予想外の結果であったことから、「ハムレット・ショック」といわれることもある。田中俊郎『EUの政治』岩波書店、一九九八年、二九頁。

（3）梶田孝道『統合と分裂のヨーロッパ―EC・国家・民族』岩波書店、一九九三年。

（4）最上敏樹『国際機構論』東京大学出版会、一九九六年、一八六―二二三頁。

（5）鴨武彦「基調講演―グローバリズム・リージョナリズム・ナショナリズム―21世紀の役割を模索するアジア」日本国際政治学会編『国際政治』第一一四号、一九九七年、五頁。

（6）本書では、ヨーロッパ教育に関わる機関としてEU（ヨーロッパ連合）やCE（ヨーロッパ評議会）による教育政策を論じる。これらある一定のヨーロッパ的範囲に広がり、ヨーロッパの観点に立って政策の実現を図る組織体を、本書では「ヨーロッパ機関」と呼ぶ。したがって、ヨーロッパ機関とはEC、EU、CEなどを包摂し、国家あるいは州レベルの機関と対置される教育の行政主体である。

（7）ドイツにおいてヨーロッパ教育の研究を開拓したミケル（W. Mickel）も『学習領域ヨーロッパ』の序文において「一

国的なあるいは一面的な記述や見方に陥らないために、一人の著者が言語的、資料的、能力的に可能な範囲で外国の文献についても参照することにする」（傍点引用者）と述べ、個人がヨーロッパ研究に取り組む際の限界を認めている。Wolfgang W. Mickel, *Lernfeld Europa - Didaktik zur europäischen Erziehung, 2. Aufl.*, Leske+Budrich, 1993, S. 11.

（8）フレデリック・ドルーシュ総合編集、木村尚三郎監修『ヨーロッパの歴史―欧州共通教科書』東京書籍、一九九四年。

（9）佐伯彰一「正論　アジアでの歴史の討議条件」産経新聞、一九九二年六月一二日（東京本社発行版）。佐伯のこの評論は、『ニューズウィーク（日本版）』一九九二年四月二三日号一九頁の記事をもとに書かれている。日本版のもとになっている*Newsweek* 誌一九九二年四月二〇日版二六頁では、"You Can Look It Up - A different approach to European history"（まもなくお目見え―ヨーロッパ史へのもう一つのアプローチ）とのタイトルが付されているのに対し、日本版では「歴史教科書も欧州統合―ヨーロッパで進む『歴史の見直し』」と訳出されている。タイトルの和訳に際し、原文にはない「欧州統合」の語が挿入され、センセーショナリズムがかき立てられている。

（10）星村平和『いまなぜ〝新しい史観〟か―世界史の窓から考える』明治図書出版、一九九七年、五三―六五頁。

（11）近藤によれば、「同書（『ヨーロッパの歴史』）の日本語版の表紙にある『欧州共通教科書』という表示は誤りである。翻訳の元になったフランス語版にも、そのような表記は存在しない」という（近藤孝弘「ヨーロッパ統合と歴史教科書―戦後のヨーロッパ史教育論における『ヨーロッパの歴史』の位置をめぐって」東京学芸大学海外子女教育センター『「ヨーロッパの歴史」を読む―国際教育課程統合研究プロジェクト報告書』一九九七年、五頁）。この日本語版に挿入された「欧州共通教科書」という表記は、読者に一定のバイアスを持たせる問題の多い表現であるといえる。西川長夫は、『ヨーロッパの歴史』に対して「一般にこの書物は、従来の一国史的な限界を打破したものとして好評のようである。だが、この教科書は真に一国史的発想を越えたものになっているだろうか」と述べ、安易な評価を慎んでいる。（西川長夫「歴史的過程としてのヨーロッパ」西川長夫、宮島喬編『ヨーロッパ統合と文化・民族問題―ポスト国民国家時代の可能性を問う』人文書院、一九九五年、二六―二七頁。）

（12）河内徳子「地球時代の多文化教育―ドイツとオーストラリアの場合」河内徳子編『多文化社会と教育改革』未來社、一九九八年、二三頁。

（13）平沢安政『アメリカの多文化教育に学ぶ』明治図書出版、一九九四年、一一七頁。

(1) この点については、クーデンホーフ＝カレルギー著、鹿島守之助訳「回想録」『クーデンホーフ＝カレルギー全集』第7巻、鹿島研究所出版会、一九七〇年、三〇九—三一一頁において、クーデンホーフ＝カレルギー自身が語っていることである。金丸輝男も同全集を参照して、「チャーチルのこの主張はクーデンホーフ＝カレルギーの主張を容れたものである」と両者の関係を強調している。(金丸輝男『ヨーロッパ統合の政治史—人物を通してみた歩み』有斐閣、一九九六年、二〇—二一頁)

(2) この点については、次のような理由を想定することができる。①イギリスの首相を務めたチャーチルとは異なり、個人として活動し民間団体の指導者であるクーデンホーフ＝カレルギーを、公的な位置づけで評価することに問題が含まれる、②連邦国家の形成に向けたヨーロッパ統合の立場に立つクーデンホーフ＝カレルギーの主張は、国家連邦主義に立つECの理念と相容れない、あるいは夢想家として受けとめられた、③クーデンホーフ＝カレルギーはロシアを除くヨーロッパ全体の統一を模索していたが、その構想が戦後の冷戦体制の中で現実的展望を持ち得なかった、など。

(3) 一九六〇年代に多数刊行されたヨーロッパ経済共同体(EEC)に関する主な文献には、汎ヨーロッパ運動がヨーロッパ統合運動の源流であるとの認識が示されている。たとえば、大蔵省EEC研究会編『EECの全貌』は、「近代的意味における欧州統合運動は、オーストリアのクーデンドル《(ママ)》フ＝カレルギー伯のパン・ヨーロッパ運動を持って嚆矢とする」(大蔵省EEC研究会編『EECの全貌』日本関税協会、一九六二年、一頁)とされている。

(4) 欧州統合に対するクーデンホーフ＝カレルギーの役割については、ヨーロッパと日本の間に認識の隔たりが認められる。クーデンホーフ＝カレルギーはヨーロッパ以上に日本において高く評価される傾向がある。これはクーデンホーフ＝カレルギーの母親が日本人(青山光子)であり、彼自身二歳まで日本で育っていることが影響しているものと考えられる。本節もクーデンホーフ＝カレルギーをヨーロッパ統合の源流と位置づけ、その教育観の探究を意図しているが、それはヨーロッパ統合初期における理想的な意味での「ヨーロッパ人」観がそこに投影されていると考えるからである。

(5) クーデンホーフ＝カレルギーの執筆活動は、主に一九二〇年代から一九六〇年代にまで至るが、本稿で扱う彼の汎ヨーロッパ運動に関する主張は、国際環境の変化によるものを除いて大きな変更はないと判断できる。そのため、本稿ではクーデンホーフ＝カレルギーの汎ヨーロッパ運動の思想を戦前と戦後を通して一貫したものとみなす。

(6) クーデンホーフ＝カレルギー著、鹿島守之助訳「パン・ヨーロッパ」『クーデンホーフ＝カレルギー全集』第1巻、鹿島研究所出版会、一九七〇年（原著出版一九二三年）、三七―四一頁。
(7) クーデンホーフ＝カレルギー著、鹿島守之助訳「世界的勢力としてのヨーロッパ」『クーデンホーフ＝カレルギー全集』第9巻、鹿島研究所出版会、一九七一年、一二一―一二九頁。
(8) クーデンホーフ＝カレルギー著、鹿島守之助訳「世界的勢力としてのヨーロッパ」『クーデンホーフ＝カレルギー全集』第9巻、鹿島研究所出版会、一九七一年、一四九―一五二頁。
(9) クーデンホーフ＝カレルギー著、鹿島守之助訳「ヨーロッパ国民」『クーデンホーフ＝カレルギー全集』第2巻、鹿島研究所出版会、一九七〇年（原著出版一九五三年）、二七四―二七六頁。
(10) 今日的視野に立ってみると、このようなクーデンホーフ＝カレルギーの言葉の中には一種のヨーロッパ中心主義的発想が認められる。しかし、クーデンホーフ＝カレルギーは「彼独特の感情をあらわにした言い方」（ヒーター）をする理想主義者であり、「パン・ヨーロッパ的連帯感、ヨーロッパ的愛国心が、国民感情に上位する冠やその補完物として確立されなければならない」（クーデンホーフ＝カレルギー著、鹿島守之助訳「パン・ヨーロッパ」『クーデンホーフ＝カレルギー全集』第1巻、鹿島研究所出版会、一九七〇年〈原著出版一九二三年〉、一九〇―一九一頁）と記しているように、必ずしも国民意識を拒絶せず、国民意識の「補完物」としてヨーロッパ主義を認めている点で、偏狭なヨーロッパ中心主義とは区別するべきであろう。（デレック・ヒーター著、田中俊郎監訳『統一ヨーロッパへの道―シャルルマーニュからEC統合へ』岩波書店、一九九四年、一九四頁）
(11) クーデンホーフ＝カレルギー著、鹿島守之助訳「ヨーロッパ国民」『クーデンホーフ＝カレルギー全集』第2巻、鹿島研究所出版会、一九七〇年（原著出版一九五三年）、二七五頁。
(12) クーデンホーフ＝カレルギー著、鹿島守之助訳「パン・ヨーロッパ」『クーデンホーフ＝カレルギー全集』第1巻、鹿島研究所出版会、一九七〇年（原著出版一九二三年）、一六三頁。
(13) クーデンホーフ＝カレルギー著、深津栄一訳「ヨーロッパは統合しなければならない」『クーデンホーフ＝カレルギー全集』第2巻、鹿島研究所出版会、一九七〇年（原著出版一九三八年）、一六三頁。
(14) 第二次大戦直後よりさまざまな民間団体が各地でヨーロッパの連携を掲げ、ヨーロッパの統一を進める運動を展開した。メインによれば、次のような団体が設立されたという。ベルギー元首相ポール・バン・シーランドによる「経済協力のためのヨーロッパ連盟」(一九四六年五月設立)、連邦主義者による「ヨーロッパ同盟」(一九四六年九月設立)、左翼による「ヨーロッパ連邦主権者同盟」(一九四六年一二月設立)、保守的な「統一ヨーロッパ運動」(一九四七年設立)、フランスにおける「統一ヨーロッパのためのフランス協議会」(一九四七年設立)、社会主義者による「ヨーロッパ合衆国のための社会主義運動」(一九四七年二月設立)、カトリック信者による「新国際協力機関」(一九四七年六月設立)。(R・メイン著、現代研究会訳『ヨーロッパ共同体=その思想と歴史』ダイヤモンド社、一九六三年、一〇〇―一〇二頁)

(15) ヨーロッパ統合理論については、さまざまな分類がなされている。田中俊郎によれば、大陸ヨーロッパの連邦主義とイギリス・スカンジナビア諸国の機能主義に分けたキッツィンガー(U. W. Kitzinger)の分類と、国家主権をヨーロッパ連邦に委譲することを目的とする連邦主義、さらに合意可能な部分的主権のみを超国家機関に委譲する機能主義(キッツィンガーの用語法とは異なる)、主権国家からなる連合主義の三区分に分類したスピネリ(A. Spinelli)の区分が有力である。田中自身はスピネリの三区分法を採用している。この立場は、シューマン(R. Schuman)とモネ(J. Monnet)に導かれたヨーロッパ石炭鉄鋼共同体(ECSC)を説明するために、一挙にヨーロッパ連邦を構想する理想主義的な連邦主義と段階的に発展させようとする現実的連邦主義を区分し、より明確な定義を試みたものである。田中俊郎「欧州統合の理念とその歴史的展開―欧州共同体の歩み」細谷千博・南義清共編著『欧州共同体(EC)の研究―政治力学の分析』新有堂、一九八〇年、三―四頁。

(16) 一九五一年にECの前身であるヨーロッパ石炭鉄鋼共同体が誕生した背景には、CE設立時における「妥協」によってヨーロッパ統合の実質が失われたことに対する対抗措置的意味合いがあった。田中俊郎「欧州統合の理念とその歴史的展開―欧州共同体の歩み」細谷千博、南義清共編著『欧州共同体(EC)の研究―政治力学の分析』新有堂、一九八〇年、四―七頁。田中昌樹によれば、近年、欧米の政府外交文書とヨーロッパ統合運動の推進者および団体の文書がヨーロッパ大学研究所によって整理、公開されたことによって、戦後のヨーロッパ統合史が緻密化しているという。田中昌樹「ヨーロッパ統合運動の形成と展開―ヨーロッパ統合の前史にかんする近年の研究をめぐって」高柳先男編著『ヨーロッパ統合と日欧関係　国際共同研究I』中央大学出版部、一九九八年、四九―五一頁。本節では、研究目的に合致する限りの最小限の研究にとどめた。

(17) Council of Europe European Treaties ETS No. 1, Statute of Council of Europe, London, 5. V. 1949. CEの設立は一九四

九年五月五日。原加盟国は、ベルギー、デンマーク、フランス、アイルランド、イタリア、ルクセンブルク、オランダ、ノルウェー、スウェーデン、イギリスの一〇カ国。

(18) 「文化協力審議会」の略称としては、フランス語名である "Conseil de la Coopération Culturelle" の略称である"CDCC"がしばしば用いられる。本研究においてもこの略称を用いる。

(19) 羽田行男「欧州評議会における教育協調の試み―文化協力審議会の動向を中心に」東京学芸大学海外子女教育センター『海外子女教育センター研究紀要』第8集、一九九六年、五六頁。

(20) Etienne Grosjean, "Forty Years of Cultural Cooperation at the Council of Europe, 1954-94", In: *European Education*, vol. 31, no. 1, Spring 1999, pp.15 - 16.

(21) 歴史教科書改善会議については、近藤孝弘『ドイツ現代史と国際教科書改善―ポスト国民国家の歴史意識』名古屋大学出版会、一九九三年、二九―三二頁、および近藤孝弘『国際歴史教科書対話―ヨーロッパにおける「過去」の再編』中央公論社、一九九八年、一六三―一七二頁に詳細に報告、考察されている。

(22) この後のCEによる歴史教育分野への取り組みは、個別の教科書の著述内容を改善する作業から、歴史あるいは歴史教育そのものを再定義するというより幅広い視野から進められるようになった。その背景には、歴史教育における基本的概念自体が混乱している中で、逐語的な教科書の検討を多国間協議の場で行うことの困難さや、歴史教育という単一の教科の枠組みに留まらず地理や公民、経済、社会学を含む学際的なアプローチが必要とされるようになったことが挙げられる。本研究では詳しく論じることはできないが、一九七〇年代後半以降のCE主催の教育セミナーは、人権教育、異文化間教育、グローバル教育といった学際的アプローチへと広がっている。Maitland Stobart, "Fifty years of European co-operation on history textbook: The role and contribution of the Council of Europe", *Internationale Schulbuchforschung* Band 21, 1999, S. 147 - 161. CEの人権教育については、中川喜代子『グローバル人権論』明石書店、一九九六年、一一五―一一九頁、福田弘「西欧諸国における人権教育の動向―欧州協議会文化協力協議会の活動を中心に」『筑波大学教育学系論集』第16巻第2号、一九九二年、一五―二五頁を参照。

(23) 歴史教科書改善会議後の主な歴史教育プロジェクトは、一九六五年のデンマーク・ヘルシンゲア、六九年のドイツ・ブラウンシュヴァイク、七一年のフランス・ストラスブールにおける連続会議に引き継がれ、中等教育における歴史教育について話し合われたほか、一九七二年のベルギー・ルーヴァンの会議、および七九年のブラウンシュヴァイクの会議においては、歴史教育における宗教の観点の不足と一九四五年以降のヨーロッパ統合の歴史について話し合われている。Etienne Grosjean, "Forty Years of Cultural Cooperation at the Council of Europe, 1954 - 94", *European Education*, vol. 31, no. 1, Spring 1999, pp. 29 - 30.

(24) Simon Newman, "The Council of Europe and Teacher Education", *European Education*, vol. 30, no.1, Spring 1998, pp. 6 - 7.

(25) 羽田行男「欧州評議会における教育協調の試み—文化協力審議会の動向を中心に」東京学芸大学海外子女教育センター『海外子女教育センター研究紀要』第8集、一九九六年五七—六一頁。

(26) 近藤、前掲書、一九九三年、四四—四八頁。

(27) ドナウエッシンゲンでのヨーロッパ教員セミナーは、一九七八年九月二六—二八日の「中等学校カリキュラムにおけるヨーロッパ」(講師はMargaret Shennan)を皮切りに年に三ないし四回開催されている。Council for Cultural Co-operation, "*School and Out-of-School Education Section, List of Documents*", DECS/SE(93)2, Strasbourg, 15 November 1993, p.47. ドナウエッシンゲンのヨーロッパ教員セミナーを擁するバーデン＝ヴュルテンベルク州は、同セミナーを同州の公式教員研修に位置づけている。"Lehrerfortbildung Veranstaltung im Mai 1997", *Kultus und Unterricht*, Amtsblatt des Ministeriums für Kultus, Jugend und Sport Baden-Württemberg, 4/1997, Sonderausgabe, 20. Februar 1997, Neckar-Verlag, S.49 - 50.

(28) 関税同盟の形成には、域外諸国に対する加盟国の関税自主権の放棄が不可欠である。ＥＣにおける関税同盟の完成は当初の予定より一八カ月も早い一九六八年七月であった。農業政策については、農業共同市場の形成が目指されていた。この目標は一九六八年七月に達成されているが、その際に加盟国は農業分野に関する権限、すなわち農業生産性の向上、農村社会の生活水準の向上、農産物市場の安定化、安定的供給のための措置、合理的な供給価格確保のための措置などの権限をＥＣに移管している。石川謙次郎『ヨーロッパ連合への道』日本放送出版協会、一九九四年、五四—五五頁および、金丸輝男「共通農業政策（ＣＡＰ）」、金丸輝男編著『ＥＣ—欧州統合の現在』第二版第四刷、創元社、一九九二年、九五—一〇二頁。

(29) ドイツを主なフィールドとする政治学研究者である小野耕二は、『ＥＵ統合の政治学』の中で「経済的側面についていえば、七〇年代中盤から八〇年代初頭にかけて勃発した第一次・第二次石油ショックの影響もあって、統合過程は一時停滞を余儀なくされていたが、その間も第一次・第二次予算条約などにより制度面での整備は図られていた。（中略）これらの作業が、八〇年代後半以降の『市場統合』から『通貨統合』という形での統合の加速化の動きを準備していた」と述べ、停滞期の制度整備作業が後の発展の土台を築いたことを指摘している。小野耕二『EU統合の政治学』青木書店、一九九五年、一二頁。

(30) 条文の翻訳は、『基本条約・資料集［第4版］』有信堂、一九八四年、および岸上慎太郎・田中友義編著『［EC1992年］ハンドブック』ジャパンタイムズ、一九八九年を参照し筆者が訳出した。

(31) 以下、とくに断りのない限り、「共同体」とはヨーロッパ経済共同体（EEC）、もしくはヨーロッパ共同体（EC）を指す。

(32) ECの決定する法規は、次の三種類がある。1 規則（Regulation）、2 指令（Directive）、3 決定（Decision）。「規則」はすべての加盟国に直接適用され、「指令」は必要な特定の加盟国にのみ適用される。「決定」は該当する国、企業、個人に直接適用される。この拘束力を持つ三つの法規の他に、拘束力を持たない「決議」（Resolution）と「結論」（Conclusion）がある。

(33) Council Decision 63/266/EEC of 20 April 1963, "*laying down general principles for implementing a common vocational training policy*", O. J. of the EC, No. 63, 20. 4. 1963, p. 1338/63. 木戸裕「教育政策」国立国会図書館内EC研究会編『新生ヨーロッパの構築』日本経済評論社、一九九二年、二六七頁参照。

(34) ECの教育政策が、当初から職業教育に強く結びついていたことは、EC委員会の教育を担当する総局（Directorate-General）が、雇用や産業を所管する第5総局に含まれていたことに如実に表れている。教育政策が、雇用や産業領域から離れて「研究・科学・教育総局」が設立されたのは、坂本によれば一九七三年のことであった。（坂本昭『ECの教育・訓練政策―ヨーロッパ市民への模索』中川書店、一九九三年、九頁）

(35) ハーグサミットは、ECの歴史上、重要な位置を占める会議であった。ハーグサミットの前の六五年の七月、ECの権限強化策に対してフランスが反発し、一時ECの各機関からフランスの代表全員が帰国し、調整機能が麻痺するという「マラソン政治危機」を迎えていた。マラソン政治危機は「『政策統合』の後退というよりも、深刻な挫折といった方が正しい」（鴨武彦『ヨーロッパ統合』日本放送出版協会、一九九二年、一三〇頁）と評価されるほどの打撃を与えた。マラソン政治危機は、「ルクセンブルクの妥協」と呼ばれる妥協案によって一応の終結をみたが、EC統合に対する停滞感が強まった。その中で、六八年七月の加盟六カ国の関税同盟がスタートし、経済統合の一つの目標が達成され、次の目標が求められるようになっていた。六九年のハーグサミットはこのような環境の中で開催され、最終コミュニケは、EC諸機構の強化や将来の経済統合、通貨統合の達成による統合の強化により、危機の再発防止を図ることを目的としている。若い世代に対する期待と若い世代をEC統合に取り込む必要性を訴えたのも、このECの基盤の脆弱性に対する危機感からに他ならない。

サミット会場となったリッダーザール（Ridderzaal）は、一九四八年五月のヨーロッパ会議（後にヨーロッパ評議会となる）が開催された場所であり、ヨーロッパ統合史においても歴史的場所である。このような歴史的場所でサミットを行ったのは、サミットの意味づけを高めるための演出であったと思われる。

(36) Bulletin of the European Communities 1-1970, p. 16, "The Hague summit (I) Final communiqué of the conference (2 December 1969)", 1970.

(37) Albert Borschette はフランス出身のEC委員。当時は競争問題、地域政策、情報問題を担当し、一九七〇年六月より一九七七年一月までEC委員を務めた。

(38) Bulletin of the European Communities 11-1970, pp. 26 - 30, "The Younger Generation and Europe", 1970.

(39) Bulletin of the European Communities 12-1971, pp. 28 - 30, "First Meeting of the Ministers of Education", 1971. この会議は当初同年の春に予定されていた。理由は明らかにされていないが、半年以上延期され一一月に開催の運びとなった。("Bildung und Erziehung", 1972, 25.Jg. S.77.) ここで簡単にECの意思決定システムについて説明しておく。上述のECサミットは、EC加盟国首脳の会合であるが意思決定機関ではない。ECの意思決定は、各専門大臣の会合である「閣僚理事会」によって行われる。閣僚理事会はEC委員会が立案した政策を審議し、意思決定を行う。ちなみに当時のヨーロッパ議会は、単に意見表明権が認められるのみであり、意思決定機関ではなかった。したがって、EC委員会が策定した議案は各加盟国の大臣によって構成される閣僚理事会によって意思決定され、実行に移される。その意味で、教育専門閣僚による教育閣僚会議が設置されたことの意義は大きい。

(40) Altiero Spinelli（1908 - 1986）は、イタリアから選出されたEC委員メンバーである。彼は一九五〇年代より「欧州連邦主義者同盟」を率いたヨーロッパ運動の指導者で、一九七〇年から七六年までEC委員を務めた。七九年から八六年に没するまでヨーロッパ議会の議員に選出され、その間八四年には、ヨーロッパ議会「ヨーロッパ連合を設立する条約」

構想を立案している。第一回教育閣僚理事会が開催されたとき、スピネリは「産業問題」「一般研究と技術」「共同研究センター」を担当するEC委員であった。

(41) この会合で議題の中心となったのは「ヨーロッパ大学の設立」に関するものであった。すでにハーグサミット最終コミュニケにおいて、「各国首脳はヨーロッパ大学の設立に対する関心を確認」しており（第11項）、設立のための準備も、一九七〇年一〇月と翌七一年二月にそれぞれフィレンツェとローマで行われている。このようにイタリアのイニシアチブで進められたことにより、ヨーロッパ大学の設置都市はイタリアのフィレンツェに決められていた。ヨーロッパ大学の建設費用もイタリア政府が負担している。

(42) ジャンヌを除く三四人のメンバーは次の通り（報告書掲載順）。H. Burgmans, A. King, S. MacLure, J. Tinbergen, R. Poignant, A. Peccei, G. Gozzer, D. G. P. Orsello, A. Visalberghi, H. Leussink, J. Perkins, G. Goriely, B. Cazes, A. Lichnerowicz, B. Schwartz, E. Ashby, G. Friedrichs, C. F. von Weizsäcker, R. Hoggart, A. Grosser, A. E. Sloman, Sir E. Berthoud, R. Blackburn, A. Briggs, F. Edding, H. Becker, K. Eide, H. Löwbeer, T. Husén, P. Piganiol, J. Rovan, T. Kristensen, K. H. Petersen, M. Niveau.

(43) EC Bulletin Supplement 10/73 "For a Community policy on Education". 議長のアンリ・ジャンヌ（Henri Janne）の名を冠して「ジャンヌ報告」と呼ばれる。ジャンヌは元ベルギー教育大臣、当時はブリュッセル自由大学の社会学研究所およびヨーロッパ研究所の所長であった。

(44) EC Bulletin Supplement 10/73 "For a Community policy on Education", p. 29, 1973.「現代外国語」とは別に「言語学」を教科に取り入れるよう主張したことは興味深い。言語学の導入は、ピジャニョール（Piganiol）が主張したのであるが、彼は中等学校における言語学の授業で、「共同体の各言語間の関係と、思考過程の類似性の元となる言語構造の類似性」を教えることにより、間接的にヨーロッパの一体性ないしは近似性を捉えさせようとしたと考えられる。

(45) 歴史については、とくに活発な議論がなされた。グロセール（Grosser）は「国家が行うのと同様に超国家機関による積極的な歴史教育への介入の正当性は受け入れられない」が、より事実に即した相互理解を進めることを目的にした、共同体による包括的なプランを立てることの必要性には賛意を示した。彼は国際教科書改善の経験から、「国際的な調整は歴史記述の誤りをほんとうに修正しうるものではない。なぜなら、パートナーが不快を抱くのを恐れて、また自国の代表が自国の否定的な要素を教科書の中に書き込むことを拒否するからである。そのため、歴史教育を教える方法がきわめて重要である」と発言した。EC Bulletin Supplement 10/73 “For a Community policy on Education”, 1973, p. 27.

(46) EC Bulletin Supplement 10/73 “For a Community policy on Education”, 1973, p. 27.

(47) EC Bulletin Supplement 10/73 “For a Community policy on Education”, 1973, p. 57.

(48) 第2回教育閣僚理事会は、一九七四年六月六日と七日の両日、ドイツのローデ（Rohde）を議長にルクセンブルクで開催された。第二回理事会における議題は、第一回理事会と同じでヨーロッパ大学について、教育分野における協力、大学卒業資格等の相互承認の三テーマであった。決議や指令など、効力のある教育政策を採択する権限を有する教育閣僚会議が定期的に開催されるようになったことの意義は大きい。

(49) Draft Resolution of the Council of the European Communities and of the conference of Ministers of within the Council “For cooperation in the field of education”, O. J. of the EC, No. C58/20, 18.5.1974.

(50) 「74年決議」の「I 原則」に該当する「決議案」の文章は次の通りである。「①この協力が教育の価値に反映すべきであること、またそれが単に社会・経済的目的を達成する点にとどまらないことを考慮し、②教育と共同体の他の活動との間の関係の重要性を認識し、③この協力の枠内で行われる活動が、加盟国の多様な教育制度、教育政策、教育実践を考慮すべきであることを認識し、④共同体における教育協力の成功は、各国家の教育制度の中に共同体の活動を取り入れることによってもたらされると認識する」（丸付数字は引用者）

(51) 事実、EC委員会は、「74年決議」の「決議案」作成以前に、ジャンヌ報告を反映させた六八項目からなる包括的な共通政策プランの「報告」を理事会へ提出している。このプランに盛り込まれた多くの事柄は、「74年決議」には反映されず、後の課題とされた。この「報告」については、次の項で再び言及する。（Communication of the Commission “Education in the European Community”, 11.3.1974, Bull. of the EC Supplement 3/74.）

(52) “Janne Report”, 1973, p.6.

(53) 教育委員会のメンバー構成は、EC委員会による「草案」時点から各加盟国によるものとされていたが、議長については「草案」と採択された決議との間に違いが見られる。「草案」では「EC委員会の代表」が議長を務めることになっていたが、決議では「閣僚理事会の議長国から選出される」ことになった。加盟国が議事のイニシアチブをEC委員会側に握られることをおそれたため修正を求めたものと考えられる。「草案」は “Draft Decision of the Council of the EC relating to the setting-up of a European Committee for Educational Cooperation”, OJ of the EC, No C58/21, 18.5.74.

(54) 教育委員会の実際の働きは現実にその方向で進行した。一九七四年一〇月一八日に行われた第一回の教育委員会会議では、フランス代表ギャール（R. Guyard）が議長に選出され、「政府間機関の活動を考慮しつつ、一九七四年六月六日の決議に示された優先事項に関する行動計画を立案する」方針がまとめられた。またこの委員会において、教育委員会は一二月より毎月招集されること、委員会において教育政策の計画と実施を討議することが決められた。（Bull. of the EC 10-1974, p.46.）

(55) Resolution of the Council and of the Ministers of Education meeting within the Council of 9 February 1976 "Comprising an action programme in the field of education", O. J. of the EC No. C38, 19. 2. 1976, 1976.

(56) Karen Fogg/Hywel Jones, "Education the European Community -Ten Years On", *European Journal of Education*, Vol. 20, No. 2-3, 1985, p.293.

(57) その間の交渉については、EC官報の中に簡潔に報告されている。（Bull. of the EC, 2-1975, p.45; 4-1975, p.45; 5-1975, p.50; 6-1975, p.53; 9-1975, p.49; 10-1975, p.47; 11-1975, p.42; 1-1976, p.41）

(58) 「行動計画に関する決議」では、教育委員会の役割が再定義されている。同決議によれば委員会の役割は、従来の「報告書の提出」から、「プログラムの実施を調整し監督する」役割に変わった。「EC委員会は、教育委員会と緊密に協力し共同体レベルで実行されるべき適切な措置を執る」ようになり、かつ「加盟国間で決定し、共同体レベルで実施する措置については、EC委員会は教育委員会との合意を得て（in agreement with the Education Committee）行動する」こととされ、EC委員会のイニシアチブを大きく制限するものとなった。

(59) 清水貞俊『欧州統合への道―ECからEUへ』ミネルヴァ書房、一九九八年、一一一頁。

(60) 発足当初はフランス、ドイツ、イタリア、ベルギー、オランダ、ルクセンブルクの六カ国であったECは、一九七三年のイギリス、アイルランド、デンマークを皮切りに、一九八一年のギリシア、一九八六年のスペイン、ポルトガル、一九九五年のオーストリア、フィンランド、スウェーデンへと拡大し、現在は、一五カ国体制となっているが、二〇〇四年五月に、東ヨーロッパ、地中海諸国（チェコ、エストニア、キプロス、ラトヴィア、リトアニア、ハンガリー、マルタ、ポーランド、スロヴェニア、スロヴァキア）が加盟し、二五カ国体制となる。

(61) このことを象徴する事件が「イギリスの財政負担問題」である。一九七三年にECに加盟したイギリスは、一九七六年から七八年の二年間に六億ポンドにのぼる資産の流出を余儀なくされた。七九年に首相に就任したマーガレット・サッチャーは、この支出超過の原因である農業政策に対する批判を強め、資金返還の要求を強めていった。清水、前掲書、一一六—一一九頁。

(62) 清水によれば、このゲンシャーとコロンボによる提案は正式の手続きに則った形で提案されたものではなく、そのため多くの批判や反発を受けたという。EC法によれば法の提案権はEC委員会にあり、各国の外相には与えられていない。清水、前掲書、一五七—一五八頁。

(63) この年の三月ドイツではヘルムート・コールが政権を取り、第一次コール政権が誕生した。コール首相はEC議長国として、欧州統合の推進役を果たす強い意志を持っていた。この時期のコール首相のヨーロッパ政策を、ヴァイデンフェルトは次のように記している。「『ヨーロッパ』は、ヘルムート・コールが党首に選出された後に取りかかった第一のテーマでもあった。(中略) 彼はヨーロッパに対して、とくに二つの領域で敏感であることを訴えた。『ヨーロッパ人は統合過程における社会政策的次元を見つめるべきである。もはや国境の廃止や大きな共同市場だけが問題なのではない。むしろ補足的な社会政策によって緊密な関係を結んだヨーロッパを築くことが重要である。』」(W・ヴァイデンフェルト「首相」V・フィルマー/H・シュヴァン著〈鈴木主税訳〉『ヘルムート・コール—伝記と証言』〈下〉ダイヤモンド社、一九九三年、四七五—四七六頁。)

(64) EC Bulletin 6/1983, pp. 24-29, "*Solemn Declaration European Union*" (19. 6. 1983). 厳密にいえば「宣言」は法として位置づけられるものではなく、単なる政治的な決意表明でしかない。しかし清水によると、この宣言の内容は、「単一議定書の前文に大きなウェイトを与えられて再登場する」という(清水、前掲書、一六三頁)。教育政策の点でいえば、後述する「教育におけるヨーロッパの次元」決議の前文に「シュトゥットガルト宣言」を参照すると示され、直接的な影響関係が認められる。

(65) 少し時代がさかのぼるが、一九六三年にシェップ(Schepp)は次のように述べている。「ヨーロッパの政治的意識を『形成』するべきかどうかという問題に対して、私は政治と教育の両方の問題に注意を向けてきた。その結果、私は多くの疑問が未解決のまま残されると答えるか、もしくは『条件付き』ならばと答える。(ヨーロッパの—引用者注) 発展はまだ途上であるし、問題は多層的である。」(Heinz-Hermann Schepp, "Bildung eines europäischen politischen Bewußtseins?", *Zeitschrift für Pädagogik*, 9.Jg, 1963, S.378.)

(66) 一九八一年よりフランス大統領となったミッテランは、この頃には大統領就任当時の自国中心主義から、欧州中心主義へと考えを変えている。左翼社会党の大統領であるミッテランは、とりわけ雇用問題や社会保障などの社会政策を重視していた。前述のドイツ・コール首相についても同様であったが、EC議長国となることはECにおけるイニシアティブを発揮することであり、それを機会にヨーロッパ統合への強い意志と行動力を示す首脳が多い。

(67)「科学技術の開発」においては、「ヨーロッパの科学と技術の可能性を引き上げることに関心を持つ諸機関」が産業界と協力することによって開発を進めるとされる。雇用においてはとくに若い人々に配慮するとされている。Bull. of the EC, 6-1984, p.8.

(68) Conclusions of the Council and the Ministers for Education Meeting within the Council of 4 June 1984, "*The teaching of foreign languages*", 1984, pp.8-10.

(69) Bull. of the EC, 6-1984, p.9.

(70) Resolution of the Council and of the Ministers of Education Meeting within the Council of 13 December 1976, "Concerning measures to be taken to improve the preparation of young people for work and to facilitate their transition from education to working life," O. J. of the European Communities, No C308/1, 30. 12. 1976.

(71) EC官報を参照する限りにおいて、この時期の教育委員会における議論の中心は、情報ネットワークである"Eurydice"の構築と「学習から労働への移行」の問題におかれていた。（一九七八年から一九八〇年にかけてのEC官報を参照した）一九七六年に「行動計画決議」が採択されたあと、行動計画を実施するためのECにおける教育政策立案の動きはめまぐるしく、教育委員会における審議は個別の問題の詳細な検討に踏み込むに至らなかったと推測される。このことが、後述するECによる教育内容への言及の伏線となったと考えられる。

(72)「共同体の初等・中等学校の教師や生徒たちにヨーロッパの次元の経験を与えるため、加盟国は次の点を促進し整備するであろう。（…）ヨーロッパの内容を含んだ教育活動」というのがその全文であった。

(73) 第3項目には次のように記されている。「（教育委員会の活動には—引用者）一九七八年六月九日のEC委員会通達と、共同体による子どもと青少年の教育におけるヨーロッパの次元の開発に対して、ヨーロッパ議会および経済社会委員会によって付された見解が考慮された。」

(74) 同通知には、「さらに重要なことは、ヨーロッパ議会によって繰り返しこのテーマについて関心が表明されたことである」と記されているが、それ以前にも、一九七五年九月二二日のヨーロッパ議会においても教育領域においてECがイニシアチブをとることが重要であるとの意見が表明されている。（O. J. No. C239, 20.10.1975, p.14）一九七九年には、教育の問題を専門に審議する「青年・文化・教育・情報・スポーツ委員会」が設置されているが、教育の問題に対するヨーロッパ議会の関心の強さがその点にも表れている。（Wilhelm Hahn, "Europäische Schulpolitik, Was kann europäische Schulpolitik erreichen? Bestand und Initiativen im Europäischen Parlament", Kurt Neumann (Hrsg.), *Grenzüberschreitende Schulen in Europa*, G. Schindele-Verlag, 1983, S.16.）

(75) たとえばドイツ文部大臣会議（ＫＭＫ）は、一九七八年にヨーロッパを授業で扱うことの必要性を指摘し、「授業におけるヨーロッパ」決議を採択している。同決議については第Ⅱ部第四章において詳しく論じる。オランダでは、オランダ超党派議員、教育省、およびＥＣ委員会の支援を受けて、「ヨーロッパ教育センター（Centrum voor Europese Vorming in het Nederlands Onderwijs: CEVNO)」（一九六一年設立）が設立され、一九七七年には教科書におけるヨーロッパの観点に関する調査が行われていた。（Han Plas, "Niederlande", Will Cremer/Otto Schumuck (Hrsg.), *Politische Bildung für Europa. Die europäische Dimension in der politischen Bildung der zwölf EG-Staaten*, Europa Union Verlag, 1991, S.275-286.）

(76) ヨーロッパ教員連盟は、一九五六年にヨーロッパ規模の教員団体としてパリで設立された。以来ＥＣ各加盟国に支部を置き、「ヨーロッパ思考とあらゆる教育の領域においてヨーロッパの次元を促進すること」（ヨーロッパ教員連盟規約第2条）を目標に、今日に至るまで活動を続けている。また地方自治体の中には、当時活発化していた「パートナー都市」や「パートナー学校」との交流を通して、相手の地域や国についての学習を促すところもあった。（Jürgen Kummetat, "Projektbezogene Schulpartnerschaften als Mittel europäischer Erziehung", Europäisches Parlament, Büro Deutschland, Europäischer Erzieherbund, Institut für Europa-Erziehung Leipzig (Hrsg.), *Erziehung für Europa -Ein Reader zu einem Seminar-*, Institut für Europa-Erziehung Leipzig, 1992, S.47-58.）

(77) Conclusion of the Council and the Ministers for Education Meeting within the Council of 27 September 1985 "On the enhanced treatment of the European dimension in education", Council of EC General Secretariat, *European Education Policy Statements*, Third Edition, 1987, p. 143.

(78) Resolution of the Council and the Ministers of Education Meeting within the Council "on the European dimension in education" of 24 May 1988 (88/C177/02), 1988.

(79) じつは、このようにEC委員会と加盟国の間で業務分掌を明確に区分けする方法は、「一般報告書」の中にも見られる。しかし、一般報告書の場合は、EC委員会と加盟国がそれまでに執った措置が記されていたのであって、今後の施策の分担を決定したものではない。その意味で、ヨーロッパの次元決議は、補完性の原則に基づいて両者の政策上の役割を明確にした点、進歩が認められる。

(80) 木戸裕「教育政策」国立国会図書館内EC研究会編『新生ヨーロッパの構築―ECから欧州連合へ』日本経済評論社、一九九二年。

(81) たとえば、木戸前掲書の他、天野正治「欧州共同体の教育政策とエラスムス計画」『日本とドイツ　教育の国際化』玉川大学出版部、一九九三年、一四六―一六九頁、坂本昭「エラスムス計画にみる留学政策の目的と可能性」『ECの教育・訓練政策―ヨーロッパ市民への模索』中川書店、一九九三年、七七―八三頁。

(82) Council of the European Communities General Secretariat, "*European Educational Policy Statements*", Supplement No. 2 to the Third edition (1990-92), 1993より。

(83) Conclusions of the Council and the Ministers for Education Meeting within the Council of 6 October 1989 "On Cooperation and Community policy in the field of education in the run-up to 1993", 89/C 277/04, 1989. この結論によって共同体による一般教育領域の活動が広げられることになったが、その一方で、共同体の活動に対する規制策も盛り込まれた。一つは言語的、文化的多様性に配慮しなければならないという原則であり、もう一つは各国の教育主権を前提にした補完性の原則を遵守するというものである。

(84) Conclusions of the Council and the Ministers for Education Meeting within the Council of 14 December 1989 "On a possible change in the Statue of the European Schools on the utilization of their pedagogical experience", 90/C 27/02, 1989.

(85) Conclusions of the Council and the Ministers of Education Meeting within the Council of 31 May 1990 "On the enhanced treatment of equality of educational opportunity for girls and boys in the initial and in-service training of teachers", 1990.

(86) Resolution of the Council and of the Representatives of the Governments of the Member States, Meeting within the Council, of 3 December 1990 "On Community action to combat the use of drugs, including the abuse of medical products, particularly in sport", 1990.

(87) Resolution of the Council and the Ministers of Education Meeting within the Council of 6 December 1990 "Concerning

the EURYDICE Education Information Network in the European Community", 1990.

(88) Resolution of the Council and the Ministers of Education Meeting within the Council of 26 June 1991 "On priority actions in the youth field", 1991.

(89) Council Decision of 29 July 1991 adopting the "Youth for Europe" programme (Second phase), 1991.

(90) Resolution of the Council and the Ministers of Education Meeting within the Council of 25 November 1991 "On education research and statistics in the European Community", 1991.

(91) Conclusions of the Council and the Ministers for Education Meeting within the Council of 14 December 1989 "On relations with Central and Eastern European countries in the field of education and training (90/C 27/04), 1989.

(92) Council Decision of 29 March 1990 "Concerning the conclusion of an Agreement between the European Economic Community and the Republic of Austria establishing cooperation in the field of training in the context of the implementation of COMETT II" (1990-1994), 1990. この指令は、フィンランド、アイスランド、ノルウェー、スウェーデン、スイス、リヒテンシュタインとの間でも締結されている。

(93) Council Decision of 28 October 1991 "On the conclusion of an Agreement between the European Economic Community and the Republic of Austria establishing cooperation in the field of education and training within the framework of the ERASMUS programme", 1991. この指令は、フィンランド、アイスランド、ノルウェー、スウェーデン、スイス、リヒテンシュタインとの間でも締結されている。

(94) Council Decision of 7 May 1990 "Establishing a trans European mobility scheme for university studies (TEMPUS), 1990.

(95) Conclusions of the Council and the Ministers of Education Meeting within the Council of 25 November 1991 "On quality assessment in higher education, 1991.

(96) Conclusions of the Council and the Ministers for Education Meeting within the Council of 27 November 1992 "On measures for developing the European dimension in higher education" (92/C 336/03), 1992.

(97) マーストリヒト条約は、正式には「ヨーロッパ連合に関する条約（Vertrag über die Europäische Union)」という。マーストリヒト条約は、一九九七年のオランダ・アムステルダムにおけるヨーロッパ理事会において一部が改訂され、「アムステルダム条約」となった。さらに、二〇〇〇年一二月のフランス・ニースでのヨーロッパ理事会において再度改訂が施され、「ニース条約」と称されるようになっている。本節では、主にマーストリヒト条約が発効した一九九三年から、後述する「ソクラテス・プログラム」の終了年である一九九九年までを考察の対象としているため、総称として「マーストリヒト条約」の名称を使用する。

(98) マーストリヒト条約の教育条項は、第126条の一般教育条項と、第127条の職業訓練条項からなる。本研究では、一般教育における問題を論じるため、職業訓練条項については省略し、一般教育に限定して論じる。

(99) 「補完性原理」（補完性原則ともいう）は、マーストリヒト条約第3条b項に、「共同体はその排他的権能に属さない分野においては、補完性の原理にしたがい、提案されている行動の目的が加盟国によっては十分に達成されず、それ故、当該行動の規模もしくはその効果の点から考えて、共同体によるほうがよりよく実現されうる場合にのみ、またその限りで、活動を行う」（傍点引用者。訳は金丸輝男『EUとは何か』JETRO、一九九四年による。）と記されている。補完性原理については、浅見政江「EC・国家・地域関係と補完性原理」および長尾悟「補完性の原理とEU政策決定」日本EC学会編『EC・国家・地域―統合の新たな挑戦と課題』日本EC学会年報第一四号、一九九四年を参照。教育における補完性原理については、Joseph A. McMahon, *Education and Culture in European Community Law*, The Athlone Press, 1995, pp. 112 - 114を参照。

(100) これは、加盟国の一部に、マーストリヒト条約が国家主権を制約するものと受けとめられていたことと無縁ではないと考えられる。デンマーク国民投票による条約否決とフランスにおける僅差の可決に象徴されるように、各国における条約の批准手続きの際、マーストリヒト条約に対する一種のアレルギー反応が示されたが、教育という国民形成に直接結びつくテーマにおいて、国家主権の優先性を表現し無用の疑念を回避しようとしたのではないかと推察される。

(101) Commission Working Paper, "Guidelines for Community Action in the field of education and training" Commission of the European Communities, COM(93)183 final, 5. 5. 1993.

(102) 「ソクラテス」「レオナルド」以降のEU教育政策の概要については、次の文献によってわかりやすく解説されている。Hermann Müller-Solger/Armin Czysz/Wolfgang Petzold/Ulrich Pfaff, *Bildung und Europa - Die EU-Fördermaßnahmen* -, Economica Verlag, 1997.

(103) Commission of the European Communities, Proposal for a European Parliament and Council Decision "*Establishing the Community action programme "SOCRATES"*", COM(93) 708 final, 03.02.1994.

(104) Decision No 81/95/EC, OJ L 87, 20.4.1995.

(105) Europäische Kommission, “*Sokrates-Programm. Antragsformular für Projekte zur länderübergreifenden Zusammenarbeit*”, 1997 およびEuropean Commission, “*Socratesprogramme: Guidelines for applicants addendum relating to 1999*”, 1998, p.15 参照。

(106) EU委員会によると「開放・遠隔教育」とは、「あらゆる形態のフレキシブルな教育」と表現されている。そこには「情報とコミュニケーションの面において用いられる技術および先進的設備」を用い、「学習の相談や指導を行う遠隔システムや個人への教育支援システム」を含むものであると説明されている。（Commission of the European Communities, “*Proposal for a European Parliament and Council Decision establishing the Community action programme “SOCRATES”*”, COM(93) 708 final, 03.02.1994, p. 24.）

(107) 当該地域における移民労働者、社会・文化的マイノリティ、シンティとロマなどに関する地域的文脈を説明する。その際、地理的状況、マイノリティなどの全住民に占める割合、社会経済的な環境と教育について言及することとされる。

(108) ハンディキャップを持つ人の参加にどのように配慮しているか、および男女の機会均等にどのような配慮をしているかについて一ページ以内でまとめることが求められる。

(109) http://europa.eu.int/en/comm/dg22/socrates/comenius/site/anna.html（一九九九年六月二〇日）より引用。

(110) 園山大祐「EU（ヨーロッパ連合）にみる『ヨーロピアン・ディメンション教育』—SOCRATES計画の現況と『ヨーロピアン・ディメンション教育』の意味」九州教育学会『九州教育学会研究紀要』第二四巻、一九九六年、一八九—一九六頁には、「ソクラテス」の概要とコメニウスのテーマ別助成件数などのデータが掲載され、コメニウスの全体的な傾向をつかむことができる。

(111) ドイツ教員連盟事務局長ユルゲン・クンメタート氏とのインタビューによる。

(112) Communication of the Commission, “*Towards a Europe of knowledge*”, COM(97)563 final, 11. 11.1997.

(113) Nikolaj Frederik Severin Grundtvig (1783-1872) は、デンマークの神学者、詩人。「生涯学習」の生みの親として知られる。

(114) EU加盟一五カ国に加えて、準参加国としてアイスランド、リヒテンシュタイン、ノルウェーおよび中欧・東欧の一三カ国があげられている。これらの準加盟国の参加のためには、法的な参加手続きが必要とされる（EU委員会『ソクラテスプログラム申請者のための手引き』二〇〇〇年、九頁)。中欧・東欧諸国については、以前より「パートナー」としての参加は認められていたが、自らプロジェクトを企画することができなかった。今次プログラムより、それらの国の団体・個人もプロジェクトの企画者として参加することが可能になった。

(115) Europäische Kommission, "*Leitfaden für Antragsteller für das Sokrates-Programm*", Ausgabe Juni 2000.

## 第二章

(1) 「民主主義の赤字」という表現は、本来民主政治の理論と実践の間のギャップを言い表すための用語である。EUにこの表現が適用される場合には、EUがヨーロッパにおいて一般的に必要とされる民主制の構成要素(選挙による信任付与や政策担当者の責任、政策過程の透明性など)の基準に達していないことを意味する。押村高「機構改革と民主化に向けて」村田良平編『EU—二一世紀の政治課題』勁草書房、一九九九年、七〇—七一頁。この問題は、第五章第4節「カリキュラム改訂とヨーロッパの次元」において再度取り上げ教材分析を行う。

(2) 原語はCitizenship of the Unionであり、連合市民権と訳されることがあるが、本稿ではEU市民権と訳した。

(3) Bulletin of the European Communities, "European Union", Report by Mr Leo Tindemans, Bulletin of the European Communities Supplement 1/76, 1976.

(4) 山口和人は、「国家ではなく市民が欧州統合の主体であるという発想はECの民主化の問題にとって決定的意義を有する。(中略)『市民のヨーロッパ』は、一部のエリートではなく、すべての構成国市民がヨーロッパの一員という自覚を持ち、相互に連帯すること、共同体建設をわが事と感じてこれに主体的に参加し、統合による利益を享受することを意味し、『官僚のヨーロッパ』、『経済のヨーロッパ』に対置される。」と述べ、「市民のヨーロッパ」の性格をわかりやすく説明している。山口和人「EC政治統合と『市民のヨーロッパ』—共同体民主化の課題」国立国会図書館調査立法考査局『レファレンス』一九九二年四月号、八頁。

(5) Bulletin of the European Communities, "A People's Europe", Reports from the ad hoc Committee, Bulletin of the European Communities Supplement 7/85, 1985.

(6) 安江則子『ヨーロッパ市民権の誕生—マーストリヒトからの出発』丸善ライブラリー、一九九二年、一五六頁。

(7) 訳は、金丸輝男編著『EUとは何か―欧州同盟の解説と条約』JETRO、一九九四年、一〇四頁に依拠したが、用語の統一を図るため「同盟」という語を「連合」という語に置き換えた。

(8) これはEUが独自に「EU市民」を決定する権限を持たず、「国民」や「市民」の定義は完全に国家のレベルの権限に残されることを意味している。このことはマーストリヒト条約最終規定第2項「加盟国の国籍に関する宣言」に定められている。Thomas Läufer (Bearb.), *Der Vertrag - Die Vertragstexte von Maastricht mit den deutschen Begleitgesetzen -, Presse- und Informationsamt der Bundesregierung*, Europa Union Verlag, 1994, S.95-96.

(9) いずれも一九九七年一二月現在の規定。ドイツについては、広渡清吾『統一ドイツの法変動―統一の一つの決算』有信堂、一九九六年が、フランスについては、中野祐二『フランス国家とマイノリティ―共生の「共和国モデル」』国際書院、一九九六年が詳しい。国籍法は、ドイツとフランスにおける主要な政治上の争点であり、政権交替によってその内容はしばしば変更されている。

(10) 中曽根佐織「人々のヨーロッパ」大西健夫・岸上慎太郎編『EU統合の系譜』早稲田大学出版部、一九九五年、一六六頁。

(11) 一九九六年一月一日までに国内法を改正し、ヨーロッパ市民に対する地方参政権を具体化しなければならないとされているが、近藤敦によれば、ベルギー、ドイツ、ギリシア、スペイン、フランス、オランダ、ポルトガル、スウェーデンは、国内法の整備が間に合わないとされる。また、一九九四年に行われたヨーロッパ議会選挙において、自国以外のEU加盟国に居住し有権者登録したベルギーおよびドイツ在住EU市民の割合は、それぞれ五・一%と四・一%と低調であった。しかしマーストリヒト条約発効以前にすでにEU市民に投票権を認めていたアイルランドとデンマークでは、それぞれ七四%と二四%であることから、投票率（有権者登録率）は制度の定着とともに増加すると考えられる。ヤン・ラト、近藤敦『ヨーロッパにおける外国人の参政権』明石書店、一九九七年。

(12) 山根裕子『EC法―政治・経済目的とその手段』有信堂、一九九三年、八九―九七頁を参照。

(13) Communication from the Commission, "*Agenda 2000. For a stronger and wider Union*", COM(97), 2000, 16 July 1997. 二〇〇四年五月にEUに加盟するのは、次の一〇カ国。チェコ、エストニア、キプロス、ラトヴィア、リトアニア、ハンガリー、マルタ、ポーランド、スロヴェニア、スロヴァキア。

(14) Communication of the Commission, "*Toward a Europe of knowledge*", COM(97)563 final, 11 November 1997.

(15) European Commission "*Learning for active citizenship: a significant challenge in building a Europe of knowledge*", Directorate General 22, 1998.

(16) The second phase of the Community action programme in the field of education 'Socrates', Common Position No 6/1999, adopted by the Council on 21 December 1998 (1999/C 49/04).

(17) European Commission, "*Learning for active citizenship: a significant challenge in building a Europe of knowledge*", Directorate General 22, 1998.

(18) モデル開発の単位となる五つのロットは、地域別に分けられている。この理由は相互の連絡と意見交換を活発にするため、教育の諸環境が比較的近似しているなどの理由が考えられるが、正確な理由は不明である。

(19) ロット3の西欧グループ（ベルギー、フランス、ルクセンブルク）については調査時点で報告書が公開されていないため、具体的な内容は不明である。

(20) Audrey Osler, "*Final synthesis report: The contribution of community action programmes in the fields of education, training and youth to the development of citizenship with a European dimension*", 1997.

(21) プロジェクトは大別して、「直接交流」「教員研修」「ビデオやCD-ROM等の製作」「ネットワークの構築」に分けられる。

(22) 一九九七年一二月一二日付け欧州委員会発表公式レート1ECU=143:226円より概算。

(23) Standing Conference of the European Ministers of Education, 19th Session, "*Education 2000: Trends, Common Issues and Priorities for Pan-European Cooperation*", Kristiansand, Norway, 22-24 June 1997.

## 第三章

(1) 周知の通り、この「ナショナル・カリキュラム」はイングランドとウェールズのみに適用されるものであり、スコットランドと北アイルランドは適用外となっている。本節においては連合王国における適用範囲の広さを勘案し、イングランドとウェールズにおいて適用されている「ナショナル・カリキュラム」について論述する。なお本節では、地理カリキュラム内の連合王国全土を対象とする場合は「英国」と記し、それ以外は「イギリス」と表記する。

(2) 「経済・産業理解教育」については、山根栄次「イギリス・ナショナルカリキュラムにおける『経済・産業理解』教育の構造と論理」全国社会科教育学会『社会科研究』第五〇号、一九九九年、一〇一―一一〇頁参照。

(3) 「環境教育」については、佐島群巳『感性と認識を育てる環境教育』教育出版、一九九五年。鷹野由希子「クロス・カリキュラムとしての環境教育―イギリスの環境教育を例に」『人間社会研究科紀要』第三号、日本女子大学、一九九七年、二九―四一頁を参照。

(4) 山根栄次、前掲書、一〇二頁。また磯崎哲夫もイギリスでのクロス・カリキュラ・テーマに関する調査を引用しながら、クロス・カリキュラ・テーマが抱える実施上の問題要因として、①ナショナル・カリキュラムの拘束性、②財源の不足、③クロス・カリキュラ・テーマの位置づけの低さと教師・生徒の意識の低さ、④教科構造の保守性、⑤教師の消極的な姿勢の五つが挙げられるとしている。(磯崎哲夫「英国におけるクロス・カリキュラムとその運営」野上智行編著『「クロスカリキュラム」理論と方法』明治図書出版、一九九六年、二二一―二二四頁。)

(5) Barry Dufour, *The New Social Curriculum. A guide to cross-curricular issues*, Cambridge University Press, 1990, p. 208.

(6) Eileen Baglin Jones/Neville Jones, *Education for Citizenship, Ideas and Perspectives for Cross-Curricular Study*, Kogan Page, 1992, p. 155.

(7) Patricia Rogers, "Education for the International Responsibilities of Citizenship", Eileen Baglin Jones/Neville Jones, *Education for Citizenship, Ideas and Perspectives for Cross-Curricular Study*, Kogan Page, 1992, p. 104.

(8) イギリスのワールド・スタディーズについては、木村一子『イギリスのグローバル教育』勁草書房、二〇〇一年が詳しい。

(9) イギリスについては「郷土」、外国については「国」とされる。「郷土」の範囲は「指導する教師によって決められるべき」とされ、学校の位置や人口、土地の広がりからみて実質的な一つの範囲にまとめられる機能的空間をいう。

(10) 各キーステージは、次の学年によって構成される。キーステージ1=第1・2学年、キーステージ2=第3~6学年、キーステージ3=第7~9学年、キーステージ4=第10・11学年

(11) 後に述べる第二次ナショナル・カリキュラムにおいても、同様に経済的発展段階で区別する立場をとっている。中井はこのような経済発展の度合いを基準とした選定方法がイギリスカリキュラムの特徴と捉えている。この指摘も興味深

いが、筆者には「先進国」を「英国（自国）」「ヨーロッパ共同体の国々」「アメリカ合衆国、日本、ソ連」という三つのカテゴリーに分けることに関心を向けたい。なぜならこの三区分法の中に、ナショナル・カリキュラムが持つ空間的距離感覚を見いだすことができるからである。

(12) 訳は中井修・岩田一彦「イギリス『全国カリキュラム・地理』の解題と全訳」全国社会科教育学会年報『社会科教育論叢』第四三集、一九九六年、四一—八九頁による。

(13) 中井修「イギリスにおける『全国カリキュラム・地理』の展開—第1回改訂における学習内容とカリキュラム・システムの変更点について」全国社会科教育学会『社会科研究』第四七号、一九九七年、三一頁。

(14) 中井修、前掲書、三一—四〇頁。土屋武志「社会科教育における評価方法改善の視点—イギリスの歴史教育を例に」愛知教育大学社会科教育学会『探究』第七号、一九九六年、一—一〇頁。また平子晶規は、第二次歴史ナショナル・カリキュラムを全訳し考察を加えている。（平子晶規「英国におけるナショナル・カリキュラムの下での歴史教育—改訂版『ナショナル・カリキュラム　歴史コース』の紹介・分析を通して」〈卒業論文〉、愛知教育大学、一九九七年）

(15) Department for Education and Employment, "*The National Curriculum for Geography*", 1995.

(16) この点についてモレル（F. Morrell）は、ナショナル・カリキュラムにはヨーロッパの次元に対する六つの問題点を抱えると指摘している。その六つとは、①カリキュラム上の位置が不明確であること、②カリキュラムの内容が多すぎて時間が足りないこと、③ヨーロッパの次元が政策から排除されていること、④地理を除いてカリキュラムからEUに関する内容が排除されていること、⑤イギリスの文化がヨーロッパの文化から分離して論じられているようにカリキュラム内の概念が混乱していること、⑥イギリスのカリキュラムが伝統的な教科中心主義によって計画されていることである。Frances Morrell, *Continent Isolated. A Study of the European Dimension in the National Curriculum in England*, Federal Trust Report, 1996, pp.12 - 16.

(17) スコットランドでは、一九六〇年代以来英国からの分離・独立を目指した民族運動が盛り上がりを見せたが、英国内部での権限委譲に失敗し運動は停滞した。しかし、八〇年代の終わり以降、EUによる地域間格差の是正や少数者保護の政策などの地域政策が認識されるようになると、スコットランドではヨーロッパ機関と直接結びつくことによって自己の利益を追求できることが認識され、ヨーロッパを受け皿とした独立が唱えられるようになった。（一條都子「イギリスの解体？—マルチナショナル国家イギリスとEU」西川長夫、宮島喬編『ヨーロッパ統合と文化・民族問題—ポスト国民国家時代の可能性を問う』人文書院、一九九五年、二三四―二五一。梶田孝道『国際社会学のパースペクティブ―越境する文化・回帰する文化』東京大学出版会、一九九六年、九〇―九一頁を参照。）この意味においてスコットランドではヨーロッパの次元に積極的に取り組むことの意義が肯定されている。

(18) Scottish Consultative Council on the Curriculum, *thinking EUROPEAN, Ideas for integrating a European Dimension into the Curriculum*, Scottish Consultative Council on the Curriculum, 1993. 本資料は大分大学の園山大祐氏、ならびに鳥取大学の柿内真紀氏よりご提供いただいた。

(19) Department for Education and Employment, "*Partners in Europe, Managing the European Dimension*". 本資料は教育雇用省のホームページで公開されたものを用いた。ＵＲＬは次の通り。http://www.dfee.gov.uk/ukpres/partners/manindex.htm（一九九九年一二月二二日）

(20) 本論では、ジョスパンに続くラング教育大臣の取り組みをジョスパン改革の中に含めて論じた。

(21) 本論では、フランス国民教育省による"Programmes"をナショナル・カリキュラムと表記する。

(22) 「バカロレア取得者倍増計画」については、藤井佐知子「後期中等教育の構造変動と改革動向」小林順子編『21世紀を展望するフランス教育改革』東信堂、一九九七年、が詳しい。

(23) 「三区分教授法」とは、小中学校での教育課程を、①基礎教科（国語、数学、外国語）、②目覚まし活動、③体育・スポーツの三つに分け、それぞれ基礎学力の習得、主体性や活動能力の向上、身体訓練や集団行動の育成という役割を持たせ、知徳体の全人教育を行うことをねらいとしている。「七教科制」は、教科課程を国語（フランス語）、数学、理科・テクノロジー、歴史・地理、公民、芸術、体育の七教科に分け、専門性を高めることにより教育の質を向上させようとした。「三区分教授法」については、吉田正晴「教授法・学習指導法の革新」原田種雄、手塚武彦、吉田正晴、桑原敏明編『現代フランスの教育　現状と改革動向』早稲田大学出版部、一九八八年、二四〇―二五三頁を参照。

(24) フランス国立教育研究所の所長であったアンドレ・ユッスネは、クロス・カリキュラムが教師たちの仕事が加重になったこと、視学官側が賛成しなかったこと、資格試験の評価に盛り込まれなかったことなどにより、「完全に失敗に終わった」と評価している。アンドレ・ユッスネ「21世紀を左右するフランスの教育改革」日仏教育学会『日仏教育学会年報』第五号、一九九八年、一一八頁。

(25) 宮島喬「『単一言語』国家の変容」『ひとつのヨーロッパ　いくつものヨーロッパ』東京大学出版会、一九九二年、九五—一〇一頁。原聖「フランスの地域言語」三浦信孝編『多言語主義とは何か』藤原書店、一九九七年、八〇—九五頁。佐野直子「『少数言語』の新しい在り方」田中克彦、山脇直司、糟谷啓介編『ライブラリ相関社会学　4　言語・国家、そして権力』新世社、一九九七年、二七九—二八五頁など。

(26) 井上星児「EC統合とジョスパン改革の原理」小林順子編『21世紀を展望するフランス教育改革』東信堂、一九九七年、六八頁。

(27) Loi d'orientation sur l'éducation; N° 89-486 du 10 juillet: 1989, J.O., Lois et décrets, 14 juillet: 1989; pp.8860-8863. 新教育基本法全文の邦語訳は、小林順子編『21世紀を展望するフランス教育改革』東信堂、一九九七年に掲載されている。

(28) Rapport annexé, J.O., Lois et décrets, 14 juillet: 1989, pp.8864-8869.

(29) 小林順子編『21世紀を展望するフランス教育改革』東信堂、一九九七年より引用。

(30) この間の経緯については、小野田正利「1990年代教育政策の動向とその特質」小林順子編『21世紀を展望するフランス教育改革』東信堂、一九九七年、一一一—一二三頁が詳しい。

(31) Beschluß der Ständigen Konferenz der Kultusminister, "*Europa im Unterricht*", 7.12. 1990. 拙稿「ヨーロッパ教育における教育理念の構造的分析—ヨーロッパ共同体の『ヨーロッパの次元』を中心に」『名古屋大学教育学部紀要—教育学』第四三巻　第一号、一九九六年を参照。

(32) カーン大学のアンリ・ペイロニは、フランスの学校の伝統的使命として、「国家のアイデンティティを持たせる社会化と市民育成」「工業の発展から要求される多様な職業資格の養成」「社会的地位に各個人を分配すること」の三点を挙げている。アンリ・ペイロニ「今日のフランスにおける学校問題の争点—社会の側からの新たな期待という挑戦と、伝統的に学校が担ってきた三つの使命をめぐる緊張関係」日仏教育学会『日仏教育学会年報』第五号、一九九八年、一七四—一八〇頁。

(33) 新ナショナル・カリキュラムにおけるヨーロッパの次元については、次の論文で報告した。拙稿「現代フランス教育改革とヨーロッパの次元—新ナショナル・カリキュラム（一九九五）の分析を中心に」愛知教育大学社会科教育学会『探究』第一一号、二〇〇〇年、一二一—一三二頁。

(34) フランス初等学校における学年の呼称は次の通りである。第1学年—準備級、第2学年—初級第1学年（CE1）、第3学年—初級第2学年（CE2）、第4学年—中級第1学年（CM1）、第5学年—中級第2学年（CM2）

(35) Aspects pédagogiques, Éducation civique, Programmes de l'école primaire, cycle des approfondissements.

(36) 小林順子編『21世紀を展望するフランス教育改革――1989年教育基本法の論理と展開』東信堂、一九九七年、四七七頁掲載の「フランス学校教育制度概要図」を参照。フランス中等教育の学年表記は、リセの第三学年を「最終級」、第二学年を「第一級」、第一学年を「第二級」と示す。コレージュも、上級学年の第四学年を「第三級」、第三学年を「第四級」、以下第二学年、第一学年と学年が下がるに従って、「級」が増えるしくみになっている。本書では、他国の事例との混乱を回避するために、わかりやすく学年進行で、年数を加算する方法で表記する。

(37) 本節は、拙稿「オランダにおける国際理解教育の展開とヨーロッパの次元――Cross-Curricular Themes (CCT) と『中等教員用マニュアル』の分析を中心に」愛知教育大学社会科教育学会『探究』第一二号、二〇〇一年をもとにしている。

(38) オランダにおける教育の原則は、憲法第23条に示されている。そこでは「⑴学校教育は恒常的な政府の保護の対象とする。⑵学校教育は、法で定める授業教科のあらましと教員の資質並びに道徳的適性をみるための試験に関する当局の決定に服する限り自由とする。」とされ「保護」すなわち支援は行うが、授業の子細は原則的自由が保証されている。この規定は厳格に守られているという。(*Die Verfassungen der EG-Mitgliederstaaten*, 4. Auflage, Deutscher Taschenbuch Verlag, 1996.)

(39) 小林早百合「『多文化社会オランダ』の異文化間教育」異文化間教育学会「異文化間教育」第一一号、一九九七年、一一二―一一三頁。初等教育では八年間で七五二〇時間（週あたり二二ないし二五時間）の学習時間を確保すること、ならびに教育省が定めた「コア目標」を達成することが求められているのみである。

(40) 一九九九年一一月現在で教育支援機関に位置づけられる機関は次の通り。Educational Advisory Centre(APS), Centre for Innovation in Training(CINOP), National Institute for Education Measurement(CITO), Protestant Educational Advisory Centre(CPS), European Platform for Dutch Education, KPC-Group(Catholic Educational Advisory Centre), National Institute for Curriculum Development(SLO), Institute for Educational Research (SVO).

(41) SLOは、一九七五年にオランダ東部、ドイツ国境に近いエンスヘーデ（Enschede）に設立された。研究所のスタッフは約三〇〇人で、運営はほぼ教育省からの補助金で賄われている。

(42) オランダの卒業試験は、政府が示した基準に沿って各学校単位で行われる。試験問題の作成については、学校に責任がおかれる。この出題形式は、バイエルン州とバーデン＝ヴュルテンベルク州を除くドイツ各州のアビトゥア試験（大学入学資格試験）と共通している。バイエルン州とバーデン＝ヴュルテンベルク州では、州統一問題が作成され、試験が行われる。

(43) Krest Boersma, Hans Hooghoff, *Curriculum Development and Cross-Curricular Themes in the Netherlands*, National Institute for Curriculum Development (SLO), 1992, pp.8 - 9. Jos Letschert, *Primary Education in the Netherlands*, National Institute for Curriculum Development, 1994, pp.29 - 30.

(44) 小林早百合、前掲書、一一三頁。

(45) この間のテーマの潮流の変遷については、Krest Boersma, Hans Hooghoff, *Curriculum Development and Cross-Curricular Themes in the Netherlands*, Working paper presented at the CIDREE workshop on Cross-Curricular Themes, 30 September- 2 October 1992, National Institute for Curriculum Development (SLO), 1992, pp. 11-20を参照。

(46) Ibid. p.11. 他に社会科に関わるテーマには次のものが挙げられる。「基本的権利に関する教育」「人権教育」「価値観形成教育」「民主主義教育」「反レイシズム教育」「異文化間教育」「解放教育（Emancipation education）」「健康教育」「薬物、アルコール、ギャンブル依存症の克服」「エイズ教育」「開発教育」「ヨーロッパの次元教育」「難民教育」「平和教育」「環境教育」「国際人道法」「消費者教育」「交通教育」

(47) H. Hooghoff, P. Minnee, *How to improve the European Dimension in the Curriculum*, SLO, 1987.

(48) Hans Hooghoff, *Internationalization in Education, Cross Curricular Themes with an international dimension*, Module 1, Workshops on Global and Development Education in Nagoya University, 14.2 - 4.3, 1998, p.11.

(49) Remy Wolfs, "Geography and History with a European dimension, Manual for teachers in secondary education", *Consortium of Institutions for Development and Research in Education in Europe*, Volume 4, CIDREE/SLO, 1992. 以下、第3項に関する記述は同書による。

(50) ＣＩＤＲＥＥワークショップは、一九九二年一一月一六―一七日「歴史とコアカリキュラム12―16」をテーマにスペイン・マドリッドで開催されている。ＣＩＤＲＥＥは、Consortium of Institutions for Development and Research in Education in Europe の略称であり、一九九〇年一二月に国立ないしは大学の教育研究・教員研修機関により設立された協議会である。九四年六月時点でイングランド、スコットランド、北アイルランド、オランダ、ベルギー、スペイン、フランス、ドイツ、フィンランド、スウェーデン、スイス、デンマーク、ギリシア、ポルトガル、オーストリア、ノルウェー、アイルランドにある二〇の機関が正規に加盟している。この他に、チェコ、ドイツ、アイスランド、ハンガリーの機関が準会員となっている。

（51）Dillingen Symposium は、一九八九年から毎年開催されている国際シンポジウムであり、発足当初はドイツ・バイエルン州の Dillingen を会場に行われていたことから Dillingen Symposium と呼ばれるようになった。一九九二年の第四回は、ドイツ・バーデン＝ヴュルテンベルク州の Bad Ulach で行われている。

（52）クーデンホーフ＝カレルギーについては本書第一章第1節で詳述した。

（53）トピックエリア「ヨーロッパの協力と統合」における問いの形式は、地理においても同様である。本稿では、地理については省略した。

（54）この論争の観点は、「すべての参加者はお互いの立場を了承しているのか」にも認められる。つまり、「ヨーロッパ諸国は協力と統合がどのようにして進められるべきかについて相矛盾した考えを持っている。このことは珍しいことではない。すべての国々は多かれ少なかれそれぞれに固有な立場から統合に関わっている」のである。Remy Wolfs, "Geography and History with a European dimension, Manual for teachers in secondary education", *Consortium of Institutions for Development and Research in Education in Europe*, Volume 4, CIDREE/SLO, 1992, p. 17, p.24.

（55）Krest Boersma, Hans Hooghoff, *Curriculum Development and Cross-Curricular Themes in the Netherlands*, Working paper presented at the CIDREE workshop on Cross-Curricular Themes, 30 September- 2 October 1992, National Institute for Curriculum Development (SLO), 1992, pp. 20 - 26.

## 第四章

（1）Günter Renner/Wolfgang Sander, "Länderberichte Bundesrepublik Deutschland", In: *Politische Bildung für Europa*, Bundeszentrale für politische Bildung, 1991, S.122-138.

（2）調査時点では、ドイツ統一前であるため旧西ドイツ諸州が対象とされている。

（3）表４－１については、「オリエンテーション段階」と「中等段階Ⅰ」の学年段階の表記に不十分なところが見られる。たとえば、ベルリンにおいてはオリエンテーション段階がなく、第1学年から第6学年までの基礎学校が設置されているにもかかわらず「ー」と記され、ヨーロッパに関する単元が設定されていないのか、あるいは、それに該当する学校段階が存在しないのか判別不能であり、誤解を生じさせる。また「オリエンテーション段階」と「中等段階Ⅰ」が各学校形態においてどの学年と対応するかが不明である。このような問題点を含んでいるものの、ドイツ全州の全体的傾向が、この表により看取されるため、あえてそのまま掲載した。

(4) 天野正治監訳『西ドイツの教育のすべて』東信堂、一九八九年、一五四頁、図7-2を参照。

(5) この指標では、より抽象度の高い専門概念を学ぶことが質的な高さを持つと評価されている。

(6) Günter Renner/Wolfgang Sander, "Länderberichte Bundesrepublik Deutschland", In: *Politische Bildung für Europa*, Bundeszentrale für politische Bildung, 1991, S.127.

(7) Günter Renner/Wolfgang Sander, "Länderberichte Bundesrepublik Deutschland", In: *Politische Bildung für Europa*, Bundeszentrale für politische Bildung, 1991, S.129.

(8) レンナーらが分析した教科書は、一九七九年から一九八三年にかけて発行された一七種類である。対象となる学年は、第5学年から第10学年までをほぼ均等に含んでいる。教科書名の詳細は、同論文の一三七から一三八頁に掲載されている。

(9) その理由には、各州の学習指導要領の改訂時期が関係していると考えられる。バーデン＝ヴュルテンベルク州は、後述するように一九八四年に改訂され、調査時点で最新の学習指導要領の一つであった。

(10) Hans-Werner Kuhn/Perter Massing/Werner Skuhr (Hg.), *Politische Bildung in Deutschland, Entwicklung -Stand-Perspektiven*, 2. Auflage, Leske+Budrich, 1993, S.351.

(11) 第一章で述べたように、一九八〇年代末から一九九〇年代初頭にかけてヨーロッパにおける教育分野の協力が著しい進展を遂げた。その影響はドイツにおいても例外ではない。しかしドイツに限らずどの国においてもその国固有の歴史的、政治的文脈を背負っている。第Ⅱ部においてはドイツにおけるヨーロッパ教育の展開を、主に九〇年代に焦点をあてて論じようとしているが、そのためには一九九〇年のドイツ統一時点におけるドイツ国内の固有の文脈に目を向ける必要があろう。本節はこのような問題意識で執筆されたものである。

(12) "Bericht der Bundesregierung zu Stand und Perspektiven der politischen Bildung in der Bundesrepublik Deutschland", Deutscher Bundestag, 12. Wahlperiode, Drucksache 12/1773, 10. Dezember 1991.

（13）実際の政治過程に着目し、具体的な課題克服の事例分析を授業の中心に構成する「事例分析学習」については、拙稿「ドイツ政治教育における『事例分析学習』の方法原理—授業計画『刑法２１８条改正問題』を中心に」日本教育方法学会紀要『教育方法学研究』第二四巻、一九九八年で詳しく述べた。

（14）「葛藤」は、一九六〇年代のギーゼッケ（H.Gieseche）の中心概念。「内省的社会参加」は、七〇年代にシュミーデラー（R. Schmiederer）が主張した。「責任」は、八〇年代の社会民主主義による「第三の道」の概念、「自己の利害の位置」は、一九七七年のいわゆる「ボイテルスバッハの合意」に掲げられた概念である。

（15）統一ドイツの政治教育が旧西ドイツにおける議論や価値を継承することは、自明のことであるとはいえない。統一に際して東の改革派市民グループとそれに協力的な西の法律家を中心に、ドイツ基本法に代わる新憲法の草案が発表されているように、統一の在り方を模索する八九年から九〇年にかけては、西による東の吸収合併という方法ではなく、西と東の対等な合併を求める動きも検討されている。このことは、旧西ドイツ体制の継承以外のさまざまなオプションを取りうる余地があったことを意味している。この政府報告自体が、このようなオプションを封じ込め、旧西ドイツの政治教育の継承を確認するために出されたことを想起したい。

（16）新連邦州（旧東ドイツ諸州）の指導要領は、一九九一年九月から施行されている。新連邦州五州の内、ザクセン州を除いた四州において「暫定的（vorläufig）」という条件が付されている。それぞれの州名と指導要領の名称を挙げると次の通りである。ザクセン州—Lehrplan、ザクセン＝アンハルト州—Vorläufige Rahmenrichtlinien、メクレンブルク＝フォアポンメルン州—Vorläufige Rahmenrichtlinien、テューリンゲン州—Vorläufige Lehrplanhinweise、ブランデンブルク州—Vorläufiger Rahmenplan。（舩尾日出志「ドイツ旧DDR5州の歴史および社会科指導要領（一九九一／九二年度用）についての考察」日本教育方法学会発表要旨、一九九五年）

（17）「国民科」は、Staatsbürgerkundeを指す。旧東ドイツでは、ワイマール共和国時代のStaatsbürgerkundeと同じ名称が一九九〇年まで使用された。ドイツにおける信用あるドイツ語辞書“Duden Deutsches Universal Wörterbuch”には、「（ＤＤＲ）社会主義的世界観の意味において、生徒たちの政治・イデオロギー的教育を課題とする学校教科」と記されている。（*Duden Deutsches Universalwörterbuch*, 2. völlig neu bearbeitete und stark erweiterter Auflage, Dudenverlag, 1989.）

（18）Hans-Werner Kuhn/Perter Massing/Werner Skuhr (Hg.), *Politische Bildung in Deutschland, Entwicklung-Stand-*

*Perspektiven*, 2. Auflage, Leske+Budrich, 1993, S.351.

(19) 天野正治、木戸裕、長島啓記、高木浩子『ドイツ統一と教育の再編』日本ドイツ学会、成文堂、一九九三年、一一頁より引用。原典は次の通り。Siegfried Baske/Martha Engelbert, *Zwei Jahrzehnte Bildungspolitik in der Sowjetzone Deutschlands*, Dokumente 1. und 2. Teil, Quelle & Mayer, 1966.

(20) 天野他、前掲書、一一頁より引用。本多勝一『ドイツ民主共和国』朝日新聞社、一九九〇年、一五六―一六〇頁にも同様の記述がある。

(21) 国民科の性格を象徴する出来事がベルリンの壁崩壊五日前に起こっている。一九八九年一一月四日ベルリンでの大規模デモの際、人民劇場の女優シュピーラ（Steffi Spira）は、「私の曾孫には土曜日が休みの学校で成長させたい、騎手行進のない、トーチ行列のない、そして国民科のない学校で成長させたい」と要求した（Hans-Werner Kuhn/ Perter Massing/Werner Skuhr (Hg.), *Politische Bildung in Deutschland, Entwicklung -Stand- Perspektiven*, 2. Auflage, Leske+Budrich, 1993, S.351.）。このことからも、国民科が市民から忌避される対象とされていたことがわかる。

(22) 旧東ドイツ諸州の教育については、日本においてもさまざまな学会や研究会で報告がなされており、研究の蓄積がなされている。たとえば、大野亜由未『旧ドイツ地域のカリキュラム変革―体制の変化と学校の変化』協同出版、二〇〇一年、日本比較教育学会における天野正治、木戸裕、長島啓記の「ドイツ統一と教育・学術」、一九九二年の日本ドイツ学会・インフォーマルセッションにおける長島啓記の「Hochschulszene in den neuen Bundesländern」、一九九四年の日本比較教育学会における〈ヨーロッパ（EC）・ロシア〉部会報告、一九九五年の日本教育方法学会における船尾日出志の「ドイツ旧DDR5州の歴史および社会科指導要領（一九九一／九二年度用）についての考察」などがある。また、吉澤昇は、国民科の克服の一つとして「生活形成」教育を挙げている。「生活形成」教育は、国家の観点から私生活の形成への転換を図るものであるという。（吉澤昇「社会的価値の転換を図る価値の教育―旧東ドイツ地域の教育改革」『思想』第八三〇号、一九九三年、二八頁）

(23) ザクセン＝アンハルト州は、ニーダーザクセン州と協力してこの指導要領を作成したとされている。旧東ドイツ諸州と、旧西ドイツ諸州との協力関係は、次のようなパートナー州を設定して行われた（天野正治、木戸裕、長島啓記「ドイツ統一と教育の再編」日本比較教育学会『比較教育学研究』第一八号、一九九二年、一五―一七頁。天野正治、木戸裕、長島啓記、高木浩子『ドイツ統一と教育の再編』日本ドイツ学会、成文堂、一九九三年、三五―三八頁）。ブランデンブルク州とノルトライン＝ヴェストファーレン州、ザクセン州とバーデン＝ヴュルテンベルク州、ザクセン＝アンハルト州とニーダーザクセン州およびノルトライン＝ヴェストファーレン州、テューリンゲン州とヘッセン州、メクレンブルク＝フォアポンメルン州とニーダーザクセン州およびシュレースヴィヒ＝ホルシュタイン州。

(24) Wolfgang Mickel, "Rahmenrichtlinien "Sozialkunde" in allgemeinbildenden Schulen in Sachsen-Anhalt", In: *Gesellschaft-Erziehung-Politik (GEP)*, 3/1992, S. 319-352.

(25) 「90年代のドイツの中心テーマの一つが『ヨーロッパ』であることを疑う人はいないだろう。そもそもドイツの統一も『ドイツのヨーロッパ』ではなく、『ヨーロッパのドイツ』であることがドイツの側から強調され、また周辺諸国の政治家も『ドイツのヨーロッパ化』と一体のものとしてこれを承認したのである。」（住沢博紀「連邦共和国の遺産と制約―『ノーマルな国家』と『ヨーロッパ連合』との間で」『思想』第八三三号、岩波書店、一九九三年、九〇頁）。他に木谷勤、望月幸男編著『ドイツ近代史―18世紀から現代まで』ミネルヴァ書房、一九九二年、二三八―二四〇頁、北住炯一『ドイツ・デモクラシーの再生』晃洋書房、一九九五年、二三二頁など参照。

(26) 平島健司『ドイツ現代政治』東京大学出版会、一九九四年、二〇三―二〇五頁、およびヴェルナー・マーザー著、小林正文訳『現代ドイツ史入門』講談社新書、一九九五年、一八〇―一九二頁を参照。

(27) Michael Piazolo, "Gesamteuropäische Perspektive in der politischen Bildung", Manfred Hättich (Hrsg.), *Politische Bildung nach der Wiedervereinigung - Inhalte/Projekte/Methoden/Adressanten-*, Olzog Verlag, 1992, S.69より引用。訳は永井清彦編訳『ヴァイツゼッカー大統領演説集』岩波書店、一九九五年、一六〇頁による。ピアツォロによれば、ドイツ首相ヘルムート・コール（H. Kohl）も、統合の翌日次のように語ったという。「来年の会議において、ヨーロッパ連合が創出され、全ヨーロッパの安全秩序が形成される。ドイツ統一の完成は、一つの大きなチャンス、つまりヨーロッパ統合という事業を促進させるチャンスであることが証明されるであろう」（六九頁）。

(28) レンナーとザンダーの調査によると、八〇年代における旧西ドイツ諸州の指導要領は、ＥＣに関する学習テーマが中心領域であったとされる。（Günter Renner/Wolfgang Sander, "Bundesrepublik Deutschland (National Bericht)", In: Bundeszentrale für politische Bildung (Hrsg.), *Politische Bildung für Europa -Die Europäische Dimension in der politischen Bildung der Zwölf EG Länder*, 1991.）

(29) Beschluß der Ständigen Konferenz der Kultusminister der Länder in der Bundesrepublik Deutschland, "*Europa im*

*Unterricht*", vom 8. Juni 1978 in der Fassung vom 7. Dezember 1990.

(30) Beschluß der Kultusministerkonferenz, "*Europa im Unterricht*", vom 8. Juni 1978. レーマンは決議の内容を詳細に解説し、決議があくまでも「組織的な奨励ではなく一般的な授業への提案」であること、「新しい教科ではなく、授業の新しい一領域」であることを強調している。（Hans Georg Lehmann, "Europa im Unterricht. Die Empfehlungen der Kultusministerkonferenz, vom 8. Juni 1978", In: *Gegenwartskunde*, 4/78, 1978, S. 437-446.）

(31) KMK決議の前文には次のように記されている。「ヨーロッパの諸国家の間の協力とECにおけるヨーロッパ統合の協力についての肯定的進展、とくに単一欧州議定書に支えられた展望、中欧・東欧諸国の政治的・社会的・経済的発展、ならびに欧州安保協力会議の枠の中で新しいヨーロッパのためにまとめられたパリ憲章は、文部大臣会議にとり、一九七八年の勧告を教育学的進展に合わせて書き改めるきっかけであった。文部大臣会議は、それに伴って同時に一九八八年五月二四日のヨーロッパ理事会および閣僚理事会による決議『教育におけるヨーロッパの次元』を考慮した。」

(32) Margaret Shennan, *Teaching about Europe*, Cassell Council of Europe series, 1991, pp.146 - 148.

(33) ヨーロッパにおけるEC、国家、地域の間のアイデンティティについては、梶田の「三空間並存モデル」（梶田孝道『統合と分裂のヨーロッパ—EC・国家・民族』岩波新書、一九九三年）が、しばしば引用され有効なモデルとみられている。一方で、梶田の三空間モデルは「主権国家」と「経済圏」（EUや北米経済圏）の二層に集約できるとの批判もある。（池田佳隆「グローバル・システムの三層構造の批判的検討—二層構造の可能性」日本国際政治学会編『国際政治』第一一一号、一九九六年、一一五—一二八頁）

## 第五章

(1) Bundesministerium für Bildung, Wissenschaft, Forschung und Technologie, *Grund- und Struktur Daten* 1994/1995 より。データは、一九九三年のもの。

(2) Tanja Schwarz, Lehrpläne "'Wirtschaft/Politik' und 'Weltkunde' des Landes Schleswig-Holstein", Andreas Basler/Frank Nonnenmacher (Hrsg.), *Die Lehrpläne zur politischen Bildung*, Wochenschau Verlag, 1997, S.176.

(3) とはいえ、教科の観点を見ると第5・6学年では「人—時間」「人—空間」「人—社会の現実」が、第7・8学年では

「要因の分析、歴史的展開、空間の変化、社会的変化の作用」が挙げられており、内容の観点は分化型となっている。（T. Schwarz, 1997, S. 180）

（4） Landesinsitut Schleswig-Holstein für Praxis und Theorie der Schule (IPTS), *Perspektive Europa - Neun Unterrichtseinheiten für die 9. und 10. Klassenstufen in den Fächern Geschichte, Gemeinschaftskunde, Erdkunde, Wirtschaft/Politik und Kunst*, Verlag Schmidt & Klaunig, 1992.

（5） シュレースヴィヒ＝ホルシュタイン州の現行指導要領は、本節⑵で見たように学校種間の格差を生じさせない方針が打ち出されていた。そのため、本単元モデル集においても学校種上の制限は課されておらず、どの学校種においても活用できるものとして開発されている。（Landesinsitut Schleswig-Holstein für Praxis und Theorie der Schule, *Perspektive Europa*, 1992, S. 5）

（6） Nobert Stüwe, "Schleswig-Holstein und Dänemark - Die Lösung der Minderheitenfrage im Grenzraum als Modelfall für Europa", IPTS, *Perspektive Europa*, 1992, S.65-83.

（7） 本単元の基盤とされている歴史認識は、その多くを「国際教科書研究（Studien zur internationalen Schulbuchforschung）」の研究成果に負っている（Nobert Stüwe, "Schleswig-Holstein und Dänemark", 1992, S. 65）。

（8） Walter Sperling, "Geographie", W. Mickel, D. Zitzlaff (Hrsg.), *Handbuch zur politischen Bildung*, Bundeszentrale für politische Bildung, Schriftenreihe Band 264, 1988, S.571-572.

（9） Andreas Dornheim, "Thüringen: territorial und politisch-kulturell zersplittert", In: Landezentrale für politische Bildung Baden-Württemberg(Hg.), "Die neuen Bundesländer", *Der Bürger im Staat*, 43. Jahrgang Heft 4, Dezember 1993, S.268-269.

（10） 旧東ドイツ五州の中等学校制度は、大別して次の三つに分けられる。a—総合制学校を除いてギムナジウムともう一つの中等学校を設置したザクセン州（Mittelschule）、ザクセン＝アンハルト州（Sekundarschule）、テューリンゲン州（Regelschule）、b—ギムナジウム、基幹学校、実科学校の三分岐型の中等学校を設置したメクレンブルク＝フォアポンメルン州、c—総合制学校とギムナジウムの二本立ての中等学校を設置したブランデンブルク州である（天野正治他著『ドイツ統一と教育の再編』日本ドイツ学会　ブロシューレ第2号、成文堂、一九九三年、三八—四六頁）。テューリンゲン州、ザクセン＝アンハルト州、ザクセン州が基幹学校と実科学校を統合した中等学校を設置したのは、「居住地に近い学校を提供するため」、および西ドイツの基幹学校が直面している困難を予め回避するためであるとされる（Arbeitsgruppe Bildungsbericht am Max-Planck-Institut für Bildungsforschung, *Das Bildungswesen in der Bundesrepublik Deutschland, Strukturen und Entwicklungen im Überblick*, Rowohlt Taschenbuch Verlag, 1994, S.771.）。

(11) この他に総合制学校が五校（生徒数四〇四三人）と、テューリンゲン独自の学校として、初等中等一貫の13年制総合制学校の実験学校（Versuchsschule）が四校（生徒数八四六人）設立されている。

(12) Thüringer Kultusministerium, "*Vorläufiger Lehrplan für Grundschule*", Juli 1993.

(13) Markus Euler, "Lehrpläne 'Sozialkunde' des Landes Thüringen", Andres Balser/Frank Nonnenmacher (Hrsg.), *Die Lehrpläne zur politischen Bildung*, Wochenschau Verlag, 1997, S.184.

(14) Markus Euler, a.a.O. S.186. およびThüringer Kultusministerium, "*Lehrplan für die Regelschule und für die Förderschule mit dem Bildungsgang der Regelschule, Wirtschaft-Umwelt-Europa*", 1999, S.9.

(15) その他に第二外国語、自然科学、社会科学が選択必修教科として提供されている。どの教科も配当学年と配当時間はWUEに同じ。ただし、あくまでも「選択必修教科」であり、すべての生徒が授業に参加するわけではないことに留意しておかなければならない。

(16) KMK事務局で編集されている学習指導要領目録の教科名索引においても、WUEの他にはヨーロッパを冠した教科名は見あたらない（"*Veröffentlichungen der Kultusministerkonferenz -Verzeichnis der Lehrpläne für die allgemeinbildenden Schule in den Ländern der Bundesrepublik Deutschland*", Stand April 1998）。ヨーロッパ教育の研究者であるウンゲラー（L. Ungerer）もWUEに対する強い支持を表明している（Lothar A. Ungerer, "Europa als Gegenstand politischen Unterrichts", In: Willi Wölfing/Veronika Strittmatter (Hrsg.), *Bildung und Erziehung in Europa, Heidelberger Pädagogischer Kongreß*, Deutscher Studien Verlag, 1994, S.62-66）。

(17) Thüringer Kultusministerium, "Lehrplan für die Regelschule und für die Förderschule mit dem Bildungsgang der Regelschule, Wirtschaft-Umwelt-Europa", 1999, S. 7-9.

(18) Lothar A. Ungerer, "Europa als Gegenstand politischen Unterrichts", In: Willi Wölfing/Veronika Strittmatter (Hrsg.), *Bildung und Erziehung in Europa. Heidelberger Pädagogischer Kongreß*, Deutscher Studien Verlag, 1994, S. 57-66.

(19) ドイツ一般において、ヨーロッパ単元が独立した学習テーマとなったのは九〇年代を迎えてからであったが、それ以前は、「ヨーロッパと世界の中のドイツ（Deutschland in Europa und Welt）」のようにヨーロッパ単元は国際関係の一領域として扱われていた。WUEにおいては、「世界の中のドイツとヨーロッパ（Deutschland und Europa in der Welt）」のように、ドイツがヨーロッパと同格に扱われている。このことは単に、ヨーロッパ単元の位置づけが向上したことを意味するだけではない。本学習指導要領においてヨーロッパがドイツと同格の学習対象として認識されている背景には、文化高権の下で州が排他的に教育課程の編成権限を有するという、ドイツの教育制度から発したドイツ特有の認識であるといえる。

(20) Lothar A. Ungerer, “Europa als Gegenstand politischen Unterrichts”, In: Willi Wölfing/Veronika Strittmatter (Hrsg.), *Bildung und Erziehung in Europa. Heidelberger Pädagogischer Kongreß*, Deutscher Studien Verlag, 1994., S. 63.

(21) 西ドイツ諸州とは異なり、旧東ドイツ諸州にはEUから多額の構造基金が投入され、都市基盤の整備、農村の振興に充当されている。このことは、旧東ドイツ諸州のEUに対する好印象をもたらすと同時に、EUが旧東ドイツ諸州の生活状況の改善に寄与するという期待と展望を醸成するのに役立っていると考えられる。反対に旧西ドイツ諸州においては、農業分野をはじめとする過去のEUの問題点を直視し、期待と同時に現状に対する冷静な姿勢が見られる。

(22) 同単元には次のように記されている。「学習内容―ヨーロッパにおける経済空間。指摘―経済的政治的発展の分析、たとえば中欧や東欧の現状」（Thüringer Kultusministerium, “*Lehrplan für die Regelschule und für die Förderschule mit dem Bildungsgang der Regelschule, Wirtschaft-Umwelt-Europa*”, 1999, S.30.）

(23) 「ヨーロッパ学校プログラム」は、正式名称を「Landesprogramm “Europaschule”」という。

(24) 本節は、拙稿「ドイツにおける『ヨーロッパ教育』の展開―ヘッセン州における『州立ヨーロッパ学校プロジェクト』を事例として」日本グローバル教育学会『グローバル教育』第一号、一九九八年、三八―五七頁を加筆修正したものである。

(25) Europäische Gemeinschaften, “*Das Bildungswesen in der Europäischen Gemeinschaft*”, Mitteilung der Kommission an den Rat, Bulletin der Europäischen Gemeinschaften, Beilage 3/74, 1974.

(26) Commission of the European Communities, “*Green Paper on the European Dimension of Education*”, COM(93)457 final, 29 September 1993, p. 12.

(27) Michael Vorbeck, "Die Europäische Dimension im Schulwesen - Anregungen aus der Sicht eines europäischen Beamten-", In: Berliner Institut für Lehrfort- und Weiterbildung und Schulentwicklung (Hrsg.), *Europa in der Schule - Schulen mit Europäischem Profil-, Bericht von einer Fachtagung im April 1994 in Berlin*, 1995, S. 71.

(28) Christian Kubina/Birgit Schulz (Hrsg.), *Europa Schule in Hessen - Eine Perspektive für die Schule von Morgen* (Ergänzungsband), Hessisches Institut für Bildungsplanung und Schulentwicklung (HIBS), Wiesbaden, 1996, S. 1.

(29) Hessisches Kultusministerium, "Amtsblatt" Nr. 10/91, vom 15. 10. 1991, S. 815.

(30) Wolf Schwarz, "Lernen für Europa - Ziele und Rahmenkonzeption der hessischen Europaschule" In: Berliner Institut für Lehrfort- und Weiterbildung und Schulentwicklung, *Europa in der Schule*, 1995, S. 123.

(31) ヨーロッパ学校の校名と所在地は次の通り。

Kopernikusschule（コペルニクス校）、Freigericht（フライゲリヒト市）

Alexander-von-Humboldt-Schule（アレキサンダー・フォン・フンボルト校）、Virnheim（ヴィルンハイム市）

Heinrich-Heine-Schule（ハインリヒ・ハイネ校）、Dreieich（ドライアイヒ市）

Freiherr-vom-Stein-Schule（フライヘア・フォム・シュタイン校）、Gladenbach（グラーデンバッハ市）

Georg-August-Zinn-Schule（ゲオルク・アウグスト・ツィン校）、Kassel（カッセル市）

ハインリヒ・ハイネ校のヨーロッパ教育担当教員イムケ・デュルフェル女史は、ハインリヒ・ハイネ校がヨーロッパ学校に採用された理由について、長年にわたる外国の学校との積極的な交流が評価されたと述べている。（一九九七年三月一七日の筆者とのインタビューによる）

(32) Hessisches Kultusministerium, "Presse Information", Nr. 23, 5 März 1992, In: Hessisches Institut für Bildungsplanung und Schulentwicklung, *Materialien zur Schulentwicklung*, Heft 20, 2. erweiterte und überarbeitete Neuauflage, 1994, S. 91.

(33) 二〇〇〇年にＯＥＣＤによって行われた「ＰＩＳＡ２０００」国際学力調査は、ドイツの子どもたちの学力水準がきわめて低い水準にあるとの結果を示し、ドイツ社会に "PISA-Schock" と呼ばれる衝撃を巻き起こした。その影響を受けて、学習内容の「スタンダード」を策定する動きが始まっている。この動向は、ドイツ州政府の「文化高権」を見直す可能性を含んでおり興味深い。

(34) http://www.rz.uni-frankfurt.de/schule/hhs.

(35) 以下の各観点の叙述に際して、本章の注27、28、30に示した文献および資料を参照した。

(36) ドイツにおける「異文化間教育」(Interkulturelle Erziehung) については天野正治『日本とドイツ教育の国際化』玉川大学出版部、一九九三年、七三―一〇〇頁、および天野正治『ドイツの異文化間教育』玉川大学出版部、一九九七年を参照。

(37) ドイツにおける近年の全日制学校の動向については、的場正美「ドイツにおける学校週5日制と全日学校のカリキュラム」比較カリキュラム研究会、代表者　安彦忠彦『主要国における学校週5日制に関する調査研究―米・仏・独・中の4カ国における実施の経緯と現状』一九九六年、四三―六一頁が詳しい。

(38) Heinrich-Heine-Schule, *The European Dimension in the Heinrich-Heine-Schule Curriculum*, February 1995.

(39) Imke Doerfel, *Europäische Dimension -Referat zur Arbeittagung 9.-11.5. Weilburg*, 1995. ヨーロッパ学校会議の記録は、次の冊子にまとめられている。Hessisches Institut für Lehrerfortbildung, “‘Come Together’ - Schools of Europe create a network-: Tagung des Hessischen Kultusministeriums und seiner Europaschulen im Mai 1995”, In: *Impulse*, Heft 2, 1995. 次の文献には、ハインリヒ・ハイネ校における活動が詳細に報告されている。Imke Doerfel, “Veränderung im schulischen Alltag durch das Programm Europaschule”, In: Bundeszentrale für politische Bildung, *Lernen für Europa. Neue Horizonte der Pädagogik*, 1994, S.283-284.

(40) この枠組みの原型は、Gordon Bell, *Developing a European Dimension in primary Schools*, Fulton, 1991 をもとにしている。

(41) Beschluß der Ständigen Konferenz der Kultusminister der Länder in der Bundesrepublik Deutschland, “Europa im Unterricht”, vom 8. Juni 1978, in der Fassung vom 7. Dezember 1990.

(42) 地理カリキュラムは本来「単元名」「トピック」「学習の方法」「ヨーロッパの次元」という順に、学年別に提示されているが、本稿においては「学習の方法」を省略し、「トピック」と「ヨーロッパの次元」を一覧化して示した。

(43) 本節は、拙論「『ヨーロッパ学習』の基本理念と単元構成―ドイツ・バーデン＝ヴュルテンベルク州における社会科を例にして」(修士論文)、一九九六年の第三章を大幅に加筆修正したものである。

(44) 本節に限り、バーデン＝ヴュルテンベルク州の学習指導要領であることを明確にするために原語の訳である「教育計画」という語を用いる。「教育計画」の性格は、次のように記されている。「教育計画は、授業のための義務的な基準

（die verbindliche Vorgabe）である。しかし、目標と内容は、それぞれの教育活動にとって必要な自由空間を持つように記されている。」（"Bildungsplan für das Gymnasium, 21. Februar 1994" In: *Kultus und Unterricht, Amtsblatt des Ministeriums für Kultus und Sport Baden-Württemberg, Lehrplanheft 4/1994*, Neckar-Verlag, 1994.）

(45) バーデン＝ヴュルテンベルク州の中等教育における学校形態別の生徒数と割合は、一九九〇年現在で次の通りである。基幹学校一七万九八九〇人（二九・七％）、実科学校一七万二九二〇人（二八・六％）、ギムナジウム二三万九一六人（三八・一％）、その他（総合制学校等）二万一五六九人（三・六％）。（Tino Bargel/Manfred Kuthe, *Schullandschaft in der Unordning, Gutachten der Johannes-Löchner-Stiftung zum Schulangebot und zur Schulentwicklung in Baden-Württemberg Band 1: Bestandaufnahme*, Talheimer, 1992, S. 28.）一九八〇年の資料（天野正治監訳『西ドイツの教育のすべて』東信堂、一九八九年、一五四頁）と比較すると、基幹学校の割合と、ギムナジウムの割合がほぼ逆転しており、基幹学校は減少傾向、ギムナジウムは増加傾向にあるといえよう。

本稿でギムナジウムを考察の対象としたのは、①上記のような傾向により、バーデン＝ヴュルテンベルク州においては、ギムナジウムの位置づけが相対的に高まっていること、②ギムナジウムにおいては「教育計画」の改訂によって「ヨーロッパ学習」が、重視されたこと（後述）、③筆者が資料収集を行った一九九四年八月時点で、新「教育計画」に準拠した教科書の出版計画がギムナジウム用の一冊のみであり、他の学校形態の教科書は、発行の予定がなかったことによる。

(46) 八四年版「教育計画」は、"Bildungsplan für das Gymnasium der Normalform, Band 1, 4. Juni 1984" In: *Kultus und Unterricht, Amtsblatt des Ministeriums für Kultus und Sport Baden-Württemberg, Lehrplanheft 8/1984*, Neckar-Verlag, 1984. 九四年版「教育計画」は、"Bildungsplan für das Gymnasium, 21. Februar 1994" In: *Kultus und Unterricht, Amtsblatt des Ministeriums für Kultus und Sport Baden- Württemberg, Lehrplanheft 4/1994*, Neckar-Verlag, 1994.

(47) ギムナジウム第10学年から第11学年に移行したということは、いわゆる中等教育Ⅰから中等教育Ⅱ（上級段階ともいう）へ移行したということになる。中等教育Ⅰは前期中等教育にあたり、普通教育に相当する一方で、中等教育Ⅱは後期中等教育にあたり、「専門科学の基礎を提供する」とされる。（Beschluß der Kultusministerkonferenz, "Empfehlungen an die Unterrichtsverwaltungen der Länder zur didaktischen und methodischen Gestaltung der Oberstufe der Gymnasium im Sinne der Saarbrücker Rahmenvereinbarung", vom 28./29. September 1961.）この段階に移行したことにより「より要求の高い、より抽象的な水準の内容が学ばれる（『教育計画』、一二頁）」ことになる。ただし第11学年は、中等教育Ⅱの中では「導入段階」と呼ばれ、第12・13学年のような「基礎コース（Grundkurs）」「上級コース（Leistungskurs）」に分かれる選択制はとらない。したがって、ヨーロッパの次元に関する単元は、全生徒の必修単元である。

(48) 本節では、ヨーロッパを主題にした学習単元を「ヨーロッパ学習」と称する。

(49) 「教育計画」に示された"Inhalte"には、学習内容の項目が記されている。また"Hinweise"は、取り扱うべき内容を若干詳しく記したのみで、本来の語義である「指示」や「助言」を与える形式になっていない。本論では、原文を尊重し、かつ財団法人教科書研究センター『西ドイツにおける事実教授の教科書分析』ぎょうせい、一九八八年、四四頁を参考に、"Hinweise"に「指示」という訳を当てた。

(50) 教材の出典は、関連する文献の他、週刊誌"Der Spiegel"や週刊新聞"Die Zeit"、"Das Parlament"、あるいは日刊新聞"Süddeutsche Zeitung"、"Frankfurter Allgemeine Zeitung"、"Die Welt"、雑誌の"Aus Politik und Zeitgeschichte"などである。

(51) レンナーとザンダーは、一七種類の教科書を対象に、「ヨーロッパ学習」単元の教科書の全体ページに対する割合を調査している（Günter Renner/Wolfgang Sander, "Bundesrepublik Deutschland (National Bericht)", In: Bundeszentrale für politische Bildung (Hrsg.), *Politische Bildung für Europa - Die Europäische Dimension in der politischen Bildung der zwölf EG Länder*, 1991, S. 131-135)。それによると、一七の教科書には、〇％から九・五％の開きが見られ、平均して全体の三％を「ヨーロッパ学習」に配分していた。バーデン＝ヴュルテンベルク州八四年版教科書の九・三％は、この調査においては第二番目に多い割合である。

しかし、この調査には問題も含まれている。それは、州によってヨーロッパ単元を配当している学年が異なること、州によって教科に含まれる領域に差があるため、教科書の全ページ数が算出しにくいことを考慮しなければならない。たとえば、バーデン＝ヴュルテンベルク州においては、基幹学校においては、政治領域と経済領域の二領域から構成されているが、ギムナジウムでは政治領域だけから構成されるため、当然ヨーロッパ単元の割合の計算方法も異なるはずである。また、学校形態によっても教科書の分量が異なるため、学校形態による区別を行う必要があることも挙げられる。このような教科書の量的分析は限界があるものとしなければならない。

(52) このような広領域のテーマによる「ヨーロッパ学習」は、M・シェナンも「クロス・カリキュラム」として提案していた。また、ミケルも同様に学際的に取り組まれるべきであることを主張している。（Wolfgang W. Mickel, *Lernfeld Europa -Didaktik zur europäischen Erziehung*, 2. Aufl., Leske+Budrich, 1993, S. 245ff)

(53) 「クロス・カリキュラ・テーマ」「転換期のヨーロッパ」に関わる教科とその単元は、次の通り。宗教（プロテスタント）「変化するヨーロッパ―経済倫理」、宗教（カトリック）「変化するヨーロッパ、キリスト教徒への挑戦」、ドイツ語「古代のドラマ、中世の文学、啓蒙主義の文学」「ことばの鑑賞」、歴史「近代世界の基礎づけとヨーロッパ、新時代の転換点」「市民社会の成立とフランス革命」、社会科「ヨーロッパ統一とドイツ」、外国語「テーマ／地域学習」、ラテン語「文化と文学の受容」、ギリシア語「文学、ソクラテスの倫理」、倫理「倫理成立への哲学的アプローチ、ソクラテス、ホッブズ」

(54) "Bildungsplan für das Gymnasium, 21. Februar 1994" S. 9. 州教育大臣マリアンネ・シュルツ＝ヘクター（M. Schults-Hector）は、新しい「教育計画」の改訂を次のように述べている。「私たちは、教育計画に、学校の教育的課題に対し、より多くの自由裁量を生み出すことに目標をおきました。さらに、個々の教科のより強固な協力に価値をおき、それによって事実知識が位置確認的知識になるのです。超教科的なそして多教科結合的な学習の新しい形態は、それを容易にさせるに違いありません」（Deutsche Lehrer Zeitung 1/1994, 1. Januarausgabe, 41. Jahrgang)。このように、自由裁量の拡大と「クロス・カリキュラ・テーマ」は、バーデン＝ヴュルテンベルク州の「教育計画」改訂の二つの柱となっている。

(55) クレーマーらによる提案においても「ヨーロッパ学習」に配当する時間は、最低一〇から一二時間が必要だといわれている。但しこの提案においては、その学習時間をどのように使用するかは、述べられていない。（Will Cremer/Otto Schmuck, "Europa in der Schule -Vorschläge und Anregungen für die Praxis, In: Bundeszentrale für politische Bildung <Hrsg.>, *Politische Bildung für Europa - Die Europäische Dimension in der politischen Bildung der zwölf EG Länder*, 1991, S. 338ff.)

(56) 本項の考察には、次の教科書を使用した。Anton Egner et al., "Gemeinschaftskunde 10: Baden-Württemberg, Gymnasium / Klasse 10", Schroedel Schulbuchverlag, 1984. この教科書は、「教育計画」に示された六つの学習単元に「情報と意見形成」の章を加えた七つの章により構成されている。ページの配分は、「教育計画」に記された時間数に応じて割り当てられ、一二時間の単元では約二五ページ、八もしくは六時間の単元では約一五ページとなっている。

(57) 教材6には次のように記されている。『『アメリカのヘゲモニー』によって統一されたヨーロッパが、分断されたヨーロッパよりも強い非難を浴びると主張することは、ナンセンスである。その反対が正しい。統一されたヨーロッパは、我々の企業を新しい時代に適したものにし、成功裏に大西洋のこちら側の経済に競争力をつけるための、唯一の実用的手段である。それは同様に、その軍事的均衡、—そして必要ならば—大西洋同盟において、核による均衡を含めた軍事的均衡を生み出すための、唯一の手段である。そしてまた、統一されたヨーロッパとアメリカ合衆国の間に、同等の権限を持ったパートナーとして協力を可能にするための唯一の手段でもある。」

(58) ここで想定されている「問題点」は、ヨーロッパ議会におけるチェック機能の権限が、国家における議会の権限に比較して不足しているという「民主主義の赤字」に関するものである。

(59) ECの農業政策の問題点は、その共通農業政策(CAP)にある。金丸によれば、ECは、CAPによってほとんどの食料を安定的に、十分に自給できるようになったという。しかし、その供給の安定と自給という目的が達成したことから、問題は供給過剰に転じた。たとえば、穀物は供給率九〇%から一〇五%へ、バターは一〇四%から一四七%へ、食肉は九二%から一〇二%へと増加した(一九七三年から一九八四年の統計比)。教科書で問題点として指摘されている牛乳についていえば、出荷割当制が一九八四年から採用され、生産者は、八三年から八八年の間に八・三%の減産を強いられることになった。「ミルクの供給過剰でどうなるのか」(教材17)とは、過剰牛乳を廃棄することを意味している。結局CAPは、余剰農産物を生産するために、税金を徴収しているという批判を高める政策であったと評価されている。(金丸輝男編著『EC—欧州統合の現在』第二版第四刷、創元社、一九九二年、一〇〇頁)

(60) たとえば、教材17の「課題1」は、「根本的解決の道を開いたか」との問いに「ノー」の答えを見つけさせる教材であり、教材19のカリカチュアもECがドイツを「食い物」にしているとの印象を与えるものである。また、教材13と14の課題についても、本文中で述べたように否定的側面を浮き彫りにさせる課題である。

(61) 一九七九年二月二〇日にEC裁判所で下された、ヨーロッパ内の自由な流通を明記したことで知られる判決。フランスの食前酒「カシス・ドゥ・ディジョン」の西ドイツ輸入をめぐって輸入業者が西ドイツ政府を提訴した。判決は、西ドイツ政府の輸入制限を違法と認め、輸入業者勝訴となった。判決の詳細は、山根裕子『EC法—政治・経済目的とその手段』有信堂、一九九三年、一四五—一四六頁を参照。

(62) 本項の分析には次の教科書を使用した。Heiner Hoffmeister (Hrsg.), *Politik im Wandel 11 Gymnasium*, Verlag

Ferdinand Schöningh, 1994. この教科書は、筆者が資料収集した一九九四年時点で、新「教育計画」に対応した唯一の教科書である。したがって、第(2)項で分析した教科書とは出版社が異なる。本項でとりあげる教科書には、「EU」という用語と「EC」という用語が混在している。このことは、同教科書がマーストリヒト条約発効の翌年の一九九四年に発行されたためと思われる。教科書においても用語の統一が徹底されない過渡的な状況がうかがえる。本項では、教科書の原文を尊重し、原文の表記に従って訳出した。ただし、本文については、「EU」で統一した。

(63) 内容項目の配列は「教育計画」を基準に行った。教科書の内容項目の配列順序が一部異なるのはそのためである。

(64) その理由は定かではないが、①学年が第10学年から第11学年に移っていること、②学年に配当された単元数が、八四年版の6単元から4単元に減少したこと、③ヨーロッパ単元の学習時間が六時間から一二時間に増加したこと、④本教科書の出版社Schöningh 社は、前項の教科書の出版社Schroedel 社より比較的全体のページ数が多い特徴を持っていること(たとえば、同じ一九九二年発行の第10学年用教科書を比較すると、Schöningh 社二二二ページに対し、Schroedel 社一九二ページと三〇ページの差が見られる。"Kultus und Unterricht" Amtsblatt des Ministeriums für Kultus und Sport Baden-Württemberg, 18. Mai 1994, 9/1994, Sonderaufgabe, 1994 による)、などが理由として考えられる。

(65) 「連邦制」は、ドイツにおいては自国の政治制度として、とくに地方分権的色彩が強い点において、高い信頼性を得ている。ドイツの連邦制は、「独自の統治権限を与えられた州が、それぞれに国家的な性格を持ちながら、一つの国家(連邦)を形成する」(大西健夫『ドイツの政治—連邦制国家の構造と機能』早稲田大学出版部、一九九二、四九頁)と規定される。一方、イギリスやフランスでは、連邦制がより中央主義的に捉えられているため、「連邦制」という言葉に対する抵抗感を持っている。したがって、教科書には、EUにおいて「連邦制」を用いることの困難さを述べ、ドイツ的解釈だけでは捉えられないことを述べている。

(66) このような民主的手続きを経ていない閣僚が立法権を有している状態は、「民主主義の赤字」と呼ばれ、この「民主主義の赤字」を解消することがEUの課題となっている。閣僚理事会で、立法権を有す各国閣僚たちは、各加盟国の中で首相や大統領などからの任命によって選出されている。一方ヨーロッパ議会議員は、一九七九年六月(当時は九加盟国)の選挙より、直接選挙によって選出され、一応ヨーロッパの市民による民主的手続きを経て選出されている。しかし、ヨーロッパ議会には、予算や対外条約の調印など、限られた権能しか付与されておらず、実質的な立法権は、依然閣僚理事会におかれている。

(67) ドイツ連邦議会は、小選挙区と比例代表を併用し、二票制となっている（大西健夫『ドイツの政治―連邦制国家の構造と機能』早稲田大学出版部、一九九二年、二七六頁）。

(68) ロックやモンテスキューによる古典的権力分立の原則を指す。

(69) ミケルは、『学習領域ヨーロッパ』の中で、「ヨーロッパ教育の目標としての『ヨーロッパ意識』の形成」という章を設けヨーロッパ意識の形成について論じている。（Wolfgang W. Mickel, *Lernfeld Europa - Didaktik zur europäischen Erziehung*, 2. Aufl., Leske+Budrich, 1993）以下に述べる意識形成論は、同書による。

(70) Wolfgang W. Mickel, *Lernfeld Europa -Didaktik zur europäischen Erziehung*, 2. Aufl., Leske+Budrich, 1993, S. 141.

(71) このことは、最終教材の「未来建設現場・ヨーロッパ」における「あなたは、次にどの石を積みますか。石を持ち去るという決定もできます」という「課題」において特徴的に示されている。

(72) 八四年版には、第10学年の「学習単元5―ドイツ連邦共和国の政治秩序」の中に連邦軍に関する内容が盛り込まれていた。この単元では、東西の冷戦構造について学習し、NATOと旧ワルシャワ条約機構という安全保障の枠組が示されていた。九四年版への改訂の際にこの節は削除された。その結果ヨーロッパの安全保障について学習する単元は見られなくなった。

(73) 「教育計画」には次のようにギムナジウムの課題と特徴を記している。（"Bildungsplan für das Gymnasium, 21. Februar 1994" In: *Kultus und Unterricht, Amtsblatt des Ministeriums für Kultus und Sport Baden-Württemberg, Lehrplanheft 4/1994*, Neckar-Verlag, 1994, S. 10-11）

「ギムナジウムは、生徒たちを幅の広い深められた一般教育へと導く。ギムナジウムはとくに、ふさわしい才能と教育目的（進学への意欲）を持つ生徒たちに、（大学へ進むための）一般的研究能力を伝達するという課題を持っている。」

「ギムナジウムの陶冶過程は、とくに次の能力を伝達する。それは、歴史的、政治的、地理的諸関係の知識において、過去と現代を自立的に判断する能力。他の選択肢についての知識を含み、そして若者に現代の問題への接近を切り開かせる価値意識を発展させる能力である。」

## 第六章

（1）石原は、分節を「発言している人物とその発言内容を確定し、発言の関連をとらえて分節わけを行うことから、分節とは緊密な関連性を持った発言のまとまりである」と定義している。石原の定義によれば、分節を単位とした授業分析は、発言者と発言の内容は不可分な関連を持ち、「動的な子ども（発言者―引用者）の思考に即してとらえ」ることをねらいとしている。石原正敬「授業研究における分節わけの意味と可能性―授業に迫り、分析視点を得る段階として分節・分節わけをとらえる」『名古屋大学教育学部紀要（教育学）』第四五巻第一号、一九九八年、一五三―一七五頁。

（2）EUのヨーロッパ議会は、"Europäisches Parlament"である。一方ヨーロッパ評議会にも「ヨーロッパ議会」と呼ばれる機関があるが、こちらは正式には「議員会議」（"Parlamentarische Versammlung"）という名称である。

（3）再び「アイデンティティ」の問題が授業展開に現れるのは第二時のはじめである。

（4）Claus Schöndube, "Europarat", In: Wolfgang Mickel (Hrsg.), "Handlexikon zur Politikwissenschaft", Omnima, 1986.

（5）第10分節はミヒャエルの質問から始まった「ずれ」を含んだトピックであり、必ずしも第9分節との関連性があるものではない。にもかかわらず授業展開上は連続しているため一つにまとめた。

（6）「国家連合」と「連邦国家」の考え方については、第一章第2節で詳しく述べたとおりである。

（7）ドイツでは、一九七二年の文部大臣会議の合意（Vereinbarung）によって、ギムナジウムの上級段階は、「共通教養」を担うと同時に、いわゆる高等教育の「専門科学の入門」を担うことが合意されている。この合意は、二〇〇〇年六月の文部大臣会議においても再度確認されている。（Beschluß der Kultusministerkonferenz, "*Vereinbarung zur Gestaltung der gymnasialen Oberstufe in der Sekundarstufe II*", vom 07.07.1972 in der Fassung vom 16.06.2000.）

## 終　章

（1）マーストリヒト条約第三条b項。訳は金丸輝男編著『EUとは何か　欧州同盟の解説と条約』JETRO、一九九四年、一〇二頁より。

（2）八谷まち子によれば、ヨーロッパ中央集権の抑制と異なる政治レベルの分権の保証という補完性原則の両義性は、統合に対する解釈の違いを封じ込めて、実際の問題を技術的側面に集中させるために意図的にあいまいなまま適用されているという。八谷まち子「『善意の専制主義』を超えて―欧州連合（EU）とサブシディアリティ原則」、宮島喬編『現代ヨーロッパ社会論―統合のなかの変容と葛藤』人文書院、一九九八年、三八―五七頁。

（3）マーストリヒト条約を含めて補完性原則によって教育の責任が加盟国にあることが何度も確認されているのは、このようなEUによる教育権限の拡大解釈を防止するねらいがあると考えられる。

（4）「ヨーロッパ共通カリキュラム」への「危惧」は、「ヨーロッパカリキュラム」を疑問視する形でミッター（W. Mitter）の次の論文に示されている。Wolfgang Mitter, "European Curriculum: Reality or a Dream?", Thyge Winther-Jensen (Ed.), Challenges to European Education, Peter Lang, 1996, pp. 296 - 312. また「期待」は序章で述べた日本における論調に見出すことができる。

（5）第三章第3節で言及したオランダの例に見られるように、加盟国や州の中には、教員に対する教育内容上の拘束性が相対的に緩やかな国家や州がある。このモデルでは、そのような緩やかな制度を持つ国や州も、その仕組みが国家あるいは州によって制度化されたものであるため、「加盟国・連邦州」の中に含めて考察する。

（6）ここでは、目標であるヨーロッパ意識を培うのは生徒ばかりでないことに注目したい。EUは独自の教員養成システムを持たない。教員に対する各種の研修の機会を提供することで、教員自身のヨーロッパ意識の形成に関与しているのである。

（7）近藤孝弘「ヨーロッパの教育に向かう2つの道？―英独歴史教科書におけるヨーロッパ統合に関する記述の変遷」『名古屋大学教育学部紀要―教育学科』第四三巻第二号、一九九七年、一―一五頁。

（8）共同研究は端緒に着いたところであるが、共同で観察した授業および単元の報告は「ドイツにおける単元設計および授業展開に関する事例的研究―生活科『メディア』（小学3年）および社会科『食事からせまる中世』（中学1年）を事例として」『授業に関する「ワールド・スタンダード」策定のための研究』平成一一～一二年度科学研究費補助金（基盤研究(B)(2)）、研究代表加藤幸次、二〇〇一年、二五―五〇頁に公表した。

（9）文部省『小学校学習指導要領』の社会科第6学年「目標」には、「日常生活における政治の働きと我が国の政治の考え方および我が国と関係の深い国の生活や国際社会における我が国の役割を理解できるようにし（以下略）」とされている。（文部省『小学校学習指導要領』〈平成一〇年一二月〉、大蔵省印刷局、一九九八年、二七頁）

# 主要参考文献

## 凡例

1 主要参考文献は、「邦語文献」、「欧語文献」、ヨーロッパ機関等によって定められた「決議等」に分けて示した。
2 「邦語文献」は、執筆者の五十音順とした。「欧語文献」は、執筆者のアルファベット表記順とした。「決議等」は、決議等の種類別に分け、採択年順に配した。
3 「欧語文献」は、書名ならびに雑誌名をイタリックで示した。
4 「決議等」は、そのタイトルをダブルコーテーションマーク（" "）で囲むと同時にイタリックで示した。

## 邦語文献


天野正治『日本とドイツ　教育の国際化』玉川大学出版部、一九九三年
天野正治「欧州共同体の教育政策とエラスムス計画」、日本ドイツ学会編『ドイツ研究』第一〇号、一九九〇年
天野正治編著『ドイツの異文化間教育』玉川大学出版部、一九九七年
天野正治「教育におけるヨーロッパ的次元の発展―ドイツの場合」、筑波大学　比較・国際教育学研究室『比較・国際教育』第三号、一九九五年、五九―七二頁
天野正治監訳『西ドイツの教育のすべて』東信堂、一九八九年
天野正治、木戸裕、長島啓記「ドイツ統一と教育の再編」、日本比較教育学会編『比較教育学研究』第一八号、一九九二年
天野正治、木戸裕、長島啓記、高木浩子『ドイツ統一と教育の再編』日本ドイツ学会、成文堂、一九九三年
天野正治「ドイツの学校における異文化間教育―その目的・内容・方法」異文化間教育学会『異文化間教育』第一二号、一九九八年

生田周三「ドイツにおける異文化間教育の諸分野―5都市におけるユースワークの状況と課題」、『島根大学教育学部研究報告』教育科学　第三八巻　第一号、一九九六年
生田周三「ドイツ・ロストック市におけるユースワークの事例研究―地域共生コミュニケーションの創出とユースワークの役割」、『島根大学教育学部研究報告』教育科学　第三八巻　第二号、一九九七年
生田周三「ドイツの4都市における異文化共生への取り組みと問題状況―異文化間教育・ユースワークに関する実地調査研究報告」、『島根大学教育学部研究報告』教育科学　第三九巻　第二号、一九九七年
池田佳隆「グローバル・システムの三層構造の批判的検討―二層構造の可能性」、日本国際政治学会編『国際政治』第一一一号、一九九六年
池野範男『近代ドイツ歴史カリキュラム理論成立史研究』風間書房、二〇〇一年
石川謙次郎『ヨーロッパ連合への道』日本放送出版協会、一九九四年
石原正敬「授業研究における分節わけの意味と可能性―授業に迫り、分析視点を得る段階として分節・分節わけをとらえる」、『名古屋大学教育学部紀要（教育学）』、第四五巻第一号、一九九八年
磯崎哲夫「英国におけるクロス・カリキュラムとその運営」、野上智行編著『「クロスカリキュラム」理論と方法』、明治図書出版、一九九六年
大蔵省EEC研究会編『EECの全貌』日本関税協会、一九六二年
大友秀明「西ドイツ基礎学校における『事実教授』と『分化』」、『秋田大学教育学部研究紀要人文科学、社会科学―』第三九集、一九八八年、一一一―一二二頁
大友秀明「ドイツ基礎学校カリキュラム構成論―『合科教授』から『事実教授』へ」、『秋田大学教育学部研究紀要人文科学、社会科学―』第四四集、一九九三年、五一―六二頁
大友秀明「ドイツ基礎学校における『時間意識』の育成」、全国社会科教育学会編『社会科教育論叢』第四〇集、一九九三年、一七―二六頁
大友秀明、原田信之「ドイツの環境教育カリキュラムと総合学習」、『埼玉大学紀要教育学部（人文・社会科学（Ⅲ））』第四六巻　第一号、一九九七年、五七―七二頁
大友秀明「ドイツ基礎学校における事実教授と環境教育」、『埼玉大学紀要教育学部（人文・社会科学）』第四七巻　第一号、

一九九八年、九一―一〇一頁
大友秀明、原田信之、アストリート・カイザー「ドイツ基礎学校における『事実教授』と『プロジェクト』―一九九〇年代の新展開」、『埼玉大学紀要教育学部（教育科学）』第四六巻　第二号、一九九七年、五一―六四頁
大西健夫、岸上慎太郎編『ドイツの政治―連邦制国家の構造と機能』早稲田大学出版部、一九九二年
大野亜由未『旧東ドイツ地域のカリキュラム変革―体制の変化と学校の変化』共同出版、二〇〇一年
小野耕二『EU統合の政治学』、青木書店、一九九五年
柿内真紀、園山大祐「EUの教育におけるヨーロピアン・ディメンションの形成過程とその解釈について―スコットランドの事例を中心に」、日本比較教育学会編『比較教育学研究』第二四号、一九九八年、一一九―一三七頁
梶田孝道『統合と分裂のヨーロッパ―EC・国家・民族』岩波新書、一九九三年
梶田孝道『国際社会学のパースペクティブ―越境する文化・回帰する文化』東京大学出版会、一九九六年
金丸輝男編著『EC―欧州統合の現在』創元社、一九八七年
金丸輝男『EUとは何か』JETRO、一九九四年
金丸輝男編著『ECからEUへ―欧州統合の現在』創元社、一九九五年
金丸輝男『ヨーロッパ統合の政治史―人物を通してみた歩み』有斐閣、一九九六年
鴨武彦『ヨーロッパ統合』日本放送出版協会、一九九二年
鴨武彦「基調講演：グローバリズム・リージョナリズム・ナショナリズム―21世紀の役割を模索するアジア」、日本国際政治学会編『国際政治』第一一四号、一九九七年
河内徳子編『多文化社会と教育改革』未來社、一九九八年
岸上慎太郎、田中友義編著『EC一九九二年ハンドブック』ジャパンタイムズ、一九八九年
木戸裕「ヨーロッパの統合とドイツの国際教育」、天野正治、結城忠、別府昭郎編著『ドイツの教育』東信堂、一九九八年、三七三―三八五頁
北住炯一『ドイツ・デモクラシーの再生』晃洋書房、一九九五年
木谷勤、望月幸男編著『ドイツ近代史―一八世紀から現代まで』ミネルヴァ書房、一九九二年

木村一子『イギリスのグローバル教育』勁草書房、二〇〇一年
リヒャルト・クーデンホーフ＝カレルギー著、鹿島守之助訳『クーデンホーフ＝カレルギー全集』全九巻、鹿島研究所出版会、一九七〇―七一年
久野（小松）弘幸「『ヨーロッパ学習』の基本理念と単元構成―ドイツ・バーデン＝ビュルテンベルク州における社会科を例にして」（修士論文）、一九九六年
久野（小松）弘幸「ヨーロッパ教育における教育理念の構造的分析―ヨーロッパ共同体の『ヨーロッパの次元』を中心に」、『名古屋大学教育学部紀要―教育学』第四三巻　第一号、一九九六年
久野（小松）弘幸「ドイツ政治教育における『事例分析学習』の方法原理―授業計画『刑法２１８条改正問題』を中心に」、日本教育方法学会紀要『教育方法学研究』第二四巻、一九九八年
久野（小松）弘幸「ドイツにおける『ヨーロッパ教育』の展開―ヘッセン州における「州立ヨーロッパ学校プロジェクト」を事例として」、日本グローバル教育学会『グローバル教育』第一号、一九九八年
久野（小松）弘幸「ドイツ政治教育における質的研究の展開と課題」、日比裕、的場正美編『授業分析の方法と課題』黎明書房、一九九九年
久野（小松）弘幸「現代フランス教育改革とヨーロッパの次元―新ナショナル・カリキュラム（１９９５）の分析を中心に」、愛知教育大学社会科教育学会『探究』第一一号、二〇〇〇年
久野（小松）弘幸「オランダにおける国際理解教育の展開とヨーロッパの次元―Cross-Curricular Themes（CCT）と「中等教員用マニュアル」の分析を中心に」、愛知教育大学社会科教育学会『探究』第一二号、二〇〇一年
久保山亮「脱ナショナル・アイデンティティに向けて―トルコ人第二世代におけるピア・グループ形成と「地域」アイデンティティ」、日本ドイツ学会編『ドイツ研究』第二四号、一九九七年
国立国会図書館内EC研究会編『新生ヨーロッパの構築―ECから欧州連合へ』日本経済評論社、一九九二年
小林順子編『21世紀を展望するフランス教育改革』東信堂、一九九七年
小林早百合「『多文化社会オランダ』の異文化間教育」、異文化間教育学会編「異文化間教育」第一一号、一九九七年
近藤孝弘『ドイツ現代史と国際教科書改善―ポスト国民国家の歴史意識―』名古屋大学出版会、一九九三年
近藤孝弘「ヨーロッパ統合と歴史教科書―戦後のヨーロッパ史教育論における『ヨーロッパの歴史』の位置をめぐって」、

東京学芸大学海外子女教育センター『「ヨーロッパの歴史」を読む―国際教育課程統合研究プロジェクト報告書』、一九九七年
近藤孝弘「ヨーロッパの教育に向かう2つの道?―英独歴史教科書におけるヨーロッパ統合に関する記述の変遷」、『名古屋大学教育学部紀要―教育学科』、第四三巻第二号、一九九七年、一―一五頁
近藤孝弘『国際歴史教科書対話―ヨーロッパにおける「過去」の再編』中央公論社、一九九八年
近藤潤三「ベルリンのトルコ人青少年の生活状況と意識―ベルリン市外国人問題特別代表部の調査から」、愛知教育大学社会科学会『社会科学論集』第三七号、一九九八年
財団法人教科書研究センター『西ドイツにおける事実教授の教科書分析』ぎょうせい、一九八八年
佐伯彰一「正論　アジアでの歴史の討議条件」産経新聞、一九九二年六月一二日（東京本社発行版）
坂井榮八郎、保坂一夫編『ヨーロッパ=ドイツへの道』東京大学出版会、一九九六年
坂本昭『ECの教育・訓練政策―ヨーロッパ市民への模索』中川書店、一九九三年
篠田雄次郎『一九九二年・EC統合―そのとき日本はどうなる』徳間書店、一九八九年
清水貞俊『欧州統合への道―ECからEUへ』ミネルヴァ書房、一九九八年
住沢博紀「連邦共和国の遺産と制約―『ノーマルな国家』と『ヨーロッパ連合』との間で」、『思想』第八三三号、岩波書店、一九九三年
園山大祐「EUにみる『ヨーロピアン・ディメンション教育』―SOCRATES計画の現況と『ヨーロピアン・ディメンション教育』の意味」、『九州教育学会研究紀要』第二四巻、一九九六年、一八九―一九六頁
園山大祐「EUにおける教育政策の進展―SOCRATES/LEONALD計画の概要」、大分大学教育福祉学部『大分大学教育福祉学部研究紀要』第二二巻第二号、二〇〇〇年、五九一―五九七頁
田中俊郎『EUの政治』岩波書店、一九九八年
田中昌樹「ヨーロッパ統合運動の形成と展開―ヨーロッパ統合の前史にかんする近年の研究をめぐって」、高柳先男編著『ヨーロッパ統合と日欧関係　国際共同研究I』中央大学出版部、一九九八年
土屋武志「社会科教育における評価方法改善の視点―イギリスの歴史教育を例に」、愛知教育大学社会科教育学会『探究』第七号、一九九六年

フレデリック・ドルーシュ総合編集、木村尚三郎監修『ヨーロッパの歴史―欧州共通教科書』東京書籍、一九九四年
内藤正典編『もう一つのヨーロッパ―多文化共生の舞台』古今書院、一九九六年
中井修、岩田一彦「イギリス『全国カリキュラム・地理』の解題と全訳」、『社会科教育論叢』全国社会科教育学会年報　第四三集、一九九六年
中井修「イギリスにおける『全国カリキュラム・地理』の展開―第一回改訂における学習内容とカリキュラム・システムの変更点について」、全国社会科教育学会『社会科研究』第四七号、一九九七年
永井清彦編訳『ヴァイツゼッカー大統領演説集』岩波書店、一九九五年
中野祐二『フランス国家とマイノリティ―共生の「共和国モデル」』国際書院、一九九六年
中山あおい「ドイツにおける文化的・言語的多様性のための教育」、日本比較教育学会編『比較教育学研究』第二六号、二〇〇〇年、一三〇―一四四頁
西川長夫、宮島喬編『ヨーロッパ統合と文化・民族問題―ポスト国民国家時代の可能性を問う』人文書院、一九九五年
日本EC学会編『EC・国家・地域―統合の新たな挑戦と課題』日本EC学会年報第一四号、一九九四年
野田宣雄編著『よみがえる帝国―ドイツ史とポスト国民国家』ミネルヴァ書房、一九九八年
羽田行男「欧州評議会における教育協調の試み―文科協力審議会の動向を中心に」、東京学芸大学海外子女教育センター『東京学芸大学海外子女教育センター研究紀要』第八集、一九九六年、五三―七一頁
服部一秀「現代社会問題研究としての総合社会科―ドイツヘッセン州『ゲゼルシャフツレーレ』(95年版)の場合」、全国社会科教育学会編『社会科研究』第四七号、一九九七年、二一―三〇頁
服部一秀「社会問題探究のための分化社会科―ドイツヘッセン州地歴公平行関連型カリキュラム(95年版)の場合(その1)」、『山梨大学教育学部研究報告』第四七号、一九九七年、一八四―一九四頁
服部一秀「社会問題探究のための分化社会科―ドイツヘッセン州地歴公平行関連型カリキュラム(95年版)の場合(その2)」、『山梨大学教育学部研究報告』第四七号、一九九八年、一二三〇―一二三九頁
服部一秀「社会問題史研究としての歴史―政経社統合カリキュラム―ドイツ連邦共和国ノルトライン＝ウェストファーレン州『歴史―政治科』(1989年版)の場合」、社会系教科教育学会『社会系教科教育学研究』第一〇号、一九九八年、五五―六四頁

服部一秀「総合的社会問題研究カリキュラムの論理―ドイツの総合・分化併置型社会科教科書『Trio - Geschichtlich-soziale Weltkunde』の場合」、『山梨大学教育人間科学部紀要』第一巻二号（通巻二号）、二〇〇〇年、一九三―二一六頁
原田信之「ドイツの初等教育カリキュラムの動向」、国立教育研究所平成六～一〇年度特別研究「学校と地域社会との連携に関する国際比較研究」『中間報告書（I）』、一九九六年、三二五―三三六頁
原田信之「事実教授学の歴史についての考察」、『九州看護福祉大学紀要』第一巻、第一号、一九九九年、七七―八四頁
原田信之「総合学習の実践における教師のアレンジメント能力―その方法論、学習環境構成論からの考察と提案」、『九州看護福祉大学紀要』第二巻、第一号、二〇〇〇年、三九―四七頁
平子晶規「英国におけるナショナル・カリキュラムの下での歴史教育―改訂版『ナショナル・カリキュラム　歴史コース』の紹介・分析を通して」（卒業論文）、愛知教育大学、一九九七年
平沢安政『アメリカの多文化教育に学ぶ』明治図書出版、一九九四年、一一七頁
平島健司『ドイツ現代政治』東京大学出版会、一九九四年
広渡清吾『統一ドイツの法変動―統一の一つの決算』有信堂、一九九六年
V・フィルマー／H・シュヴァン著、鈴木主税訳『ヘルムート・コール―伝記と証言〈下〉』ダイヤモンド社、一九九三年
福田誠治「ヨーロッパ統一と教育―その教育理念」、日本比較教育学会編『比較教育学研究』第二一号、一九九五年、一三三―一四三頁
福田弘「西欧諸国における人権教育の動向―欧州協議会文化協力協議会の活動を中心に」、『筑波大学教育学系論集』第一六巻第二号、一九九二年
アンリ・ペイロニ「今日のフランスにおける学校問題の争点：社会の側からの新たな期待という挑戦と、伝統的に学校が担ってきた三つの使命をめぐる緊張関係」、日仏教育学会『日仏教育学会年報』第五号、一九九八年、一七四―一八〇頁
星村平和『いまなぜ〝新しい史観〟か―世界史の窓から考える』明治図書出版、一九九七年
細谷千博、南義清共編著『欧州共同体（EC）の研究―政治力学の分析』新有堂、一九八〇年
本多勝一『ドイツ民主共和国』朝日新聞社、一九九〇年
ヴェルナー・マーザー著、小林正文訳『現代ドイツ史入門』講談社新書、一九九五年
的場正美「西ドイツにおける『政治』科の授業設計と展開過程に関する事例研究」平成二・三年度科学研究費補助金成果報

告書、一九九二年
的場正美「ドイツにおける政治教育の現職教育と授業展開に関する事例研究」平成五・六年度科学研究費補助金成果報告書、一九九五年
的場正美「ドイツの政治教育における解放概念の授業論的実証研究」平成八・九・一〇年度科学研究費補助金成果報告書、一九九九年
的場正美「ドイツにおける学校週5日制と全日学校のカリキュラム」、比較カリキュラム研究会、代表者：安彦忠彦、『主要国における学校週5日制に関する調査研究—米・仏・独・中の4カ国における実施の経緯と現状』、一九九六年
三浦信孝編『多言語主義とは何か』藤原書店、一九九七年
宮島喬『ひとつのヨーロッパ　いくつものヨーロッパ』東京大学出版会、一九九二年
宮島喬編『現代ヨーロッパ社会論—統合のなかの変容と葛藤』人文書院、一九九八年
R・メイン『ヨーロッパ共同体＝その思想と歴史』ダイヤモンド社、一九六三年
最上敏樹『国際機構論』東京大学出版会、一九九六年
安江則子『ヨーロッパ市民権の誕生—マーストリヒトからの出発』丸善ライブラリー、一九九二年
山根栄次「イギリス・ナショナルカリキュラムにおける『経済・産業理解』教育の構造と論理」、全国社会科教育学会『社会科研究』第五〇号、一九九九年
山根祐子『EC法—政治・経済目的とその手段』有信堂、一九九三年
アンドレ・ユッスネ「21世紀を左右するフランスの教育改革」、日仏教育学会『日仏教育学会年報』第五号、一九九八年
吉澤昇「社会的価値の転換を図る価値の教育—旧東ドイツ地域の教育改革」、『思想』第八三〇号、一九九三年
吉田正晴「教授法・学習指導法の革新」、原田種雄、手塚武彦、吉田正晴、桑原敏明編『現代フランスの教育　現状と改革動向』早稲田大学出版部、一九八八年

## 欧語文献

Arbeitsgruppe Bildungsbericht am Max-Planck-Institut für Bildungsforschung, *Das Bildungswesen in der Bundesrepublik*

*Deutschland, Strukturen und Entwicklungen im Überblick*, Rowohlt Taschenbuch Verlag, 1994.

Bargel, Tino/Kuthe, Manfred, *Schullandschaft in der Unordnung, Gutachten der Johannes-Löchner- Stiftung zum Schulangebot und zur Schulentwicklung in Baden-Württemberg Band 1: Bestandaufnahme*, Talheimer, 1992.

Baske, Siegfried /Engelbert, Martha, *Zwei Jahrzehnte Bildungspolitik in der Sowjetzone Deutschlands*, Dokumente 1. und 2. Teil, Quelle & Mayer, 1966.

„Bericht der Bundesregierung zu Stand und Perspektiven der politischen Bildung in der Bundesrepublik Deutschland", Deutscher Bundestag, 12. Wahlperiode, Drucksache 12/1773, 10. Dezember 1991.

„Bildungsplan für das Gymnasium der Normalform, Band 1, 4. Juni 1984" In: *Kultus und Unterricht, Amtsblatt des Ministeriums für Kultus und Sport Baden-Württemberg, Lehrplanheft 8/1984*, Neckar-Verlag , 1984.

„Bildungsplan für das Gymnasium, 21. Februar 1994" In: *Kultus und Unterricht, Amtsblatt des Ministeriums für Kultus und Sport Baden-Württemberg, Lehrplanheft 4/1994*, Neckar-Verlag, 1994.

Boersma, Krest/Hooghoff, Hans, *Curriculum Development and Cross-Curricular Themes in the Netherlands*, Working paper presented at the CIDREE workshop on Cross-Curricular Themes, 30 September - 2 October 1992, National Institute for Curriculum Development (SLO), 1992.

Bundesministerium für Bildung, Wissenschaft, Forschung und Technologie, *Grund- und Struktur Daten 1994/95*, 1996.

Bundeszentrale für politische Bildung (Hrsg.), „Europäische Union", In: *Informationen zur politsichen Bildung*, Nr. 213, Neudruck, 1995.

Büttner, Christian (Hrsg.), *Erziehung für Europa - Kindergärten auf dem Weg in die multikulturelle Gesellschaft -*, Beltz praxis, Beltz, 1997.

Cremer, Will/Schmuck, Otto, „Europa in der Schule -Vorschläge und Anregungen für die Praxis, In: Bundeszentrale für politische Bildung (Hrsg.), *Politische Bildung für Europa - Die Europäische Dimension in der politischen Bildung der zwölf EG Länder*, 1991.

Department of Education and Employment, *The National Curriculum for Geography*, 1995.

Deutsche Lehrer Zeitung 1/1994, 1. Januarausgabe, 41. Jahrgang, 1994.

Deutsches Institut für Internationale Pädagogische Forschung (Hrsg.), *Bibliographie zur europäischen Dimension des Bildungswesens, 1994/95*, Verlag für Wissenschaft und Bildung, 1996.

„Die Europäiche Union“, *Wochenschau Sekundarstufe I*, 49. Jahrgang, Nr. 1, Januar/Februar 1998, 1998.

*Die Verfassungen der EG-Mitgliederstaaten*, 4. Auflage, Deutscher Taschenbuch Verlag, 1996.

Doerfel, Imke, *Europäische Dimension -Referat zur Arbeitstagung 9.-11.5. Weilburg*, 1995.

Doerfel, Imke, “Veränderung im schulischen Alltag durch das Programm Europaschule”, In: *“Lernen für Europa. Neue Horizonte der Pädagogik”*, Bundeszentrale für politische Bildung, 1994.

Dornheim, Andreas, „Thüringen: territorial und politisch-kulturell zersplittert“, In: Landezentrale für politische Bildung Baden-Württemberg (Hg.), „Die neuen Bundesländer“, *Der Bürger im Staat*, 43. Jahrgang Heft 4, Dezember 1993.

Dufour, Barry, *The New Social Curriculum, A guide to cross-curricular issues*, Cambridge University Press, 1990.

Egner, Anton et al., *Gemeinschaftskunde 10: Baden-Württemberg, Gymnasium / Klasse 10*, Schroedel Schulbuchverlag, 1984.

Euler, Markus, „Lehrpläne ”Sozialkunde“ des Landes Thüringen“, In: Andres Balser/Frank Nonnenmacher (Hrsg.), *Die Lehrpläne zur politischen Bildung*, Wochenschau Verlag, 1997.

“First Meeting of the Ministers of Education”, Bildung und Erziehung, 25.Jg, 1972.

Flick, Uwe, *Qualitative Forschung. Theorie, Methoden, Anwendung in Psychologie und Sozialwissenschaften*, Rowohlts Enzyklopädie, Rowohlt Taschenbuch Verlag, 4. Auflage, 1999.

Fogg, Karen/Jones, Hywel, “Education the European Community -Ten Years On”, *European Journal of Education*, Vol.20, No.2-3, 1985.

Gagel, Walter/Grammes, Tilman/Unger, Andreas, *Politikdidaktik praktisch, Mehrperspektivische Unterrichtsanalysen. Ein Videobuch*, Wochenschau Verlag, 1992.

Grammes, Tilman, *Kommunikative Fachdidaktik. Politik. Geschichite. Recht. Wirtschaft*, Leske+Budrich, 1998.

Grammes, Tilman / Weißeno, Georg (Hrsg.): *Sozialkundestunden*, Leske+Budrich, 1993.

Grosjean, Etienne, “Forty Years of Cultural Cooperation at the Council of Europe”, 1954-94, *European Education*, vol. 31, no.

1, Spring 1999.

Hagemann, Cornelia, *Europa im Unterricht. Bibliographie: zusammengestellt von Cornelia Hagemann und Christel Roick, Rheihe: Europäische Bildung Band 8*, Europa Union Verlag, 1989.

Hahn, Manfred, *Europa in Unterricht und Erziehung der Grundschule*, Prögel Praxis 174, Oldenbourg Verlag, 1992.

Hahn, Wilhelm, "Europäische Schulpolitik, Was kann europäische Schulpolitik erreichen? Bestand und initiativen im Europäischen Parlament", In: Kurt Neumann (Hrsg.), *Grenzüberschreitende Schulen in Europa*, G. Schindele-Verlag, 1983.

Heidrun, Hoppe, *Subjektorientierte politische Bildung. Begründung einer biographiezentrierten Didaktik der Gesellschaftswissenschaften*, Leske+Budrich, 1996.

Heinrich-Heine-Schule, *The European Dimension in the Heinrich-Heine-Schule Curriculum*, February 1995.

Hessisches Institut für Lehrerfortbildung, „"Come Together" - Schools of Europe create a network-", Tagung des Hessischen Kultusministeriums und seiner Europaschulen im Mai 1995, In: *Impulse* Heft 2, 1995.

Hessisches Institut für Bildungsplanung und Schulentwicklung, *Materialien zur Schulentwicklung*, Heft 20, 2. erweiterte und überarbeitete Neuauflage, 1994.

Hessisches Kultusministerium, *Amtsblatt*, Nr. 10/91, vom 15. 10. 1991.

Hoffmeister, Heiner (Hrsg.), *Politilk im Wandel 11 Gymnasium*, Verlag Ferdinand Schöningh, 1994.

Hooghoff, Hans /Minnee, P., *How to improve the European Dimension in the Curriculum*, SLO, 1987.

Hooghoff, Hans, *Internationalization in Education, Cross Curricular Themes with an international dimension*, Module 1, Workshops on Global and Development Education in Nagoya University, 14.2 - 4.3, 1998.

Jones, Eileen Baglin/Jones, Neville, *Education for Citizenship, Ideas and Perspectives for Cross-Curricular Study*, Kogan Page, 1992.

Kubina, Christian/Schulz, Birgit (Hrsg.), *Europa Schule in Hessen -Eine Perspektive für die Schule von Morgen* (Ergänzungsband), Hessisches Institut für Bildungsplanung und Schulentwicklung (HIBS), Wiesbaden, 1996.

Kuhn, Hans-Werner/Massing, Perter/Skuhr, Werner (Hg.), *Politische Bildung in Deutschland, Entwicklung-Stand-*

*Perspektiven*, 2. Auflage, Leske+Budrich, 1993.

”Kultus und Unterricht” Amtsblatt des Ministeriums für Kultus und Sport Baden-Württemberg, 18.Mai 1994, 9/1994, Sonderaufgabe, 1994.

“Kultus und Unterricht”, Amtsblatt des Ministeriums für Kultus, Jugend und Sport Baden-Württemberg, 4/1997, Lehrerfortbildung Veranstaltung im Mai 1997, Sonderausgabe, 20.Februar 1997, Neckar-Verlag, 1997.

Kummetat, Jürgen, „Projektbezogene Schulpartnerschaften als Mittel europäischer Erziehung“, In: Europäisches Parlament, Büro Deutschland, Europäischer Erzieherbund, Institut für Europa-Erziehung Leipzig (Hrsg.), *Erziehung für Europa - Ein Reader zu einem Seminar-*, Institut für Europa-Erziehung Leipzig, 1992.

Landesinsititut Schleswig-Holstein für Praxis und Theorie der Schule (IPTS), *Perspektive Europa - Neun Unterrichtseinheiten für die 9. und 10. Klasssenstufen in den Fächern Geschichte, Gemeinschaftskunde, Erdkunde, Wirtschaft/Politik und Kunst*, Verlag Schmidt & Klaunig, 1992.

Landeszentrale für politische Bildung Baden-Württemberg (hrsg.), „Europa“, In: *Politik und Unterricht*, 2/1989, 2. Quartal, 15. Jahrgang, 1989.

Läufer, Thomas (Bearb.), „Der Vertrag —Die Vertragstexte von Maastricht mit den deutschen Begleitgesetzen —“, In: Presse- und Informationsamt der Bundesregierung, Europa Union Verlag, 1994.

Lehmann, Hans Georg, „Europa im Unterricht. Die Empfehlungen der Kultusministerkonferenz vom 8. Juni 1978“, In: *Gegenwartskunde*, 4/78, 1978.

Letschert, Jos, *Primary Education in the Netherlands*, National Institute for Curriculum Development, 1994, pp.29-30.

Luchtenberg, Sigrid/Nieke, Wolfgang, “Begegnungsorientierte und konfliktorientierte Interkulturelle Erziehung zu Europa vor neuen Herausforderungen“, Sigrid Luchtenberg/Wolfgang Nieke (Hrsg.), *Interkulturelle Pädagogik und Europäische Dimension. Herausforderungen für Bildungssystem und Erziehungswissenschaft. Festschrift für Manfred Hohmann*, Waxmann, 1994.

Luchtenberg, Sigrid, “The European Dimension and Multicultural Education: Compartible or Contradictory Concepts”, Thyge Winther-Jensen (Ed.), *Challenges to European Education: Cultural Values, National Identities, and Global*

*Responsibilities*, Komparatische Bibliothek, Peter Lang, 1996.

McMahon, Joseph A., *Education and Culture in European Community Law*, The Athlone Press, 1995.

Mickel, Wolfgang W., „Rahmenrichtlinien "Sozialkunde" in allgemeinbildenden Schulen in Sachsen-Anhalt", In: *Gesellschaft-Erziehung-Politik (GEP)* 3/1992, 1992.

Mickel, Wolfgang W., *Lernfeld Europa -Didaktik zur europäischen Erziehung*, 2. Aufl., Leske+Budrich, 1993.

Mickel, Wolfgang W. (Hg.), *Handlexikon der europäischen Union*, Omnia Verlag, 1994.

Mitter, Wolfgang, "Ansätze eurozentrierter Reformen im Sekundarschulwesen", Klaus Schleicher (Hrsg.), *Zukunft der Bildung in Europa, Nationale Vielfalt und europäische Einheit*, Wissenschaftliche Buchgesellschaft, 1993.

Mitter, Wolfgang, "European Curriculum: Reality or a Dream?", Winter-Jensen, Thyge (Ed.), *Challenges to European Education: Cultural Values, National Identities, and Global Responsibilities*, Peter Lang, 1996.

Morrell, Frances, *Continent Isolated. A Study of the European Dimension in the National Curriculum in England*, Federal Trust Report, 1996.

Müller-Solger, Hermann et al., *Bildung und Europa, Die EU-Fördermaßnahmen*, Economica Verlag, 2. Auflage, 1997.

Newman, Simon, "The Council of Europe and Teacher Education", *European Education*, vol. 30, no.1, Spring 1998.

Osler, Audrey, *"Final synthesis report: The contribution of community action programmes in the fields of education, training and youth to the development of citizenship with a European dimension*", 1997.

Piazolo, Michael, „Gesamteuropäische Perspektive in der politischen Bildung", In: Manfred Hättich (Hrsg.), *Politische Bildung nach der Wiedervereinigung - Inhalte/Projekte/Methoden/Adressanten-*, Olzog Verlag, 1992.

Plas, Han, „Niederlande", In: Will Cremer/Otto Schumuck(Hrsg.), *Politische Bildung für Europa. Die europäische Dimension in der politischen Bildung der zwölf EG-Staaten*, Europa Union Verlag, 1991.

Renner, Günter/Sander, Wolfgang, „Bundesrepublik Deutschland (National Bericht)", In: Bundeszentrale für politische Bildung (Hrsg.), *Politische Bildung für Europa. Die Eruopäische Dimension in der politischen Bildung der Zwölf EG Länder*, 1991.

Richter, Dagmar (Hrsg.), *Methoden der Unterrichtsinterpretation. Qualitative Analysen einer Sachunterrichtsstunde im*

*Vergleich*, Juventa Verlag, 2000.

Sander, Wolfgang (Hrsg.), *Handbuch politische Bildung*, Wochenschau Verlag, 1997.

Schelle, Carlla, *Schülerdiskurse über Gesellschaft*, Wochenschau Verlag, 1995.

Schelle, Carlla, "Schülergespräch zum Sozialkundeunterricht", In: *Politische Bildung*, 29. Jg.,Heft 1, 1996.

Schepp, Heinz-Hermann, „Bildung eines europäischen politischen Bewußtseins?", In: *Zeitschrift für Pädagogik*, 9.Jg, 1963.

Schimitz-Rixen, Jutta, *Aufgabe und Probleme bei der Vermittlung von Europa, Die Kampagne der Bundesregierung für die Europäische Union Vermittlungs- und Akzeptanzprobleme in der Schule*, OmniaVerlag, 1996.

Schwarz, Tanja, Lehrpläne "Wirtschaft/Politik" und "Weltkunde" des Landes Schleswig-Holstein, In: Andreas Basler/Frank Nonnenmacher (Hrsg.), *Die Lehrpläne zur politischen Bildung*, Wochenschau Verlag, 1997.

Schwarz, Wolf, "Lernen für Europa - Ziele und Rahmenkonzeption der hessischen Europaschule" In: Berliner Institut für Lehrfort- und weiterbildung und Schulentwicklung (Hrsg.), *Europa in der Schule*, 1995.

Scottish Consultative Council on the Curriculum, *thinking EUROPEAN, Ideas for integrating a European Dimension into the Curriculum*, Scottish Consultative Council on the Curriculum, 1993.

Sekretariat der Ständigen Konferenz der Kultusminister der Länder in der Bundesrepublik Deutschland (Hg.), *Verzeichnis der Lehrpläne für die allgemeinbildenden Schulen in den Ländern der Bundesrepublik Deutschland*, Stand: April 1998.

Shennan, Margaret, *Teaching about Europe*, Cassell Council of Europe series, 1991.

Sperling, Walter, „Geographie", W. Mickel, D. Zitzlaff (Hrsg.), *Handbuch zur politischen Bildung*, Bundeszentrale für politische Bildung, Schriftenreihe Band 264, 1988.

Standing Conference of the European Ministers of Education, 19th Session, "*Education 2000: Trends, Common Issues and Priorities for Pan-European Cooperation*", Kristiansand, Norway, 22-24 June 1997.

Stobart, Maitland, „Der Europarat und die Bildungsanforderungen im ‚Neuen Europa'", Klaus Schleicher/Wilfried Bos (Hrsg.), *Realisierung der Bildung in Europa: europäisches Bewußtsein trotz kultureller Identität?*, Wissenschaftliche Buchgesellschaft, 1994, S. 19-45.Stüwe, Nobert, „Schleswig-Holstein und Dänemark - Die Lösung der Minderheitenfrage im Grenzraum als Modelfall für Europa", IPTS, *Perspektive Europa*, 1992.

Stobart, Maitland, "Fifty years of European co-operation on history textbook: The role and contribution of the Council of Europe", *Internationale Schulbuchforschung* 21, 1999.

Thüringer Kultusministerium, „*Vorläufiger Lehrplan für Grundschule*", Juli 1993.

Thüringer Kultusministerium, „*Lehrplan für die Regelschule und für die Förderschule mit dem Bildungsgang der Regelschule, Wirtschaft-Umwelt-Europa*", 1999.

Ungerer, Lothar A., "Europa als Gegenstand politischen Unterrichts", In: Willi Wölfing/Veronika Strittmatter (Hrsg.), *Bildung und Erziehung in Europa. Heidelberger Pädagogischer Kongreß*, Deutscher Studien Verlag, 1994.

Vorbeck, Michael, "Die Europäische Dimension im Schulwesen - Anregungen aus der Sicht eines europäischen Beamten -", In: Berliner Institut für Lehrfort- und weiterbildung und Schulentwicklung (Hrsg.), *Europa in der Schule - Schulen mit Europäischem Profil-, Bericht von einer Fachtagung im April 1994 in Berlin*, 1995.

Vorsmann, Nobert/Wittenbruch, Wilhelm, *Schulen auf EUROPA-Kurs, Berichte - Schulporträts - Untersuchungen zum Europa-Profil von Gymnasium in freier Trägerschaft (EPG)*, Klinkhardt, 1997.

Winter-Jensen, Thyge (Ed.), *Challenges to European Education: Cultural Values, National Identities, and Global Responsibilities*, Peter Lang, 1996.

Wölfing, Willi/Strittmatter, Veronika (Hrsg.), *Bildung und Erziehung in Europa. Heidelberger Pädagogischer Kongreß*, Deutscher Studien Verlag, 1994.

Wolfs, Remy, "Geography and History with a European dimension, Manual for teachers in secondary education", *Consortium of Institutions for Development and Research in Education in Europe*, Volume 4, CIDREE/SLO, 1992.

## 決議等

Beschluß der Kultusministerkonferenz, "*Europa im Unterricht*" vom 8. Juni 1978.

Beschluß der Ständigen Konferenz der Kultusminister der Länder in der Bundesrepublik Deutschland, "*Europa im Unterricht*", vom 8. Juni 1978 in der Fassung vom 7. Dezember 1990.

Beschluß der Kultusministerkonferenz, "*Vereinbarung zur Gestaltung der gymnasialen Oberstufe in der Sekundar Stufe II*", vom 07.07.1972 in der Fassung vom 16.06.2000.

Bulletin of the European Communities 1-1970, p. 16, "The Hague summit (I) Final communiqué of the conference (2 December 1969)", 1970.

Bulletin of the European Communities 11-1970, pp. 26-30, "The Younger Generation and Europe", 1970.

Bulletin of the European Communities 12-1971, pp. 28-30, 1971.

Bulletin of the European Communities 10-1974, p.46, 1974.

Bulletin of the European Communities 6-1983, pp. 24-29, "Solemn Declaration European Union" (19. 6. 1983), 1983.

Bulletin of the European Communities, 6-1984, p.9, 1984.

Commission of the European Communities "*Green Paper on the European Dimension of Education*", COM(93)457 final, 29 September 1993.

Commission of the European Communities, "*Proposal for a European Parliament and Council Decision establishing the Community action programme "SOCRATES"*", COM(93) 708 final, 03.02.1994.

Commission Working Paper, "*Guidelines for Community Action in the field of education and training*", Commission of the European Communities, COM(93)183 final, 5. 5. 1993.

Communication of the Commission, "*Education in the European Community*", 11.3.1974, Bulletin of the EC Supplement 3/74, 1974.

Communication of the Commission, "*Toward a Europe of knowledge*", COM(97)563 final, 11 November 1997.

Communication of the Commission, "*Agenda 2000. For a stronger and wider Union*", 16 July 1997, COM(97), 2000.

Conclusions of the Council and the Ministers for Education Meeting within the Council of 4 June 1984, II. "*The teaching of foreign languages*", 1984.

Conclusions of the Council and the Ministers for Education Meeting within the Council of 27 September 1985, "On the enhanced treatment of the European dimension in education", In: Council of EC General Secretariat, *European Education Policy Statements*, Third Edition, 1987.

Conclusions of the Council and the Ministers for Education Meeting within the Council of 6 October 1989, "*On Cooperation and Community policy in the field of education in the run-up to 1993*", (89/C 277/04), 1989.

Conclusions of the Council and the Ministers for Education Meeting within the Council of 14 December 1989, "*On a possible change in the Statute of the European Schools on the utilization of their pedagogical experience*" (90/C 27/02), 1990.

Conclusions of the Council and the Ministers for Education Meeting within the Council of 14 December 1989, "*On relations with Central and Eastern European countries in the field of education and training*" (90/C 27/04), 1990.

Conclusions of the Council and the Ministers of Education Meeting within the Council of 31 May 1990, "*On the enhanced treatment of equality of educational opportunity for girls and boys in the initial and in-service training of teachers*", 1990.

Conclusions of the Council and the Ministers of Education Meeting within the Council of 25 November 1991, "*On quality assessment in higher education*", 1991.

Conclusions of the Council and the Ministers for Education Meeting within the Council of 27 November 1992, "*On measures for developing the European dimension in higher education*" (92/C 336/03), 1992.

Council Decision 63/266/EEC of 20 April 1963 laying down general principles for implementing a common vocational training policy (O. J. of the EC, No. 63, 20. 4. 1963, p. 1338/63), 1963.

Council Decision of 29 March 1990 "*Concerning the conclusion of an Agreement between the European Economic Community and the Republic of Austria establishing cooperation in the field of training in the context of the implementation of COMETT II*" (1990-1994), 1990.

Council Decision of 7 May 1990, "*Establishing a trans European mobility scheme for university studies (TEMPUS)*", 1990.

Council Decision of 29 July 1991 adopting the "Youth for Europe" programme (Second phase), 1991.

Council Decision of 28 October 1991, "*On the conclusion of an Agreement between the European Economic Community and the Republic of Austria establishing cooperation in the field of education and training within the framework of the ERASMUS programme*", 1991.

Council for Cultural Co-operation, "*School and Out-of-School Education Section*", List of Documents, DECS/SE(93)2,

Strasbourg, 15 November 1993.

Council of Europe, European Treaties ETS No. 1, Statute of Council of Europe, London, 5. V. 1949.

Council of the European Communities General Secretariat, "*European Educational Policy Statements*", Supplement No. 2 to the Third edition (1990-92), 1993.

Draft Decision of the Council of the EC, "*Relating to the setting-up of a European Committee for Educational Cooperation*", O. J. of the EC, No. C58/21, 18.5.1974, 1974.

Draft Resolution of the Council of the European Communities and of the conference of Ministers of within the Council, "*For cooperation in the field of education*", O. J. of the EC, No. C58/20, 18.5.1974, 1974.

Europäischen Kommission, „*Das Bildungswesen in der Europäischen Gemeinschaft*", Mitteilung der Kommission an den Rat, Bulletin der Europäischen Gemeinschaften, Beilage 3/74, 1974.

European Commission, "*European Union*", Report by Leo Tindemans, Bulletin of the European Communities Supplement 1/76, 1976.

European Commission, "*A People's Europe*", Reports from the ad hoc Committee, Bulletin of the European Communities Supplement 7/85, 1985.

Europäische Kommission, "*Sokrates-Programm. Antragsformular für Projekte zur länderübergreifenden Zusammenarbeit*", 1997.

European Commission, "*Socratesprogramme: Guidelines for applicants addendum relating to 1999*", 1998.

European Commission, "*Learning for active citizenship: a significant challenge in building a Europe of knowledge*", Directorate General 22, 1998.

European Commission, "*The second phase of the Community action programme in the field of education 'Socrates'*", Common Position No. 6/1999, adopted by the Council on 21 December 1998 (1999/C 49/04), 1998.

Europäische Kommission, „*Leitfaden für Antragsteller für das Sokrates-Programm*", Ausgabe Juni 2000.

Resolution of the Council and of the Ministers of Education, Meeting within the Council of 9 February 1976, "*Comprising an action programme in the field of education*", O. J. of the EC No. C38, 19. 2. 1976.

Resolution of the Council and of the Ministers of education Meeting within the Council of 13 December 1976, "*Concerning measures to be taken to improve the preparation of young people for work and to facilitate their transition from education to working life*", O. J. of the European Communities, No. C308/1, 30. 12. 1976.

Resolution of the Council and the Ministers of Education Meeting within the Council of 24 May 1988, "*On the European dimension in education*", (88/C 177/02), 1988.

Resolution of the Council and of the Representatives of the Governments of the Member States, Meeting within the Council, of 3 December 1990, "*Community action to combat the use of drugs, including the abuse of medical products, particularly in sport*", 1990.

Resolution of the Council and the Ministers of Education Meeting within the Council of 6 December 1990, "*Concerning the EURYDICE -Education Information Network in the European Community-*", 1990.

Resolution of the Council and the Ministers of Education Meeting within the Council of 26 June 1991, "*On priority actions in the youth field*", 1991.

Resolution of the Council and the Ministers of Education Meeting within the Council of 25 November 1991, "*On education research and statistics in the European Community*", 1991.

# ヨーロッパ教育関連年表

| 西暦（年月） | 事項（＊ヨーロッパ教育関連事項） |
| --- | --- |
| 一九二三 | ＊クーデンホーフ＝カレルギーが『パン・ヨーロッパ』を出版 |
| 一九四六　九 | チャーチルがチューリッヒ大学で「ヨーロッパ合衆国演説」を行う |
| 一九四八　一 | ベネルクッス関税同盟が発足 |
| 一九五〇　五 | シューマン・プラン発表（ヨーロッパ石炭鉄鋼共同体設立構想） |
| 一九五一　四 | フランス、西ドイツ、イタリア、オランダ、ベルギー、ルクセンブルクの六カ国が「ヨーロッパ石炭鉄鋼共同体（ECSC）設立条約（パリ条約）」調印（一九五二年七月発効） |
| 一九五七　三 | 「ヨーロッパ経済共同体（EEC）およびヨーロッパ原子力共同体（EURATOM）設立条約（ローマ条約）」調印（一九五八年一月発効） |
| 一九五九　一一 | ＊ヨーロッパ評議会（CE）における第一回教育大臣会議が開催（ハーグ） |
| 一九六二 | ＊ヨーロッパ評議会（CE）に文化協力審議会（CDCC）設置 |
| 一九六五　四 | EC「マラソン政治危機」による意思決定の麻痺 |
| 一九六六　一 | 実質上の全会一致主義による「ルクセンブルクの妥協」の成立 |
| 一九六七　七 | ECSC、EEC、EURATOMの機関合併条約（ブリュッセル条約）発効（ヨーロッパ共同体〈EC〉の誕生） |
| 一九七一　一一 | ＊EC第一回教育閣僚理事会が開催（ブリュッセル） |
| 一九七三　一 | 第一次拡大：イギリス、アイルランド、デンマークのEEC加盟〔加盟国数九〕 |
| 一九七三　二 | ＊EC委員会が「教育に関する共同体政策のために（ジャンヌ報告）」を提出 |
| 一九七四　六 | ＊EC教育閣僚理事会が第一号決議「教育領域における協力に関する決議」を採択 |

| | | |
|---|---|---|
| 一九七六 | 二 | ＊EC教育閣僚理事会が「教育の領域における行動計画に関する決議」を採択 |
| 一九七六 | 一二 | ＊EC教育閣僚理事会が「教育から職業生活への移行に関する決議」を採択 |
| 一九七八 | 六 | ＊EC委員会が「ヨーロッパの教育内容を含む授業通知」を提出 |
| 一九七八 | 六 | ＊ドイツ文部大臣会議が「授業におけるヨーロッパ決議」を採択 |
| 一九七八 | 一二 | ヨーロッパ通貨制度（EMS）創設 |
| 一九七九 | 三 | EMSの運用開始に伴い、ヨーロッパ通貨単位「ECU（エキュ）」導入 |
| 一九七九 | 六 | ヨーロッパ議会第一回直接選挙 |
| 一九八〇 | 六 | ＊EC委員会が「一般報告書通知」を提出 |
| 一九八一 | 一 | 第二次拡大：ギリシアのEC加盟〔加盟国数一〇〕 |
| 一九八三 | 六 | ＊ECサミットで「ヨーロッパ連合に関する厳粛なる宣言」が採択（シュトゥットガルト） |
| 一九八五 | 一 | ドロールがヨーロッパ委員長に就任 |
| 一九八五 | 六 | EC委員会が「域内市場白書」を採択 |
| 一九八五 | 九 | ＊EC教育閣僚理事会が「教育におけるヨーロッパの次元の高められた取り扱いに関する結論」を採択 |
| 一九八六 | 一 | 第三次拡大：スペイン、ポルトガルのEC加盟〔加盟国一二〕 |
| 一九八六 | 二 | 「単一ヨーロッパ議定書」に調印（一九八七年七月発効） |
| 一九八八 | 五 | ＊EC教育閣僚理事会が「教育におけるヨーロッパの次元決議」を採択 |
| 一九八九 | 七 | ＊フランス教育基本法改正（ジョスパン教育大臣） |
| 一九八九 | 一一 | ベルリンの壁崩壊 |
| 一九九〇 | 一〇 | 東西ドイツの統一 |
| 一九九〇 | 一二 | ＊ドイツ文部大臣会議が「改訂授業におけるヨーロッパ決議」を採択 |
| 一九九一 | | ＊イギリスにナショナル・カリキュラムが導入 |
| 一九九二 | 二 | 「ヨーロッパ連合設立条約（マーストリヒト条約）」調印（一九九三年一一月発効　ヨーロッパ連合（EU）の誕生）。第一二六条に教育条項が盛り込まれる |

| | | |
|---|---|---|
| 一九九三 | 一 | 域内単一市場の完成 |
| 一九九三 | 五 | ＊EC委員会が「教育と訓練の分野における共同体活動のためのガイドライン」を提出 |
| 一九九五 | 一 | 第四次拡大：スウェーデン、フィンランド、オーストリアのEU加盟（加盟国一五） |
| 一九九五 | 一 | サンテールがヨーロッパ委員長に就任 |
| 一九九五 | 四 | ＊EU教育閣僚理事会が教育プログラム「第一次ソクラテス」（一九九五―一九九九年）を採択 |
| 一九九五 | | ＊イギリスに第二次ナショナル・カリキュラムが導入 |
| 一九九七 | | ＊フランスのナショナル・カリキュラム改訂（バイルー教育大臣） |
| 一九九七 | 一〇 | 「改正ヨーロッパ連合設立条約（アムステルダム条約）」調印（一九九九年五月発効）。第一四九条に教育条項が盛り込まれる |
| 一九九七 | 一一 | ＊EU委員会が「知のヨーロッパに向けて」通知を提出。「第二次ソクラテス」（二〇〇〇―二〇〇六年）を提案 |
| 一九九八 | 六 | ヨーロッパ中央銀行（ECB）設立。ダウゼンベルヒが初代総裁に就任 |
| 一九九九 | 三 | ベルリン欧州理事会で「アジェンダ２０００」によるEU財政枠組みやEU拡大について合意 |
| 一九九九 | 九 | プロディがヨーロッパ委員長に就任 |
| 二〇〇〇 | 九 | デンマーク国民投票で「ユーロ」の導入が否決（「デンマーク・ショック」） |
| 二〇〇一 | 二 | 「改正ヨーロッパ連合設立条約（ニース条約）」調印（二〇〇三年二月発効）第一八二条に教育条項が盛り込まれる |
| 二〇〇二 | 一 | 単一通貨「ユーロ」の現金流通の開始（イギリス、アイルランド、デンマーク、スウェーデンは不参加） |
| 二〇〇三 | 四 | チェコ、エストニア、キプロス、ラトヴィア、リトアニア、ハンガリー、マルタ、ポーランド、スロヴェニア、スロヴァキアの一〇カ国と加盟条約の調印（二〇〇四年五月発効によりEU加盟予定。第五次拡大（加盟国二五）） |

# あとがき

本書は、名古屋大学教育発達科学研究科に提出した博士学位申請論文「ドイツにおけるヨーロッパ教育の形成と展開」（二〇〇二年一月博士学位授与）をもとに、一部を圧縮し修正を施したものである。

学位審査最終面接の一週間前である二〇〇二年一月一日にヨーロッパ共通通貨「ユーロ」が市場での流通を開始した。筆者がヨーロッパ研究に取り組み始めた頃、「ユーロ」は「ECU（エキュ）」と呼ばれ、加盟各国の為替相場の安定と中央銀行間の決済のために使用される「通貨単位」であった。またヨーロッパ教育の研究に取り組んだこの一〇年の間に、EC（ヨーロッパ共同体）はEU（ヨーロッパ連合）に移行し、加盟国数も一二カ国から本年の五月には二五カ国へと拡大することが決まっている。本文でも、その価値を高く評価した「マーストリヒト条約」も「アムステルダム条約」から「ニース条約」へと受け継がれている。

本文中でも述べたとおり、ヨーロッパ統合の進展は決して直線的に進んできたわけでも理想的に進展したわけでもない。時には停滞し、妥協によって状況を打開したこともあった。にもかかわらず、失敗や挫折から教訓を引き出し、システムに改良を加えることによって、今日の「ユーロ」の流通や二五カ国体制の共同体を迎えるに至ったのである。昨年一二月のEU首脳会議においても、EU憲法制定交渉が最終局面で決裂し、EU憲法の制定が先送りされたことは、記憶に新しい。これとても、本年にも予定される準備会合を重ねながら徐々に合意点を見出し、ヨーロッパ統合への道のさらなる一歩を踏み出すことに疑念の余地はない。

筆者の研究も同様に、進展した時期もあれば停滞を余儀なくされた時期もあった。博士学位申請論文の審査が

「ユーロ」の流通開始と同じ時期に重なったこと、また、本書の刊行がEU憲法制定交渉の過程と重なったことはまったくの偶然ではあるが、個人的に印象深いできごとであった。

本研究論文を完成させるまでには、実に多くの方々のご指導とご支援をいただいた。

なにより"Doktor Vater"である的場正美先生の厳しくかつあたたかなご指導がなければ本書の完成はあり得なかった。的場先生は、研究が順調に進捗しないときにも常に背中を押していただき、励ましの言葉を与えてくださった。心から感謝申し上げたい。また、学位審査をお引き受けいただいた近藤孝弘先生、大谷尚先生、西野節男先生、柴田好章先生には、つたない本論文を細部に至るまで査読いただき、多くのご指摘をいただいた。

筆者が研究テーマである「ヨーロッパ教育」を志すようになったきっかけは、筆者の修士課程時代の恩師である愛知教育大学奥住忠久先生の懇切丁寧なご指導によるものである。奥住先生との出会いがなければ、筆者は研究の世界に目を向けることはなかったであろう。

本書では、ドイツの方々にもご協力をいただいた。中でも第六章の授業研究で授業実践を記録させていただいた、カール・シュルツ校元教諭のユルゲン・クンメタート氏（Herr Jürgen Kummetat）、ドイツ学術交流会（DAAD）短期奨学生としてルードヴィックスブルク教育大学に留学した際の受入教官ロータ・ウンゲラー教授（Prof. Dr. Lothar Ungerer）、留学中に公私にわたりお世話になったアンドレアス・ブルーノルト博士（Dr. Andreas Brunold）、ヨーロッパ教育全般についてご教示くださったヨーロッパ教育の開拓者ヴォルフガング・ミケル教授（Prof. Dr. Wolfgang Mickel）に感謝申し上げたい。また、オランダ国立カリキュラム開発研究所のハンス・ホグホーフ氏（Mr. Hans Hooghoff）には、多くの資料を提供いただき、筆者の度重なる質問に丁寧にご回答いただいた。

ここに名前を記させていただいたほかにも、一人ひとりのお名前を挙げることはできないが、実に多数の方々のご指導とご支援をいただいた。心より深謝申し上げたい。

本書の刊行に際し、日本学術振興会より平成一五年度科学研究費補助金「研究成果公開促進費」の交付を受けた。また本書の刊行にあたっては、玉川大学出版部の成田隆昌氏より丁寧かつ適切なご支援ご配慮をいただいた。ここに記して感謝申し上げたい。

本書を妻 由紀子と娘 桜希子に捧げる。

二〇〇四年一月

久野弘幸

〔ヤ　行〕



〔ラ　行〕

# 人名索引

〔ア　行〕

ヴァイツゼッカー（R. von Weizsäcker）　137
ヴィクトル・ユーゴー（V. Hugo）　121
ウルブリヒト（W. Ulbricht）　135
ウンゲラー（L. Ungerer）　152
オスラー（A. Osler）　81

〔カ　行〕

梶田孝道　12
鴨武彦　12
ギシャール（O. Guichard）　33
クーデンホーフ＝カレルギー（R. Cudenhove-Kalergi）　21-25, 121, 282
クーン（H.-W. Kuhn）　131
クビーナ（C. Kubina）　165
グロスジーン（E. Grosjean）　27
クンメタート（J. Kummetat）　67, 225, 245, 280
ゲンシャー（H.-D. Genscher）　42
小林早百合　113
コロンボ（E. Colombo）　42
近藤孝弘　27, 280

〔サ　行〕

サッチャー（M. Thatcher）　90
ザンダー（W. Sander）　125
シェナン（M. Shennan）　139
ジャンヌ（H. Janne）　34
シュヴァルツ（T. Schwarz）　144
シュヴェーヌマン（J.-H. Chevènement）　101
ジョーンズ（E. Jones）　91
ジョーンズ（H. Jones）　39
ジョーンズ（N. Jones）　91
ジョスパン（L. Jospin）　102
スピネリ（A. Spinelli）　33
園山大祐　281

〔タ　行〕

ダーレンドルフ（R. Dahrendorf）　216, 220
チャーチル（W. Churchill）　21
土屋武志　96
デュフール（B. Dufour）　91
デルフェル（I. Doerfel）　167
ド・ゴール（C. De Gaulle）　41
ドロール（J. Dolors）　11

〔ナ　行〕

中井修　96
ニューマン（S. Newman）　29

〔ハ　行〕

バイルー（F. Bayrou）　104
羽田行男　29
フォアベック（M. Vorbeck）　159
フォッグ（K. Fogg）　39
船尾日出志　135
ブレア（T. Blair）　99
ホーネッカー（M. Honecker）　135
ホグホーフ（H. Hooghoff）　115
ボルシェット（A. Borschette）　33
ホルツアップフェル（H. Holzapfel）　161

〔マ　行〕

ミケル（W. Mickel）　136, 218
ミスーシ（Misusi）　33
ミッテラン（F. Mitterrand）　43

〔マ　行〕



〔ヤ　行〕



〔ラ　行〕



〔欧　字〕

〔サ　行〕



〔タ　行〕



〔ナ　行〕



〔ハ　行〕

# 事項索引

(Published in February 2004)

* This book is supported in part by a grant for "Publication of Scientific Research Results" from Japan Society for the Promotion of Science (JSPS)

## EUROPEAN EDUCATION History and Perspectives

Hiroyuki KUNO

## Contents

□著　者

**久野　弘幸**（くの・ひろゆき）

1967年　愛知県に生まれる
1996年　愛知教育大学大学院修士課程修了
2000年　名古屋大学大学院博士後期課程満了
2002年　博士（教育学）
現　在　愛知教育大学助手
専　門　ドイツ・ヨーロッパ教育、生活科・総合的学習教育
主な論文　「ドイツにおける『ヨーロッパ教育』の展開」、日本グローバル教育学会編『グローバル教育』第１号、1998年
「ドイツ政治教育における『事例分析学習』の方法原理」、日本教育方法学会編『教育方法学研究』第24巻、1999年
「ドイツ中等教育における『総合学習』のカリキュラム原理」、日本カリキュラム学会編『カリキュラム研究』第11号、2002年
共 著 書　日比裕他編『授業分析の方法と課題』黎明書房、1999年
奥住忠久他編著『21世紀地球市民の育成』黎明書房、2001年
児島邦宏編集代表『定本　総合的な学習ハンドブック』ぎょうせい、2003年
Hans-Werner Kuhn (Hrsg.), „Sozialwissenschaftlicher Sachunterricht“, Centaurus-Verlag (Germany), 2003.

**ヨーロッパ教育　歴史と展望**

2004年２月25日　第１刷

著　者　久　野　弘　幸
発行者　小　原　芳　明
発行所　玉 川 大 学 出 版 部
〒194-8610　東京都町田市玉川学園6-1-1
TEL 042-739-8935　FAX 042-739-8940
http://www.tamagawa.ac.jp/sisetu/up
振替　00180-7-26665

NDC 372　印刷所　株式会社三秀舎


ISBN4-472-40304-8 C3037

## ヨーロッパの大学
島田雄次郎

遍歴学徒が知識を求めて集中した結果誕生したヨーロッパの大学。その発展の歴史を中世の大学、宗派大学、近代の大学に概観する。

Ｂ６・２８００円

## 教育改革　二〇世紀の衝撃
Ａ・フリットナー
森田孝監訳

今世紀の多様な改革方向によって教育学の討議に持ち込まれてきた、さまざまなテーゼと問題を概観し、教育を考える枠組みを提起する。

Ａ５・４２００円

## 多文化教育の国際比較
**エスニシティへの教育の対応**
江原武一編著

民族や言語、文化などの相違に起因するさまざまな教育問題を解決するために、各国はどのような理念・政策を打ち立てているのか。

Ａ５・６７００円

## ドイツの学校と大学
Ｃｈ・フュール
天野・木戸・長島訳

ドイツの教育は何を追求しているのか。統一前と統一後の両面から明らかにするドイツ教育の制度・組織・目標。

Ａ５・６０００円

## ベーシックスクール
**アメリカの最新小学校改革提案**
Ｅ・Ｌ・ボイヤー
中島章夫監訳

言語教育と一般教育の充実を柱に、各地の小学校の実践例を紹介しつつ、理想の小学校教育像を描くアメリカ初等教育改革の試み。

四六・３２００円

## 学校の選択
Ｊ・Ｅ・クーンズ、Ｓ・Ｄ・シュガーマン
白石裕監訳

子どもの最善の利益を擁護するという視点から、アメリカにおける家庭による学校選択制度の理論的・技術的可能性を示す。

Ａ５・５０００円

表示価格に消費税が加算されます。

**玉川大学出版部**